자본시장에서의 이익충돌에 관한 연구

자본시장에서의 이익충돌에 관한 연구

김정연 지음

경인문화사

서 문

이 책은 같은 제목의 법학전문박사학위 논문을 수정, 보완하여 출간하는 것이다. 자본시장에서 이익충돌 문제를 연구 주제로 삼은 데에는 다음과 같은 두 가지 배경이 중요하게 작용하였다. 첫째로, 미국에서는 2008년 글로벌 금융위기를 계기로 정보와 전문성의 우위에 있는 금융기관과 게이트키퍼의 이익충돌 문제에 대한 비난과 우려가 집중된 것이고, 둘째로 우리나라에서는 같은 시기 자본시장법이 제정되면서 금융기관의 이익충돌 문제를 제대로 규율하는 것이 금융시장에서의 주요 과제로 대두되었다는 점이다.

최근 각국에서는 정책적 필요에 따라 금융기관과 게이트키퍼에 대하여 투자자와의 사이에서 이익충돌을 야기하는 행위 자체를 금지하거나, 이익충돌에 관한 정보를 공시하는 등의 다양한 방식으로 규제를 강화하는 추세이다. 자본시장에서의 이익충돌 현상은 금융기관, 게이트키퍼, 자금조달을 희망하는 기업 및 투자자를 비롯한 모든 참가자들이 자신의 경제적 이익을 최대화할 수 있는 거래를 자유롭게 추구하는 특성상 원래부터 필연적으로 존재할 수밖에 없는 것임에도, 어떤 당사자가 다른 당사자의 이익을 부당하게 침해하는 것이라는 평가가 내려진다면 자신의 이익을 추구하는 행위에 제약이 가해져야 할 것이기 때문이다.

이처럼 자본시장에서 필연적으로 발생하는 이익충돌 문제를 규율하기 위해서는 금융규제상의 처방과 지침의 전제가 되는 사법(私法)적인 법리가 우선 정립되어야 할 것이라고 생각하였다. 다시 말해서, 구체적인 금융거래의 사법(私法)적 법률관계에 따라 각 당사자가 상대방의 이익과 관련하여 부담하는 의무와 책임의 내용을 규명함으로써 이익충돌 현상에 대한 법적인 평가와 부당한 이익침해에 대한 구제수단을 확립하는데 기여할 수 있으리라 는 것이다. 이 책에서는 이러한 문제의식에 따라 자본시장에서 금융기관이 다양한 금융투자업무를 수행하는 과정에서 발생하는 투자자와의 이익충돌 문제를 규율하는 법리를 검토하였다.

서둘러 긴 글을 논문으로 완성할 수 있었던 것은 모두 지도교수님 덕분이다. 주장과 논거가 분명해야하는 논문을 쓰면서도 마치 보르헤스 소설 속의 도서관이나 정원 속에서 헤매고 있는 것 같았다. 분량이 늘어날수록 제자리로 돌아오고만 있었다. 생각의 타래가 엉킨 지점을 스스로 찾을 때 까지 지루한 질문을 하염없이 들어주시도록 떼를 쓴 것 같아 부끄럽고 죄송하다. 급하게 완성한 논문을 심사하시면서 이익충돌의 정의와 신인의무 법리의 적용 기준과 같은 핵심적인 문제들을 뚫고 나갈 수 있게 지도해 주신 김건식 교수님과 다른 심사위원 선생님들께도 크게 감사드린다.

1999년부터 같은 학교에서 네 개나 되는 과정을 입학하고 졸업하기를 반복하였고, 계절이 변할 때 마다 도서관 뒷길의 벚나무나 7동 앞마당 등꽃과 같은 학교 어딘가의 꽃과 나무를 떠올리는 습관을 얻었다. 오랫동안 동경하던 삶과는 달리 공무원을 거쳐 변호사 일을 하고 있지만, 지금의 지도교수님을 만난 다음부터는 두 가지가 크게 다르지 않을 수 있다고 생각하게 되었다. 다시없을 격려와 믿음을 주신 박준 교수님께 많이 감사한다. 가족들과 보리에게도 사랑하고 미안한 마음을 전한다. 경인문화사의 수고 덕분에 책이 완성될 수 있었으므로 특별히 감사한다.

2017년 2월
김정연

목 차

서 문

서 론

제1장 이익충돌의 개념과 발생원인

서 론

제1절 연구의 배경

1. 글로벌 금융위기와 이익충돌 문제

가. 글로벌 금융위기와 이익충돌 문제의 대두

지난 세기의 세계대공황 이후 그 규모나 파장에 있어 가장 심각한 경제위기로 평가되는 글로벌 금융위기[1]가 발생하자 투자은행 등 금융기관의 탐욕과 신용평가업자 등 자본시장에서 활동하는 게이트키퍼들의 부정직한 행태가 위기의 원인이자 촉매로서 작용했다는 비판이 쏟아졌다. 금융기관과 게이트키퍼는 자금조달기업, 투자자들과 함께 자본시장의 형성과 작동에 기여하는 참가자들로서, 정보의 우위와 전문성을 바탕으로 하여 시장에서 진실된 정보에 기반한 거래가 이루어 질 수 있도록 하는 매개자이자 조력자의 기능을 담당한다는 공통점을 지니고 있다. 금융기관과 게이트키퍼들은 글로벌 금융위기가 발생하기까지 투자자들이 이해하기 어렵고 많은 위험요소를 지닌 금융상품을 설계하고 판매하면서 자신들의 과도한 이익추구를 위하여 투자자들의 이익을 부당하게 침해하는 행태를 보여 왔

---

1) 부동산 시장의 경기가 침체됨으로써 금융기관이 남발한 주택담보대출채권 및 유사한 금융상품들이 부실화 되었고, 해당 상품에 투자한 투자자들의 막대한 손해가 발생하였으며 초대형 투자은행인 리만 브라더스가 역사 속으로 사라지게 된 일련의 사건을 통칭하여 '2008년 글로벌 금융위기' 또는 '글로벌 금융위기'라는 용어를 사용하기로 한다. 글로벌 금융위기에 관한 종합적인 경제학적 분석으로는 Stijin Classens et al.(2013); 법적인 분석으로는 박준(2008); 미국에서의 정책결정 과정과 금융계에서의 반응에 관해서는 Andrew Sorkin(2009)을 참고하였다.

고, 이와 같은 행태는 이익충돌(conflict of interest)의 대표적인 사례라고 설명된다.

2010년 미국 상원의회에서는 글로벌 금융위기의 원인을 규명하고 금융개혁 법률을 입안하기 위한 목적으로 청문회가 진행되었고, 그 청문회에서의 조사결과를 바탕으로 "월 스트리트와 금융위기 : 금융시장 붕괴의 해부학(Wall Street and the Financial Crisis : Anatomy of a Financial Collapse)"라는 제목의 보고서가 발간되었다.[2][3] 칼 레빈(Carl Levin) 상원 조사위원회 위원장은 보고서 서문에서 "금융기관들이 고객과 대중을 속이고, 말 잘 듣는 규제기관과 이익충돌에 빠진 신용평가업자의 조력을 받았다는 어마어마한 증거가 존재한다."고 술회하였고, 공동의장을 지낸 탐 코번(Tom Coburn) 의원 또한 "우리의 조사 결과는 일부 금융기관들이 자신의 부를 축적하기 위하여 알면서도 이익충돌상황에 처하여 고객의 이익에 주의를 기울이지 않았다는 점을 의문의 여지없이 보여 준다. 이런 상황에서는 어느 나라도, 어느 나라의 금융기관도 살아남기 어렵다."는 우려를 표하였다. 실제로 해당 보고서에서는 금융위기의 원인을 분석하면서 (1) 일반 투자자들을 대상으로 한 서브프라임 주택담보대출 상품의 설계와 판매에 있어서 워싱턴 뮤츄얼(Washington Mutual)과 그 규제기관인 저축은행감독청(Office of Thrift Supervision)이 노출한 부정직성과 무능이 위

---

2) U.S. Senate Permanent Subcommittee on Investigations, Wall Street and the Financial Crisis, Anatomy of a Financial Collapse(2011) ("U.S. Senate Report(2011)" 또는 "미 상원 조사보고서").

3) 미국 하원에서도 금융위기에 대한 조사보고서를 발간하였다. 시간 순으로 사건의 흐름에 따라 서술하는 방식을 택하였다는 차이가 있지만, 글로벌 금융위기 발생의 원인에 대해서는 미 상원 보고서와 마찬가지로 진단한다. The Financial Crisis Inquiry Commission Inquiry Report : Final Report of the National Commission on the Causes of the Financial and Economic Crisis in the United States(2011. 1).

기 발생원인의 한 축을 차지하며 (2) 서브프라임 주택담보대출을 기초자산으로 한 신용파생상품(CDO)의 설계와 판매에 책임이 있는 투자은행과 신용평가업자의 이익충돌 문제가 다른 한 축에 있다는 점을 지적한다.[4]

자본시장에서의 이익충돌에 관한 문제제기는 비단 정치권과 저널리즘을 통해서만 이루어 진 것은 아니다. 학계에서도 금융기관과 게이트키퍼의 이익충돌 문제를 금융위기의 원인으로 지적하는 발언이 쏟아져 나왔다. 존 커피(John Coffee) 교수는 골드만삭스(Goldman Sachs)의 CDO 판매에 관한 이익충돌 문제의 조사를 위한 청문회 직후 이루어진 증언에서 "이익충돌은 2008년 금융시장 붕괴를 야기하는 데 핵심적인 역할을 수행했다. 어떤 법률도 모든 이익충돌을 제거할 수는 없지만, 제출된 입법안은 투자은행으로 하여금 조금 더 주의 깊고 신중하게 행동하도록 강제할 수 있을 것이다. 이 법안은, 상징적으로, 몇몇에 의해서 잊혀져버린 단순한 생각, 즉 "고객이 우선이다."는 것을 의미한다."고 진술하였다.[5]

이러한 비판들에 힘입어 미국 의회에서는 월스트리트 개혁 및 소비자 보호법(Dodd-Frank Wall Street Reform and Consumer Protection Act, 일명 '도드-프랭크 법')[6]을 제정하는 과정에서 소매고객을 상대하는 모든 금융기관에 대해서 신인의무를 부과한다거나, 은행들의 위험한

---

4) U.S. Senate Report(2011), pp.2~12.

5) Testimony of Professor John C. Coffee, Jr. Before the Subcommittee on Crime and Drugs of the United States Committee on the Judiciary, Hearing on S.3217 "Wall Street Fraud and Fiduciary Duties: Can Jail Time Serve as an Adequate Deterrent for Willful Violations?"(2010. 5. 4.); '언제나 고객의 이익이 우선 한다.'(Our clients' interests always come first)는 골드만삭스의 경영 원칙을 풍자하는 것으로 보인다.

(http://www.goldmansachs.com/who-we-are/business-standards/business-principles/)

6) Pub. L. No.111-203, 124 Stat. 1376(2010).

자기계산 거래를 제한함으로써 시스템 리스크를 예방하고 심각한
이익충돌의 발생을 사전에 차단하기 위한 입법이 추진되었다.[7] 그
러나 입법을 통한 새로운 규제의 도입만으로 자본시장에 발생하는
이익충돌과 관련된 법적인 문제들을 예방하고 해결하는 데는 한계
가 존재할 수밖에 없기 때문에, 이익충돌 문제에 관한 체계적인 이
론적 연구의 필요성이 제기된다. 또한 이익충돌이 야기하는 법적,
경제적 문제들은 글로벌 금융위기이전부터 대규모의 경제위기의 주
요 원인으로 거론되어 왔다. 미국의 경우만 보더라도 2000년대 초반
의 엔론사태 당시에도 회계법인, 신용평가업자 등 게이트키퍼의 이
익충돌 문제가 지적된 바 있으며,[8] 시기를 한참 거슬러 올라가 세계
대공황 때에도 펀드의 운용과 관련된 이익충돌이 문제되어 1940년
투자자문업자법(Investment Advisers Act of 1940)이 제정되는 계기가 되
었다.[9] 브렌다이스 대법관이 한 세기 이전부터 다른 이들의 자금을
관리, 운용하는 금융기관들의 사익추구 행위의 문제점을 지적한 바
있었지만[10] 지난 100년 동안 자본시장에서의 이익충돌 문제를 해결
할 통일적인 법리가 정착되지도 않았을 뿐만 아니라 이익충돌이 야
기하는 문제가 오히려 심화된 것으로 묘사되는 현실이다.

---

7) 로마노(Roberta Romano) 교수는 대규모 금융위기를 계기로 제정된 사베인스
   -옥슬리 법 및 도드-프랭크 법은 대중적 일시적 분노를 자신의 자원으로
   활용하려는 일부 정치가들의 의도에 따라 제정되었기 때문에 일몰 기간
   이후에는 폐지나 재검토가 필요하다고 주장한다. Robert Romano(2014),
   pp.38~50; 반박 대상이 된 커피교수의 견해는 John Coffee(2012), pp.1026~1030.
8) 엔론사태를 계기로 이익충돌 문제를 게이트키퍼 실패 원인 가운데 가장
   중요한 것으로 제시하고 회계사, 기업변호사, 애널리스트, 신용평가업자
   등 각 직종에서 발생한 문제를 분석한 종합적인 연구로는 John Coffee(2006)
9) Ross & Seligman(2004), pp.59~60.
10) Louis Brendeis(1914), p.105.

나. 자본시장에서의 이익충돌에 관한 기존의 연구 성과

글로벌 금융위기를 계기로 부각된 자본시장에서의 이익충돌 문제는 언론과 정치권에서 문제가 된 개별 사안에 대한 분석과 논쟁이 중심이 되었고, 이익충돌의 개념 정의 및 범위와 이익충돌의 발생 원인을 규명하고 이익충돌이 발생한 법적 환경 및 다양한 이익충돌 사례를 종합적으로 분석하는 체계적인 연구로 이어지지는 않았다.[11] 이익충돌이란 개별적 스캔들이 발생할 때마다 그러한 문제를 야기한 금융기관이나 게이트키퍼 등 전문가 집단의 탐욕, 비윤리적 행태 그 자체와 등치되는 용어로 사용되는 경우가 많았고, 이러한 경향은 법학 연구 분야에서도 크게 다르지 않았던 것이다. 이미 많은 국가들에서는 자본시장 관련 법규에서 영업행위 규제의 일환으로 금융기관이 이익충돌을 방지하고 관리할 의무를 도입하고 있기 때문에 규제법적인 관점에서의 연구가 이미 상당히 축적되어 있기는 하지만, 금융규제적 측면에서 이익충돌 문제에 접근하는 것은 투자자 보호를 위한 영업행위 규제라는 정책적 목표를 달성하기 위한 행위 규

---

11) 예컨대 미국의 앤드류 터크(Andrew Tuch, Washington University) 교수는 투자 은행 등 금융기관과 게이트키퍼 등 자본시장에서의 다양한 참가주체들이 투자자와의 관계에서 야기하는 이익충돌의 문제의 원인을 분석하고 사법적, 규제적 해결방안을 제시하기 위하여 매우 활발한 연구를 벌이고 있다. 투자은행의 기업인수합병 자문업무 관련 이익충돌문제에 관한 델라웨어 주 법원의 판례를 신인의무 법리의 관점에서 분석한 연구로는 Andrew Tuch(2015a); 다양한 업무의 겸영과 정보교류 차단장치의 문제에 관해서는 Andrew Tuch(2014a); 투자은행에 대한 FINRA의 자율규제에 관한 실증연구로 는 Andrew Tuch(2014b); 골드만삭스 아바쿠스 사건에 관한 분석으로는 Andrew Tuch(2012); 복잡한 구조화 상품의 거래에서 나타나는 다층적 게이트키퍼 구조에 관해서는 Andrew Tuch(2010); 증권인수인의 신인의무와 책임에 관해서는 Andrew Tuch(2007); 호주에서 ASIC v. Citigroup 사건을 계기로 제기된 투자은행과 신인의무 법리에 관한 연구로는 Andrew Tuch(2005).

범을 설정하는 데 중점을 두었다는 특징이 있다.[12]

한편, 최근 들어서는 자본시장에서의 이익충돌의 문제의 발생 원인을 규명하고, 그 해결책을 모색하기 위하여 신인의무(信認義務, fiduciary duty)[13] 법리를 적극적으로 활용하여야 한다는 주장이 많이 제기되었으며, 영국, 캐나다, 호주의 학자들을 중심으로 신인의무의 개념을 재정비하고, 그 핵심을 이루는 충성의무(duty of loyalty)에 대하여 새롭게 접근하려는 시도가 활발히 이루어지고 있다.[14] 신인의무 법리는 18세기 영국의 형평법원의 판례에 기원을 두고 있는 것으로 알려져 있으며, 이제는 영미법계와 대륙법계를 막론하고 신인의무자의 사익추구 행위를 통제하는 가장 중요한 메커니즘의 하나로 자리매김하고 있지만 실제로는 각국마다 조금씩 다른 함의와 해석을 낳고 있는 상황이다. 이러한 일련의 흐름들을 통해서 각국에서 개별적으로 발전해 온 신인의무 법리를 일관성 있게 이해하고, 그에 따라 파생되는 이익충돌 금지의무의 발생원인과 효과를 체계적으로 접근할 수 있게 되었다.

신인의무 법리는 신인의무자의 수익자에 대한 이익충돌 및 이익 향수금지원칙을 포함하는 충성의무(duty of loyalty)의 내용과 효과를 규명하는 것을 핵심과제로 삼기 때문에 이익충돌 연구의 출발점으로 기능할 수 있다.[15] 그렇지만, 법적으로 규율할 필요성이 있거나 사회적 비난의 대상이 된 이익충돌 상황이 모두 신인관계에서 비롯

---

12) Luca Enriques(2005), pp.15~19.
13) 국내에서는 영미법상 'fiduciary duty'에 해당하는 용어를 신인의무라고 번역하는 것이 다수의 견해이지만(박기령(2010), 17쪽], 이중기 교수는 신인의무 법리의 핵심을 이루는 충성의무(duty of loyalty)의 측면을 강조하기 위하여 이를 충실의무로 번역하고 있다. 이중기(2011a), 311쪽.
14) 영국에서는 Joshua Getzler in Nicholas Morris et al.(2014), pp.193~208; 캐나다에서는 대표적으로 Paul Miller(2011); 호주에서는 Matthew Conaglen(2010).
15) 같은 취지, Rebecca Walker(2014), p.3.

되는 것은 아니고 신인관계로 포섭될 수 없는 거래관계에서도 정보나 전문성의 우위에 있는 일방 당사자가 상대방과 이익이 충돌하는 상황에서 당사자의 이익을 위법·부당하게 침해하는 것을 방지할 준칙을 확립할 필요성 또한 존재하기 때문에 이를 아우르는 법리가 필요하다.[16]

2. 자본시장법의 제정과 이익충돌 문제

가. 자본시장법의 제정

글로벌 금융위기의 여파가 한창이던 2009년 2월 4일 우리나라에서는 자본시장과 금융투자업에 관한 법률(이하 "자본시장법")이 시행되었다. 자본시장법은 구 증권거래법, 선물거래법, 간접투자자산운용업법, 신탁업법, 종합금융회사에 관한 법률 등 자본시장을 규율하던 다양한 금융법규을 단일의 법률로 통합하여 자본시장에 대한 규율 체제를 획기적으로 개편하겠다는 목적으로 제정되었다.[17] 자본시장법은 다양한 기능을 수행하는 금융투자업을 단일한 법체계로 규율함에 있어서 발생할 수 있는 이해상충문제 해결을 중요한 과제로 표방하고 있다. 특히 자본시장법은 기존에 금융기관을 규율하던 법률에서는 존재하지 아니하던 조문으로서 제37조 제2항을 도입하여 모든 금융투자업자에 대하여 "금융투자업을 영위함에 있어서 정당한 사유 없이 투자자의 이익을 해하면서 자기가 이익을 얻거나 제3자가 이익을 얻도록" 해서는 안 된다는 의무를 부과하였다. 또한,

---

16) 독일의 크리스토프 쿰판 교수(Christoph Kumpan) 교수는 독일 사법(私法)의 전반적 체계 내에서의 이익충돌 문제에 체계적으로 접근하는 연구 결과를 출간하였는바, 우리나라에서의 법리 형성에 참고가 될 수 있다. Christoph Kumpan(2015).

17) 재정경제부, 자본시장법 제정안 설명자료(2006), 3쪽.

자본시장법에서는 모든 금융투자업자에 대하여 "금융투자업의 영위
와 관련하여 금융투자업자와 투자자 간, 특정 투자자와 다른 투자자
간의 이해상충을 방지하기 위하여 이해상충이 발생할 가능성을 파
악·평가하고, 내부통제기준이 정하는 방법 및 절차에 따라 이를 적
절히 관리"할 의무(제44조)를 부과하고 영위하는 금융투자업간 이해
상충 발생 가능성이 큰 경우에는 정보교류와 임직원의 겸직 등을 일
정 범위 내에서 금지하고 있다(제45조 제1항, 제2항).

　나아가, 동 법에서는 기존의 개별 법률의 내용들을 발전적으로
계승하여, 투자자와의 관계에서 이익충돌 발생 가능성이 큰 집합투
자업자, 투자일임업자 및 신탁업자에 대해서는 충실의무를 부과하는
한편, 이익충돌의 발생을 사전에 예방하기 위한 다양한 영업행위 규
정들을 두고 있다. 이처럼 자본시장법은 금융투자업의 법적 성격이
나 구체적 영위양태를 불문하고 이익충돌의 발생을 관리하고 고객
의 이익을 우선시 할 의무를 부과하는 등 높은 수준의 규율을 부과
하고 있으나, 아직까지는 금융기관이 이익충돌 상황에서 투자자에
대해서 부담하는 의무의 내용과 수준에 대해서는 본격적 논의가 이
루어지지 않고 있다.

나. 자본시장에서 이익충돌에 관한 국내의 인식

　자본시장법이 시행 된지 이미 수년이 지났음에도 불구하고, 자본
시장에서의 이익충돌 문제의 발생 원인과 해결 방안에 관한 연구는
아직까지 충분하다고 보기 어렵다. 우리 법체계전반에 걸쳐 이익충
돌에 관한 다양한 조문들이 산재되어 있음에도 불구하고, 이익충돌
문제의 발생 원인이나 법률적 정의에 관한 합의된 견해는 존재하지
않는다. 이러한 사정은 모두 영어로는 'conflict of interest'라는 동일한
법적 상황을 지칭함에도 불구하고, 이해상반(민법, 신탁법), 이해상

충(부정청탁 및 금품등 수수의 금지에 관한 법률안, 자본시장법), 이
해충돌(공직자윤리법), 이익충돌(변호사법) 등과 같이 서로 다른 용
어를 쓰고 있는 데서 잘 드러난다.

　자본시장법은 입법과정에서부터 이익충돌 문제의 해결이 중요한
과제로 대두되었기 때문에 법률이 시행되기 이전부터 특히 금융기
관의 이익충돌에 관한 연구 및 조사보고서가 다수 발간되었다.[18] 동
보고서들에서는 자본시장법 제정에 따라 단일 금융기관이 다양한
금융투자업을 영위하면서 발생할 수 있는 이익충돌 문제를 전제로
하여 이를 해결하기 위한 정책적 해법을 소개하는 데 많은 비중을
할애하고 있다는 특징이 있다. 이러한 인식을 토대로 학계에서도 주
로 금융투자업자의 겸영문제 또는 정보교류 차단장치를 주제로 하
는 연구 성과가 축적되었다. 그 대표적인 예로서, 자본시장법을 계
기로 도입된 자본시장법 제44조 및 제45조와 관련된 이해상충 관리
시스템, 특히 정보교류차단장치에 관한 선행 연구들이 존재한다.[19]

---

18) 자본시장법안 제출 이후 새롭게 도입된 이익충돌 규제의 의의 및 구체적
　　내용에 관해서는 김필규 외(2008), 일본 금융상품거래법상 겸업주의의 제
　　한을 소개하고 증권사의 자산운용업 겸영과 관련한 자산운용업자 관점에
　　서의 제한적 허용론을 담은 견해로는 권종호 외(2006); 겸영을 허용함으로
　　인해서 발생할 수 있는 정책적인 고려사항들 및 영미 사례연구로는 구본
　　성 외(2006)를 참고하였다.
19) 미국에서 자산운용업과 증권업의 겸영 제한에 관한 연구로는 장근영(2006),
　　영국에서의 겸업주의와 정보교류 차단장치에 관한 연구로는 김용재
　　(2010a); 미국에서의 은행업과 증권업의 겸영에 관한 연구로는 김용재
　　(2007b), 김용재(2010b); 각국의 정보교류차단장치에 관한 비교연구와 자본
　　시장법 제45조의 정보교류 차단장치의 구체적 내용 관한 상세한 소개로는
　　이수정(2011), 자본시장법 제정안에서 도입된 이해상충 방지 관련 규제에
　　관한 전반적 고찰로는 함철성(2008), 박재홍(2011); 정보교류차단장치의 의
　　의와 영미 금융기관에서의 실무적 운용양상에 관해서는 김유니스·남유선
　　(2009) 등의 연구를 참고하였다.; 일본에서도 비슷한 시기에 금융시장에서 발
　　생하는 이익충돌 문제에 대한 효과적인 규제방안에 대한 연구가 많이 축적

또한 집합투자업이나 투자중개업 등 특정 금융투자업을 영위하는 과정에서 발생할 수 있는 이익충돌 문제를 금융규제법적인 관점에서 조망하려는 연구도 많이 진행되었다.[20]

한편, 최근 들어 우리나라에서도 투자은행의 이익충돌이 문제된 사례들이 언론을 통해서 보도되기 시작하였으며,[21] 동양 사태와 관련된 신용평가업자의 이익충돌 문제는 감독당국의 검사 대상이 되어 실제로 징계조치가 취해지는 등 기존의 법률해석론만으로는 설명하기 어려운 자본시장 참가자들의 이익충돌 문제가 계속 대두되고 있다.[22] 또한 2015년 대법원에서는 주가연계증권 발행사의 헷지거래로 인한 투자자와의 이익충돌 상황에서 증권회사가 고객보호의무를 진다는 취지의 판결이 선고되었고,[23] 자산운용사가 수행한 파킹거래에 대한 중징계가 이루어지는 등[24] 사법적 통제의 측면에서나 금융규제적 측면에서 모두 이익충돌 문제가 중요한 쟁점으로 부

되었다. 주된 선행연구로는 利益相反研究會(2009a), 利益相反研究會(2009b), 金融取引におけるフィデュシャリー研究會(2010), 金融法律研究會(2010) 등을 참고하였다.

20) 집합투자업에 관해서는 비용규제에 관한 연구로는 김병연(2008); 미국에서의 이해관계자 거래 제한에 관해서는 박삼철 외(2015); 투자일임·집합투자업·신탁업간 규제 차이에 관한 연구로는 김은집(2015); 투자매매·중개업에 관해서는 특히 최선집행의무의 도입과 관련하여 장근영(2013), 이영철(2014) 등의 최신 연구가 존재한다.

21) 머니투데이, 현대차-골드만삭스 핫라인 깨졌다(2014. 11. 6); 더벨, 현대차 밉보인 골드만삭스, 이노션 숏리스트 배제(2014. 10. 29).

22) 한국경제, 3대 신평사 대표 '문책경고' 중징계…금융위 "신용평가 직원이 영업"(2015. 4. 15).

23) 대법원 2015. 5. 14. 선고 2013다2757 판결; 민사소송에서 문제가 된 행위와 유사한 거래를 한 다른 증권회사 소속 개별 트레이더의 자본시장법 제176조 위반으로 인한 형사책임을 인정한 대법원 판결은 대법원 2015. 6. 11. 선고 2014도11280 판결.

24) 연합뉴스, "채권파킹" 맥쿼리운용 3개월 영업 일부정지(2015. 1. 28).

각되고 있다.

이러한 현실과 관련하여, 학계에서도 자본시장법 제44조 및 제45조와 관련된 내부통제 문제를 넘어서서 자본시장 전반에 걸친 이익충돌 문제에 관한 관심이 높아지고 있다. 또한, 글로벌 금융위기 이후로는 투자은행들이 과도한 사익을 추구하기 위하여 고객의 이익을 희생하거나,[25] 게이트키퍼가 전문성·독립성이 결여된 서비스를 제공하는 현상에 대해서도 국내의 연구성과가 계속해서 축적되고 있다.[26] 특히, 최근 들어서는 충실의무의 법리를 자본시장법을 비롯한 금융법 분야에 전반적으로 적용해야 한다는 주장이 제기되거나, 금융기관이 투자자에 대해서 부담하는 주의의무의 법적인 성격을 규명하고자 시도하는 등 금융시장에서의 이익충돌 문제를 다룰 수 있는 이론적 토대가 마련되고 있다.[27] 이러한 연구 성과들에서는 금

---

[25] 투자은행이 다양한 업무를 수행하는 과정에서 발생할 수 있는 이익충돌 문제를 최초로 제기한 연구로는 김화진(2007); 글로벌 금융위기를 계기로 제기된 투자은행의 이익충돌 문제를 포함한 종합적 연구로는 김화진(2013); 투자은행이 영위하는 업무의 성격에 따른 이익충돌 문제의 양상을 분석한 연구로는 하상석(2011).

[26] 글로벌 금융위기와 관련하여 금융기관과 게이트키퍼의 이익충돌 문제를 언급하고 있는 국내 문헌으로는 박준(2008), 23쪽 이하; 박준(2011b), 66쪽 이하.

[27] 자본시장법 제정을 계기로 금융기관에 대해서 전면적인 소위 '자금수탁자의 의무(fiduciary duty)'를 도입해야 한다는 주장은 김은정·정경영·(2007), 김용재(2007) 및 김용재(2009); 금융법을 비롯한 사법분야 전반에 걸쳐서 충실의무 법리를 확대적용해야 한다는 주장은 이중기(2011b); 충실의무 법리의 도출 근거로서 민법상 위임법리 및 신의칙에 관한 연구로는 이중기(2011a); 회사법상 이사의 의무 및 수탁자의 의무에 관한 비교연구로는 이중기(2015a); 도드-프랭크 법 제정 관련 미국에서 투자매매·중개업자에 대한 신인의무 확대론을 소개하고 있는 국내 문헌으로는 이채진(2010); 금융투자업자가 부담하는 주의의무에 관한 전반적 연구로는 김용재(2013a); 투자자문업자의 주의의무에 관해서는 안수현(2009) 및 이채진(2009); 자산운용업자가 고객 자금을 운용함에 있어서 부담하는 주의의무의 구체적 내용에 관한 연구로는 맹수석(2005); EU, 미국과 독일의 실정법 및 판례를 소개함

융기관이 업무를 영위함에 있어서 투자자를 상대로 부담하는 의무의 법적인 성격을 일반적인 사법 법리의 관점에서 재조명하고 있기 때문에 금융규제법의 측면과 거래관계를 규율하는 사법적 법률관계의 내용이 상호 영향을 미치는 가운데 발전할 수 있는 가능성이 생겨난다.[28][29]

으로써 집합투자업자 등의 신인의무의 내용을 규명하려는 연구로는 정대익(2010), 정대익(2015)을 참고하였다.

28) 공법 분야에서는 공직자의 윤리와 관련된 분야 및 변호사법상 수임제한 등 과 관련된 이익충돌 연구가 진행되었다. 공직자윤리법에서는 지난 2009년 공익과 사익의 이해충돌을 방지하기 위한 조문을 입법화 하였고, 특히 '부정 청탁 및 금품 등 수수의 금지에 관한 법률'(일명 '김영란법') 제정 과정에서 법안 단계에서는 공직자의 이익충돌에 관한 내용이 포함되었기 때문에, 이를 계기로 각국의 공직자 윤리 관련 이해상충 방지 법제에 관한 조사 및 보고서 발간이 이루어지기도 하였다. 한국법제연구원, 주요외국의 부정청탁 및 이해충돌 방지 관계법령 I·II·III·IV·V, 한국법제연구원, 2012.

29) 법조윤리와 관련해서는 변호사의 이익충돌에 관한 연구가 활발히 진행되었지만 아쉽게도 변호사법상 수임제한 규정의 해석론에 한정된 경향이 있다. 필자가 검토한 변호사의 이익충돌에 관한 문헌은 다음과 같다. 김제완, "이익의 충돌에 의한 수임 제한과 변호사의 윤리", 인권과 정의 제330호(2004); 이상돈, "변호사의 이해충돌방지의무-미국변호사협회 모델규칙과 관련 판례를 중심으로", 법학논문집 제2호(2009); 이상수, "차단막을 이용한 이익충돌 회피", 법과 사회 제36호(2009); 정형근, "변호사와 의뢰인의 수임관계에 관한 고찰", 외법논집 제34권 제4호(2010); "변호사의 이익충돌회피의무", 경희법학 제46권 제2호(2011); 이태영, "변호사의 이익충돌회피의무-현재 의뢰인 사이의 이익충돌을 중심으로", 법조 제61권 제9호(2012); 이중기, "법무법인에 발생하는 이익충돌과 충실의무: '준수탁자'로서의 법무법인", 홍익법학 제14권 제4호(2013); 손창완, "변호사와 의뢰인과의 이익충돌과 변호사의 의무", 법학논총 제33집 제1호(2013).

제2절 연구의 대상과 목적

1. 연구의 대상과 목적

가. 연구의 대상

이 책에서는 자본시장에 참가하여 거래를 수행하는 당사자들 간에는 이익충돌이 항시적으로 발생할 수 있다는 점을 전제로 하여, 이러한 상황에서 금융기관이 투자자의 이익보다 자신의 이익을 앞세우거나 투자자의 이익을 위법·부당하게 침해하는 행위를 규율할 수 있는 법리에 관하여 연구한다. 자본시장은 은행의 전통적 여수신과는 달리 금융상품 및 시장환경에 대한 정보를 바탕으로 하는 의사결정들이 끊임없이 이루어지는 곳이기 때문에 특히 이익충돌이 발생할 가능성이 높다.[30] 자본시장에서 발생하는 금융거래에는 금융기관, 투자자, 자본조달을 위하여 증권을 발행하는 회사, 게이트키퍼 등 다양한 당사자들이 참여하게 되고, 거래 대상 금융투자상품의 종류도 무척 다양하기 때문에 해당 거래에서 특정 당사자가 이익을 취하면 다른 당사자가 손해를 보게 될 가능성이 상존한다.

이하에서 상술하듯이 이 책에서는 이익충돌이라는 용어를 통상의 용례에 따라 각 당사자의 이익이 불일치하는 현상을 기술하는 개념으로 사용한다. 그렇다면, 자기책임의 원칙에 따라 자신의 이익을 우선적으로 추구하는 행위가 당연히 허용되어야 하는 자본시장의 거래관계에서 이익충돌은 일종의 상수와 같은 존재일 것이나, 그러한 상황에서 특정 당사자가 취한 행위는 사회적 비난의 대상이 되거

---

30) Sue Jeffer *et al.* in Nicholas Morris *et al.*(2014), pp.51~55.

나 때로는 법적인 책임으로 연결되기도 한다. 본 논문에서는 이러한 점에 착안하여 당사자 간의 법률관계의 성격에 따라 이익충돌 상황에서의 서로 다른 행위규범이 도출된다는 점을 밝히고, 그러한 행위규범의 내용을 규명함으로써 이익충돌 문제에 대한 종합적 접근을 시도한다.

본 연구에서는 자본시장에서 발생하는 이익충돌 가운데 이제까지 법적, 사회적 문제를 주로 야기하였던 금융기관과 투자자간의 관계에 초점을 맞추었다. 예컨대 발행회사와 투자자사이에서도 이익충돌이 존재할 수 있으나 이 문제는 이미 회사법의 영역에서 경영진과 주주의 이익충돌, 주주와 사채권자간의 이익을 규율하는 고유한 법리가 발전해 왔기 때문에 별도로 다루지 않는다.[31] 한편, 게이트키퍼는 명성중개 기능을 담당하는 전문직종 종사자들로서 발행회사의 위법행위를 억제하도록 기대되지만 발행회사로부터의 보수 또는 사업기회 등을 추구하기 위하여 오히려 위법행위에 조력함으로써 투자자들의 이익침해를 야기한 이익충돌이 주로 문제가 되었다. 게이트키퍼의 이익충돌 문제는 최대한 많은 보수 또는 사업기회를 제공받으려는 게이트키퍼의 이익 및 가장 좋은 조건으로 자금을 조달받으려는 발행회사의 이익과 이러한 정보를 이용해서 발행회사의 증권에 투자하려는 투자자의 이익이 충돌하는 상황 하에서 게이트키퍼의 과도한 사익추구를 통제하는 것을 의미할 것이다. 다만, 게이트키퍼도 금융기관과 마찬가지로 정보와 전문성의 우위에서 이를 악용하여 이익충돌 문제를 야기한다는 공통점이 있지만 각 직종별로 발생하는 이익충돌의 원인과 양상이 상이하고 기존 연구[32]가 이

---

31) 회사법에서의 이익충돌에 관해서는 Reinier Kraakmann 외, 김건식 외 역 (2014); 주주와 사채권자의 이익충돌에 관해서는 윤영신(2007); 주주간 이익충돌에 관해서는 이중기(2015b), 251~254쪽.

32) 게이트키퍼의 이익충돌에 관해서는 Jennifer Payne in Niahm Moloney *et*

미 상당히 축적되었기 때문에 이 책에서 깊이 다루지 않는다.

본 연구에서는 금융기관과 투자자간 법률관계의 특징에 따라 자본시장에서 금융기관이 제공하는 업무를 투자매매업무, 투자중개업무, 자산운용수탁업무, 금융자문업무 및 투자권유행위로 나눈 다음, 각 업무의 양태별로 발생하는 전형적인 이익충돌 국면에서 금융기관이 부담하는 의무의 수준이 높은 것에서부터 낮은 것으로 아래와 같이 재분류하였다. 이러한 분류는 자본시장에서 발생 가능한 이익충돌의 태양을 발생원인, 즉, 금융기관의 대고객 관계의 사법적 성격에 따라 귀납적으로 유형화 한 것이며 자본시장 진입규제 목적상 분류한 금융투자업의 범위와 정확히 일치하는 것은 아니다. 따라서 은행이 자기계산으로 하는 장외파생상품 거래, 보험회사의 자산운용행위, 은행과 보험회사의 금융투자상품 투자권유행위도 모두 분석대상에 포함했으며, 증권회사나 자산운용사의 영업행위 가운데 이익충돌과 무관한 문제는 논의 대상에서 제외하였다.

A-1 자산운용수탁업무 - 신탁업, 투자일임업, 집합투자업

A-2 금융자문업무 - 기업인수합병 자문, 투자자문업

B-1 투자중개업무 - 장외거래에서 및 장외거래에서의 주문 체결 및 집행

B-2 투자매매업무 - 자기계산으로 하는 매매거래

B-3 투자권유행위 - 금융상품의 투자 및 계약체결 권유행위, 애널리스트의 조사분석보고서 작성·배포 행위

상기 분류에 따라 자본시장에서의 금융기관의 업무수행 양태에 따른 이익충돌 문제를 유형화 해 본 결과, 이익충돌 발생자체를 금지하거나 회피하여야 할 신인의무 법리가 적용되는 법률관계(A 유형)와, 금융기관이 자신의 이익을 우선적으로 추구하는 것이 원칙적

al.(2015), pp.254~279; Niamh Moloney(2014), ch.7.

으로는 정당화 되나 예외적으로 투자자와의 이익충돌 상황에서 고객의 이익을 염두에 두고 행위 할 의무를 부담하는 법률관계(B 유형)로 분류할 수 있었다. 각 유형 내에서도 이익충돌과 관련하여 고객에 대해서 부담하는 의무의 수준에 따라 자산운용수탁업무, 금융자문 제공업무, 투자중개업무, 투자매매업무 및 투자권유행위로 다시 세분화 하여 논의를 전개하였다. 이러한 분류는 신인의무자로 분류되는 금융기관과 신인의무자로 단정하기 어려운 금융기관을 선험적으로 이분화 한 것이라기보다는 제2장과 제3장에서 살펴보는 바와 같이 각 법률관계의 사법(私法)적 특성 및 고객과의 관계에서 관찰되는 재량, 권한, 신뢰, 보호의 필요성 등 다양한 속성을 종합적으로 고려하여 유형화 한 것임을 밝힌다.

나. 연구의 목적

이 책은 글로벌 금융위기 및 자본시장법의 제정을 배경으로 대두된 자본시장에서의 이익충돌 문제를 해결하는 법리를 규명함으로써 다음과 같은 목적에 기여하기를 희망한다.

첫째, 본 연구를 바탕으로 자본시장에서 상존하는 이익충돌 국면에서 일방 당사자가 오로지 사익을 추구하지 않고 상대방의 이익을 염두에 두고 특정한 행위를 하거나 하지 않을 의무가 있는지 여부 및 그러한 의무의 구체적 내용을 규명하고자 한다. 이를 통하여 이제까지 회사법, 신탁법, 금융규제법, 민법 등 사법(私法)분야의 각 영역에서 분절적으로 연구되어 온 이익충돌 문제에 대한 통합적 연구의 단초를 제공하는 데 기여하는 것을 목적으로 한다. 따라서 금융규제법적 측면에서 구체적인 조문들의 해석론에 초점을 맞추기 보다는 일반 사법(私法)분야에서도 적용될 수 있는 확장성을 갖춘 법원리를 도출하고자 한다. 자본시장에서 활동하는 각 당사자들 간의 관계는 금융규제법에 따른 의무를 부과하고 책임을 설정함으로써 규율될 수는 있겠지만, 구체적인 규제법규가 존재하지 않더라도 적용될 수 있는 권리의무 관계와 책임에 관한 일반적 사법(私法)법리 내용을 밝히는 것이 필요하기 때문이다. 전자와 후자는 규율의 대상과 목적에서 차이를 두면서도 상호 작용을 하면서 발전해 왔지만, 후자에 대한 고민이 선행되지 않고는 규제법규의 해석론과 입법론이 발전하기는 어렵다고 생각한다.[33]

둘째, 이 책은 이익충돌 문제를 이해하는 출발점으로서 신인의무 법리에 관한 이해를 제고하는 것을 목적으로 한다. 최근 들어 영미 법학계에서는 신인의무 법학의 부흥이라고 부를 수 있을 정도로 연구 성과들이 급속히 축적되고 있는 만큼, 이를 토대로 신인의무 법리의 내용을 재구성 하고자 한다. 우리나라에서도 회사법상 이사의 충실의무, 신탁법상 수탁자의 충실의무에 관한 해석론을 중심으로 신인의무 법리의 연구가 상당히 진척되었지만, 신인의무 부과 근거로서 신인관계의 성립 여부 및 그 특징에 대해서는 연구가 부족하다. 신인의무자에게 적용되는 이익충돌금지원칙(no-conflict rule)은 신인관계 성립을 전제로 부과될 수 있는 것인 바, 그 선결조건으로서 신인관계 및 신인의무 법리의 특징에 관하여 검토하였다.

셋째, 본 연구를 통해서 금융기관이 매매거래 등 독립당사자거래에서나 그 연장선상에 있는 것으로 이해되던 투자권유행위 등을 함에 있어서 자신의 이익과 투자자의 이익이 교차되는 지점에서 준수해야 하는 행위준칙을 규명하고자 한다. 독립당사자간 거래 관계에서는 불공정거래행위를 규율하는 법규 또는 금융상품의 특성을 고려한 금융소비자보호목적의 규제법규를 준수하는 한도에서는 금융기관이 자신의 이익을 추구하는 것이 허용되어야 할 것이며, 이러한

---

33) 같은 취지, 박준 외(2013), 10~11쪽, 박준 발언부분.

관계에 대해서 신인의무를 확대적용하자는 주장을 받아들이기는 어렵다. 그러나 기존의 불공정거래규제 또는 금융소비자보호 규제만으로는 이익충돌 상황에서 금융기관의 위법·부당한 이익추구 행위를 규율하기 부족한 측면이 있으므로 이를 보완, 발전하기 위한 법리를 모색하고자 한다.

넷째, 자본시장에서 이익충돌 문제를 규율하는 법원리를 토대로 우리나라의 자본시장법상 이익충돌 관련 조문들을 체계적으로 해석하는 데 기여하고자 한다. 자본시장법에서는 이익충돌 문제를 중요하게 인식하여 모든 금융투자업자에 대하여 적용될 수 있는 고객이익 우선의무와 이익충돌 관리의무를 일반적 영업행위 규정으로 도입하였으며, 각 금융투자업자의 이익충돌 문제를 규율하는 구체적 불건전 영업행위 금지 규정과 그 위반에 대한 형사적, 행정적, 민사적 제재에 관한 규정들이 망라되어 있기 때문에 자본시장에서 이익충돌에 관한 사법적 법원리가 실정법상 어떻게 구현되고 있는지 확인할 수 있는 기회를 제공해 준다. 또, 최근에는 실제로 금융기관이 자본시장법상 이익충돌에 관련된 법규를 위반하여 제재 또는 소송으로 이어지거나 민사, 형사상 책임이 인정된 사례들이 발생하고 있기 때문에, 각 조문에서 상정하고 있는 법률관계의 성격을 분석하고, 각 법률관계에서 도출될 수 있는 구체적 의무의 내용을 규명함으로써 이러한 조문들이 현실에서 규범력을 발휘할 수 있도록 기여하고자 한다.

2. 연구의 체계와 용어의 정의

가. 연구의 체계

이 책은 이러한 목적을 달성하기 위하여 다음의 순서로 구성하였다. 이하 제1장에서는 이익충돌의 개념적 정의와 그 발생 원인에 대하여 살펴본다. 특히 제1장에서는 이익충돌금지원칙의 바탕을 이루는 신인의무 법리에 관한 일반론적 검토도 함께 진행할 예정이다.

이어지는 제2장과 제3장에서는 자본시장에서 금융기관과 투자자 간의 이익충돌 문제를 발생 원인별로 분류하여 각각의 경우 발생하는 이익충돌의 양상을 분석하고 이익충돌이 문제된 사례 및 해결방안에 관하여 검토한다. 제2장에서는 신인의무 법리가 적용되는 금융투자업무를 영위하는 과정에서 발생하는 이익충돌의 문제를 다루고, 제3절에서는 신인의무 법리가 적용되지 않는 금융투자업무에서의 이익충돌 문제에 관하여 검토한다. 이익충돌의 관점에서는 신인의무 법리가 적용될 수 있는 법적 관계에 해당하는지 여부에 따라 금융기관이 자신의 이익을 투자자의 이익보다 우선적으로 추구하는 이익충돌의 발생 자체를 제한할 것인지, 아니면 필연적으로 발생할 수밖에 없는 이익충돌 상황에서 고객의 이익을 위법·부당하게 침해하는 행위만을 규율할 것인지 다른 결론이 도출될 것이다.

마지막으로 제4장에서는 현행 자본시장법상 이익충돌에 관한 규제를 전반적으로 검토함으로써, 제2장과 제3장에서의 분석을 토대로 도출된 이익충돌 문제 해결의 법리가 어떻게 구현되고 있는지 살펴보고 미진한 점과 개선 방안에 관하여 논의한다.

나. 용어의 정의 및 문헌의 인용

이 책에서 사용하는 용어들 가운데 일부에 대해서는 우리나라에서 아직 그 의미에 대해서 명확한 이해의 합치가 이루어지지 않았다. 같은 단어를 사용하더라도 서로 다른 개념을 지칭하는 경우도 있고, 같은 개념을 지칭함에도 불구하고 실정법상 일관성이 결여된 법령용어가 사용되고 있다. 전자의 대표적인 예로는 상법상 주식회사의 이사 및 신탁법상 수탁자의 충실의무를 꼽을 수 있고, 후자의 대표적인 예로서는 'conflict of interest'를 가리키는 이익충돌(변호사법), 이해상반(민법), 이해상충(자본시장법)과 같은 단어가 있다. 이하 본 논문에서는 자주 사용되는 단어들의 용법을 통일하여 혼란을 최소화하고자 시도하였다.

우선, 영국과 미국, 캐나다, 호주, 뉴질랜드 등지에서 공통적으로 사용하는 fiduciary duty 또는 fiduciary obligation라는 용어는 "신인의무"로, fiduciary law는 "신인의무 법리"로, fiduciary relationship은 "신인관계"라고 번역하였다. 신인의무를 부담하는 fiduciary는 자연스럽게 "신인의무자"로 번역하였으며, beneficiary는 맥락에 따라 "수익자" 또는 "투자자"라는 표현을 사용하였다. 우리나라 및 일본에서 모두 신인의무 대신 수임자(受任者)의무와 같은 표현을 사용하는 경우가 종종 있으나,34) 민법상 위임계약에 따른 선관주의의무를 부담하는 수임인과 혼동의 우려가 있고, 신인관계에 내포된 신뢰와 신임, 재량과 권한과 같은 다양한 속성을 조금이라도 잘 표현하기 위해서 '신인(信認)'이라는 단어를 사용하기로 하였다.

신인의무자가 부담하는 핵심적인 의무로서 duty of loyalty는 우리 실정법 및 판례법상 사용되는 충실의무와 구별을 위해서 "충성의무"라고 번역하고 필요한 곳에 영문을 병기하였다.35) 신인의무자가 부담하는 의무가운데 duty of care는 "주의의무"라고 번역하고 영문을 병기하였으며, 우리나라 실정법규에 사용된 용어를 의미할 때는 용례에 따라 선관주의의무, 선량한 관리자의 주의의무라고 표현하였다. 또 필요한 경우 '본래적·원형적 신인의무' 또는 '영미에서 발전한

---

34) 박기령(2010), 16~17쪽; 일본에서의 번역어에 관해서는 植田 淳(1997), p.17.
35) 실정법상 충실의무와 구별되는 duty of loyalty를 충성의무(duty of loyalty)라고 표현하는 방식은 김건식(2015), 384쪽에서 참고하였다. 같은 취지로 이영종, 비교사법학회(2015), 186쪽; 김용재(2013a), 45쪽.

신인의무'와 같은 표현을 사용하였는데 이는 수탁자 모델을 중심으로 발전한 엄격한 신인의무 법리를 미국에서 델라웨어 형평법원을 중심으로 발전한 주식회사 이사의 신인의무 법리와 구별하기 위함을 밝힌다. 이와 관련하여, 본 논문에서는 신인의무자가 부담하는 충성의무(duty of loyalty)의 내용을 이루는 구체적인 법원칙으로서의 'no-conflict rule'은 '이익충돌금지원칙'으로, 'no-benefit rule'은 '이익향수금지원칙'으로 통일하여 사용하고 필요시 영문을 병기한다.

다음으로 이 책에서 핵심적인 연구과제로 삼은 'conflict of interest'는 국내 실정법상 달리 규정된 사항을 인용하는 경우를 제외하고는 '이익충돌'로 통일하였다. 이해상반 또는 이해상충 등의 용어도 본질적인 의미상 큰 차이는 없지만 문자의 중복을 피하면서, 가장 사전적 용례에 가깝도록 의도한 것이다. 현행 자본시장법 및 은행법 등 금융관련 법령에서는 이해상충이라는 용어를 사용하고 있지만, 이익과 손해를 아울러 의미하는 이해(利害)라는 단어[36]보다는 한 당사자가 타방 당사자의 이익을 침해한다는 점을 강조하기 위하여 이익이라는 단어를 선택하였다.

본 책의 각주에서는 저자의 이름과 문헌의 발행연도, 인용면수를 병기하는 방법으로 참고문헌 목록에 소개한 저서 및 논문, 발표문 및 기타 출판물 등을 인용하였다. 참고문헌에서는 각주에서 인용한 해당 문헌들을 특정하기 위한 목적으로 각주에서 어떻게 표기하였는지를 각 문헌 목록의 말미에 부기하였다.

---

36) 국립국어원 표준국어대사전에서는 이해를 "이익과 손해를 아울러 이르는 말"로 정의하면서, "이제는 노사간의 이해를 떠나 단결할 때이다/그는 무슨 말이든 이해로 따지기 전에 옳고 그름으로 따진다."는 예문을 제시한다. 한편, 동 사전에서는 '이익'을 '물질적으로나 정신적으로 보탬이 되는 것'으로 정의하고 "이익을 보다/이익을 내다/그는 자신에게 이익이 되지 않는 일은 아무리 사소한 일이라도 무참하게 거절했다."는 예문을 제시하고 있는데, 이를 비교해 볼 때 이익충돌이 더욱 적절한 용례라고 생각하였다.

제1장
이익충돌의 개념과 발생원인

제1절 이익충돌의 개념

1. 이익충돌의 정의

가. 이익충돌의 정의에 관한 선행 연구

(1) 이익충돌의 개념 정의

이익충돌 문제는 자본주의 사회의 분업화 증대, 전문성 강화에 따른 비교적 최근의 현상으로 이해되는 경향이 있지만,[1] 이에 대한 철학적 연구의 기원은 칸트까지 거슬러 올라간다. 임마누엘 칸트에서 비롯된 전통적인 견해에서는 타인과의 관계에서 자신의 이익을 앞세우거나 기회주의적인 행동을 하는 것은 타인을 목적 그 자체가 아닌 본인의 이기심을 만족시키기 위한 수단으로서 이용하는 것이기 때문에 올바른 의사결정으로 이어질 수 없게 되며 윤리적 의무에 어긋난다는 점을 강조하였다.[2] 전통적 견해에 따르면 이익충돌은 윤리적으로 바람직하지 않은 것으로서 금지되거나 통제되어야 하는 대상으로 생각되었다.[3] 20세기 초반까지만 하더라도 영국과 미국의 판례에서도 이익충돌 문제에 관한 도덕적인 시각이 지배적인 견해를 이루었고[4] 여전히도 일부 학자들은 이익충돌을 금지하는 신인의

---

1) Black's Law Dictionary에 "conflict of Interest"라는 용어가 표제어로 등장하기 시작한 것은 1979년이라고 한다. Wayne Norman and Christ MacDonald, in George Brenkert and Tom Beauchamp(2010), p.444.

2) 임마누엘 칸트, 백종현 역(2012).

3) Wayne Norman and Christ MacDonald in George Brenkert and Tom Beauchamp(2010), pp.441~449.

4) 대표적인 것으로는 Meinhard v. Salmon, 164 N.E. 545(N.Y. 1928). 카르도조 (Cardozo) 판사는 '수탁자는 시장바닥의 도덕보다는 엄격한 데에 구속을 받

무의 핵심적 요체를 칸트적인 덕성 또는 이타적인 행동 규범이라고 이해하는 경향이 존재한다.[5]

　1980년대 이후에는 응용윤리학분야 및 그 영향을 받은 경영윤리학계(business ethics)의 마이클 데이비스(Michael Davies) 교수와 존 보트라이트(John Boatright) 교수는 여러 차례의 논쟁을 통해 이익충돌에 관한 표준적인 정의를 확립하고자 하였다.[6] 마이클 데이비스 교수는 1981년 발표한 논문에서 이익충돌의 구성요소들을 정식화하고자 시도하였으며, 해당 연구는 이익충돌을 윤리적 옳고 그름의 영역에서 당사자간의 관계를 조정하는 문제로 인식할 수 있도록 전환한 계기가 되었다고 평가된다.[7][8] 데이비스 교수는 이익충돌을 (i) 어떤 사람이 다른 사람의 사무(service)와 관련하여 판단을 수행하도록 요구되는 관계에 놓여있으며, (ii) 그가 그 관계 속에서 적절한 판단을 수행하는 데 자신의 이익이 개입되려는 경향이 있는 상황으로 정의하였고,[9] 이익충돌에 처해있는 사람에 대해서 그 자체로 나쁜 평가를 내릴 수 없다고 하였다.[10] 한편, 보트라이트 교수는 이익충돌은 다른 사람을 위하여 행위 할 의무를 부담하는 자의 사익추구 행위라고 정의하면서 이익충돌이라는 용어 자체에 가치 평가가 내재되어 있는

　는다. 단순히 정직함뿐만 아니라 엄정한 명예가 가장 중요한 행위규범이다'라고 판시한 바 있다.

5) Irit Samet in Andrew Gold and Paul Miller(2014), p.126; Peter Birks(2000), p.3 ; Neil Luebke(1987), p.74.

6) 데이비스 교수와 보트라이트 교수의 논쟁을 통해 형성된 내용이 이익충돌에 관한 표준적 정의로 받아들여지고 있다는 견해로는 Remus Valsan(2012), p.166; Michael Davies in Michael Davies et al.(2001), pp.3~19.

7) Wayne Norman and Christ MacDonald in George Brenkert and Tom Beauchamp(2010), pp.441~449.

8) Michael Davies(1982), p.22; John Boatright(1993), p.12.

9) Miihael Davies(1982), pp.17~27.

10) Michael Davies in Michael Davies et al.(2001), p.13.

것으로 파악하였다.[11]

최근 들어서는 행동경제학 및 심리학을 중심으로 자본시장에서의 이익충돌의 문제에 접근하는 연구 성과가 축적되었다.[12] 2000년대 초반 엔론 스캔들을 계기로 돈 무어(Don Moore) 교수, 맥스 베이저만(Max Bazerman) 교수 등은 이익충돌을 타인을 위해서 판단이나 행위를 수행하는 자가 특정한 상황에서 사익을 추구하는 행위라고 정의를 내리고 이러한 현상이 발생하는 원인과 그로 인한 폐해에 관하여 심리학/행동경제학적 분석을 실시하였다. 이들 연구에 따르면, 이익충돌이란 합리적 선택론자들이 주장하는 바와 같이 고의적인 선택의 결과이거나, 부패의 문제에 국한되지 않는다. 이들은 허버트 사이먼(Herbert Simon) 교수가 고안한 제한된 합리성(bounded rationality)의 개념에 착안한 '제한된 윤리성(bounded ethicality)'이라는 개념에 바탕을 두고, 인간이 윤리적으로 중요한 의사결정을 할 때 자기자신의 이익을 우선적으로 추구하는 것은 그 사람의 판단이나 동기형성에 있어서 당사자들이 인지하지 못한 가운데 무의식적·자동적으로 발생할 수밖에 없는 현상이라는 점을 강조한다.[13] 행동경제학 분야에서의 연구는 타인을 위하여 행위 또는 판단을 하는 금융기관이나 게이트키퍼 등이 이익충돌이라는 상황에 처해진 것만으로도 편향된 사적이익 추구 경향이 있다는 주장으로 귀결되기 때문에, 신인의무

---

11) John Boatright(2000), p.202.

12) Don Moore *et al.*(2005), pp.74~132.

13) 이들은 인간의 의사결정 과정은 사적 이익을 실행하는 자동 프로세스와 숙려를 통한 의무의 이행이 이루어지는 통제 프로세스로 구성되는데 그 과정에서 사적 이익과 직업적 책무가 충돌하는 경우에는 인지의 영역 바깥에 존재하는 자동 프로세스를 통해서 사적 이익이 우선적으로 관철될 수밖에 없기 때문에 이익충돌이 만연하다는 점을 지적하고 있다. Dolly Chugh *et al.* in Don Moore and George Lowenstein(2004), p.189; Don Moore and Lowenstein(2004), p.191.

자 또는 게이트키퍼의 이익충돌을 엄격하게 규율해야 한다는 정책
의 근거가 되고 있다.[14]

(2) 본인-대리인 문제와의 구별

종종 이익충돌은 본인-대리인 문제와 유사하거나 동일한 것으로
이해되는 경향이 있다. 물론 본인-대리인 관계에서 이익충돌이 발생
할 가능성이 높은 것은 사실이지만,[15] 이익충돌이란 양 당사자간의
이해관계가 불일치하는 상황을 일반적으로 지칭하는 데 비하여 본
인-대리인 문제는 본인이 대리인의 행위를 감시하는 데 비용이 발생
하거나 감시할 유인이 부족하여 본인과 대리인이 추구하는 목표의
차이를 통제하기 어려운 상황을 의미한다는 차이가 있다.[16] 따라서
본인-대리인의 문제가 대리비용이라는 개념을 사용함으로써 대리인
의 행위를 본인이 통제하는 데 초점이 맞추어져 있는데 비하여 이익
충돌은 이해관계가 대립하는 상황에서 일방 당사자가 자신의 이익
을 우선시 하지 않거나, 상대방의 이익을 부당하게 침해하지 않을
의무를 부과하는 법적인 근거와 그 의무의 내용을 탐색하는 과정이
라는 차이가 있다.

이러한 차이점은 이익충돌이 생겨날 수밖에 없는 자본시장의 다

---

14) 미국 노동부에서는 2015. 8. 퇴직연금운용자의 이익충돌 금지의무를 강화
해야 한다는 규칙 개정안을 발표하였고, 2016. 4. 퇴직연금운용자의 신인의
무자로서의 의무를 강화하는 규정이 확정, 공표되었다. 해당 개정안의 이
론적, 실증적 근거를 종합한 보고서로는 Jeremy Burke *et al.*(2014) available at
http://www.dol.gov/ebsa/regs/conflictsofinterest.html.
15) 자본시장에서 활동하는 당사자들 간에 본인-대리인 관계가 성립하는 경우
에만 유의미한 이익충돌 문제가 발생하는 것이라는 설명으로는 Christoph
Kumpan and Patrick Leyens(2008), pp.79~80; 본인-대리인관계에 한정되지 않는
다는 견해로는 George Lowenstein in Don Moore *et al.*(2004), pp.202~205.
16) 본인-대리인 문제에 관한 가장 대표적인 문헌으로는 Michael Jensen and
William Meckling(1976).

양한 거래관계들을 예로 들면 더 쉽게 부각된다. 비교컨대, 회사법
의 영역에서는 경영진과 주주와의 관계에서 발생하는 이익충돌은
본인-대리인 문제로 치환하여 설명하는 것도 가능하지만, 자본시장
에서 다양한 주체들이 맺게 되는 모든 법률관계에 대해서까지 이를
확대하기는 어렵다. 예컨대 회사법에서 주주와 경영진, 또는 회사와
경영진간의 이익충돌을 대리비용 최소화의 관점에서 접근하면 경영
진에 대해서 인센티브를 부여하거나, 감시와 감독을 충실히 하여 사
익추구를 억제하거나, 사후적 책임을 강화하는 등의 다양한 수단을
강구하는 것이 가능할 것이고 그 결과 이익충돌 국면에서 경영진이
부담하는 의무의 내용이 구체화 될 수 있다.17)

　이와는 달리 자본시장에서는 이익충돌의 발생 양상이 훨씬 다양
하기 때문에 금융기관이 상대방 투자자와 자기계산으로 장외파생상
품 거래를 하는 과정에서 부당하게 상대방의 이익을 침해하거나, 투
자자에게 사기적·기망적인 수단을 사용하여 손해의 발생이 명백히
예상되는 상품에 대한 투자를 권유하는 경우와 같이 본인-대리인 문
제로만 접근하기 어려운 이익충돌 문제들도 많다. 따라서 이익충돌
은 반드시 본인-대리인 문제가 발생하는 하나의 국면으로 다루는 것
으로 부족하고, 오히려 본인-대리인 문제를 이익충돌을 발생시키는
다양한 법률관계들 가운데 하나로 인식하는 것이 바람직하다.

나. 이 책에서의 정의

　미국 연방대법원의 브레넌 대법관이 1980년에 "이익충돌이라는
말은 자주 사용되지만 거의 제대로 정의가 되지 않는 용어"라고 설
시한 데서 잘 드러나듯이, 이익충돌 문제를 다루고 있는 많은 법률

---

17) Rebecca Walker(2014), p.8. Cuyler v. Sullivan, 446 U.S. 335.

문헌들에서는 이익충돌의 개념 정의를 내리기 어렵다는 점을 호소
한다.[18] 최근 독일에서의 사법(私法) 분야를 아울러 이익충돌에 관한
종합적 연구를 발간한 크리스토프 쿰판(Chirstoph Kumpan) 교수는 이
익충돌에 관한 합의된 법적인 정의는 존재하지 않는다는 점을 전제
로 "이익충돌은 다른 사람의 이익을 위하여 행위 할 법적인 의무를
부담하는 자가 그 상대방을 위하여 어떻게 행위 하여야 하는지 결정
해야 하는 상황에서 발생한다. 이 때 '이익(interest)'이란 그러한 결정
에 영향을 미칠 수 있는 여하한 영향력, 관심, 감정, 충성심 또는 기
타 요소를 의미한다."고 정의하였다.[19] 또한 독일의 클라우스 홉트
(Klaus Hopt) 교수도 "이익충돌은 객관적인 의미로 이해되기도 하지
만, 구체적인 충돌 국면에서 발생하는 것이기도 하다. 넓은 의미에
서 이익충돌이란 도처에 존재하는 현상이지만, 그러한 상황 자체에
대해서 법적인 의미를 부여할 것은 아니다."라고 설명하였다.[20]

이익충돌에 관한 법적인 정의가 어려운 것은 이익충돌이라는 개
념 자체가 어떠한 법적 평가를 수반하는 개념은 아니기 때문이다.[21]

---

18) Christopher Kumpan and Patrick Leyens(2008), p.77.

19) Christopher Kumpan and Patrick Leyens(2008), p.85.

20) Klaus Hopt(2013), p.174.

21) 국립국어원 표준대사전에서도 '충돌'을 "서로 맞부딪치거나 맞섬"으로 정
의하고 있으며, 그 자체로 어떠한 평가를 내포하는 사전상의 용례를 찾아
보기는 어렵다. 룹카이(Luebke) 교수는 옥스퍼드 영어사전과 랜덤하우스
영어사전에서는 1971년 이전까지(정부 등 공적영역과 관련된 용례를 강조
하는 것과는 별개로) 사적영역에서 발생하는 이익충돌(conflict of interest)을
별도 표제어로 정의하고 있지 않다고 소개하였다. Neil Luebke(1987) p.67; 현
재 옥스퍼드 영어사전에서는 이익충돌을 다음과 같이 정의한다. (a) 서로
다른 당사자들 사이에서 존재하는 관심 또는 목적의 양립 불가능성 (ii) (주
로 경영, 정치, 법률 분야에서) 하나의 주체가 보유하는 또는 위임받는 둘
이상의 이익이 양립불가능하거나 침해하는 것으로 간주되는 상황. 특히
한 개인이 자신의 공적 지위에서 내리는 판단으로부터 사적인 이익을 수
취하는 상황.

이러한 취지를 강조하기 위하여, 본 논문에서는 이익충돌이라는 용어는 통상의 용례에 따라 당사자 간의 이해가 일치하지 않는 현상 또는 거래의 일방 당사자의 행위에 따라 자신은 이득을 취하고 다른 당사자의 이해관계에 불리한 영향을 미칠 가능성이 존재하는 상황을 지칭하는 것으로 사용한다. 자본시장에서의 이익충돌 문제에 관한 경제, 경영학 분야의 연구들에서도 이익충돌을 가치중립적인 현상으로 파악하고 그러한 현상이 실증적으로 특정 당사자 또는 시장 전체에 불리한 영향을 미치는지를 규명하려는 연구가 주를 이룬다.[22] 우리나라에서도 회사법 분야에서는 이익충돌이 위험성과 아울러 유용성을 지닌 현상으로서 거래관계에 일상적으로 존재한다는 점을 전제로 하면서, 그 가운데 규제와 규율을 필요로 하는 상황을 포착하여 적절하게 규율하여야 한다는 견해가 오래전부터 자리 잡고 있다.[23] 클라우스 홉트 교수 또는 엔리케 교수 등이 적절히 지적하듯이 이익충돌 현상에 처해있다고 하더라도 그 자체로 비난 가능성이 존재하는 것은 아니며, 남용이나 부정, 이익충돌을 야기하는 법률관계에서 기대되는 의무의 위반 등이 문제라고 생각된다.[24]

따라서 이 책에서 사용하는 이익충돌이라는 개념은 통상의 용례에 따라 거래 당사자 간의 이해관계가 불일치하는 상황을 폭넓게 지칭하기로 한다. 국제증권감독기구(International Organization of Securities Commissions, 이하 "IOSCO")에서도 자본시장에서 발생하는 이익충돌을 시장중개자(market intermediary)의 이해관계가 그 투자자, 고객 또는 제3자와 대립하거나 불일치하는 상황 또는 일단의 고객의 이익이 다른 고객 집단의 이익과 충돌하는 상황을 가리키는 것으로 정의하고 있는 점을 참고할 만하다.[25] 이러한 정의를 따를 경우에는 이익충돌

---

22) Hamid Mehran and René Stulz(2007), pp.268~269; Thomas Carson(1994), p.387.

23) 김건식, 기업지배구조원(1995), 217쪽 이하; 김건식(2006), 16~17쪽.

24) Klaus Hopt(2013), pp.174~175; Luca Enriques(2005), p.4.

상황에 처한 모든 당사자들이 상대방의 이익보다 자신의 이익을 앞세우지 않을 의무를 부담한다거나, 자신의 이익을 추구하기 위하여 상대방의 이익을 침해하는 것이 금지되는 성격의 의무를 부담하는 것은 아니라는 점이 더욱 분명해진다. 다시 말하면, 이익충돌에 관한 법리를 형성하는 데 중요한 것은 이익충돌이라는 용어 자체에 새로운 개념을 부가하는 것이라기보다는, 이익충돌로 지칭되는 상황에서 특정한 행위의무 또는 회피의무를 부담하게 되는 관계의 법적인 성격과 그러한 의무의 구체적인 내용을 규명하는 것이라고 생각한다.

한편, 일부에서는 이러한 통상적인 용례를 넘어 이익충돌이라는 현상 자체를 법적인 의무를 위반한 상태라고 규율하고자 하는 경향도 있다.26) 예컨대, 우리나라 자본시장법 제정 당시의 자료에서는 이해상충은 "일방 당사자(금융기관)가 타방 당사자(투자자)의 이익을 부당하게 침해하는 행위"라고 정의하고 있으며,27) 일본에서도 금융상품거래법 제정을 계기로 촉발된 논의 과정에서 이익상반이란 상대방의 이익을 부당하게 침해하지 아니할 의무를 위반한 상태로 설

---

25) IOSCO(2007), p.16.

26) Black's Law Dictionary에서도 이익충돌을 "1. 개인의 사적 이익과 공적인 의무 또는 신인의무 간에 존재하는 실제적 또는 외관상 양립불가능성(a real or seeming incompatibility between one's private interests and one's public or fiduciary duties) 2. 변호사의 두 의뢰인 간의 이익이 실제적 또는 외관상 양립 불가능하여 두 의뢰인 모두를 대리하는 경우에 특정 의뢰인에게 불리한 영향을 미치게 되거나 의뢰인들의 동의가 없으면 해당 변호사의 자격이 부인되는 상황(모범 직무행위 준칙 1.7(a)조)((A real or seeming incompatibility between the interests of two of lawyer's clients, such that the lawyer is disqualified from representing both clients if the dual representation adversely affects either client or if the clients do not consent, Model Rules of Prof'l Conduct 1.7(a))"이라고 정의하고 있다. Black's Law Dictionary, 8th edition(1999), p.318.

27) 재정경제부. 자본시장법 제정안 설명자료(2006), 71~72쪽.

명되는 경우도 있다.[28] 이처럼 이익충돌을 입법적으로 규제하려는 과정에서 이익충돌이라는 용어 자체를 상대방의 이익을 부당하게 침해한 행위라고 규정하는 태도가 일련의 경향을 이루는 것으로 관찰되지만, 그렇다고 해서 이익충돌이라는 용어 자체의 의미가 변화한 것이라고 보기는 어렵다.[29]

우리나라 법원에서도 이와 같이 정의한 이익충돌 상황 자체로부터 일방 당사자의 구체적 행위의무가 도출된다고 파악하지는 않으며, 이익충돌은 자신의 이익을 추구하는 금융거래관계에서 당연히 전제되어야 할 것으로 보고 있다. 예를 들어 "일반적으로 매매거래에 있어서 매수인은 목적물을 염가로 구입할 것을 희망하고 매도인은 목적물을 고가로 처분하기를 희망하는 이해상반의 지위에 있으며, 각자가 자신의 지식과 경험을 이용하여 최대한으로 자신의 이익을 도모할 것으로 예상"된다는 점을 들어 매매거래의 당사자 간의 이익충돌로 인한 법적인 문제는 발생하지 않는 것으로 전제한다. 이는 자기책임의 원칙에서 비롯된 것으로 설명되는데, 자기가 알고 그 관계에 뛰어 들었으면 손해를 보더라도 감수해야 한다는 것이지 양립할 수 없는 이해관계 그 자체로 인하여 일방당사자의 타방당사자에 대한 어떠한 법적인 의무가 발생하지 않는다는 취지이다.[30]

---

28) 金融商品取引法研究會(2011), p.2; 한편, 다른 학자들은 이익상반에 대한 실정법상의 정의는 존재하지 않으며 모든 이익충돌이 문제가 되는 것은 아니고 법적으로 유의미하게 규율 대상이 되는 이익충돌의 범주가 존재한다는 전제에서 논의를 진행한다. 利益相反研究會(2009a), pp.4~5.

29) 협소한 접근법이라고 비판하는 견해로는 Christoph Kumpan(2015), p.13.

30) 대법원 2014. 4. 10. 선고 2012다54997 판결. 공유재산매매와 관련하여 매수인이 목적물의 시가를 감정평가법인에 평가를 의뢰하여 그 결과에 따라 제시한 것이 신의칙상 매도인에 대한 정보제공 의무를 위반한 것이 아니라는 취지로 원심을 파기환송한 대법원 판결이다.
카지노사업자와 카지노 이용자 간에도 기본적으로 자기책임의 원칙이 전제되어야 한다는 점을 다음과 같이 설시한 대법원 판례에서도 이러한 태

2. 자본시장에서의 이익충돌

가. 금융거래와 이익충돌 관계

자본시장에서 발생하는 이익충돌 문제 역시 해당 문제가 발생하는 법률관계의 성격에 따라 일방 당사자가 다른 당사자의 이익을 부당하게 침해하거나 자신의 이익을 추구하지 아니할 의무의 존부와 구체적 내용이 달라진다. 이러한 의무의 내용을 규명하기에 앞서 자본시장에서 왜 특히 이익충돌에 관한 문제가 빈번히 제기되며, 심지어 전체 금융 시스템을 위기에 빠뜨리는 원인으로 작동하게 되는지에 관한 이유를 검토할 필요가 있을 것이다. 이러한 원인을 제대로 진단함으로써 자본시장에서 이익충돌을 적절히 규율하고 궁극적으로는 시장의 신뢰와 염결성을 제고하는데 기여할 수 있다.[31]

자본시장에서 이익충돌이 특히 문제가 되는 가장 중요한 원인으로 금융기관과 투자자간의 정보의 격차를 꼽을 수 있다.[32] 1990년대 이후 복잡한 수학모델을 바탕으로 설계된 금융상품이 출현하고, 투자은행이 자기계산으로 하는 투자 활동에 주력하면서, 투자자의 이익을 해하고 자신이 이익을 우선적으로 추구할 조건과 유인이 형성

도가 잘 드러난다. "자신의 자유로운 선택과 결정에 따라 행위하고 그에 따른 결과를 다른 사람에게 귀속시키거나 전가하지 아니한 채 스스로 이를 감수하여야 한다는 '자기책임의 원칙'이 개인의 법률관계에 대하여 적용되고, 계약을 둘러싼 법률관계에서도 당사자는 자신의 자유로운 선택과 결정에 따라 계약을 체결한 결과 발생하게 되는 이익이나 손실을 스스로 감수하여야 할 뿐 일방 당사자가 상대방 당사자에게 손실이 발생하지 아니하도록 하는 등 상대방 당사자의 이익을 보호하거나 배려할 일반적인 의무는 부담하지 아니함이 원칙이다."(대법원 2014. 8. 21. 선고 2010다92438 전원합의체 판결).

31) Pamela Hanrahan(2008), p.1, 5.

32) Ingo Walter(2003), pp.3~4; Ingo Walter in Claudio Borio *et al.*(2004), pp.175~185.

되었다. 정보의 불균형에 관한 에컬로프 교수의 설명에 따르면 중고
차 시장에서 소비자가 구매 대상 자동차의 품질을 알 수 없기 때문
에 고품질의 상품이 시장에서 거래될 수 없고, 결국 시장의 가격 결
정기능이 제대로 작동할 수 없다는 위험이 존재하기 때문에 보증서
발급, 제3자의 평가 등 다양한 보완책이 필요하게 된다(소위 "market
for lemons").[33] 마찬가지로 정보 격차가 존재하는 자본시장에서도 정
보와 전문성의 우위에 있는 금융기관이나 게이트키퍼가 이를 남용
하지 않고 정보가 제대로 유통되어 가격결정 기능이 제대로 작동할
수 있도록 할 필요도 있다.[34] 앨리슨 앤더슨(Alison G. Anderson) 교수
도 자본주의 사회의 특성상 분업이 이루어질 수밖에 없고, 전문화된
타인에 대한 임무수행을 의뢰하면 정보 우위에 기반한 이익충돌 문
제가 발생할 수 있다는 점에 주목하였다.[35]

경제학 또는 경영학 분야에서는 자본시장의 이익충돌 문제에 관
하여 이익충돌 상황에서 정보 우위에 있는 행위자들을 규제하는 데
소요되는 비용과 이익충돌을 규제하지 않음으로써 발생할 수 있는
긍정적 효과를 비교하는 접근 방식을 취하고 있는데, 그 근저에는
이익충돌에 대한 규제는 결국 시장 참여자들에 대한 비용으로 귀결
된다는 사고가 자리 잡고 있는 것으로 보인다.[36] 이러한 연구 성과
들은 법적인 관점에서 이익충돌 문제에 접근함에 있어서도 각 당사
자가 자기 이익을 추구함으로써 증대하는 사회적 효용이 그 폐해를
통제하는 비용보다 작아지지 않도록 하는 범위에서 의무의 내용과
수준이 결정되도록 논의를 전개하는 데 도움이 된다.[37] 자본시장에

---

33) George Akerlof(1970), pp.499~500.

34) Natalie Gold in Nicholas Morris *et al.*(2014), p.141.

35) Alison G. Anderson(1977), pp.763~765.

36) Hamid Mehran and René Stulz(2007), pp.267~296.

37) 경제, 경영학 분야에서의 기존의 이익충돌 연구에 관한 문헌 검토로는

서의 이익충돌문제는 당사자가 자기의 이익을 추구하는 것이 허용
되고 장려되는 금융거래관계에서 필연적으로 발생하는 것이기 때문
에 이를 일괄적으로 금지하는 것은 바람직하지도 않고 실제로 가능
하지도 않다.[38] 따라서 언제나 고객의 이익을 금융기관 자신의 이익
보다 우선시해야 한다는 충성의무에 따라 이익충돌의 발생을 차단
해야 할 신인의무 법리가 적용되는 경우를 제외하면, 거래관계의 법
적 성격 및 속성에 따라 이익충돌 상황이 직면한 금융기관이 투자자
의 이익을 고려하여 행위할 의무의 존부 및 구체적 내용이 달리 결
정되어야 할 것이다.

특히 경제학, 경영학 분야에서는 글로벌 금융위기가 일어나기 전
까지는 자본시장에서의 이익충돌은 필수불가결한 현상임을 전제
로[39] 투자자에 대한 정보 공시를 중심으로 하는 최소한의 규제를 통
하여 이익충돌을 적절히 관리하면 된다는 견해가 주를 이루었다.[40]
그러나 글로벌 금융위기를 계기로 금융기관과 게이트키퍼의 과도한
자기 이익추구 행위가 사회적 문제로 부각되면서 이익충돌이 야기

Hamid Mehran and René Stulz(2007), pp.280~285; Nicholas Dolan(2011), pp.161~173;
행동경제학적 측면에서 이익충돌의 문제에 접근하는 돈 무어 교수 등은
경제학에서는 당연히 인간의 사익추구가 허용된다는 점을 전제로 하더라
도 이익이 충돌하는 경우 편견이 개입되어 무의식적으로 편향된 결론이
도출될 수밖에 없기 때문에 규제의 수준이 높은 단계에서 결정되어야 한
다는 취지로 주장한다. Moore and Lowenstein.(2004) p.199.

38) 같은 뜻, 김건식(2006), 16~17쪽.

39) Ingo Walter(2004), pp.361~376; Guido Palazzo and Lena Rethel(2008), pp.193~207.

40) 유진 화이트(Eugene White) 교수는 정보의 공시(1단계), 감독기관의 규제(2
단계), 정보차단벽의 설치(3단계), 정보의 사회화(4단계, 즉, 애널리스트나
회계법인의 정보생산 기능을 공적 영역에서 수행)의 각 단계를 구별하고
제3단계와 제4단계는 과잉 규제로서 지양되어야 하며, 대체로 1단계의 조
치만으로도 이익충돌 문제가 해결될 수 있다는 취지로 설명한다. Eugene
White(2004), p.10; 개입의 정도에 따른 이익충돌 규제의 종류를 구별한 견해
로는 Frederic Mishkin(2003), pp.217~239; Andrew Crokett *et al.*(2003), p.4.

하는 경제적 폐해를 강조하거나, 행동경제학 분야를 중심으로 이익
충돌 상황 자체가 무의식적으로 편향되고 편견에 사로잡혀서[41] 사
회적으로 바람직하지 않은 결과를 초래한다는 연구 성과들이 주목
을 받게 되었다.[42][43]

　요약컨대, 자본시장에서의 이익충돌 문제란 각 주체가 자신의 이
익을 추구하는 자본시장에서의 거래관계에서 당연히 전제되는 것이
지만, 금융기관은 거래대상 상품과 시장의 동향에 대해서 정보와 전
문성의 우위에 있기 때문에 이익충돌 상황에서 이를 남용하지 못하
도록 통제할 필요가 있다는 점을 특징으로 한다. 이러한 상황에서
정보와 전문성의 우위를 점하는 금융기관이 투자자에 대하여 준수
하여야 할 의무의 내용과 수준을 결정하는 것이 자본시장에서 이익
충돌 문제를 해결하는 관건이 될 것이나 그 결과 지나친 비용이나
과도한 규제만이 최선의 방침은 아니라는 점을 전제로 하여 논의를

---

41) Moore, Tanlu and Bazerman(2010), pp.47~48. 이익충돌 상황이 발생하면 의도
　　적으로 자신의 이익을 위한 선택을 하는 것이 아니라 무의식적 편향에 따
　　른 판단을 하게 된다는 주장이다.

42) 이러한 연구 성과는 미국 노동부에서 2016년 이익충돌 상황에 처해있는 연
　　기금 운용자의 경우 그렇지 않은 경우보다 운용 대상 연기금의 수익률이
　　떨어진다는 분석을 토대로 근로자퇴직연금운용에 관한 법률(Employment
　　Retirement Income Securities Act, ERISA)에 따른 신인의무자의 범위를 확대하
　　고 이익충돌 규제를 강화하는 방향으로 규칙을 개정하는데 밑받침이 되기
　　도 했다. 퇴직연금운용에 관한 강화된 신인의무를 부과한다는 미국 노동
　　부의 발표 내용에 관한 보도자료(2015. 4. 24)http://www.dol.gov/newsroom/re
　　leases/ebsa/ebsa20150655.

43) 미국 백악관 보고서, "The Effects of Conflicted Investment Advice on Retirement
　　Savings"(2015. 2)https://www.whitehouse.gov/sites/default/files/docs/cea_coi_report_fi
　　nal.pdf; 미국 노동부의 규제개혁 해설안으로는 Department of Labor Proposes R
　　ule to Address Conflicts of Interest in Retirement Advice, Saving Middle-Class Families
　　Billions of Dollars Every Year(2015.4); 2016. 4. 발표된 최종안의 내용도 유사하
　　다. https://www.dol.gov/ProtectYourSavings/FactSheet.htm.

전개하고자 한다.

나. 자본시장에서 발생하는 이익충돌의 유형 및 규율 법리

존 보트라이트 교수는 자본시장에서의 이익충돌을 금융거래관계에서 정보의 중개(intermediary) 또는 자산의 보관(custodian) 기능을 수행하는 금융기관 또는 특정 개인이 타인을 위하여 행위할 법적, 윤리적 의무가 존재함에도 불구하고 사익을 추구하는 행위라고 정의하면서[44] 자본시장에서의 이익충돌 문제를 (i)실제적 이익충돌과 잠재적 이익충돌, (ii)개인적 이익충돌(personal conflicts of interest)과 비-개인적 이익충돌(impersonal conflicts of interest) 및 (iii)개별적 이익충돌(individual conflicts of interest)과 조직적 이익충돌(organizational conflicts of interest)로 유형화 하고 있다.[45] 자본시장에서 발생하는 이익충돌을 유형화하고 특히 금융기관과 고객간의 이익충돌 및 금융기관이 수행하는 다양한 업무간의 이익충돌 문제를 나누어 접근하는 방식은 특히 금융규제법과 관련하여 많은 지지를 얻고 있다.[46] 하나의 금융기관 내에서 다양한 종류의 금융투자업을 수행하는 과정에서 특정 업무의 투자자의 이익을 침해하는 양상으로 발생하는 업무간 이익충돌의 문제는 1990년대 초반 영국에서 소위 '빅뱅'을 계기로 한

---

44) John Boatright in Michael Davis *et al.*(2001), p.225.

45) John Boatright(2013), pp.46~48. 여기서 개인적 이익충돌이란 금융기관 등의 이해관계가 고객의 이해관계와 직접 충돌하는 유형이고, 비-개인적 이익충돌이란 반드시 금융기관 등의 사익추구와 관련이 없더라도 고객들 간의 이해관계가 충돌하는 "두 주인을 섬기는" 상황을 의미하는 것으로서 보트라이트 교수는 자본시장에서는 후자의 이익충돌 문제가 더 흔하게 일어나는 것으로 평가한다.

46) 가장 대표적인 것으로는 IOSCO(2010), pp.13~14; 유럽연합에서도 MiFID와 관련하여 IOSCO의 분류에 따라 (i) 고객/금융기관간, (ii) 고객/고객간, (iii) 그룹 내부간 이익충돌을 구별한다. ECMI(2011), p.186.

금융규제 완화 이후에 많은 논의가 이루어졌던 현상이다.[47][48] 한편,
미국에서도 1990년대 이후 투자은행이 전통적인 기업인수합병(M&A)
자문 및 기업공개(IPO) 조력 업무를 넘어서서 자기계산으로 하는 투
자, 자산운용업 등에 주력하면서 하나의 금융기관 또는 금융그룹 내
에서 수행하는 다양한 업무간의 이익충돌 문제에 대해서 관심이 높
아졌다.[49] 우리나라에서도 자본시장법 제정을 계기로 금융기관이
직면하는 이익충돌 문제가 하나의 법인체에서 다양한 종류의 금융
투자업무를 영위하기 때문에 발생하는 것으로 이해하는 경향이 있
다.[50]

그러나 금융기관이 수행하는 업무간의 이익충돌 문제를 논하기
에 앞서 금융기관과 고객간의 이해관계가 직접 충돌하는 국면에서
금융기관이 고객에 대하여 어떤 의무를 부담하는지가 우선적으로
규명되어야 할 것이다. 왜냐하면, 영리성을 추구하는 금융기관은 고
객들 간의 이해관계가 충돌하는 국면에서 결국 자신에게 높은 보수·
수수료 또는 장래의 사업 기회와 같은 유리한 결과를 가져다주는 고
객을 우선시 하는 선택을 할 개연성이 높아서,[51] 많은 경우 특정 업
무 또는 그 투자자의 이익을 우선시 하는 것도 자기의 이익을 위하
여 다른 업무의 투자자의 이익을 부당하게 침해하여서는 안 된다는

---

47) Law Commission(1992), pp.12~15.

48) 김용재(2010), 308쪽.

49) Andrew Tuch(2014a), pp.102~104.

50) 구본성 외(2006), 23쪽 이하.

51) 금융기관과 고객간의 이익충돌 상황에서 금융기관이 추구하게 되는 자신
의 이익에는 보수·수수료 등 직접적인 경제적 이익, 향후의 사업 기회를
목표로 우호적인 관계를 구축하고자 하는 간접적인 경제적 이익뿐만이 아
니라 여하한 경제적 이해관계가 존재하지 않는 가족관계 또는 기타 인간
관계에서 비롯되는 심정적·인간적 이해관계, 특정 당사자에 대한 호의를
염두에 두지 않고 시장에서의 업무 경험이나 평판자본과 같은 이해관계
등이 모두 포함된 것을 전제로 향후 논의를 전개할 예정이다.

문제로 환원될 수가 있기 때문이다. 따라서 업간 이익충돌 문제는 금융기관이 하나의 금융투자업무를 수행하면서 투자자와의 관계에서 발생하는 이익충돌 문제를 규율하는 법리로 해결되기 어렵거나 사전에 행위 기준을 설정할 규제적 필요성이 큰 분야에서 제기되는 다소 특수한 문제일 것이다.[52]

이 책에서는 자본시장에서의 이익충돌 문제를 원칙적으로 개별 거래의 당사자들 사이에서 발생하는 현상으로서 파악하고, 이를 규율하기 위한 법리를 도출함에 있어서도 금융기관이 고객과 맺는 법률관계의 태양과 법적 성격에 따라 어떠한 행위준칙을 부과하는 것이 바람직한 것일지에 관하여 검토한다. 금융기관과 고객 간의 구체적 법률관계는 매매, 위임, 신탁 등 사법(私法)상의 법리 또는 금융규제 법규상의 구체적 권리의무의 내용에 따라 규율되고 있지만 금융기관이 보유하는 재량과 권한의 수준, 고객이 금융기관에 대하여 부여한 신뢰와 신임의 정도, 협상력과 정보력의 격차에 따른 고객 보호의 필요성을 감안하여 금융기관이 고객관계에서 발생하는 이익충돌과 관련하여 부담하는 의무의 내용과 수준을 종합적으로 결정해

---

52) 자본시장법 제정 당시 설명자료에서는 이익충돌 문제가 단일의 금융투자업 영위시에는 투자자의 이익을 희생하여 고유계정의 이익을 추구하거나 제3의 투자자의 이익을 추구하는 경우에 발생하며, 복수의 금융투자업의 겸영시에는 특정 금융투자업의 투자자 이익을 희생하여 타 금융투자업으로부터 자신의 이익을 추구하거나 타 금융투자업의 투자자의 이익을 추구하는 경우에 발생하는 양태를 보인다고 한다. 여기서 보더라도 자본시장법에서는 이익충돌 문제를 기본적으로는 단일한 금융투자업무를 영위함에 있어서 상대방 투자자와의 관계에서 발생하는 문제라고 파악하되, 다만, 동법 제정을 계기로 이론상 하나의 금융기관 내에서 투자매매·중개업, 집합투자업, 투자자문업, 투자일임업, 신탁업 6가지를 모두 영위할 수 있게 됨에 따라 발생하는 업무간 이익충돌 문제를 아울러 규율할 수 있도록 제도를 정비한 것이라는 점을 알 수 있다. 재정경제부, 자본시장법 법률안 설명자료(2006), 71쪽.

야 할 것이다.

첫째, 금융기관이 고객의 이해관계에 대해서 재량과 권한을 보유하고 있다면 금융기관의 이익을 우선하는 판단을 하지 않도록 이익충돌의 발생 자체를 차단하는 것이 바람직할 것이다. 이하에서 상술하는 신인의무 법리에서는 일방 당사자의 재량과 권한을 신인관계 성립의 핵심적 징표로 간주하고 이익충돌의 발생을 사전에 제어하는 법원칙을 발전시켜 온 바, 자산운용수탁업무 또는 금융자문업무에 대해서도 이러한 법리가 유용하게 적용될 수 있다. 다만, 신인의무의 구체적인 내용은 사법적 법률관계의 성격 및 신인의무자가 부여한 재량의 정도를 감안하여 자산운용수탁자에게는 엄격한 이익충돌금지의 원칙을 적용하고, 금융자문업무 또는 장외거래에서의 투자중개업무 등에 대해서는 금융기관이 자신의 이익을 우선 추구하는 것을 허용하는 예외를 유연하게 인정할 수 있을 것이다.

둘째, 투자자가 금융기관에 대해서 신뢰를 부여한 경우라면 금융기관이 자신의 이익을 추구함으로써 고객의 신뢰를 배반하는 행위는 허용될 수 없으며, 이때의 신뢰와 신임은 해당 법률관계의 성격에 따라 합리적으로 기대될 수 있는 범위 내에서 보호되어야 할 것이다.53) 따라서, 매매거래에서는 매수인 책임부담원칙(caveat emptor)에 따라 거래 상대방 금융기관이라도 투자자의 이익을 위할 것이라는 신뢰가 정당화 될 수 없으므로 사기적 수단을 사용하거나 강행규정을 위배하지 않는 이상 금융기관의 자기이익 추구가 허용될 수밖에 없다. 다음으로, 시장 인프라와 시스템에 의해서 실질적으로 수

---

53) 모리슨과 빌헬름 교수는 신뢰(trust)란 본질적으로 경제적, 외부적 동기가 아니라 인격적으로 내재한 동기에 의해서 뒷받침 되는 것이기 때문에 거래관계에서는 찾아보기 힘든 개념이라고 설명하지만(Morrison and Wilhelm(2015), p.8), 이 책에서는 위법·부당한 행위를 하지 않을 것이라는 최소한의 믿음을 전제로 하는 넓은 개념으로 사용하였다.

행되는 장내 중개거래의 경우에도 금융기관에 대하여 투자자의 신뢰를 보호할 행위의무를 부과할 실익이 별로 없다.[54] 반대로, 투자권유행위시에는 고객에 대해서 단순한 정보 제공뿐만이 아니라 의견의 제시와 유인의 제공이 함께 이루어지므로, 적어도 후자에 대한 투자자의 신뢰를 저버리고 자신의 이익을 우선적으로 추구하는 행위는 통제될 필요성이 제기될 수 있다.

마지막으로, 당사자간 협상력의 차이 또는 정보격차가 존재하는 경우에는 협상력이 부족한 투자자를 보호함으로써 금융시장 전체에 대한 신뢰와 염결성을 제고하고 과도한 탐욕을 억제할 수 있도록 정책적인 개입이 필요하다. 자산운용수탁업무, 금융자문업무 등 신인관계에서는 수익자의 취약성을 전제로 신인의무자의 재량을 통제하고 신뢰를 보호하기 위한 법리가 형성된 반면, 신인의무 법리의 적용을 단정할 수 없는 금융거래관계에 대해서는 금융소비자보호를 목적으로 하는 금융규제법상의 법리가 주로 적용되어 왔다.

우리나라에서는 금융기관의 이익충돌 관련 행위준칙은 자본시장법이 도입되면서 규제법적 측면에서 일부 구체화 된 것을 제외하고, 일반 사법(私法)법리의 차원에서 당사자 간에 어떠한 의무와 책임이 존재하는지를 규명하는 데는 아직 미진함이 있다. 특히 우리 대법원에서는 금융기관이 고객을 상대로 업무를 수행하는 과정에서 부담하는 의무를 "고객보호의무"[55]라고 통칭하면서도 그 유형, 구체적 내용 및 판단 기준을 법률관계의 성격에 따라 체계적으로 파악하고 있

---

54) 투자중개업무를 영위하는 금융기관이 고객의 정보를 이용하여 자기계산으로 매매거래를 함으로써 해당 고객에 대하여 간접적으로 손해를 끼치거나, 다양한 시장인프라를 전제로 최선집행의무를 위배하는 상황에 대해서는 예외적으로 고객의 신뢰를 보호할 필요성이 제기되므로, 제3장 제1절에서 별도로 논의한다.

55) 고객보호의무이론은 금융기관의 대고객 의무와 관련 법리가 매우 한국적으로 발전한 결과라는 지적으로는 최승재(2010), 10쪽.

지 않기 때문에 혼란을 가중시킬 우려가 있다.[56] 이 책에서는 법률관계의 사법적 성격과 금융기관과 고객 간의 관계에서 포착되는 재량과 권한, 신뢰와 신임, 보호의 필요성을 종합적으로 감안하여 자본시장에서 행해지는 구체적 거래관계에 적용될 수 있는 이익충돌 문제의 규율 법리를 사법적 차원에서 규명해 보도록 하겠다.

---

56) 특히 대법원의 고객보호의무론은 투자권유행위의 위법성을 판단하기 위한 기준의 일환으로 발전해 왔으내권순일(2002), 161쪽 이하), 매매거래 및 운용행위에 대해서까지 확대적용되고 있다. 매매거래에 관해서는 대법원 2015. 5. 14. 선고 2013나2757 판결, 대법원 2016. 3. 24. 선고 2013다2740 판결; 대법원 2016. 3. 10. 선고 2013다7264 판결(ELS 조건성취 방해를 위한 기초자산 대량 매도행위); 운용행위에 관해서는 대법원 2013. 11. 28. 선고 2011다96130판결.

제2절 이익충돌과 관련된 신인의무 법리의 개관

1. 개관

이익충돌 문제를 사전적, 사후적으로 통제하기 위한 법리를 도출하기 위해서는 이익충돌 문제가 발생하는 원인을 우선 규명하고, 그 원인에 맞는 해결책을 모색해야 할 것이다. 앞서 이익충돌 문제란 이익충돌 국면에서 부담하는 법적인 의무의 내용을 규명하는 문제라는 점을 강조하였다. 이하에서는 이익충돌 문제를 규율하는 대표적인 법원칙인 신인의무 법리에 대해서 살펴보도록 하겠다. 신인의무 법리에 관한 검토는 이익충돌 문제를 논의함에 있어서 다음과 같은 기능을 할 수 있다. 첫째, 신인의무 관계가 성립하면 신인의무자에 대해서는 엄격한 이익충돌금지원칙(no-conflict rule)이 적용되므로, 당사자의 동의가 없으면 이해관계 충돌이 합리적으로 예상되는 거래는 원칙적으로 금지되고, 따라서 이익충돌 문제를 가장 직접적으로 예방할 수 있다. 둘째, 신인의무 법리를 제대로 정립하여야만 신인관계와 비신인관계를 구별하여 비신인관계에서 발생하는 이익충돌 문제에 대해서는 구체적 사법관계의 특징과 정책적 필요성에 따른 별도의 법리를 적용할 수 있다. 셋째로 신인관계 법리에 대한 이해를 제고하는 것은 우리나라에서의 이익충돌 문제 해결의 법리를 정립해 나가는데도 도움이 된다. 우리 실정법 및 판례 법리상 이미 신인의무의 내용이 상당히 도입되어 있음에도 불구하고, 그 내용에 관한 합치된 이해에 도달하지 못한 까닭에 아직 인식상의 혼란이 존재하는 실정이기 때문이다.

이러한 점을 감안하여, 이하에서는 영미에서도 그 내용과 특성에 대해서 여전히 뜨거운 논쟁의 대상이 되고 있는 신인관계의 성립과 신인의무 법리의 내용을 검토할 예정이다. 구체적으로 본 논문에서는 신인의무 법리에 대한 최근의 연구 성과를 바탕으로 신인관계의 성립과 그 특징, 신인의무의 내용으로서의 충성의무(duty of loyalty) 및 그에 수반하는 이익충돌금지원칙(no-conflict rule) 및 이익향수금지원칙(no-profit rule), 그리고 신인의무 위반에 대한 구제책에 관하여 살펴보고자 한다.

2. 신인의무 법리의 발전

가. 신인의무에 대한 기존연구

이익충돌 문제에 관한 법학 연구는 많은 부분을 신인의무 법리의 발전에 빚지고 있다. 어느 당사자들 간의 법률관계를 신인관계라고 규정하게 되면 일방 당사자는 신인의무자가 되고, 다른 당사자는 수익자가 되며, 신인의무자는 수익자에 대한 신인의무를 부담하게 된다. 이 때, 신인의무를 발생시키는 신인관계의 발생 원인이나 그 특성에 관하여 일치된 견해가 존재하는 것은 아니지만, 어떠한 견해를 취하더라도 신인의무자는 신인관계의 속성에 따라 수익자에 대해서 충성의무를 부담하며 충성의무에 수반하는 이익충돌금지원칙 및 이익향수금지원칙이 적용되는 것으로 이해되었기 때문에, 이익충돌 문제의 발생 원인을 규명함에 있어서 신인의무 법리에 대한 고찰이 전제될 수 밖에 없다.

신인의무 법리는 영국에서 보통법을 대체, 보완하는 형평법원의 판례를 통하여 발달해 왔다. 일반적으로 1726년 영국형평법원에서 선고된 Keech v. Sandford 판결[1]에서 신인의무 법리에 관한 최초의 판

---

1) Keech v. Sanford,(1726) 25 Eng. Rep.223,(Ch.)223-24. 점포임차권을 상속받은 원

시가 이루어진 것으로 이해되고 있다.[2] 또한, 영국에서의 신인의무 법리의 발전은 중세 이후 영국에서 독자적으로 개발된 신탁의 법리와 관련이 있다는 메이틀랜드(Maitland) 경의 견해[3]가 여전히 지배적으로 작용하고 있기 때문에 대륙법계에서 내생적으로 발전한 법리는 아닌 것으로 받아들여지고 있는 것으로 보인다.[4] 그러나, 'fiduciary' 라는 단어 자체가 신뢰와 신임을 의미하는 라틴어 'fiducia'에서 비롯되었으며, 로마법에 "fiducia cum amico"라고 하여 타인을 위한 재산을 양도받은 자로서, 양도인에 대하여 그 양도인을 위하여 행위할 의무를 부담하는 관계를 규율하는 법리가 존재한 점에 비추어 그 기원을 로마법으로까지 거슬러 올라가는 견해도 존재한다.[5] 로마법 및 그를 계승한 프랑스, 스코틀랜드, 독일, 캐나다의 퀘백주 및 미국 루이지애나주법에서도 'fiduciary'와 유사한 개념이 발견된다고 설명된다.[6]

고 Keech가 자기를 위하여 상속재산을 관리, 운영하는 점포관리인 Sandford를 피고로 하여, 피고가 미성년자인 원고 대신 자신의 이름으로 점포임차계약을 갱신한 데 대하여 점포임차권으로 인한 이익을 반환하라는 취지의 소송을 제기한 사건이다. 동 판결에서 Peter King 판사는 임대인이 원고가 미성년자라는 이유로 계약 갱신을 거부하였기 때문에 피고가 자신의 이름으로 계약을 체결해서는 안되고 오히려 계약은 실효되어야 하며, 피고 명의로 체결된 계약에 따른 임차권에 따른 이익은 일종의 의제신탁 (constructive trust)으로서 원고에게 반환되어야 한다고 판시하였다. 동 판결을 상세히 소개한 국내 문헌으로는 박기령(2011), 491~493쪽.

2) Keech 판결보다 40년 앞서 선고된 Walley v. Walley 사건을 형평법원에 의한 신인의무 판결의 효시로 소개하는 견해도 존재하나, 신인관계의 성립과 그 법률적 의미에 대한 명확한 설시는 없는 것으로 평가된다. Leonard Rotman(2011), p.923 각주 5.

3) 프레데릭 메이틀란드, 현병철·최현태 역(2008), 20~21쪽.

4) 같은 견해로는 박기령(2011), 490쪽.

5) James Edelman(2010), p.23; 로마법상 'fiduciary'와 유사한 용어가 다수 발견된다고 하더라도 영미법상 수탁을 중심으로 발전한 신인의무 법리와 일치하는 것으로 보기 어렵다는 설명으로는 Joshua Getlzer in Andrew Burrow and Alan Rodge(2006), p.579.

그렇지만, 대륙법계 국가에서는 유사한 상황을 위임이나 그와 유사한 계약의 일종으로 규율하여 온 점을 감안할 때, 충성의무(duty of loyalty)를 그 핵심으로 하는 신인의무는 영미법에서의 연구성과를 반영하여 최근 들어 그 수용 여부를 검토하기 시작했다고 보는 것이 더 합당한 분석이다. 우리나라에서도 회사법 분야에서는 1990년대 후반 이후에 이사의 충실의무를 중심으로 본격적 논의가 촉발되었으며, 이러한 논의는 2000년대 들어서야 금융법, 신탁법 등 기타 사법 영역으로 확대되었다.[7] 또한, 프랑스를 비롯한 대륙법계 국가들에서도 1990년대 후반 이후 회사법 및 신탁법, 금융법의 영역을 중심으로 신인의무법리를 받아들이기 시작한 것으로 이해된다.[8][9]

---

6) Michel Graziadei in Andrew Gold and Paul Miller(2014), p.288.

7) 이중기(2011b), 44쪽 이하.

8) 신인의무의 역사적 기원에 관한 국내 문헌으로는 박기령(2010).

9) 한편, 공법 분야에서도 신인의무 법리를 적용하려는 연구가 축적되고 있으며, 신인의무 법리를 토대로 공직자 또는 국가기관이 국민에 대해서 부담하는 의무의 내용을 규명하려는 흐름은 다음 세 가지 정도로 요약해 볼 수 있다. 첫째는 정치학 분야와의 학제간 연구를 통하여 국가 기관 및 국가 권능에 대하여 신인의무를 부과하려는 시도가 존재한다. 이러한 연구는 국가권력이 국가 또는 국민 전체의 이익을 위하여 수탁된 것으로 전제하는 이론에 바탕을 두고 있다. 존 로크는 일찍이 1690년에 의회의 입법권은 특정한 목적을 위하여 행위할 'fiduciary power'에 불과하여 최고 권력은 여전히 인민에게 존재하므로 인민이 그들에게 부여한 신뢰에 반하여 행위하는 경우에는 입법부를 제거하거나 대체할 권한을 보유한다고 밝힌 바 있다(John Locke, An Essay Concerning the True Original, Extent and End of Civil Government). 국가권력 작용의 통제를 위해 신인의무 법리를 적용하는 최근의 연구로는 Evan Fox-Decent(2015), Evaan Fox-Decent(2005), Paul Miller and Andrew Gold(2015) 등이 있고 행정법과 신인의무 법리에 관한 연구로는 Evan Criddle(2005), Evan Criddle(2010)이 있다. 두 번째로는 신인의무자에 해당하는 국가 권력, 특히 그 가운데에서도 선출직 국회의원 등에 대한 재량통제에 초점을 맞추는 연구 경향이 있다. 이러한 이론을 주장하는 학자들은 예를 들어 선거구 획정시 나타나는 게리멘더링 등은 신인의무자가 스스로의 이해관계를 결정하는 것으로서 보다 적극적인 사법적 통제의 필요

나. 신인관계에 대한 정의

신인의무 법리는 영국에서부터 독자적으로 발전한 법리로서 그 역사가 오래되었으며 최근 들어서는 보통법계와 대륙법계를 막론하고, 당사자가 다른 당사자에 대한 특정한 내용의 의무를 부담하는 사법 관계를 분석함에 있어서 필수적인 것으로 자리매김하게 되었다. 다만, 아직까지 그 정의에 관한 일반적인 합의는 존재하지 아니하며, 오히려 신인의무를 연구하는 수많은 학자들은 지난 수십년동안 신인의무 또는 신인관계에 관한 단일한 정의가 부재한다는 점에 관해서만 공통된 의견을 개진하고 있는 실정이다. 신인의무 법리의 선도적인   연구자인   렌   실리(Len   Sealy)   교수도   "Fiduciary Relationships(1962년)", "Some Principles of Fiduciary Obligation(1963년)" 논문을 차례로 발표하면서, 신인관계에 대한 단일한 정의는 없으며 다양한 유형의 신인관계가 중첩적으로 존재할 수밖에 없다는 취지의 주장을 전개한다.[10] 마찬가지로, 호주의 폴 핀(Paul Finn) 판사도 "신인관계가 어떤 것이라고 정의하는 것은 무의미하다. 실제로 발전되어 온 원칙과 법리들을 살펴보면, 어떤 사람을 'fiduciary'라고 묘사하는 것은 의미가 없다는 것이 명백해 진다. 즉, 'fiduciary'라는 서술은, 아무것도 아닌 것이다."고 함으로써 신인관계에 대한 단일한 정의의

성을 제기한다. 신인의무 법리에 따른 선거제도의 통제에 관해서는 Theodore Rave(2013), 선출직 공직자의 내부자거래를 방지하기 위하여 신인의무 법리를 적극적으로 도입해야 한다는 주장으로는 Kim Sung-Hui(2013); 세 번째로는 공직자의 이해상충 방지 의무와 관련된 구체적 행위규범을 제정하는 과정에서도 신인의무 법리는 그 근거로 자리매김 하고 있다. 그 대표적인 결과물로서 '공공 서비스 분야에서의 이익충돌을 관리하기 위한 OECD 지침(2003)[OECD(2003)]'이 있으며, 공적영역에서의 이익충돌 문제에 관한 비교법적 연구로는 Anne Peters et al.(2012).

10) Len Sealy(1962), pp.69~72; Len Sealy(1963), p.119.

불가능성을 내비친다.[11]

그러나 신인관계에 대한 단일한 정의가 존재하지 않는다고 해서, 신인관계라고 평가되는 법률관계의 공통적인 특징들을 추출하는 것까지 불가능하다고 할 수는 없다. 영미 법학계에서는 20세기 중반부터 신인관계에 대한 법원칙들을 체계화 하려는 시도의 연구가 본격적으로 진행되어 왔으며,[12] 21세기에 들어서서는 영국, 캐나다 및 호주의 법학자들은 신인관계의 성립과 그 특징, 신인의무의 내용, 신인의무 위반에 대한 구제방법이라는 세 가지 분야에 대하여 깊이 있는 연구 성과를 축적시키고 있다.[13] 한편, 미국에서는 영국에서와는 다르게 특히 회사법 분야를 중심으로 신인의무 법리가 발전되어 왔으며 그 중에서도 이사의 개인적 이익이 문제되는 상황에서의 회사에 대한 의무 위반 여부를 판단하는 기준으로서의 충성의무(duty of loyalty)의 내용을 규명하는 연구가 주를 이룬다.[14] 따라서, 같은 영미 법계라고 하더라도 영국 및 영국법의 영향을 강하게 받은 호주와 캐나다에서의 신인의무에 관한 논의와 미국에서의 신인의무 법리에 관한 논의는 다소 거리를 보이게 되는데, 아래 살펴보는 바와 같이 우리나라에서는 주로 미국의 회사법 분야를 중심으로 신인의무 법

---

11) Paul Finn(1977), pp.3~4; 타마 프랑켈(Tamar Frankel) 교수 역시 신인관계가 나타나는 상황의 다양성으로 인하여 일반적 정의를 내리기가 어렵다는 점을 전제로 하고 있다. Tamar Frankel(2010), pp.1~2; 한편, 신인의무 법리에 관한 비교적 최근에 출간된 주요한 연구 성과들에서도 데보라 드모(Deborah Demott) 교수, 매튜 코나글렌(Matthew Conaglen) 교수, 또는 제임스 에델만(James Edelman) 판사 모두 신인관계의 단일한 정의를 내리는 것은 실질적으로 의미가 없다는 취지로 서술하고 있다. Deborah Demott(2006), pp.934~5; Deborah Demott(1988), p.879; Matthew Conaglen(2010), p.9; James Edelman(2010), p.302.
12) 미국에서는 Austin Scott(1949); 영국은 Len Sealy(1962); 호주는 Paul Finn(1977).
13) 대표적으로는 Paul Miler(2013), pp.974~979.
14) Randy Holland(2009), pp.683~690.

리가 소개되었기 때문에 영국 형평법원에서의 판례를 시작으로 발전되어온 고유한 신인의무 법리에 대한 이해가 부족한 측면이 있다는 점을 지적하고자 한다.

다. 우리나라에서의 도입

우리나라에서 신인의무 법리 연구의 효시는 1970년대에 출간된 논문들이라고 알려졌으며[15] 그 이후에도 회사법 분야에서 연구가 큰 비중을 차지하고 있었다. IMF 금융위기를 계기로 상법 제382조의3이 신설되어 이사의 충실의무가 도입됨에 따라 신인의무와 충성의무(duty of loyalty)의 내용을 밝히는 연구가 본격화 되었으며,[16] 2000년대 들어서는 자본시장법을 입법하는 과정에서 고객 자산을 수탁, 운용하거나 자문을 제공하는 일부 금융기관에 대해서도 충실의무를 부과하는 조문이 도입되었고, 신탁법 개정 과정에서도 수탁자의 충성의무(duty of loyalty)에 대한 논의가 진전되었다.

특히, 지난 2012년 시행된 신탁법 개정을 계기로 대표적인 신인의무자인 신탁의 수탁자의 권리와 의무의 내용을 구체화하는 논의가 진행되었고, 현행 신탁법상 규정된 수탁자의 충실의무의 내용은 영미법상 신인의무자가 부담하는 충성의무(duty of loyalty)에 상응하는 것으로 이해될 수 있다.[17] 구체적으로 살펴보면, 일반조항으로서의

---

15) 송상현(1973), 119~140쪽; 이철송(2015), 12쪽.

16) 상법상 주식회사 이사의 충실의무의 해석과 관련한 국내 문헌 가운데 이사의 충실의무의 입법의도 및 신인의무 법리와의 관계에 대해서는 김건식(2015), 김건식(2010), 고창현, 한국상사법학회(2013)를 주로 참고하였고, 충실의무의 독자적 성격에 관해서는 유영일(2013), 김현경(2013)을, 회사기회 유용에 관한 법리로는 천경훈(2014), 천경훈(2013)을 영미법상 이사의 신인의무에 대한 해석론을 소개하는 연구로는 장근영(2008), 김병연(2005)을 참고하였다.

충실의무(제33조)를 비롯하여 이익충돌의 사전적 금지(제34조), 이익 향수금지(제36조) 등이 도입되었고, 특히 수탁자가 충성의무와 관련 된 의무를 위반한 경우에 대한 구제수단으로서 원상회복 및 이익환 수에 관한 권리(제43조)까지도 수익자에게 보장되어 있기 때문이다.

한편, 신탁법을 제외한 기타 사법 분야에서 실정법상 영미 신인 의무 법리의 충성의무(duty of loyalty)가 원형 그대로 수용된 것으로 보기는 어렵다. 첫째, 다양한 실정법에서 '충실의무'라는 동일한 용 어를 사용하고 있음에도 그 입법 의도 및 해석 기준이 통일되어 있 지 않다. 주식회사의 이사는 "회사를 위하여 그 직무를 충실하게 수 행하여야 한다."고 규정한 상법 제382조의3은 영미법상 신인의무자 인 이사가 부담하는 충성의무를 명문화하기 위하여 도입된 것이라 는 데 이견이 없는 반면,[18] 자본시장법상 대표적인 신인의무자인 집 합투자업자는 "투자자의 이익을 보호하기 위하여 해당 업무를 충실 하게 수행하여야" 하는 충실의무를 부담하는 것으로 규정되어 있음 에도(제79조 제2항) 해당 조문의 입법의도가 신인의무자의 사익추구 를 위한 재량남용을 통제하기 위한 이사의 충성의무(duty of loyalty)와 같은 수준의 의무를 부과할 목적이었는지는 불명확하다.[19] 또한 "충 실"이라는 단어의 사전적 정의는 "충직하고 성실함"으로 되어 있어 서 마치 주의의무를 달리 표현한 것처럼 이해될 여지가 있기 때문에 개념상의 혼란이 더욱 가중되고 있다.[20]

---

17) 신탁의 수탁자가 부담하는 충실의무에 관한 국내 문헌 가운데 이익상반금 지의무에 관해서는 최수정(2015)을 참고하였고, 신탁법 개정과정에서 도입 된 충실의무의 의의 및 해석론에 관해서는 이연갑(2014), 최나진(2013), 안 성포(2009), 이중기(2007)를 참고하였다.

18) 김건식(2010), 53~54쪽, 각주 2.

19) 문언상 동일성을 근거로 회사법상 이사의 의무에 관한 해석론을 기준으로 삼아야 한다는 견해로는 한국증권법학회(2015), 437~438쪽.

20) '충실'이라는 단어의 용례를 제시하지 않았기 때문에 우리 법에서는 충성

둘째, 대법원 판례에서는 아직까지 '신인의무'라는 용어를 사용한 경우를 찾기 어렵고,[21] 회사의 이사 또는 금융기관의 충성의무(duty of loyalty)가 쟁점이 된 사안들에 있어서 주의의무와 충실의무를 병렬적으로 서술하거나, 충실의무를 주의의무에 포섭되는 것으로 설시하는 경우가 많았기 때문에 법원에서 신인의무 법리의 독자적 의미와 위상을 인정하고 있는지 불명확하다.[22] 이와 관련하여, 이중기 교수는 신탁법이 개정되기 이전에도 대법원 판례[23]에서는 "수탁자의 충실의무는 수탁자가 신탁목적에 따라 신탁재산을 관리하여야 하고 신탁재산의 이익을 최대한 도모하여야 할 의무로서, 신탁법상 이에 관한 명문의 규정이 있는 것은 아니지만 일반적으로 수탁자의 신탁재산에 관한 권리취득을 제한하고 있는 신탁법 제31조를 근거로 인정되고 있다"고 판시한 것을 근거로 우리법제상 이미 신인의무 법리상의 충성의무(duty of loyalty)를 수용했다고 평가하나,[24] 동 판례는 수탁자의 부동산개발신탁사업 진행과정에서 설정된 근질권 존재 확인소송에 관한 것으로서 우리 대법원에서 이익충돌금지원칙을 요체로 하는 신인의무자의 충성의무를 본격적으로 인식한 판시인지는

의무(duty of loyalty)를 독자적으로 규율하였다기 보다는 기존에 인정되던 선관주의의무를 구체화한 것이라는 주장은 이철송(2015), 17쪽.

21) 대법원 종합법률정보 검색결과(2015. 12. 12).

22) 대법원에서 이사의 충실의무(상법 제382조의3)를 주의의무와 별개로 인정하지 않고 있으며, 형평법의 전통이 없는 우리나라에서 일반조항으로 규정된 동 의무를 적극 활용할지는 의문시된다는 견해로는 송옥렬(2015), 1002쪽.

23) 대법원 2005. 12. 22. 선고 2003다55509 판결. 동 사건은 코레트신탁(대한부동산신탁)이 수탁자로서 부동산개발신탁사업을 진행하면서 원고인 동양종금으로부터 자금을 차입하여 담보로 코레트신탁이 가진 신탁사업상 비용상환청구권에 질권을 설정하였는데, 코레트신탁의 기업개선작업으로 인하여 우량 사업을 양도받은 한국자산신탁에 대해서 동 근질권 존재 확인소송을 진행한 사안에 관한 것이다.

24) 이중기(2011b), 55쪽, 이중기(2011a), 329쪽; 온주신탁법 제33조(2014. 6. 25).

의문이다.[25)

셋째, 영미법상의 신인의무 법리가 적용되어야 할 관계를 규율하는 사법상의 기본 법리가 위임법리와 신탁법리로 나뉘어 존재한다는 측면도 최근 들어 강조되고 있다.[26) 신탁법에서는 신탁관계의 범위를 "신임관계에 기하여 위탁자가 수탁자에게 특정의 재산을 이전하거나 담보권의 설정 또는 그 밖의 처분을 하고 수탁자로 하여금 수익자 이익 또는 특정의 목적을 위하여 그 재산의 관리, 처분, 운용, 개발, 그 밖에 신탁 목적의 달성을 위하여 필요한 행위를 하게 하는 법률관계"로 좁게 정의하고 있기 때문에(제2조), 개정 신탁법상 충실의무에 관한 조문들을 재산권이전을 수반하지 않는 신인관계에 대해서까지 확대적용하기 어렵다.[27) 한편, 민법 제681조에 따른 위임의 법률관계는 위임 계약의 내용에 따라 신인관계의 성립이 인정되어 수임인이 신인의무자의 충성의무(duty of loyalty)를 부담하는 것으로

---

25) 한편, 회사법이나 금융법 분야에서 일부 적극적으로 수용, 발전된 부분을 제외하고는 다른 영역에서는 신인의무 법리가 기존 법리들과 구별되어 뚜렷이 정착되었다고 보기는 어렵다. 예를 들어, 영미법상 대표적인 신인의무자로 인정되는 변호사의 경우만 보더라도 수임제한에 관한 규정만이 성문화되었으며(변호사법 제31조), 조합의 조합원은 위임법리에 따라 수임인으로서의 선관주의의무만을 부담하는 것으로 되어 있을 뿐, 충성의무를 부과하는 실정법상의 근거는 없다. 또한 대리인은 민법 제124조에 따라 쌍방대리, 자기매매가 금지됨으로써 본인에 대한 충성의무를 부담하는 것으로 해석될 수는 있지만, 충성의무에 따른 이익충돌금지원칙에 비하여 적용범위가 제한적이다. 한편, 민법상 대리인보다도 더 많은 재량을 부여받은 상법상 지배인(제11조), 상업사용인(제17조), 대리상(제92조의3) 및 위탁매매인(제112조)의 경우에는 그 재량을 통제하는 메커니즘으로서 충성의무 또는 그에 준하는 일반적인 의무는 없고 영업비밀 준수의무(대리상) 또는 위임에 따른 선관주의의무(위탁매매인) 등이 필요에 따라 적용될 따름이다.

26) 민법상 위임계약과 신탁법리의 비교 연구로는 이연갑(2015), 38쪽 이하.

27) 위임계약 관계에 있는 주식회사의 이사에 대해서까지 신탁의 충실의무가 법리가 적용되어야 한다는 반대견해로는 이중기(2015a), 1297쪽.

될 수도 있고, 일반적으로 위임계약에 따라 당연히 인정되는 선관주의의무만 부담하는 것이 될 수도 있기 때문에[28] 이를 신인관계에 바로 대입할 수도 없다. 따라서 아직까지는 우리나라의 사법(私法)적 법률관계 가운데 영미에서 발전한 신인의무 법리를 체계적으로 위치시키기 곤란한 점이 생겨나는 것이다.

라. 대륙법계 국가들에서의 이해

(1) 프랑스

우리와 유사한 대륙법 체계 국가인 프랑스에서도 1990년대 후반에 들어서서 신인의무를 적극적으로 수용하고, 최근 들어 이를 사법관계 일반에 적용하여 이익충돌문제를 해결하는 통일된 법리를 발전시켜 나가려는 움직임이 포착된다.[29] 프랑스 회사법에서는 회사의 이사에 대해서 충실의무를 부과하는 취지의 우리 상법 제382조의3과 같은 조문이 존재하지 않았으나, 1996년 파기원(Cour de cassation)의 상사부에서 빌그랭 사건(L'affaire Vilgrain)을 계기로 회사의 이사들이 주주들에 대하여 충성의무(duty of loyalty)를 부담한다는 판례를 확립하였다.[30] 프랑스의 회사법 학자들은 동 사건을 계기로 프랑스 법

---

28) 대리의 법리와 신인의무에 관한 비교 연구로는 이지민(2015).

29) 프랑스에서의 신인의무 법리 및 이익충돌 문제 해결 법리에 관한 연구로서는 Remus Valsan(2012) 제3장 "Conflict of interest and Proper Exercise of Discretion in the French Civil Law"를 참고하였으며, 해당 논문에서 인용된 프랑스어 문헌을 검토하는 방식으로 진행하였다.

30) Cass.com., 27. 2. 1996, JCP ed. E 1996, II. 838. 주식회사의 이사인 Vilgrain이 회사 주식의 잠재적 매수인과 교섭하는 과정에서 개인적으로 특정 주주로부터 주식을 매수하여 상당한 커미션을 받고 해당 매수인에게 재매각 한 사건이다. 법원은 동 이사가 나머지 주주들에 대하여 이와 같은 재매각에 관한 주요한 정보를 제대로 개시하지 않은 점이 충성의무 위반에 해당한다는 점을 지적하였고, 법원은 해당 이사에게 소수 주주들에 대하여 주식

원에서도 영미법상 신인의무를 수용하였다고 평가하고 있다.[31] 또한, 최근 들어서는 자본시장에서 중개와 운용 기능을 담당하는 금융기관(l'intermédiation financière)의 의무에 대한 연구를 통해 신인계약(le contrat fiduciaire)의 중요성을 강조한 세바스티앙 봉피(Sébastien Bonfils),[32] 신탁재산 운용과 관련된 영국법상의 신인의무 법리를 프랑스법과 비교·분석함고 프랑스법상으로도 신인의무 법리를 적극적으로 도입하여 신탁재산을 보호해야 한다는 라파엘 가르자(Rafael Garza)의 연구[33] 등이 출간되고 있다. 이와 같은 프랑스의 연구 성과들에서도 신인관계의 특성 및 의무의 내용에 관한 다양한 견해가 존재한다는 점이 영미법계 국가들에서와 마찬가지로 확인된다.[34]

한편, 프랑스에서는 회사법 또는 금융규제법상 신인의무 법리를 적극적으로 도입하는 움직임과는 달리, 민법상 영미식의 신탁제도를 도입하는 것은 매우 더디게 이루어졌다.[35] 프랑스 민법에서는 영미 신탁을 본보기로 한 신탁법리의 도입이 조세 회피 수단으로 사용될 우려로 인하여 지체되었고, 2007년 2월 19일 법률 제2007-211호로 공포된 이후에서야 민법 조문 체계 내에 신탁에 관한 총 21개의 조문의 신탁 규정들이 처음으로 제정, 통합되었다.[36] 프랑스 민법상 신탁은 "하나 또는 여럿의 설정자가 하나 또는 여럿의 수탁자(fiduciaire)에

재매각으로 인한 이익을 반환하도록 명하였다.

31) Remus Valsan(2012), pp.138~139; Dion et Schmidt(1996), p.838.
32) Sébastien Bonfils(2001), p.63ff. 프랑스에서의 신인계약은 영미에서와는 달리 재산에 대한 형식적 권리의 이전을 전제로 한 것으로 보인다. 프랑스에서의 신인계약은 신인의무자와 수익자간의 신인관계의 성립, 재산권의 이전, 주의의무(duty of diligence) 및 충성의무(duty of loyalty)의 부과를 특징으로 한다.
33) Rafael Garza(2014), pp.17~50.
34) Remus Valsan(2012), p.142.
35) 이연갑(2007), 119~120쪽.
36) 정태윤(2012), 941쪽.

게 물권, 권리 또는 담보권을 이전하고, 수탁자는 이를 자기의 고유 재산과 분리하여 관리할 의무를 부담하며 한 명 또는 여러 명의 수 익자의 이익을 위한 특정한 목적을 위해 행위 하여야 하는 거래"라 고 정의되어 영미법상 신탁과 유사한 측면이 있지만, 자연인의 신탁 설정이 금지되고(제2013조), 금융기관만이 수탁자가 될 수 있는 등 (제2015조) 많은 제약이 있다. 또한 프랑스 민법에서의 신탁은 수탁 자의 채권자로부터 신탁재산을 보호할 수 있는 제도들을 두고 있지 만[37], 수탁자의 권리 및 의무, 특히 수탁자가 신인의무자로서 부담하 는 충성의무와 그로부터 파생하는 이익충돌금지원칙 및 이익향수금 지원칙을 그대로 구현하는 조문들은 관찰되지 않는다.[38] 다만, 신탁 의 수탁자는 신탁계약에서 정하고 있는 자신의 임무와 권한에 따라 수익자를 위하여 신탁재산을 관리할 의무를 지고(제2011조 및 제2018 조 제6호) 신탁재산을 구성하는 물건 또는 권리를 매수하는 것을 금 지하고, 이에 위반한 행위는 무효로 하도록 규정하고 있어(제1596조 제6항), 좁은 의미에서의 자기거래 금지원칙 정도를 찾아볼 수 있다.

(2) 일본

일본에서도 영미법을 연구한 학자들에 의해서 신인의무 법리에 관한 연구가 상당히 진척되었으며, 2000년대 초반 신탁법 제정 과정 에서 대폭 반영된 것으로 알려져 있다. 특히, 자본시장에서는 칸다 히데키 교수가 제기한 수탁자책임론이 힘을 얻었고, 이는 자산운용 사가 고객에 대해서 부담하는 의무의 내용을 이루는 것으로 실정법

---

37) 신탁재산은 수탁자의 고유재산과 분리되는 독립된 목적재산을 이룬다는 제2025조 및 수탁자에 대한 도산절차가 개시되어도 신탁재산에는 영향이 없다는 제2024조 등이 대표적인 조문이다.
38) 프랑스 민법상 신탁법리는 계약을 통하여 발전해 왔기 때문에 법정 권한 이나 의무의 제정에는 소홀하게 되었다는 설명으로는 심인숙(2012), 279쪽.

상 수용되었다.39)

일본에서도 신인의무의 구체적 내용에 대해서는 학자들마다 견해가 갈리는데, 회사법상 이사의 의무와 관련된 법리를 강조하는 학자들도 있고40), 신탁법상 수탁자의 의무를 중심으로 신인의무 법리를 설명하는 학자들도 있다.41) 일본에서도 신탁법 개정을 앞두고 영미의 신인의무 법리에 대한 이해의 필요성이 강조되기 시작한 것으로 보인다. 동경대학교의 히구치 노리오(樋口範雄) 교수는 저서 "신인의 시대(フィデュシャリーの時代)"에서 신탁법의 법리를 토대로 신인관계의 특징과 신인의무의 내용을 설명하였다. 이 책에서는 미국의 존 랑바인 교수와 타마 프랑켈 교수의 학설을 소개하면서 계약관계와 신탁관계의 차이를 설명하고, 신탁관계의 고유한 법리에서 도출되는 수탁자의 의무의 내용과 구제수단 등이 일본에서의 신탁법리를 발전시키는 데 반영될 수 있도록 하는 취지의 논의를 전개한다.42) 히구치 노리오 교수는 미국에서의 학설과 판례를 중심으로 소개하고 있기 때문에, 신인의무의 내용과 관련해서도 미국 신탁법 제2차 리스테이트먼트에 근거하여 충실의무와 주의의무가 신인의무의 양대 축을 이루는 것으로 설명한다.43)

한편, 우에다 준 교수는 영국판례를 통해서 형성되어 온 신인의무 법리를 소개하면서 충성의무(duty of loyalty)로부터 도출되는 자기거래금지, 재산남용금지, 제3자 거래금지, 경업금지, 미공개정보남용금지, 비닉이익금지, 부당위협 및 사기 금지 등이 핵심적인 신인의무의 내용을 이룬다고 주장한다.44) 우에다 준 교수는 주의의무 역시

---

39) 神田秀樹(2001), p.105.

40) 江頭憲治郎(2015), p.428; 이철송(2015), 9쪽; Tamar Frankel(2014), pp.30~31.

41) 植田 淳(1997); 道垣内弘人(1996).

42) 樋口範雄(1999), p.25.

43) 樋口範雄(1999) p.183.

신인의무자가 부담하는 의무에 속하기는 하지만 충성의무와는 다른 계통에 속하는 것으로서, "영국의 판례와 학설상으로는 주의의무를 신인의무의 한 종류로서는 취급하지 않는다."고 명시적으로 밝히고 있다.[45] 이 견해에 따를 경우 수탁자 이외의 회사의 이사, 조합의 조합원, 대리인 등의 주의의무 위반에 대해서는 과실에 의한 계약위반과 불법행위의 법리가 적용되고, 신인의무 위반에 따른 구제수단이 부과될 수 있는 예외적인 형평법상 주의의무 위반의 문제는 별로 발생하지 않는다.[46]

도가우치 히로토(道垣內弘人) 교수는 영국에서 발전한 신탁법리가 대륙법계인 일본의 사법체계 내에서 어떻게 구현될 수 있는지 검토하였다. 히로토 교수는 신뢰를 기초로 하는 신인관계의 특징을 바탕으로 확립된 수탁자의 권리와 의무의 내용 및 수탁자의 의무 위반에 대한 구제수단을 제공하는 의제신탁의 법리가 대리인, 주식회사의 이사 등 폭넓은 상거래 관계에 확대 적용될 수 있다는 점을 강조하는 한편,[47] 기존의 계약 법리와 조화를 이루도록 신인의무 법리의 구체적 내용들이 수정될 수 있다고 설명함으로써 원형적 신탁법리가 일본의 일반적인 민사법의 영역에 수용될 수 있는 이론적 토대를 마련하였다.

일본에서는 이러한 연구 성과들이 뒷받침 되어 2006년 소위 신(新)신탁법이 개정되었고, 그 결과 이익충돌금지원칙과 이익향수금지원칙을 양 축으로 하는 신인의무의 법리가 현행 신탁법 속에서는 비교적 충실하게 구현되고 있는 양상이다.[48] 이와는 달리, 일본 회사

---

44) 植田 淳(1997), pp.34~35.

45) 植田 淳(1997), p.36.

46) 植田 淳(1997), pp.36~37.

47) 道垣內弘人(1996), pp.52~55. 계약에 따라 신인의무법리의 내용이 조정되면서 적용범위가 넓어지고 결국 하나의 수준으로 수렴한다는 점에서 이를 권리와 의무, 구제수단의 '균질화'라고 명명하고 있다.

법상 이사의 충실의무 조항은 일찍이 입법되었고, 최고재판소에서
이사의 선관주의의무와 충실의무를 구별하지 않고 판시한 점을 들
어 충실의무의 독자적 성격을 강조하기 보다는 선관의무의 한 내용
으로 이해하는 견해가 다수를 차지하고 있다.[49]

3. 신인관계의 성립과 그 특징

가. 신인관계의 성립

(1) 기존의 설명 - 지위기준과 사실중심적 기준

우리나라를 비롯한 대륙법계에서는 타인을 위하여 행위 하는 자
를 규율하는 법률관계는 대체로 위임 또는 그와 유사한 계약으로 이
해된다. 그러나 형평법원의 판례를 통해서 인정되어 온 신인관계는
계약 당사자 간에 사무처리를 위탁하고 이를 수인하는 내용의 묵시
적, 명시적 계약이 존재하지 않는 경우에도 그 성립이 인정되어 왔
기 때문에 도대체 신인관계는 어디에서부터 도출될 수 있는지에 관
한 의문이 제기되는 것이 당연하다. 영국을 비롯한 보통법계 국가들
의 법원에서는 개별 사안을 다루어 오면서 지위기준(status-based
fiduciary)으로 신인관계의 성립 여부를 판단하다가, 사실중심적 기준
(fact-based fiduciary)을 추가적으로 적용하여 신인관계의 성립여부를
판단해 왔다.[50] 우선, 지위기준이란 변호사, 신탁에서의 수탁자, 조
합의 파트너, 대리인-본인 관계에서의 대리인(agent)과 같이 일방 당
사자가 역사적으로 인정되어온 신인의무자의 지위에 해당하는지 여
부가 신인관계를 판가름하는 주요한 기준이 된다는 것이다. 지위기

48) 안성포(2009), 92~93쪽.
49) 이철송(2015), 12~15쪽.
50) 이중기(2006), 69쪽.

준은 영국에서 재산의 이전을 수반하는 수탁자를 신인의무자의 원형 또는 전형으로 보고 문제되는 법률관계를 신탁관계의 틀에 끼워 맞출 수 있는지에 따라 신인관계의 성립 여부를 판단한 데서 그 기원을 두고 있으므로,[51] 재산의 이전을 수반하지 않는 다양한 관계도 신인관계에 해당하는 것으로 인정받게 되면서 일찍이 그 효용을 상실하였다. 형평법원의 판례가 축적됨에 따라, 재산 이전을 수반하지 않는 변호사, 회사의 이사, 의사 등에 대해서도 신인의무자의 지위가 부여되었고, 새로운 사안이 등장할 때마다 당사자의 지위가 기존에 신인의무자로 인정된 자의 지위와 얼마나 유사한지에 따라서 신인관계의 성립 여부가 유비추론적으로 결정되었기 때문에 자연스레 개별 사안에서의 사실관계를 종합적으로 고려하는 사실 중심적 기준으로서 발전하게 되었던 것이다.[52] 사실중심적 기준은 지위기준에 비하여 개별 법률관계의 구체성을 잘 반영한다는 특징이 있지만, 행위준칙으로서 신인의무의 예측 가능성이라는 측면에서는 이론적 효용이 떨어진다고 할 수밖에 없다. 이러한 지위기준 이나 사실관계 기준은 모두 각 사안에서의 당사자간의 지위나 사실관계에 따라 사후적으로 신인관계의 성립여부를 평가한다는 것으로서, 신인관계가 어떠한 법률적인 원인으로부터 도출되는지에 대한 명쾌한 설명은 제공해 주지 못한다.[53]

(2) 계약론과 자발적 동의이론

지위기준은 전형적으로 신인관계가 인정되어 온 일부 지위 및 직역에 대해서는 별도의 판단 없이 신인의무를 부과할 수 있으므로 예측가능성 및 비용 효율성이 크다는 장점이 있고, 사실중심 기준은

---

51) Peter Birks(2000), p.34.
52) Paul Miller(2011), p.270.
53) Paul Miller(2011), pp.270~271.

끊임없이 변화하는 경제관계에서 신인의무를 부과할 필요성이 있을 경우 유연성을 확보하여 신인관계의 범주를 재조정할 수 있는 장점이 있다. 그러나 지위기준이나 사실중심 기준 모두 신인관계가 성립하게 되는 법률적 원인에 관한 분석이라고 보기는 어려우며, 계약, 강행규정, 또는 신인관계의 성립을 가능하게 하는 기타 법률적 원인을 규명할 필요는 여전히 존재한다.[54] 이에 관하여, 미국에서는 형평법 및 신탁의 고유한 법리로부터 신인의무 법리가 발전해 온 영국에서와는 달리, 본인-대리인 이론과 같은 경제학 분야의 성과 또한 신인의무 법리 발전에 큰 영향을 미친 것으로 보이며,[55] 따라서 회사에서 주주에 의한 경영진의 통제를 위한 법적인 메커니즘으로서 신인의무 법리가 회사법 분야에서 집중적으로 발전해 온 차이가 있다.

이러한 성과에 힘입어, 미국에서는 1990년대 초반부터 이스터브룩 판사와 피셀 교수(Easterbrook and Fischel)가 공저한 논문 "계약과 신인의무(Contract and Fiduciary Obligation)"[56]의 발표를 계기로 신인관계란 계약관계와 동일한 것으로서 당사자간의 합의로 정할 수 없는 신인의무의 내용이란 존재하지 아니하고, 신인의무는 본인에 의한 대리인 통제와 마찬가지의 경제적 기능을 한다는 소위 계약론자들의 견해가 주류적인 입장으로 자리 잡게 되었다.[57] 위 논문에서는 당사자들간의 관계에 따른 의무의 세부적 내용을 합의하는 데는 비용이 발생하므로, 신인의무란 당사자들이 합의하였거나, 협상을 통해서 합의했을 것으로 예상되는 것으로서 법원이 사후적으로 부과할 수 있는 것이라고 정의한다.[58]

---

54) Paul Miller(2011), pp.247~251.
55) Robert Sitkoff(2014), p.43.
56) Easterbrook and Fischel(1993), p.425.
57) 신탁법 분야에서는 존 랑바인 교수가 수탁자와 위탁자간의 계약적 측면을 강조하고, 수탁자가 부담하는 의무의 강행규범성을 배제하는데 기여하였다. John Langbein(1995); John Langbein(2005), p.931.

이스터브룩 판사와 피셀 교수의 논문에서는 신인관계를 매우 넓게 포착하여 수탁자, 대리인 및 회사의 이사뿐만 아니라 심지어 노동조합과 근로자, 대주와 차주, 가맹사업자와 가맹점주 간에도 신인의무법리가 적용되는 것으로 파악하는 특징이 있으며, 신인의무의 내용을 설명함에 있어서도 충성의무(duty of loyalty)와 주의의무(duty of care)를 구별하지 않고 서술한다.[59] 이러한 설명 방식은 본래적 의미의 신인의무 법리와 비교할 때 매우 느슨하게 신인관계의 범주를 설정하고 있기 때문에 충성의무를 중심으로 신인의무를 이해하는 입장에서는 적실성이 떨어진다는 비판도 제기될 수 있다. 계약론자들이 충성의무와 주의의무를 별로 구별하지 않는 경향은 미국의 회사법 분야에서 이사의 의무와 관련된 판례 법리를 중심으로 발전한 까닭이거나, 당사자들이 계약에 의해서 정하거나 정했을 것으로 예상되는 것이라면 무엇이든 신인의무의 내용이 될 수 있기 때문이라고 생각된다.[60]

비슷한 시기에 발표된 쿠터 교수와 프리드만 교수(Cooter and Freedman)의 논문에서는 신인관계가 당사자 간의 동의에 의해서 성립하며 당사자들의 합의에 의해서 신인의무의 구체적 내용을 취사선택(opt-in, opt-out) 할 수 있다는 사실을 전제로 하면서도,[61] 충성의무(duty of loyalty)와 주의의무(duty of care)를 구분하고 각각의 경제적 기능과 정책적 함의를 나누어 설명하고 있다.[62] 이 논문에 따르면

---

58) Easterbrook and Fischel(1993), p.431.

59) Easterbrook and Fishel(1993), pp.434~435.

60) 계약론적인 입장에 대한 반박으로는 Victor Brudney(1997), pp.596~601; 계약론 또는 계약론과 유사한 입장들을 비판하고 신인의무의 독자적인 도덕적 성격을 강조하는 견해로는 Scott Fitzgibbon(1999), pp.350~352.

61) Cooter and Freedman(1991), p.1048.

62) 클라크(Clark) 교수는 신인의무는 충성의무와 주의의무 등을 모두 포괄하는 개념이라고 설명하면서 신인의무 법리의 경제적 기능에 관하여 유사한

당사자들이 완벽한 정보를 바탕으로 계약을 체결할 수 있다면 협상 과정에서 충성의무 위반(disloyalty)의 문제에 미리 대비할 수 있겠지만, 예상할 수 없는 신인의무자의 기회유용을 통제하기 위해서는 개방된 추상적 의무를 부과할 수밖에 없다. 따라서 신인의무자는 이익충돌금지원칙과 이익향수금지원칙을 주요 내용으로 하는 충성의무를 부담하게 되며, 이러한 의무는 신인의무자의 행동을 사전적으로 통제하는 금지적 기능을 수행하는 동시에 의무 위반에 대한 입증 책임을 전환함으로써 과실에 의한 주의의무(duty of care) 위반의 경우에 비해서 수익자에게 두터운 보호를 제공한다.63)

한편, 최근에는 호주의 제임스 에델만(James Edelman) 판사가 "신인의무는 언제 발생하는가(When Do Fiduciary Duties Arise?)"라는 논문을 발표하여 신인의무자가 되는 자의 자발적 확약을 통해서만 신인관계가 성립할 수 있다는 점을 주장하며, 미국에서의 계약이론을 발전적으로 계승하고 있다. 에델만 판사는 상호 합의에 따른 계약 외에도 일방적인 선언(deed) 또는 확약(undertaking)에 의해서도 신인관계가 성립할 수 있으나, 적어도 신인의무자가 되는 자의 자발성이 전제되어야 한다는 점을 강조한다.64) 계약론자 또는 이를 계승한 에델만 판사의 주장은 지위기준이나 사실중심적 기준으로만 신인관계의 성립을 판단하게 될 때 간과하게 되는 당사자의 자발적, 의식적 의무부담이라는 점을 상기시킴으로써 신인관계에 따른 당사자간 의무의 구체적으로 해석함에 있어서 계약해석의 원칙을 적용할 수 있

태도를 취한다. Clark in John W. Pratt et al.(1985), pp.55ff; 신인의무 법리의 경제적 의의에 관하여 활발한 연구 성과를 보이고 있는 Robert Sitkoff 교수도 신인의무 법리의 감시 및 억지를 통한 대리비용 통제 기능, 이익환수 기능 등 경제적 기능에 관하여 유사하게 설명하고 있다. Robert Sitkoff(2011), pp.1042~1048.

63) Cooter and Freedman(1991), pp.1052~1054.

64) James Edelman(2010), pp.307~313.

는 장점이 있다.[65] 특히 계약론자들의 견해는 우리나라와 같은 대륙 법계 국가의 민법 체계 하에서 인정되어온 위임계약 또는 신탁을 성립시키는 신탁계약의 내용으로서 신인의무를 부과하고 집행하기 위해서도 도움이 된다.

계약론적 견해에 따르면 신인관계는 당사자간의 계약 또는 자발적 확약으로 인하여 성립될 것이고, 비-계약론적 견해에 따르면 신인관계는 당사자간의 계약이나 자발적 확약 외에도 신인관계를 인정할 정책적·윤리적 필요성에 따라 실정법 조문을 근거로도 부과될 수도 있을 것이다. 자본시장의 각 참가자들이 맺게 되는 다양한 관계들은 대체로 계약에 의해서 성립되기 때문에 신인관계의 성립여부를 판단함에 있어서도 일차적으로는 해당 계약 내용의 해석이 우선시 되겠지만, 각국의 금융관련 법률이나 사법부의 해석에 따라 사전적, 사후적으로 신인관계의 성립이 인정될 수도 있다.

나. 신인관계의 특성

(1) 기존 연구의 검토

호주의 폴 핀(Paul Finn) 판사는 1977년 저서 "Fiduciary Obligations"의 서두에서 "어떤 사람은 그가 신인의무자이기 때문에 신인의무를 부담하는 것이 아니라, 그가 신인의무를 부담하기 때문에 신인의무자가 되는 것이다."라는 선언적 명제를 제시함으로써, 지위기준이론 등으로부터 벗어나 신인관계의 특성과 그에 따른 의무의 내용을 밝히

---

65) 에델만 판사는 계약과 신인관계를 반드시 등치시키는 것은 아니며, 예를 들어 러시아를 위한 이중간첩행위를 한 영국의 스파이의 자서전 집필로 인한 수익을 환수하라는 취지의 Attorney General v. Blake 판결과 관련하여 계약이 종료한 이후에도 신인의무의 적용이 가능하다는 점을 역설한다. James Edelman(2012), pp.7~9.

는 연구의 필요성을 주창하였으며[66] 영국의 판례 법리가 형성되는
데도 상당한 영향을 미쳤다.[67] 폴 핀 판사의 저서가 출간된 이래로
영국, 미국, 캐나다, 호주 각국에서는 신인관계의 공통적인 특성들을
추출해 보려는 연구성과가 활발하게 축적되고 있다.

　이러한 연구들은 크게 두가지 축으로 진행되고 있는데, 하나는
영국, 캐나다, 호주의 학자들을 중심으로 신인관계의 철학적 기원에
서부터 그 구제수단에 이르기까지 이론적인 정치화를 시도하는 흐
름이다. 가장 대표적인 학자로는 캐나다의 폴 밀러(Paul Miller) 교수
로서 셰퍼드(J.C. Shepherd) 변호사가 1981년에 발표한 저서 "The Law
of Fiduciaries"에서 제기한 문제의식[68]을 발전적으로 계승하여 신인관
계의 특징, 신인의무 법리의 이론적 토대, 신인의무의 내용, 신인의
무 위반에 대한 구제수단 등에 관한 분석을 체계화 시키고자 한다.[69]
셰퍼드 변호사는 일찍이 재산의 이전을 수반하지 않는 신인관계를
설명할 이론적 토대가 필요하다는 점에 착안하여, 기존에 형평법원
에서 형성되어 온 판례 등을 체계적으로 분석하여 신인관계의 특성
을 설명하기 위한 다양한 이론들[70]을 정리한 다음, 신인관계란 당사
자 일방이 상대방으로부터 권한을 부여받아서 그 권한을 다른 사람
의 최선의 이익을 위해서 사용할 의무를 부담하고, 그 권한의 수령

---

66) Paul Finn(1977), p.2.
67) 이러한 선언은 신인의무의 내용에 관한 영국 법원의 리딩 케이스로 꼽히
　　는 Bristol & West Building Society v. Mothew [1998] Ch.1 CA at 18에서 Millet 판사
　　에 의해서 인용되었다.
68) Jay Shepherd(1981), pp.51~91.
69) Paul Miller(2011), p.245; Paul Miller(2013), p.1012.
70) 셰퍼드(Shepherd) 변호사는 기존의 이론들을 재산권 이전 이론, 의존 이론,
　　불평등 관계 이론, 계약 이론, 부당 이득 이론, 상업적 효용성 이론, 권한과
　　재량 이론, 이원론적 접근법 등 총 8가지로 분류해서 설명한다. Jay
　　Shepherd(1981), pp.91~92.

자가 실제로 권한을 활용하는 관계를 의미한다고 정의내리고 있
다.[71]

한편, 글로벌 금융위기를 계기로 추락한 자본시장에서의 신뢰를
복구하고 이익충돌 문제를 폭넓게 규율하려는 목적으로 신인관계의
범위를 확장하기 위한 법리를 형성하는 연구 경향도 두드러진다. 대
표적인 학자로는 앤드류 터크(Andrew Tuch) 교수를 꼽을 수 있으며,[72]
미국에서 독자적으로 회사법, 금융법, 신탁법 등 사법(私法)의 영역
을 아울러 신인의무법리를 연구해 온 타마 프랑켈(Tamar Frankel) 교
수가 그 이론적 토대를 제공하는데 기여하였다.[73]

이들은 공통적으로 어떠한 관계가 신인관계라고 인정되기 위해
서는 신뢰와 신임의 관계의 존재 및 그에 대한 합리적 기대, 수익자
의 취약성, 일방 당사자가 타방 당사자에 대해서 영향을 미칠 수 있
는 권한의 보유가 필요하다고 설명한다.[74] 이러한 두 부류의 학자들
은 신인관계의 특징 가운데 어떤 요소가 가장 핵심적인 것인지에 관
하여 다소 견해를 달리하는데, 어느 요소에 중점을 두는지에 따라
신인관계의 성립범위에 차이가 나게 되는 바, 신인관계의 징표로 꼽
히는 특징들에 대해서 상세히 검토해 보겠다.

---

71) Jay Shepherd(1981), p.96.

72) Andrew Tuch(2010), p.478.

73) Tamar Frankel(2010).

74) Andrew Tuch(2005), pp.504~505; 프랑켈(Tamar Frankel) 교수는 신인관계가 내
    포하는 유사한 특성으로 재산이나 권한의 위탁(entrustment), 신인의무자에
    대한 entrustor의 신뢰 및 entrustor가 위탁으로 인하여 부담하는 위험이 라는
    세 가지를 꼽는다. Tamar Frankel(2010), pp.4~5. 이러한 특성 역시 본 논문에
    서 정리하는 신인관계의 세가지 구성요소와 유사한 측면이 있지만, 신인
    의무자가 갖는 권능을 중심으로 서술하는 것이 위탁(entrustment) 자체에 주
    목하는 것보다 신인의무의 독창적 성격을 설명하는데 더 설득력이 있다고
    생각된다.

(2) 특징 1 - 권한과 재량

영국, 호주, 캐나다에서 신인의무 법리를 연구하는 다수의 학자들은 신인관계의 특성 가운데 신인의무자가 수익자의 이익에 관하여 가지는 재량과 권한의 측면을 가장 핵심적인 것으로 파악한다.[75] 이러한 견해는 호주의 폴 핀 판사의 견해에 의해서 정식화 된 것으로 알려져 있으며, 캐나다의 폴 밀러(Paul Miller) 교수의 평가에 따르면 신인의무 법리에 관한 연구가 진행된 초기부터 신인의무자의 재량 또는 권한을 중시하는 견해가 다수를 차지했다고 한다.[76] 이 견해에 따르면, 설령 수익자가 신인의무자를 신뢰하고, 정보와 협상력 등의 차이로 인하여 수익자가 신인의무자에 비하여 취약한 지위에 있다고 하더라도, 신인의무자가 수익자의 이익을 좌우할 수 있을 정도의 재량과 권한을 보유하지 못하면, 그 관계는 신인의무 관계라고 볼 수 없게 된다. 폴 밀러 교수는 이러한 관점에서 신인관계의 핵심적인 특징은 신인의무자가 갖는 재량과 권한이라고 파악하고, 신인관계를 "일방당사자(=fiduciary)가 다른 당사자(=beneficiary)의 중대한 실질적인 이익에 대하여 재량권을 행사하는 관계"라고 정의하면서, 자신의 이론을 "Fiduciary Power Theory"라고 명명한다. 이 때 신인의무자의 권한이란 통제력, 영향력, 권능과 같이 다양한 단어로 대체될 수 있지만, 가장 좁은 의미에서는 수익자가 신인의무자에게 자신을 대신하여 행사할 수 있도록 부여한 법적인 권한을 의미한다고 해석된다. 따라서, 신인의무자가 수익자를 위하여 또는 대신하여 법적으로 구속력 있는 계약을 체결하거나, 그 자산을 사용 또는 처분하거나, 중요한 의사결정을 내리거나, 기타 법률적인 권한을 행사할 때만이 그 관계가 신인관계라고 인정될 수 있다.[77] 이러한 관점에서는 일방

75) 미국에서도 재량의 통제를 중심으로 계약과 신인의무 법리를 설명하는 최근의 견해로는 Gordon Smith and Jordan Lee(2014), p.611.
76) Paul Miller(2013), p.1011~1013; Ernst Weinrib(1975), pp.4~5.

당사자가 타방 당사자에 대해서 자문을 제공하고, 그 자문에 영향을 받았다는 사실만으로는 그 관계가 신인관계라고 인정되기는 어렵다.[78] 일찍이 우리나라에서도 변호사가 의뢰인에 대해서 보유하는 재량을 통제하기 위해서 위임계약에 따른 충실의무를 부담한다는 견해가 주장되었는바, 이러한 견해 역시 신인관계의 본질을 재량과 권한의 관점에서 접근하는 사고와 같은 선상에 있다.[79]

(3) 특징 2 - 신뢰와 신임

이와는 달리 신인관계의 가장 중요한 특성으로 그 어원에 따라 수익자가 신인의무자에 대하여 부여한 신뢰와 신임의 측면을 강조하는 견해가 있다. 특히 호주 출신의 학자들이 신뢰와 신임의 존재를 중요시하는 점이 흥미로운데, 이는 호주 판례의 태도에 영향을 받은 것으로 해석될 수 있겠다. 앤드류 터크 교수는 폴 핀 판사가 신인관계를 "일방 당사자가 다른 당사자의 이익을 위하여 행위할 것을 그 상대방 당사자가 합리적으로 기대할 수 있는 관계"라고 언급한 사실을 인용하여 설명하였는바,[80] 이는 결국 신인의무자에 대해서 부여하는 신뢰의 정도에 초점을 맞춘 접근방법이라고 생각된다. 앤드류 터크 교수는 투자은행의 다양한 이익충돌 사례를 분석하면서, 투자은행은 기업인수합병 자문업무,[81] 증권인수 업무[82] 등을 수행하면서 고객에게 자문을 제공하고 고객은 투자은행이 자신의 이익을 위하여 자문을 제공하도록 합리적으로 기대할 수 있기 때문에 신인

---

77) Paul Miller(2014), pp.70~71.

78) Paul Miller(2014), pp.83~84.

79) 양창수(2001), 45쪽.

80) Andrew Tuch(2005), p.495; Paul Finn(1977), p.46.

81) 투자은행의 기업인수합병 자문과정에서 이익충돌 문제에 관해서는 제2장 제2절에서 상술한다.

82) Andrew Tuch(2012), p.371.

관계가 성립하는 것으로 인정될 수 있다는 주장을 일관되게 개진한다.[83] 호주의 한라한(Hanrahan) 교수도 신뢰와 신임 관계이론에 바탕을 두고 예를 들어 투자자문을 제공하는 금융기관과 같이 투자자 재산에 대한 재량권을 이전하지 않는 관계에 대해서도 신인관계의 성립을 확대 적용할 수 있다고 주장한다.[84][85]

(4) 특징 3 - 보호의 필요성(vulnerability)

직관적으로 생각해 볼 때, 신인의무자에 비하여 수익자는 전문성과 정보, 협상력의 측면에서 취약한 경향이 있다. 이러한 측면에서 신인의무를 부과하는 목적을 일방 당사자의 부당한 영향력 행사 또는 부당한 사익 추구로부터 수익자를 보호하기 위한다는 점을 강조하는 견해가 존재할 수 있다.[86][87] 보호의 필요성이나 일방당사자의 취약성이라는 측면을 강조할 경우에는 협상력이 떨어지는 수익자 입장에서는 계약을 통하여 스스로를 보호할 다른 방법이 없기 때문에 신인의무자에게 이익충돌금지원칙을 포함하는 강한 의무를 부과할 필요가 있는 것으로 해석될 수 있다. 수익자의 취약성을 강조하

---

83) Andrew Tuch(2005), p.483; Andrew Tuch(2007), p.51.

84) Pamela Hanrahan in Justin O'brien and George Gilligan(2013), p.211~213; 같은 취지로 호주에서의 금융기관에 대한 신인의무 적용과 신뢰의 관계를 강조하는 견해로는 Seamus Miller in Nicholas Morris et al.(2014), p.306.

85) 호주의 매튜 하딩 교수도 신인관계의 속성에 관한 다양한 이론들 가운데 당사자간에 존재하는 상대적으로 두터운 신뢰(thick trust)의 측면을 핵심으로 파악한다. Matthew Harding(2013), pp.84~85.

86) Jay C. Shepherd(1981), p.144.

87) 필자가 검토한 견해 가운데 보호의 필요성을 신인관계 성립의 가장 중요한 요소로 꼽고 있는 학자는 로트만(Rotman) 교수가 거의 유일하다. 한편, 캐나다의 유명한 Lac Mineral 판결에서는 취약성 여부가 신인관계 성립여부를 다투는 가장 핵심적인 쟁점이 되기도 하였다. Leonard Rotman(2011), p.925 Lac Minerals Ltd. v. Int'l Corona Res. Ltd., [1989] 2 S.C.R. 574.

다 보면 협상력이 부족한 상대방과 거래하는 모든 당사자에게 신인의무를 부과해야 한다는 결론에 다다를 수 있기 때문에, 신인관계의 범위가 지나치게 넓어진다는 단점이 있다. 다른 한편으로는, 기관투자자와 같이 선험적으로는 보호의 필요성이 높지 않다고 생각되는 당사자에 대해서는 그 거래 상대방이 권한과 재량을 보유하거나 신인의무를 부담하는 관계에 처해있다는 점을 인식하고 있다고 하더라도, 신인관계에 해당하지 않게 되는 경우도 있다. 최근 캐나다 대법원 판결에서도 어떠한 관계에서 특정 당사자가 취약한 위치에 있다는 선험적인 관념은 신인의무의 존부를 판단하는 잣대로서 부적절하다고 판시하였다.[88]

(5) 소결

요약컨대, 신인관계는 신인의무자가 보유한 재량과 권한, 수익자가 부여한 신뢰와 신임 및 보호의 필요성이라는 세 가지 내용을 모두 구성요소로 하되, 그 가운데 어떠한 요소를 중시하는지에 따라서 구체적 법률관계에 대한 신인의무 법리의 적용 여부 및 해당 의무의 내용과 수준에 관한 판단이 달라질 수 있다. 신인의무자가 보유한 재량과 권한의 측면을 중시하는 경우에는 신인관계의 성립범위를 좁게 해석하는 대신 재량을 통제하기 위하여 엄격한 수준의 의무를 부과하게 될 것이고, 신뢰와 신임의 측면을 중시하는 경우에는 신인관계의 성립범위가 넓어지는 대신 신뢰와 신임의 정도에 따라 신인의무의 내용을 유연하게 조정할 수 있기 때문이다. 또한 정책적 관점에서는 정보격차와 협상력의 차이로부터 수익자를 보호할 필요성이 언제나 고려되어야 할 것이다.

그 가운데에서 신인의무 법리에서 전통적으로 중시되어온 재량

---

88) Galambos v Perez [2009] 3 SCR 247.

과 권한의 측면은 신인관계의 존부를 판단하기 위한 가장 중요한 특성이라고 생각된다. 한편, 당사자 간에 존재하는 신뢰와 신임의 정도, 수익자의 취약성 및 보호의 필요성은 신인의무의 내용을 적정한 수준으로 유연하게 결정할 수 있는 판단 요소로 기능할 것이다.

신인관계의 성립 범위를 넓게 잡을수록 신인의무를 부담하는 주체의 범위가 넓어지게 되는 효과가 있지만, 한편으로는 신인관계와 비신인관계의 구별이 모호해 지는 단점이 생겨날 수밖에 없고, 결과적으로 신인의무법리에 따른 집행의 효용이 떨어지게 된다. 재량과 권한을 신인관계 성립 여부를 판단하는 기준으로 삼되, 기타 요소들을 고려하는 접근 방식은 이러한 한계를 극복하면서도 자본시장에서 일어나는 다양한 거래관계의 법적성격에 따른 신인의무의 내용을 파악하는 데 도움을 준다. 구체적으로, 이익충돌의 관점에서는 엄격한 이익충돌금지원칙을 적용해야 하는 경우(자산운용수탁업무), 이익충돌금지원칙이 원칙적으로 적용되지만 폭넓은 예외가 인정되는 경우(금융자문업무), 이익충돌 상황에서 자신의 이익을 우선적으로 추구하는 것이 허용되지만 신뢰 보호의 측면에서 행위에 제약이 따르는 경우(투자매매업무, 투자권유행위)를 구별함에 있어서 신인관계의 특성을 이루는 다양한 징표들이 중요한 기능을 할 수 있다.[89]

---

89) 공리주의 철학자인 제레미 벤담은 'fiduciary'라는 용어를 일관되게 사용한 것으로 알려진 최초의 학자들 가운데 하나라고 한다. 벤담은 1823년 "그러한 권한이 주어진 경우, 그 권한이 부여된 목적인 다른 누군가의 이익을 만들어 내는 것임에 틀림이 없다. 만일 그 권한이 취약한 상대방 당사자를 위하여 설정된 것이라면, 그리고 신뢰와 결합된 것이라면, 신인의무자라고 일컬어 질만하다"라고 설명한다[Jeremy Bentham, An Introduction to the Principles of Morals and Legislation, vol.2, 152(Remus Valsan, 2012, p.13, 각주 12에서 재인용)].

다. 신인의무의 내용과 이익충돌 문제

(1) 신인의무의 내용

일찍이 폴 핀(Paul Finn) 판사가 "신인의무란 그들의 권한 내에서 행사하는 자유의 한계를 설정하는 것"이라는 통찰을 제시한 바에서 와 같이[90] 신인의무의 핵심적 내용도 결국 신인의무자가 이러한 권한과 재량을 남용하여 자기의 이익을 추구하는 행위를 통제하는 것에 초점이 맞추어 질 것이다. 비록 일부 계약론자들이 신인의무의 내용은 신인관계를 성립시키는 계약의 내용에 따라 달라질 수 있다고 주장하고는 있지만,[91] 다른 많은 학자들은 신인관계가 성립하는 이상 그에 필연적으로 수반되는 핵심적인 의무가 존재한다는 데 견해가 일치한다.[92] 다만, 이러한 핵심적인 의무의 구성요소를 무엇으로 파악하느냐에 관해서는 견해가 나뉘는 바, 그 구체적 내용을 하나씩 살펴본다.

신인의무법리에 대한 본격적인 연구가 시작된 지 70년이 가까워 온 현재 시점에서도 영미학계에서는 신인의무가 어떠한 내용으로 구성되는지에 대해서는 일치된 결론이 도출된 바 없다.[93] 대체로 신인의무는 충성의무를 핵심 구성요소로 하고, 신인의무자는 이익충돌 금지원칙과 이익향수금지원칙의 적용을 받는다는 점에 관해서는 의견이 일치하고, 각국의 판례들에서도 유사한 태도를 보이고 있지만 다수의 세부 쟁점들에 관해서 여전히 견해가 대립한다. 우리나라에서도 최근 신인의무의 내용에 관해서 많은 연구들이 축적되고는 있

---

90) Paul Finn(1977), p.3.
91) Easterbrook and Fischel(1993), p.426.
92) Peter Birks(2000), pp.35~36.
93) Austin Scott(1949), pp.539~544; Robert Flannigan(2004), p.54.

지만, 회사법, 신탁법 등 각 실정법에 존재하는 충실의무 조항을 해석하기 위한 수단으로서 신인의무를 이해하려는 경향이 강하고, 본래적 의미에서의 신인의무의 내용을 규명하는 데는 다소 소홀한 경향이 있다.[94] 아래에서는 신인의무의 구성 요소에 관한 영미 학계에서의 최근 논의를 정리해서 소개하고자 한다.

(2) 신인의무자의 충성의무(duty of loyalty)

신인의무 법리에서는 충성의무가 가장 핵심적인 지위를 차지한다. 서양에서도 원래는 충성이라는 개념은 배신하지 않을 의무로 이해되어 왔으며,[95] 이는 신인관계를 해석하는 맥락에서도 크게 다르지 않았다. 피터 버크스(Peter Birks) 교수는 이타주의(altruism)가 신인의무의 핵심적 구성요소라고 주장하고 있으며, 이리트 사멧(Irit Samet) 교수, 아더 레이비(Arthur Laby) 교수는 칸트적인 관점에서 신인의무란 자신이 의무를 부담하는 타인을 수단이 아닌 목적으로 이해하고, 도덕적으로 바람직한 동기에서 비롯된 행위를 통하여 일종의 인류애를 실천하여야 할 존재로서 충성을 다하는 것이라고 설명한다.[96] 그러나 이와는 반대로 이스터브룩 판사와 피셀 교수 등 계약

---

94) 신탁법 및 회사법 분야에서 신인의무에 관한 이해는 위 각주 16, 17의 논문을 참고하였다. 한편, 영미법상 충성의무 법리에 관한 일반적인 소개로는 김건식(2010), 52쪽 이하; 이중기(2011b), 34~37쪽; 박기령(2011), 490쪽 이하 등.

95) 신인의무법리에서의 충성의무의 내용과 본질에 관한 연구로는 Lionel Smith in Andrew Gold and Paul Miller(2014), pp.147~148; 서양에서 충성개념이 소극적 의무에서 적극적 의무를 포함하는 개념으로 발전해 왔다는 주장은 Robert Fletcher(1993), ch.3,4; '충성'의 사전적 정의는 '진정에서 우러나오는 정성'으로서 서양에서 loyalty의 개념과 흡사함에도 불구하고, 봉건적 용어이기 때문에 사용을 자제해야 한다는 견해(김재범(2015), 63쪽)에는 찬성하기 어렵다.

96) 사멧 교수는 칸트의 "자기기만(self-deception)"의 개념을 동원하여 정직한 신인의무자는 수익자와의 이익충돌을 스스로 허용하지 못할 것이라고 설명

론자들은 철저히 경제학적 관점에서 충성(loyalty)이란 계약관계의 불충분함을 메꾸어 주는 보충적인 수단이라는 견해를 취하기도 한다.[97] 우리나라에서는 특히 이사에 대하여 영미법상 신인의무자의 충성의무를 부과하기 위하여 충실의무가 도입되었고, 이사가 회사에 대해서 신인의무를 부담한다는 데 대해서도 별 이견이 없지만 동 조항의 독자적 지위를 인정하지 않는 견해가 여전히 주를 이루고 있다.[98]

이와 관련하여 영미학계에서도 충성의무(duty of loyalty)가 신인의무 그 자체를 의미하는 것인지, 아니면 주의의무(duty of care)를 포함하는 다른 의무도 신인의무의 범주에 포함되는지에 관한 논란이 존재한다. 첫째, 신인의무와 충성의무를 등치시키거나, 충성의무만이 신인의무 법리의 본질적 핵심이라고 주장하는 견해가 존재한다.[99] 다수의 영국, 호주, 뉴질랜드, 캐나다의 학자들은 이와 같은 견해를 취하고 있으며, 이들은 모두 영국의 Bristol & West Building Society v. Mothew 판결[100]에서 설시된 "신인의무자의 가장 우선적인 의무는 충성의무(duty of loyalty)이다."는 견해를 지지한다.[101] 영국의 새라 워딩턴(Sarah Worthington) 교수는 그 저서 "형평법(Equity)"에서 실질적으로 유일한 신인의무는 충성의무라고 밝히면서, 신인의무자의 충성의무란 본인의 이익을 자신의 이익보다 우선시하는 것으로서, 이타적으로 행위할 의무를 의미하는 것이라고 정의한다.[102] 마찬가지로, 캠브

한다. Irit Samet(2008), pp.279~280; Arthur Laby(2008), p.129.

97) Easterbrook and Fischel(1993), p.426, 431.

98) 김건식(2015), 385쪽.

99) Remus Valsan(2012), p.35, 각주 66에 소개된 견해들; 새라 워딩턴, 임동진 역(2009), 228쪽; 우리나라에서는 이중기(2011a).

100) Bristol and West Building Society v Mothew [1996] EWCA Civ 533.

101) Peter Birks(2000), pp.11~12; Irit Samet in Andrew Gold and Paul Miller(2014), pp.134~135.

리지대학교의 그레험 버고(Graham Virgo) 교수도 신인의무자가 부담
하는 핵심적 의무는 충성의무이고 그로 인하여 수익자는 일편단심
의 충성을 향유하게 된다는 점을 강조한다.103) 호주의 매튜 코나글
렌(Matthew Conaglen) 교수는 이러한 견해를 주장하는 대표적인 학자
로서, 이익충돌금지원칙(no-conflict rule)과 이익향수금지원칙(no-benefit
rule)을 구현하는 충성의무만이 신인의무이며, 다른 종류의 의무들은
모두 비신인의무의 범주로 분류해야 한다고 강력하게 주장한다.104)
캐나다의 리오넬 스미스(Lionel Smith) 교수 역시 충성(loyalty)의 내용
이 곧 신인의무의 내용을 의미한다고 강조하였으며,105) 미국에서도
드물게 아더 레이비(Arthur Laby) 교수는 충성의무와 주의의무과 모두
신인의무의 내용을 이루기는 하지만, 그 중에서도 충성의무가 더 핵
심적인 것이라고 주장한다.106)

　　두 번째로, 충성의무는 다른 여러 의무들과 동등한 지위에서 신
인의무의 하나의 구성요소에 지나지 않는다는 견해도 있다. 이러한
견해는 주로 회사법 분야에서 많은 지지를 받고 있는 것으로 보이는
데, 대부분의 미국 학자들은 주의의무 또한 충성의무와 같이 신인의

---

102) 새라 워딩턴, 임동진 역(2009), 228쪽.

103) Graham Virgo(2012), p.480.

104) Matthew Conaglen(2010), p.37; 코나글렌 교수의 주장은 신인의무를 충성의
　　무를 중심으로 파악하되, 그 목표는 어디까지나 상대방을 위하여 적극적
　　으로 행위 할 의무, 즉, 주의의무(duty of care) 또는 성실의무(duty of good
　　faith)를 실행하는 데 기여하기 위한다는 점이다.

105) Lionel Smith in Andrew Gold and Paul Miller(2014), p.143; 캐나다의 로버트 플
　　래니건 교수는 미국을 제외한 다른 영연방국가들에서는 주의의무의 문제
　　를 신인의무의 문제로 다루지는 않는 것으로 정리한다. Robert
　　Flannigan(2004), p.48, 각주 6; Robert Flannigan(2006b), pp.209~210.

106) Arthur Laby(2004), p.106; 레이비 교수는 칸트의 완전한 의무(perfect duty)개
　　념과 불완전한 의무(imperfect duty)의 개념을 전제로 충성의무를 핵심으로
　　하는 신인의무란 타인의 목적을 채택할 의무로서 개방적 성격을 띤 불완
　　전한 의무에 속한다고 설명한다. Arthur Laby(2008), pp.137~148.

무의 구성요소라고 평가한다.[107] 타마 프랑켈 교수는 신인의무는 충성의무와 주의의무로 이루어져 있으며, 그 가운데 충성의무는 신인의무자에 대하여 위탁된 재산과 권한과 관련하여 재량을 통제할 필요성으로 인하여 인정된 것이고, 주의의무는 신인의무자가 위탁된 임무를 수행하는 데 필요한 주의의 수준을 의미하는 것이라고 정리하고 있다.[108] 한편, 프랑스[109], 일본, 우리나라 등 사후적으로 신인의무의 법리를 수용한 나라들도 대체로 이와 유사한 견해가 다수설의 지위를 차지하는 것으로 보인다.

형평법 판례를 통해 발전해 온 신인의무 법리에 따르면, 주의의무는 신인의무의 본질적 구성요소는 아니라는 견해가 다수설을 차지한다. 영국, 호주 및 캐나다의 많은 판례들도 주의의무의 위반만으로는 신인의무의 위반을 인정하기 어렵다거나, 주의의무는 그 자체로 고유한 신인의무라고 보기 어렵다고 판시하고 있다.[110] 이와 비교할 때, 주의의무가 충성의무와 대등한 비중을 차지하고 신인의무의 한 축을 이룬다는 견해는 회사법 법리의 독자성에서 기인한 것이라는 견해가 설득력이 있다.[111] 미국에서도 20세기 들어 이사는 주

---

107) Tamar Frankel(2010), p.106; 프랑켈 교수도 주의의무는 충성의무에 비하여 적용상 엄격성이 떨어진다고 설명한다. 위의 책, p.170; 미국 델라웨어 주 판결상 신인의무자인 이사가 부담하는 충성의무(duty of loyalty), 주의의무(duty of care) 및 성실의무(duty of good faith)에 관한 설명으로는 Randy J. Holland(2009), p.683 ff.; Hillary Sale(2004), pp.107~124; 미국의 회사법리상 신인의무 체계에서 주의의무(duty of care)의 중요성을 강조하는 견해에 대한 비판으로는 William Gregory(2004), p.181.

108) Tamar Frankel(2010), p.106 ff.

109) Rafael Garza(2014), pp.87~102.

110) 이사의 주의의무는 신인의무 위반의 문제를 야기하지 않는다는 취지의 캐나다 판결로는 Peoples Department Stores Inc.(Trustee of) v. Wise [2004] 3 S.C.R. 461; 수탁자의 주의의무는 신인의무의 문제라고 특정하거나 등치될 수 없다는 영국 판례로는 Permanent Building Society v Wheeler(1994) 11 WAR 187 at 237~239.

주들에 대해서 충성의무를 부담하는 신인의무자라고 판례법상 인정
되어 왔으며[112], 델라웨어 주 법원에서는 1920년대에 들어서 이사가
주주에 대해서 신인의무를 부담한다는 취지를 언급하고, 1930년대에
는 이사는 신인의무자로서 신의성실의무와 충성의무(duty of loyalty)
를 부담한다는 점을 설시하기 시작했다.[113] 그 이후 주의의무 위반
이 인정되어 경영판단원칙을 공고히 하는 계기가 된 1985년의 Van
Gorkom 판결[114], 성실의무(duty of good faith)의 독자성을 인정하여 주
의의무(duty of care), 성실의무(duty of good faith) 및 충성의무(duty of

---

111) 회사라는 조직 고유의 경제적 메커니즘에 따라 이사의 행위를 통제할 수
있다는 특성이 존재하기 때문에, 대리 및 신탁법리에서 이식된 주의의무
(duty of care) 기준이 엄격하게 적용되기 어렵다는 주장으로는 Edward Rock
and Michael Wachter(2002), p.652, 655~657; 이러한 견해는 회사의 경제적, 조
직적 특성을 적극적으로 감안한 미국 델라웨어주 회사 법리의 특징으로
평가되기는 하지만, 영국에서도 회사법 분야에서는 신탁 또는 대리법에
비하여 이사의 신인의무에 관한 기준이 느슨하게 형성되었다는 점을 규
명하는 연구도 있다. Robert Flannigan(2006a), pp.460~467.

112) 회사의 이사는 대리인 및 수탁자의 지위에서 "신의와 합리적인 주의"를
갖추어 행위해야 한다고 설시한 영국 법원(Lord Chancellor of England) 의
1742년 판결이 이사의 신인의무자 지위를 최초로 설시한 판결로 소개되
고 있다. Randy Holland(2009), p.678; Edward Rock and Michael Wachter(2002),
p.655.

113) 델라웨어 형평법원에서는 1926년 선고된 Bodell v. General Gas & Electric
Corp.,에서 이사는 '엄격한 의미에서 수탁자는 아니'라는 점을 전제로 신
인의무자의 지위에서 회사의 업무를 수행하여야 한다는 점을 최초로 판
시한 것으로 알려졌다. 이사가 신의성실원칙에 따라 직무를 수행하여야
한다는 Cole v. National Cash Credit Ass'n 판결(1931년) 및 이사가 신인의무자
로서 충성의무(duty of loyalty)를 부담한다는 Guth v. Loft 판결(1939년)에 관
해서는 랜디 홀란드 판사의 설명을 참고하였다. Randy Holland(2009),
pp.678~680, 683~684; 한편, 명시적으로 이사가 주의의무(duty of care)를 부담한
다는 문구를 사용한 판결의 효시로 Graham v. Allis-Chalmers Manufacturing 판결
(1963년)이 언급된 문헌으로는 Henry Horsey(1994), pp.982~983.

114) Smith v. Van Gorkom 488 A.2d 858(Del. 1985).

loyalty)가 각각 이사가 부담하는 신인의무의 내용을 이룬다고 판단한 Cede & Co. v. Technicolor, Inc.[115] 판결, 그리고 성실의무는 충성의무의 하위 구성요소라는 취지의 2006년의 Stone 판결[116] 등을 통해서 델라웨어 주 회사법상의 신인의무 법리의 독자적 성격이 심화되었다는 평가가 있다.[117][118]

신인의무자는 타인을 위하여 행사할 권한과 재량을 부여받은 자이기 때문에 권한과 재량을 통제하는 메커니즘으로서의 충성의무가 가장 핵심적인 내용이라고 파악하는 것이 자연스러운 논리적 귀결인 동시에 신인의무 법리의 본질에 보다 적합하다고 생각한다. 이러한 이해는 신인의무자의 사익추구에 대한 감시비용을 줄이고 사후적 통제 수단을 보장한다는 경제적인 접근에도 보다 부합한다. 한편, 신인의무자가 부담하는 주의의무란 자신에게 주어진 직무를 이행하는 과정에서 수반되어야 하는 객관적 척도라고 보는 것이 타당할 것이다.

(3) 이익충돌금지원칙

① 이익충돌금지원칙의 정의

이익충돌금지원칙과 이익향수금지원칙이 신인의무의 핵심을 이루는 충성의무(duty of loyalty)의 골자를 이룬다는 데는 특별한 이견이

---

115) Stone v. Ritter 634 A.2d 345, 361(Del. 1993).

116) Cede & Co. v. Technicolor, Inc. 911 A.2d 362(Del. 2006).

117) Leo E. Strine *et al.*(2010), pp.640~643; Julian Velasco(2010), pp.1307~1317.

118) 예를 들어 성실의무(duty of good faith)를 충성의무의 한 내용으로 파악하는 델라웨어 법원의 태도에 따르면, 회사의 이익과 이사의 이해관계가 상반되거나 충돌할 가능성이 존재하지 않는 상황에서도 성실의무를 다하지 못하는 경우에는 충성의무 위반이 인정되기 때문에 오히려 본래적 신인의무 법리에 비해서 충성의무의 적용범위가 넓어질 수도 있다. 미국 델라웨어 주 회사법상 충성의무의 적용범위를 넓게 인정하는 견해로는 Andrew Gold(2009), pp.472~483; 성실의무에 관해서는 Andrew Gold(2006), pp.133~134.

없다. 영국에서는 1992년 법률위원회(Law Commission)에서 발간한 보고서를 통해 신인의무자가 부담하는 충성의무 및 그에 따른 이익충돌금지원칙, 이익향수금지원칙에 관하여 다음과 같이 정의한다.

▲ 이익충돌금지원칙 : 신인의무자는 자신의 의무와 이익사이의 충돌되는 상황에서 행위 하는 것이 금지되며("의무-이익 충돌") 또한 다수의 본인들 (principles)에 대해서 부담하는 의무간의 충돌("의무-의무 충돌") 상황에서도 마찬가지이다.

▲ 이익향수금지원칙 : 신인의무자는 신인의무자의 지위를 이유로 하는 또는 그 지위를 이용하여 또는 신인의무자의 직무 범위 내에서의 이익을 추구해서는 안 된다.[119]

2013년 같은 위원회에서 발간된 '투자중개기관의 신인의무에 관한 보고서(Fiduciary Duties of Investment Intermediaries)'에서도 신인의무의 개념을 충성의무 중심으로 이해하고 있으며 주의의무 위반과 단순한 무능은 충성의무에 해당하지 않는다고 전제한다.[120]

영국에서는 밀레(Millet) 판사가 Bristol and West Building Society v Mothew 판결에서 "본인은 신인의무자의 일편단심의 충성을 향유할 권리가 있다. 이와 같은 핵심적인 책임은 다양한 면모를 띠고 있다. 신인의무자는 신의성실하게 행위하여야 한다(must act in good faith); 또한 그는 자신의 의무와 이익이 충돌할 수 있는 지위에 스스로를 처하게 해서는 안 된다; 그는 정보에 기반한 본인의 동의(informed consent)를 얻지 않고 자기의 이익 또는 제3자의 이익을 위해서 행위하여서는 안 된다. 이는 완결된 리스트를 의미하는 것은 아니지만, 신인의무의 성격을 가리키기에는 충분하다. 즉, 이들은 신인의무자

---

119) Law Commission(1992), pp.27~30.
120) Law Commission(2013), pp.5~6.

의 성격을 규정짓는 것이다."[121]라고 판시한 것이 신인의무의 내용, 특히 충성의무에 관한 기준적 설시로 가장 널리 인용되고 있다. 실제로는 19세기 중반부터 모든 신인의무자는 보호할 의무가 있는 상대방과 이익이 실제로 충돌하거나 충돌할 수 있는 상황에 처해서는 안 된다는 원칙이 확립되었으며,[122] 1896년에 선고된 Bray v. Ford[123] 판결에서도 허셸 판사(Lord Herschell)는 "형평법원에서 신인의무자의 지위에 있는 사람은 달리 명시적으로 정해지지 않는 이상 이익을 수취할 자격이 없고, 자신의 이익과 의무가 충돌하는 위치에 처해서는 안 된다."고 판시함으로써 신인의무자에게 이익충돌금지의무와 이익 향수 금지의무가 존재한다는 점을 확인하였다.

한편, 미국의 신탁법 제3차 리스테이트먼트에서도 수탁자의 충성 의무란 신탁계약에서 달리 정하지 않는 이상 수익자의 이익만을 위해서 신탁을 관리할 의무라고 정의하고(제78조 제1항), 그에 따라 수탁자는 자기거래 또는 수탁자의 신인의무와 개인적 이해관계의 충돌을 낳거나 이를 포함하는 여하한 거래에 관여할 수 없다(제78조 제2항)는 이익충돌금지원칙을 규정하고 있다.[124] 또 미국의 다수의

---

121) Bristol and West Building Society v. Mothew [1998] 1 Ch(CA) 16.

122) Aberdeen Railway Co v. Blaikie Brothers(1854) 1 Macq 461 at 471~472.

123) 브레이는 요크셔 칼리지의 감독위원장이었고, 포드는 부위원장이자 동 칼리지의 변호사였다. 브레이는 포드에게 포드가 칼리지에 대해서 감독 위원회 부위원장이라는 신인의무자의 지위에 있었음에도 불구하고 그로 부터 보수를 지급받는 변호사라는 지위에 있음으로써 불법적이고 부적절 하게 행동했다는 점을 문제 삼았다. Bray v. Ford [1896] AC 44 at 51.

124) §78 Duty of Loyalty.

(1) Except as otherwise provided in the terms of the trust, a trustee has a duty to administer the trust solely in the interest of the beneficiaries, or solely in furtherance of its charitable purpose.

(2) Except in discrete circumstances, the trustee is strictly prohibited from engaging in transactions that involve self-dealing or that otherwise involve or create a conflict between the trustee's fiduciary duties and personal interests.

주에서 채택하고 있는 통일신탁법전(Uniform Code of Trust)에서도 수 탁자의 충성의무에 관해서는 신탁법 리스테이트먼트와 동일한 문언 을 사용하여 정의를 내리고 있다.[125]

② 이익충돌금지원칙의 적용

신인의무자에게 적용되는 이익충돌금지원칙은 신인의무자와 고 객의 이익의 잠재적, 실제적 이익충돌 상황 자체를 회피할 의무이다. 원칙적으로 신인의무자에 대해서는 그 결과가 수익자에 대해서 이 익을 가져다주는지, 거래를 결정하기 위한 절차가 공정하였는지 여 부를 불문하고 이익충돌 상황에 처하면 안 된다는 소위 불문원칙 (no-further inquiry rule)이 적용된다.[126] 신인관계가 아닌 경우에는 이 처럼 엄격한 이익충돌금지원칙이 적용되는 사례를 찾아볼 수 없고, 설령 이익충돌 상황에서 거래 상대방의 이익을 감안하여 행위할 의 무를 부과한다고 하더라도 해당 의무 위반행위의 위법성을 평가함 에 있어서 불문원칙이 적용되는 경우는 상상하기 어렵다. 한편, 일 부 학자들에 따르면 신인의무자가 자기 또는 제3자의 계산으로 수익 자와 거래하는 것을 금지하는 취지의 자기거래 금지(self-dealing)의 원 칙은 이익충돌금지원칙과 구별되는 독자적 지위를 지닌다고 주장되 지만,[127] 특별히 범주를 나누어 파악할 실익은 없다.[128]

---

(3) Whether acting in a fiduciary or personal capacity, a trustee has a duty in dealing with a beneficiary to deal fairly and to communicate to the beneficiary all material facts the trustee knows or should know in connection with the matter.

125) Section 802 Duty of Loyalty.
   (a) A trustee shall administer the trust solely in the interests of the beneficiaries. ; 통일신탁법전상 충성의무에 관해서는 Karen Boxx(2002), p.281.

126) Melanie Leslie(2005a), pp.544~545.

127) Remus Valsan(2012), pp.37~38.

128) Graham Virgo(2012) pp.497~499.

한편, 거래의 절차와 내용이 공정한 경우에는 자기거래가 유효하게 될 수 있다는 공정거래의 원칙(fair dealing rule)도 이익충돌금지원칙과 함께 논의되고 있는데, 그 적용 범위 및 예외에 관해서는 해석상의 차이가 있다. 거래 조건과 판단 절차가 공정하면 동의 없이도 자기거래가 허용된다는 견해129)와 신인의무자의 이익충돌을 허용하기 위해서는 수익자의 동의가 필요하지만, 동의를 얻었다고 하더라도 거래의 결과와 절차가 공정해야 한다는 견해가 나뉠 수 있기 때문이다. 버고 교수(Virgo) 교수는 마치 공정거래의 원칙이 충족되는 이상 동의 없는 자기거래도 가능한 것처럼 설명하고 있는데, 이러한 견해는 동의를 얻지 못한 이익충돌 거래를 원칙적으로 금지하는 본래적 신인의무 법리를 유연하게 적용하기 위한 토대를 제공해준다.130) 한편, 코나글렌 교수는 '공정성'이란 거래의 실질적인 공정성에 관한 것이라기보다는 법원이 신인의무자가 수익자의 동의에 필요한 정보를 제공했는지, 그리고 수익자는 이러한 정보에 기반하여 유효한 동의(informed consent)를 하였는지를 판단하는 일종의 절차적 기준이라고 설명하고 있다. 이러한 사고방식은 결국 이익충돌금지원칙 위반여부를 판단함에 있어서 공정성이 인정된다면 수익자의 유효한 동의가 간주된다는 취지로도 해석될 수 있다.131)

(4) 소극적 금지의무 v. 적극적 작위의무

한편, 각도를 달리하여 신인의무법리에서 도출되는 충성의무가 과연 신인의무자의 이익충돌과 이익향수를 '금지'하는 소극적 의무만을 의미하는지, 수익자의 최선의 이익을 추구하여야할 적극적 작위의무까지를 포함하는지에 관한 견해대립의 내용을 검토해 보기로

---

129) Graham Virgo(2012), p.500.

130) John Langbein(2005), pp.938~939.

131) Matthew Conaglen(2006), p.368.

한다.132)

① 금지의무로 이해하는 견해

일군의 학자들은 신인의무자가 부담하는 충성의무의 범위를 좁게 설정하고 이는 이익충돌금지원칙과 이익향수금지원칙에 위배되는 특정한 행위를 하지 않을 금지의무(proscriptive duty)에 그치는 것으로 개념화한다.133) 매튜 코나글렌(Matthew Conaglen) 교수는 금지의무로서의 성격을 강조하는 대표적인 학자로서, 신인의무자에 대해서는 오로지 이익충돌 상황이 생기면 적극적인 행위로 나아가지 않을 의무와 재산적 이익을 취하지 않을 의무만이 부과되며, 수익자를 위하여 적극적으로 행위할 의무를 부과하는 것은 신인관계의 본질에서 벗어난다고 주장한다.134) 이러한 견해에 따르면, 금지의무만을 부과하더라도 신인의무자의 사익추구 유인을 억제하려는 정책적 목표를 달성할 수 있다는 이유를 중요한 근거로 들고 있다.135) 우리나라에서도 이중기 교수는 오래전부터 신인의무의 금지적 성격을 강조하는 견해를 주장하고 있다.136) 같은 맥락에서, 신인의무자의 이익향수금지원칙 또한 신인의무자가 그 임무를 수행하면서 획득한 것으로서 승인되지 않은 이익을 추구하는 것을 금지하는 의무라고 이해된다.137)

---

132) Lionel Smith(2014), p.609.

133) Robert Austin in A.J. Oakley(ed)(1996), p.153; Robert Flannigan(2006b), p.209; Robert Flannigan(2009), p.408.

134) Matthew Conagen(2010), p.37; Matthew Conaglen(2005), p.468.

135) Matthew Conaglen(2010), p.73; 자기거래 금지원칙의 사익추구 통제적 기능에 관해서는 Robert Flannigan(2007), p.428.

136) Lee Choong-Kee(2004), pp.1~3.

137) 이익향수금지원칙을 이익충돌금지원칙의 일부라고 보는 견해도 존재한다. 예컨대, 영국의 Boardman v. Phipps 사건에서 업존(Upjohn) 판사는 "신

② 적극적 행위의무를 강조하는 견해

다음으로는 신인의무자가 부담하는 충성의무는 금지적 의무에서 그치지 않고, 신인의무자가 수익자의 최선의 이익을 옹호할 의무 또는 수익자의 이익을 달성할 수 있도록 행동할 의무가 있다는 견해도 있다.[138] 예컨대, 캐나다의 리오넬 스미스 교수는 신인의무자의 충성의무란 단지 금지·회피할 의무를 넘어선 것으로서, 신인의무자가 올바른 동기를 가지고 그 임무를 수행하여야 한다는 점을 강조한다.[139] 피터 버크스(Peter Birks) 교수도 수익자의 이익을 보존하고 증진할 의무에 대해서 주장하며[140] 호주의 폴 핀 판사도 "신인의무자는 스스로 생각하기에 수익자의 이익이 되도록 진실되게 행위하여야 한다."고 설시하였다.[141]

그렇다면 신인의무의 적극적 행위의무로서의 성격을 강조하는 주장의 근거가 되고 있는 최선이익(best interest) 옹호의무가 무엇을 의미하는지 의문이 제기될 수 있다. 이 때 최선의 이익이란 금지적

인의무자가 자신의 지위로부터 이익을 취하지 말아야 한다는 형평법상의 핵심 원칙은 수탁자는 자신의 의무와 이익이 충돌하는 상황에 처하면 안된다는 보다 넓은 규범의 일부이다"라고 판시하였다. Boardman v. Phipps [1967] 2 AC 46. 한편 호주 고등법원(High Court)의 Deane 판사는 Chan v. Zacharia 사건에서 이익충돌금지의무와 사익추구 금지의무는 그 목적이 다른 것으로서, 전자는 신인의무자 직무수행이 사익에 의해서 방해받지 말아야 한다는 취지이고, 후자는 신인의무자가 개인적 이익을 위하여 실제로 자신의 직위를 남용하지 말아야 한다는 취지라고 판시한 바 있다. Chan v. Zacharia(1984) 154 CLR 178.

138) 충성의무의 적극적 측면을 강조하는 학자들은 이익충돌금지원칙과 이익향수금지원칙에 위배하지 않더라도 '충성스럽게' 행위 하지 않을 수 있다는 점을 근거로 코나글렌 교수의 금지원칙 중심주의를 비판한다. Steven Galoob and Ethan Leib(2014), pp.129~130.

139) Lionel Smith(2014), p.628.

140) Peter Birks(2000), p.28.

141) Paul Finn(1977), p.15.

의무에서 말하는 유일한 이익과는 구별되는 개념으로서, 현재의 수
익자가 처한 상태와 비교했을 때 신인의무자가 임무를 수행한 결과
더 개선된 효용과 복지를 얻게되는 것을 의미한다고 이해되어야 할
것이다. 즉, 신인의무를 금지적 의무라고 이해한다면 고객의 이익만
을 위해서 이익충돌금지원칙과 이익향수금지원칙이 엄격히 적용되
어야 한다는 점을 강조할 것이고(소위 sole-interest), 적극적 행위의무
라고 이해한다면 신인의무자와 이익충돌 상황이 발생할 우려가 있
더라도 신인의무자가 판단하기에 수익자에 대해서 최선의 이익을
가져다 줄 수 있는 행위를 하는 것이 우선시 되어야 할 것이다. 다
만, 매튜 코나글렌 교수와 같이 금지적 의무의 성격을 강조하는 학
자들도 신인의무자가 궁극적으로 수익자의 복지와 효용을 증진시키
기 위한 적극적 행위의무를 부담한다는 사실 자체를 부인하는 것은
아니고, 이들은 다만 주의의무나 성실의무의 이행을 통하여 달성될
수 있는 것이지 금지적 의무를 통해서는 최선의 이익이 추구될 수
없다는 점을 강조한다는 차이가 있다.

　비교컨대, 금지적 의무를 강조하는 학자들에 따르면, 충성의무란
결과적으로 수익자에 대해서 더 많은 이익을 가져다준다고 하더라
도 신인의무자의 개인적인 이익이나 제3자의 이익과 충돌할 가능성
이 있는 행위는 하지 못한다는 의미이므로 행위의 결과에 대한 평가
와는 직접 관련이 없다.[142] 다만, 최근 캐나다와 미국의 학자들을 중
심으로 충성(loyalty) 개념의 철학적 기원을 적극적으로 재조명하여,
이익충돌 상황에 처하지 않을 소극적, 금지적 의무뿐만이 아니라 상
대방의 이익을 적극적으로 옹호할 의무가 원래부터 포함되어 있다
는 견해가 적극적으로 제기되고 있다.[143] 이러한 견해에 따르면 신

---

[142] 금지적 의무를 강조하는 견해와 적극적 행위의무를 강조하는 견해가 아
　　주 분명하게 구분되지 않는 지점도 존재한다. Deborah Demott(1988), p.909.
[143] George Fletcher(1993), ch.3, ch.4.

인의무자가 부담하는 충성의무 자체가 본래적 의미에서의 신인의무 법리에서보다는 더 많은 내용을 포섭할 수 있게 될 것이다. 다만, 제2장에서 강조하는 바와 같이 신인의무자의 충성의무를 적극적 의무로 파악할 경우에는 그 위반 여부를 판단하는 기준이 주의의무 위반 여부의 판단 기준으로 수렴할 우려가 있으므로 이 책에서는 원칙적으로 충성의무를 금지적 의무로 파악한다.

(5) 모든 신인의무자가 부담하는 신인의무가 동일한가?

상대방과의 관계의 구체적인 특성을 고려하지 않고 특정한 지위에 처해있다는 사정만으로도 신인관계가 인정되는 범주에는 신탁의 수탁자, 대리인, 조합의 조합원, 회사의 이사 및 변호사가 대표적으로 속한다.[144] 이들이 신인의무자로서 부담하는 의무의 구체적 내용은 다르게 나타나는데, 그 원인은 첫째, 그 신인의무자가 수익자에 대해서 부담하는 재량의 수준에 따라 달라지기 때문이고, 둘째, 신인의무자가 수익자과 체결한 계약 등 원인된 법률관계의 구체적인 내용에 따라 달라지기 때문이다. 신인관계가 성립하는 이상 충성의무를 부담한다는 점은 변함이 없지만, 재량이 큰 신인의무자의 경우에는 그 재량을 통제하기 위하여 강한 수준의 의무를 부과하는 방식으로 신인의무 법리가 발전해 왔다.

이러한 차이는 수탁자와 대리인의 의무를 비교해 볼 때 잘 드러난다. 대리인의 경우에는 일반적으로 본인과의 신인관계가 인정되기도 하지만, 수여된 대리권의 범위에 따라 대리인의 의사결정 권한이 거의 없는 경우도 많이 있다.[145] 반면, 재산의 법적인 처분권한까지도 보유하게 되는 수탁자의 재량의 수준은 제한된 범위의 대리권을 가지고 본인의 지시에 따라 업무를 수행하여야 하는 되는 대리인

---

144) Lean Sealy(1962), pp.69~71.

145) Paul Miller in Andrew Gold and Paul Miller(2014), pp.79~80.

에 비하여 높을 수밖에 없다. 제2장에서 상세히 검토하는 바와 같이, 금융기관이 투자자와 신인관계가 성립함에 따른 충성의무를 부담한다고 하더라도 이익충돌금지원칙의 적용범위나 엄격함의 정도가 달라지는 것은 이러한 차이에서 비롯된다. 고객 자산을 운용하는 금융기관에 대해서는 동 금융기관이 행하는 모든 거래 관계에 대해서 엄격한 이익충돌금지원칙이 적용되지만, 운용 재량을 보유하지 않는 투자자문업자나 주문의 체결, 집행에 있어서 제한된 범위에서만 재량을 보유하는 투자중개업자 등에 대해서는 이익충돌금지원칙이나 이익향수금지원칙 등 충성의무에 따른 법리들이 다소 완화되어 적용이 가능하다.146)

한편, 계약론자들 가운데는 충성의무인지 주의의무인지 여부를 가리지 않고 당사자의 합의에 따라 신인의무의 내용을 달리 정할 수 있다는 극단적인 주장을 하는 경우도 있다.147) 계약론자들은 신인의무 법리가 계약의 공백을 메꿈으로서 당사자들이 합의했을 것으로 추정되는 의무의 내용을 설정한다고 주장하고 있기 때문에, 충성의무의 수준과 적용범위 또한 계약에 따라 달리 정하지 못할 바 없는 것이다.148) 그러나 충성의무는 신인의무 법리의 독자적 성격을 뒷받침 하는 기능을 수행하고 있기 때문에 계약으로 충성의무의 적용을 포괄적으로 배제하는 것은 허용될 수 없거나, 계약의 유효성을 판단함에 있어서 엄격한 기준을 적용하고, 계약 내용에 따라 쉽게 변용이 가능한 것은 주로 주의의무의 영역에 한정하여 파악하는 것이 바람직하다.149)

---

146) 신인의무 법리가 적용된다고 하더라도 시장으로부터의 통제가 얼마나 활발하게 일어날 수 있는지에 따라 신탁의 수탁자, 폐쇄회사의 경영진 및 공개회사의 경영진에 대한 의무의 수준이 달리 적용된다는 설명으로는 Robert Sitkoff(2003), pp.572~582.

147) Easterbrook and Fischel(1993), p.427.

148) 계약론적 견해에 관한 요약, 설명으로는 Alces Kelly(2015), pp.356~360.

(6) 계약에 의한 신인관계 성립의 배제
- 호주의 ASIC v. Citigroup 판결

금융기관입장에서는 고객과의 신인관계가 인정되면 사익추구 행위에 많은 제약이 가해질 것이므로 가능한 한 신인관계의 성립 자체를 부정하려는 인센티브가 존재한다. 특히, 계약 상대방인 고객이 투자경험과 지식이 있을 경우에는 금융투자상품의 매매계약, 투자관련 계약, 자문 계약 등 그 종류를 불문하고 계약서상에 "동 금융기관은 고객의 대리인이나 수탁자가 아니며, 고객과의 신인관계는 성립되지 않는 것으로 하고, 고객은 이러한 점에 동의한다."는 내용의 조항을 두려는 경향이 존재한다. 이와 같은 계약조항은 신인관계의 성립을 부정함으로써 향후 전개될 거래관계에 신인의무 법리가 개입될 여지를 사전에 차단하겠다는 함의를 지니고 있다. 따라서 신인관계의 존재 자체를 부인하는 계약의 효력여부에 관한 판단은 일단 당사자들 간에 신인관계의 성립은 인정되었으나 금융기관이 자신의 이익을 우선하는 거래를 수행할 수 있도록 투자자가 유효한 동의를 하였는지의 문제와 구별하여 접근할 필요가 있다.[150)

전자와 관련해서는 투자은행 업무 등 주로 기관투자자들 대상으로 하는 업무를 수행하는 경우에 관례적으로 포함되는 신인관계 성립 배제 조항의 해석이 문제가 될 수 있다. 실제로도 호주 대법원에서 2007년 7월 투자은행이 기업인수합병 과정에서 수행한 업무와 관련하여 ASIC v. Citigroup 판결을 선고한 것을 계기로 학계에서도 많은 관심이 집중되었다.[151) 씨티그룹 캐피털 마켓(Citigroup Capital Market,

---

149) 신인의무의 수준을 완화한다고 해서 충성의무의 본질적인 내용을 바꿀 수 없다는 주장은 Melanie Leslie(2005b), pp.112~119; Tamar Frankel in Andrew Gold and Paul Miller(2014), p.254.

150) Joshua Getzler, in Andrew Gold and Paul Miler(2014), p.52 ff.

151) ASIC v. Citigroup Global Markets Austrailia Pty Ltd [2007] FCA 964.

이하 "CGM")은 호주의 상장기업인 톨 홀딩스 리미티드(Toll Holdings Limited, 이하 "톨")이 또 다른 상장기업인 패트릭社를 인수합병하는 과정에서 매수인측 재무자문사로 선임되었다. CGM은 단일 법인 내에서 고유재산을 투자하는 업무("투자부문")와 기업금융 업무를 함께 수행하고 있었기 때문에, 해당 합병 건에 있어서 정보교류차단장치(Chinese wall)을 두고 두 부문을 분리해서 운용하고 있었다. 2005년 2월 19일 CGM의 투자부문의 트레이더가 패트릭사의 주식을 취득하였고, 2005년 2월 22일에는 톨이 패트릭의 매각 입찰에 참가한다는 발표가 있었다. 이러한 사실관계에 대하여 호주 증권거래소의 조사를 거쳐, 호주의 증권투자위원회의 조사 절차가 개시되었고, 호주 증권투자위원회는 2006년 3월 CGM을 기소하였다. 동 위원회는 CGM이 (i) 톨 사에 대한 이익충돌금지원칙을 준수하지 못하여 신인의무를 위반한 점, (ii) 고유재산으로 패트릭사의 주식을 거래한 것이 내부자거래 규제에 위반한 점을 지적하였다.

호주 대법원은 CGM이 톨사에 대해서 신인의무를 부담하지 않기 때문에 증권투자위원회가 제기한 이익충돌 관련 법위반 사항이 존재하지 않는다고 판시하였다. 호주에서는 학설이나 판례상으로 기업인수합병 자문업무를 수행하는 투자은행은 고객에 대하여 신인의무를 부담한다는 견해가 존재하였다.152) 그러나 CGM은 톨사와 재무자문사 선임계약을 체결하면서 신인관계의 성립을 부인하는 명문 조항을 포함시켰기 때문에 사안에서는 신인의무 법리가 적용될 수 없다고 주장하였고, 호주 증권투자위원회는 이러한 명문 조항에도 불구하고 톨사의 동의(informed consent)를 획득하지 못하였기 때문에 여전히 신인의무 법리가 적용되어야 한다는 주장을 하였던 것이다. 대법원의 제이콥슨(Jacobson) 판사는 호주 판례상 신인관계의 성립

---

152) Andrew Tuch(2005), p.504; 대표적인 판례로는 Aequitas v AEFC(2001) 19 ACLC.

여부를 판단하기 위한 기준은 "법적이고 실질적인 의미에서 다른 사람의 이익에 영향을 미치는 권한이나 재량을 행사함에 있어서 그 사람을 위하여 또는 그 사람을 대신하여 행위 하는 데 동의하였는지 여부"라는 점을 강조하면서, 자문인에게는 그러한 권한이나 재량이 없고, 사안에서도 톨사가 CGM 이외에도 또 다른 자문사를 선임하여 스스로 재량을 가지고 판단하였기 때문에 신인관계가 성립하지 않는다고 판시하였다.

호주의 파멜라 한라한(Pamela Hanrahan)교수는 동 판결에 관한 평석에서 비록 톨사가 재무자문사 선임 계약서상 신인관계의 성립을 배제하는 조항의 문언에 따라 신인의무가 부정되었다고 해서, 계약법 및 형평법리상 CGM이 톨사의 이익을 위하여 행위할 의무가 부정된다고까지 평가할 수 없다는 점을 강조하였다.[153] 다른 학자들은 신인관계가 성립한 이후에는 이런 의무 위반 행위를 추인하는 데는 충분한 정보제공과 동의 획득이 필요하였겠지만, 일단 신인관계의 성립 자체가 부인되었기 때문에 신인의무자의 이해관계가 개입된 거래의 유효성을 판단하기 위한 정보제공에 기초한 동의(informed consent)의 유무를 따질 필요가 없다는 견해가 주를 이루고 있다.[154][155]

---

153) Pamela Hanrahan(2008). pp.22~23.

154) Hanoch Duggan in Elise Bant and Matthew Harding(2010), pp.290~296; Joshua Getzler(2008), pp.20~21.

155) Joshua Getzler 교수도 해당 판결에 대해서는 찬성하고 있지만, 계약으로 배제할 수 있는지 여부에 대해 법원의 입장이 완전히 정리된 것은 아니라고 평가한다. 그의 설명에 따르면, 호주 법원에서도 "당사자간에 그들 간의 관계를 규율할 조건들을 상호 합의에 따라 정한 계약을 체결한 적도 없고, 앞으로도 결코 그러한 합의에 도달할 리 없는 당사자들 간에도 신인관계가 성립하고 신인의무과 부과될 수 있다"고 판시한 경우도 있고 (United Dominion Corporation Ltd v Brian(1985) 157 CLR 1), 당사자 간에 원래부터 존재하던 신인관계 성립을 배제하는 담보 계약서의 조항의 유효성을 인정하는 등(John Alexander's Clubs Pty Limited v. White City Tennis Club

한편, 우리나라에서는 만일 사모펀드에 투자하는 기관투자자와
집합투자업자가 체결하는 신탁계약서상 자본시장법 제79조 제2항
충실의무 조항 또는 고객이익 우선의무에 관한 동법 제37조 제2항의
적용을 배제한다고 할 때, 이러한 계약조항의 효력이 인정될 될지는
의문이다.156) 호주 대법원의 ASIC v. Citigroup 판결에서는 상대방 투
자자의 경험과 지식의 정도에 따라 이러한 계약 조항의 유효성을 판
단해야 한다고 판시하였으나, 우리 대법원에서는 원칙적으로 '공정
한 거래질서를 위해서 제정된 강행법규 위반의 경우에는 무효'라는
입장을 견지하고 있다.157) 나아가, 대법원에서는 최근 "전문투자자가
주로 투자하는 사모펀드라도 자산운용사가 투자자에게 위험요인에
대한 올바른 정보를 제공하지 않았다면 불완전판매 책임이 있다"는
취지의 판결을 선고하는 등 기관투자자에 대해서도 투자자 이익보
호 의무를 원칙적으로 인정하는 태도를 보이고 있기 때문에,158) 기
관투자자라고 하더라도 금융기관의 재량 및 투자자가 부여한 신뢰
의 수준에 따라 투자자에 대한 책임을 인정할 가능성을 배제하기 어
렵다.159)

(7) 수익자의 동의에 의한 개별적 이익충돌의 허용

신인의무자가 정보제공에 근거한 동의 또는 법원의 허가를 받았

Limited(2010) 241 CLR 1) 그 법리가 아직 명확하지는 않은 것으로 보인다.
Joshua Getlzer(2007), pp.53~54.
156) 영국에서는 제조업자와 금융기간 간에 체결한 통화스왑계약과 관련하여
자문인으로서의 지위를 부인하는 계약의 효력을 인정하는 판결이 선고되
었다. Titan Steel Wheels v Royal Bank of Scotland plc [2010] EWHC 211. Colin
Bamford(2015), 8.98 및 8.99.
157) 대법원 2002. 12. 26. 선고 2000다56952 판결.
158) 채동헌(2015), 18~19쪽.
159) 항공기 파이낸싱에 투자하는 펀드에 관해서는 대법원 2015. 2. 26. 선고
2014다17220 판결.

거나 아니면 애당초 계약에서 정한 바에 따른 것이라면 설령 신인의
무자가 이익충돌이 문제된 거래로 나아갈 경우에는 충성의무 위반
으로 인한 책임을 부담하지 않게 된다. 그러나, 특히 투자자로부터
동의를 받는 문제는 개별˙거래에서 나타나는 동의의 범위 및 내용,
동의의 시기에 따라 그 동의가 이익충돌 거래로 인한 책임을 면제시
켜 줄 수 있는 유효한 동의에 해당하는지에 관하여 서로 다른 결론
에 도달하게 된다.160)

우선, 포괄적인 사전적 동의가 유효한지에 관하여 의문이 제기될
수 있다. 유명한 호주의 Hospital Products v. USSC 판결에서는 "신인관
계는 만일 그 존재가 인정된다고 하더라도, 기본이 되는 계약관계의
내용에 맞추어 변용되어야 하며, 그 계약내용과 일관성을 유지하며
그에 좇아야 한다."고 판시했으며161), 이러한 입장은 최근 들어 신인
관계에 따라 부과하는 신인의무의 내용을 해석하는 중요한 기준이
되었다. 즉, 당사자 간의 계약 내용에 따라 신인의무의 내용이 변용
이 가능하므로, 이익충돌 금지의무의 적용 범위도 달라질 수 있다는
결론이 도출될 수 있겠다. 그렇다고 하더라도 신인의무 법리에 따른
이익충돌금지원칙은 신인의무자가 부담하는 충성의무의 핵심적인
법리이기 때문에 동 원칙의 적용 자체를 배제하고 이익충돌을 야기
하는 거래행위를 사전적, 포괄적으로 추인하는 계약 조항은 충성의
무를 형해화 하는 것으로서 허용되기 어려울 것이다. 미국의 증권거
래위원회에서도 투자자문업자의 고유계정과 고객 자산간의 거래를
금지하는 1940년 투자자문업자법 제206(3)조의 해석과 관련하여 포괄

---

160) 프랑켈 교수는 신인관계에서 유효한 동의가 인정되기 위해서 면제되는 의
    무의 구체적 내용을 특정한 명확한 통지가 이루어지고, 수익자가 독립적으
    로 판단할 수 있도록 '신인의무자의 지위에 근거하여' 정보를 제공해야 한
    다는 두 가지 요건을 충족시켜야 한다고 설명한다. Tamar Frankel(1995),
    p.1212.

161) Hospital Products Ltd., v, United States Surgical Corporation(1984) 156 CLR 41

적 동의는 허용될 수 없다는 해석을 하고 있다.[162]

둘째, 고객이 동의를 한 시점이 신인관계가 성립하기 전인지 성립한 이후인지에 따라서도 책임 면제 여부에 관한 결론이 달라질 수 있다. 앞서 소개한 ASIC v. Citigroup 사례와는 달리 일단 신뢰와 신임관계를 바탕으로 신인관계가 성립한 이상은 동의를 획득하기 위하여 충분한 정보가 제공되었는지를 판단하는 기준이 신인관계의 성립 자체를 배제하는 계약 조항에 합의하는 것에 비하여 훨씬 엄격해야 할 것이다.[163] 영국, 호주 등에서 형성된 판례 법리에서도 신인의무 면제를 위한 동의(informed consent)의 유효성이 인정되기 위한 수준은 각 사안의 사실관계에 따라 달라질 수밖에 없으며, 상대방이 지식과 경험이 부족할 경우 독립된 제3자로부터 자문을 받은 다음 동의를 해야 그 유효성이 인정될 수 있다.

셋째, 동의를 받더라도 그 의무의 일부나 전부를 면제 또는 축소하는 것이 불가능한 신인관계가 존재하는지에 관한 논의이다. 예를 들어 많은 나라의 법제들에서는 동의를 받더라도 변호사가 소송상 원고와 피고 쌍방을 대리하는 것은 금지되어 있으며, 이를 뒷받침하는 다양한 판결들도 존재한다.[164] 금융거래와 관련해서도 우리나라 자본시장법에서 투자일임업자 또는 신탁업자가 고객의 동의를 받더라도 자신이 운용하는 투자자 계정들 간의 거래 또는 금융기관의 고유재산과 고객재산과의 거래를 금지하는 입법례도 존재한

---

162) 1940년 투자자문업자법 제206(3)조 위반으로 SEC로부터 제재가 가해진 사안 가운데 포괄적 동의(blanket consent)의 유효성이 부인된 사례는 다음과 같다. Opinion of Director of Trading and Exchange Division, Advisers Act Rel. No. 40(Jan. 5, 1945). Stephens, Inc., Advisers Act Rel. No. 1666(Sept. 16, 1997); Clariden Asset Management(New York) Inc., Advisers Act Rel. No. 1504(July 10, 1995).

163) Joshua Getzler in Andrew Gold and Paul Miller(2014), pp.54~55.

164) Farrington v. Rowe McBride & Partners [1985] 1 NZLR 83 at 90.

다.165) 그러나 이 문제는 정책적 이유에 따라 동의를 받더라도 이익
충돌이 허용되지 않도록 결정한 것이라고 보는 것이 바람직하며, 당
사자의 의사를 존중하는 금융거래관계에서는 정보에 기반한 동의가
존재함에도 불구하고 이익충돌금지원칙을 강제할 이유를 찾기는 어
렵다. 신인의무자는 수익자의 동의가 없이는 자신의 이해관계를 우
선시 할 수 없다는 것이 신인의무 법리의 핵심이며, 신인의무자의
법률행위의 효과가 귀속되는 수익자가 동의를 하는 이상 그 효력을
부인할 이유가 없기 때문이다. 오히려, 이를 전적으로 금지한다면
정보공유나 비용절감 같은 효과를 달성하기 어렵게 되므로166) 대립
하는 복수의 당사자들과의 계약체결을 위해서 꼭 필요한 경우에 한
정하여 입법적으로 금지하는 방안이 가능할 것이다.167)

라. 신인의무 위반의 효과와 구제수단

(1) 사법적 구제수단의 종류 및 이익반환의무의 내용

본래적인 신인의무 법리에 따르면 신인의무자가 이익충돌금지원
칙에 위배되는 행위를 한 경우 수익자는 원칙적으로 해당 거래를

---

165) 자본시장법 제98조 제2항 제5호; 제108조 제5호.

166) Joshua Getzler in Andrew Gold and Paul Miller(2014), pp.56~57.

167) 대표적으로 거론되는 영국의 힐튼 판결(Hilton v. Barker Booth and Eastwood
(a firm) [2005] UKHL 8)에서는 워커 판사(Justice Walker)가 당사자들의 동의가
있는 이상 복수의 당사자를 위한 신인관계의 유효성을 인정한 하급심 판
결을 파기 하고, "당사자들이 직면하게 될 위험에 관하여 완전한 개시가
이루어지지 않고서 신인의무의 축소는 불가능하다"고 설시하였는데, 이
판결은 동시대리 금지의 원칙을 선언한 것으로 해석될 수도 있지만 오히
려 충분한 정보제공의 중요성을 강조했다고 보는 것이 더 바람직하겠다.
이런 의미에서, 특히 본 논문의 대상이 되고 있는 자본시장에서는 당사자
들이 동의하는 이상 복수의 고객들과의 신인관계 성립을 금지할 필요는
없을 것이다. Paul Davies et al.(2013), p.663.

무효화시키고 그에 따른 원상회복을 구할 수 있다.[168] 또한 수익자
는 신인의무 위반으로 인하여 발생한 손해의 배상을 청구하는 것은
물론이고, 손해가 발생하지 않은 경우 또는 신인의무자가 취득한 이
익이 더 큰 경우에는 해당 이익에 대해서까지 반환을 구할 수 있는
등 신인의무 법리에서는 수익자에 대하여 폭넓은 사법적인 구제수
단을 부여하고 있다.[169]

(2) 이익반환의무의 범위와 이익반환 청구권의 법적 성격

신인의무자의 충성의무 위반에 대한 다양한 구제수단 가운데 이
익반환 법리(disgorgement)는 신인의무법리를 통상의 불법행위 또는
부당이득의 법리와 구별 짓는 가장 특징적인 요소이다.[170] 불법행위
로 인한 손해배상 청구 또는 부당이득의 반환은 모두 투자자가 입은
손해 또는 손실의 범위 내에서 전보가 이루어지기 때문에, 이를 초
과한 이익의 취득을 억지하기 위해서는 신인의무의 이익반환 법리
가 효과적이다.[171] 우리나라에서도 신탁법 개정을 통해서 충성의무
위반에 대한 이익환수의 법적인 근거가 마련되었기 때문에 환수 가
능한 이익의 범위 및 법적 성격에 관해서도 검토할 필요성이 있다.

영국에서는 신인의무자가 충성의무 위반으로 취득한 이익은 수
익자를 위한 의제 신탁(constructive trust)으로서 설정된 것이라는 법리
를 활용하여 그 반환을 정당화한다.[172] 또한, 2014년 영국 대법원에

---

168) Graham Virgo(2012), pp.518~519.

169) Graham Virgo(2012), p.519.

170) 리오넬 스미스 교수는 이익반환 법리는 이익향수금지원칙에 따라 원래
　　수익자가 보유하여야 할 재산을 수익자에게 귀속되도록 하는 것을 목적
　　으로 하는 것이며, 이익충돌금지원칙과 바로 연결시킬 수는 없다고 주장
　　한다. Lionel Smith(2013), pp.101~103.

171) 이중기(2011a), 311~312쪽.

172) Graham Virgo(2012), p.500; 부당이득법리를 대체하는 구제수단으로서의 이

서는 "신인의무자가 수령한 뇌물이나 은밀한 수수료는 채권적 청구
권을 넘어서 수익자의 재산으로 간주되어야 한다."고 판시함으로
써[173] 수익자가 반환대상 이익에 대한 일종의 물권적 권리를 보유한
다는 점을 재차 확인하였다. 그 전까지는 신인의무자가 충성의무 위
반으로 취득한 물건이 제3자에게 양도되거나 형태가 변경된 경우에
도 수익자가 일종의 물권적 권리를 토대로 이를 추급할 수 있는지에
관해서 판례의 입장이 일치되지 않았다. 1994년 추밀원에서 선고한
A.G. for Hong Kong v Reid 판결에서는 피의자들로부터 뇌물을 받고
기소를 중단한 후 해당 뇌물을 이용하여 부인 명의로 뉴질랜드에 토
지를 구매한 홍콩 검찰총장에 대하여 홍콩 정부에 대한 신인의무 위
반을 인정하고 뇌물로 매수한 토지의 반환을 인정하였다.[174] 반면
2012년 항소 법원에서 선고된 Sinclair v. Versailles 판결에서는 수탁자
로부터 받은 이익을 양수한 제3자에 대해서는 수익자가 채권적 청구
권을 행사할 수밖에 없다고 판시하였다.[175][176]

익반환 법리를 소개하는 국내 문헌으로는 오영걸(2011), 1274~1277쪽.

173) HR European Ventures LLP & ors v Cedar Capital Partners LLC [2014] UKSC 45,(16 July 2014); 동 판결에 대한 평석으로는 Matthew Conaglen(2014), pp.490~493.

174) Attorney General for Hong Kong v Reid [1993] UKPC 2.

175) Sinclair Investments Ltd v Versailles Trade Finance Ltd [2012] Ch 453. 사안에서는 Sinclair Investments를 포함하는 여러 투자자들이 Trading Partners Ltd에 대해서 상품 거래를 위탁하였다. Trading Partners의 이사인 Cushnie는 자신이 소유한 회사로 자금을 이체하고 팩토링을 통하여 투자자들에게 조금씩 수익을 나누어 주는 것처럼 보였지만 실제로는 아무런 수익이 나지 않은 회사들 사이에서 현금흐름이 존재하는 것처럼 속이는 데 주력하였다. 그는 자신의 지분을 1999년 2,800만불에 매도하였고, 그 가운데 900만불은 Cushnie가 설립한 회사에 귀속되었다. 본 투자 실패로 Trading Partners도 청산절차에 들어갔고, Sinclair는 청산회사의 채권자의 자격으로 Cushnie가 수령한 매도대금에 대하여 의제신탁의 수탁자로서 대물적 권리를 주장하였다.

176) Sinclair v. Versailles 판결은 1890년 선고된 Lister & Co. v Stubbs 판결과 동일

새라 워딩턴 교수는 관련 판례들에 대한 평석에서 수익자가 추급이 가능한 이익은 신인의무자의 직무 수행 범위 내에서 발생한 이익에 한정되어야 하며, 신인의무자의 지위에서 파생한 기회를 활용하여 취득한 이익에 대해서는 채권적 청구권을 인정하는 것이 바람직하다고 평가하였다.177) 우리나라에서는 신탁법이 개정되기 이전부터 수익자가 얻은 이득을 손해로 간주하는 특칙을 둠으로써 이익반환의 법리를 구현하는 방안178)과 이익을 직접 박탈하는 방안179) 등이 제시되고 있었으며, 아직까지 영국에서와 같이 추급 대상 이익의 범위에 관한 논의는 활발히 이루어지지 않고 있다. 우리나라에서는 최근의 신탁법 개정으로 이익환수에 관한 조문이 도입되었기 때문에 반환 대상 이익의 구체적 범위와 수익자의 반환청구권의 법적 성격이 실제로 문제된 사례는 찾아보기 어렵지만, 수익자에 대한 이익의 반환을 정당화 할 수 있는 기준을 마련할 필요가 있다.

한편, 영국에서는 이익환수의 법리를 적극적으로 활용하는 데 반하여, 미국에서는 징벌적 손해배상 제도를 허용함으로써 신인의무 위반에 대한 폭넓은 구제수단을 부여하고 있다.180) 현재 미국의 신탁법 리스테이트먼트나 통일신탁법전 등에서는 수탁자의 충성의무

선상에서 이해된다. Lister & Co. v. Stubbs 판결은 대리인이 본인과의 계약을 체결하게 해 주는 대가로 vendor 로부터 뇌물을 받은 사건에 관한 것으로서, Court of Appeal 은 대리인이 본인에 대하여 뇌물의 가치 상당의 인적 책임을 부담할 뿐이며, 뇌물 자체나 뇌물을 투자하여 얻은 수익이 있다고 하더라도 그것이 본인을 위하여 의제신탁 형식으로 보관되는 것은 아니라고 판단하였다. Lister & Co v Stubbs(1890) 45 Ch D 1.

177) Sarah Worthington(2013), p.751.

178) 김건식(2010), 87쪽.

179) 이중기(2011b), 72쪽.

180) Cooter and Freedman(1992), p.1069, Schoenholtz v. Doniger, 657 F Supp. 899, 914 에서는 신인의무자의 극단적인 충성의무 위반에 대한 구제수단으로서 징벌적 손해배상을 명한 여러 판결들이 언급되어 있다.

위반에 관해서 징벌적 손해배상을 허용하고 있으나, 그 경제적 효용
성에 대해서는 비판이 제기되고 있다. 예컨대, 쿠터 교수와 프리드
먼 교수는 투자자의 입증책임 부담이 낮고 원상회복을 가능하게 하
는 이익환수 법리가 징벌적 손해배상제도에 비하여 충성의무 위반
에 대한 억지력을 담보하는 데 더 유용한 제도라고 주장하고 있
다.[181]

(3) 형사적 제재

우리나라에서는 아직까지 충성의무 위반에 대한 사법적 구제수
단이 완전히 정착하지 않았기 때문에 형사적, 행정적 제재를 통하여
자산운용수탁자 등의 재량 남용을 통제할 필요가 존재한다. 자본시
장법에서는 자산운용수탁자 및 그 임직원들이 이익충돌금지원칙에
관한 규정을 위반한 경우 최대 5년 이하의 징역형이 부과될 수 있으
며,[182] 인가 취소[183] 등 높은 수준의 징계가 가능하기 때문에 간접적
으로 충성의무 위반을 통제하는 역할을 수행한다.[184] 또, 최근 국민
연금의 사회간접자본투자업무를 담당하는 임원이 투자건에 대한 금
융자문업무를 제공하는 은행의 직원이 개인 자격으로 설립한 회사
에 대하여 자문수수료를 몰래 지급한 행위를 국민연금관리공단에
대한 배임죄로 기소한 사건에 관한 판결이 선고되는 등[185] 자금운용

---

181) Cooter and Freedman(1991), p.1071, 1074.
182) 예컨대 집합투자업자의 이해관계인 거래제한에 관한 제84조를 위반한 행
　　위에 대해서는 5년 이하의 징역 또는 2억원 이하의 벌금이 부과될 수 있
　　다(제444조 제10호).
183) 예컨대 집합투자업자의 이해관계인 거래제한에 관한 제84조나 특정투자
　　자의 이익을 해하면서 자기 또는 제3자의 이익을 도모하는 행위를 금지
　　한 제85조 제4호를 위반한 집합투자업자에 대한 인가취소가 가능하다(제
　　420조 제1항 제6호).
184) 자본시장법상 형사제재에 관한 논의로는 김대근(2011), 181쪽 이하.

수탁업무, 금융자문업무를 담당하는 임직원의 신인의무 위반행위를 통제하는 수단으로서 배임죄가 활용되기도 한다.[186]

타인의 사무를 처리하는 자가 그 임무에 위배하는 행위를 하여 자기 또는 제3자가 재산상의 이익을 취득하고, 그 타인에게 재산상 손해를 발생시키는 행위를 처벌하는 형법상 배임죄 또한 신인의무자의 충성의무 위반에 대한 제재 수단으로 기능할 수 있다. 학계에서도 배임죄는 신임관계 위반을 그 본질로 한다는 "배신설"이 통설적인 지위를 차지하고 있으며, 대법원에서는 배임죄에서 임무에 위배하는 행위란, "사무의 내용·성질 등 구체적 상황에 비추어 법률의 규정, 계약의 내용 혹은 신의칙상 당연히 할 것으로 기대되는 행위를 하지 않거나, 당연히 하지 말아야 할 것으로 기대되는 행위를 함으로써 본인과의 사이의 신임관계를 저버리는 일체의 행위를 포함한다."고 설시하였기 때문이다.[187]

최근 대법원에서는 A회사의 대표이사가 B회사의 대표이사로 선임된 이후에, 분식회계로 매출이 부풀려진 A회사를 B회사가 인수하는 계약을 이행한 행위에 관하여 "B회사의 사무를 처리하는 지위에 있던 피고인에게는 B회사의 이사회나 주주총회를 소집하여 위와 같은 사정을 알리고 기망을 이유로 포괄적 주식교환 계약을 취소하는 등 선량한 관리자로서 B회사가 입을 재산상 손해를 방지하고 B 회사에 최선의 이익이 되도록 직무를 충실하게 수행할 업무상 임무"를

---

185) 사안에서는 해당 임원이 실질적으로 금융자문을 담당하지 않는 회사에 대해서 금융자문수수료가 지급되도록 한 행위가 '임무를 위배한 것'인지 여부가 쟁점이 되었으므로 법원에서는 국민연금이 아닌 위탁운용사(미래에셋)이 자문계약의 당사자가 되었다는 이유로 배임죄의 성립을 부정하였다. 서울고등법원 2010. 2. 10. 선고 2009노1507.

186) 기관투자자의 신인의무 위반행위에 대한 배임죄 성립여부 및 수탁자책임 문제에 관해서는 최문희(2015), 19~23쪽.

187) 배종대(2013), 564쪽; 이재상(2013), 416쪽.

위반한 배임죄의 성립을 인정하였다.[188] 이러한 법리는 자산운용수탁자 등 신인의무자가 이익충돌금지원칙을 위반한 사안에 대해서도 충분히 적용될 수 있다.[189] 검찰에서도 펀드매니저가 증권사 브로커와 파킹거래를 실시하고 그에 따른 개인적 이득을 착복하고 고객 계좌에 손해를 끼친 사건에 대해서 업무상 배임죄를 적용하여 기소하는 등[190], 충성의무 위반을 억제하는 수단으로 활용되고 있다는 사실이 확인된다.

　형사제재를 통한 신인의무 위반을 억지하는 법집행은 미국에서도 널리 주장되고 있다. 미국에서는 이미 1934년 증권거래소법 및 1940년 투자자문업자법상 사기금지 조항을 근거로 해당 조문의 요건을 충족시키는 충성의무 위반에 대해서는 행정적, 형사적 제재가 부과되고 있으며, 타마 프랑켈 교수는 이에 더하여 신인의무 위반에 대한 구제책으로서 횡령죄(embezzlement)를 활용할 필요성을 제기하고 있다.[191] 프랑켈 교수는 미국에서의 횡령죄란 재산권자의 동의를

---

188) 대법원에서는 사안에서 선량한 관리자의 주의의무 위반만을 인정하는 것처럼 설시하고는 있는데(대법원 2012. 11. 15. 선고 2010도11382판결) 이는 명백히 자신이 대표이사를 겸하는 A회사와 그 주주들의 이익을 위하여 B회사의 이익을 침해한 것으로서 충성의무(duty of loyalty) 위반 행위로서 의율되어야 할 것이다.

189) 대법원에서는 계열관계에 있는 투자신탁회사를 동원하여 불량한 회사채를 매입하도록 한 기업집단의 실질적 대표자에 대하여 투자신탁회사에 대해서는 배임죄의 성립을 인정하고, 수익자들에 대해서는 '신탁재산으로 그 수익자 외의 자의 이익을 위한 행위'를 금지한 구 증권투자신탁업법 제32조 제1항을 위반하였다고 설시하였다. 대법원 2004. 7. 9. 선고 2004도810 판결.

190) 뉴시스, 檢,불법 채권파킹거래 펀드매니저·증권사 임직원 무더기 기소(2015. 6. 16).

191) Tamar Frankel(2010), pp. 260~262; 미국에서는 우리나라, 독일 및 일본의 배임죄에 상응하는 형벌 규정은 없고, 횡령(embezzlement)죄가 적용되는 것으로 것으로 보인다. Wayne R. LaFave, Criminal Law §19.6(a) p.947.

기반으로 위탁된 재물로부터 이익을 취하는 것을 처벌하는 범죄로서 위탁자의 신뢰를 보호하는 기능을 하고 있으며, 이익금의 추징도 가능하여 피해자 보호에도 유리하다는 점을 근거로 제시하고 있는 바, 우리나라에서 배임죄의 집행을 통하여 수익자의 신뢰와 신임을 보호하여야 한다는 논리와 유사성이 관찰된다. 반대로, 금융기관 등의 법인에 대한 형사적 제재를 가하는 것은 개인책임의 원리에 적합하지 않은 점 등을 들어 형사처벌의 무용론 또한 강력하게 제기되고 있으나192) 이는 미국 형법상 법인에 대한 형사처벌의 근거가 취약하고 실제 집행이 이루어지기 어렵다는 논리에 근거한 주장이이라고 생각된다. 오히려 글로벌 금융위기 이후에는 법인에 대해서도 형사적 제재를 가하기 위한 법리가 적극적으로 개진되고 있다.193)

마. 소결 - 이익충돌과 신인의무 법리

지금까지의 논의를 정리하자면 신인관계란 당사자의 계약 또는 신인의무자가 되려는 자의 자발적 확약을 통하여 성립하며, 재량과 권한, 신뢰와 신임 및 상대방에 대한 보호의 필요성을 그 특징으로 하는 것으로서, 신인의무의 법리가 적용될 경우에는 신인의무자는 이익충돌금지원칙과 이익향수금지원칙을 핵심 내용으로 하는 수익자에 대한 충성의무를 부담한다.

즉, 신인관계의 성립이 인정되면 신인의무자는 엄격한 이익충돌금지원칙에 따라 잠재적 이익충돌을 야기할 가능성이 있는 거래를 할 수 없게 되고, 이익충돌 발생 상황 자체를 회피해야 한다는 강한 행동의 제약을 받게 된다. 또한 신인의무 법리가 원형 그대로 적용

---

192) Thomas Moloney *et al.*(2010), pp.345~346.

193) 글로벌 금융위기 이후 금융기관을 포함한 법인에 대한 형사처벌의 필요성을 제기한 견해로는 Brandon Garrett(2015), pp.273~274.

되는 경우에는 투자자가 거래를 무효화하거나 신인의무자가 직무를 수행하면서 취득한 이익을 환수할 수 있는 등 불법행위 또는 계약책임에 비해서 매우 두터운 구제수단을 확보할 수 있다. 이러한 측면에서, 금융기관은 예측가능성이나 법적 안정성의 측면에서 되도록 신인의무 법리의 적용을 배제하고자 할 것인 반면 투자자입장에서는 이익충돌로 인한 실제적·잠재적인 손해로부터도 보호를 받기 위한 목적으로 신인의무 법리를 활용하고자 하는 유인이 생겨날 수 있다.

자본시장에서의 복잡한 거래관계에서는 원형적 신인의무 법리를 고수하여 이익충돌의 가능성이 있는 모든 거래를 사전에 차단한다고 해서 신인관계의 특성이 있는 금융거래관계에서의 이익충돌 문제를 효과적으로 규율할 수 있을지 의문이 제기될 수 있다. 금융기관이 모든 거래에 대해서 사전에 고객으로부터 동의를 받는 것이 사실상 불가능하고, 그것이 자산의 운용이나 투자자문 업무를 맡긴 투자자의 원래 의도도 아닐 것이기 때문이다. 이러한 이유에 기인하여 신인의무자의 이익충돌금지원칙을 금융거래관계에서 어떻게 적용할 것인지에 관하여 다양한 학문적인 연구가 축적되었고, 그 구체적인 내용은 제2장에서 신인의무 법리가 적용될 수 있는 금융업무와 관련된 이익충돌 문제의 양상을 검토하면서 상세히 분석하기로 한다.

제3절 신인관계가 성립하지 않을 경우의 이익충돌 문제

1. 비신인관계에서 발생하는 이익충돌 문제 해결의 필요성

이익충돌의 문제는 비단 신인의무 법리의 영역에서만 발생하는 것은 아니며, 실제로 당사자들이 자신의 최대한의 이익을 추구하기 위한 경제활동을 영위하는 자본시장에서 행해지는 모든 거래관계에 내포되어 있다. 특히, 글로벌 금융위기를 겪으면서 투자은행이나 증권회사등의 자기매매업무 수행, 투자권유행위와 관련하여 이익충돌 문제가 뜨거운 논의의 초점으로 떠오르게 되었고, 신인관계가 성립하지 않은 법률관계에서 이익충돌 문제에 관한 법리를 정립할 필요가 제기되었다.[1]

다시 말해서, 투자자와 독립당사자 관계에 처해있는 금융기관이라고 하더라도 이익충돌 상황에서 고객의 이익을 염두에 두고 행위할 의무를 부담하는지 여부 및 그 의무 위반 여부를 판단하는 기준에 관하여 검토할 필요성이 생겨난 것이다. 고객과의 이익충돌과 관련하여 금융기관의 행위를 규율하는 법리를 도출하기 위해서는 이익충돌이 발생하는 원인을 분석하고 해당 법률관계의 법적인 성격 및 특질을 고려하는 것이 선행되어야 할 것이다.

---

[1] 가장 대표적인 사례로서 미국의 투자은행 골드만삭스의 CDO 거래와 관련된 SEC의 소추 시도와 그에 따른 영향을 꼽을 수 있다. 구체적인 사실관계와 법리에 대해서는 제2장 제1절에서 상술한다.

가. 신인의무 확대 적용론의 한계

글로벌 금융위기 이후 이익충돌 문제에 관한 가장 확실한 해결책으로서 기존에 신인관계로 포섭되지 않았던 법률관계에 대해서까지 신인의무를 확대적용하려는 시도가 각국에서 관찰되었다. 이러한 움직임은 특히 투자권유와 관련된 분쟁이 증대되면서, 금융상품을 판매하는 금융기관이 고객에 대해서 단순한 정보만을 제공하는 것을 넘어서 조언과 추천등의 의견을 제시하고 있기 때문에 전통적으로 신인의무자로 분류되던 투자자문업자와 같은 수준의 규제를 실시하는 것이 바람직하다는 인식에서 비롯되었다.[2] 또한 EU의 자본시장지침(MiFID II) 개정, 미국에서의 도드-프랭크 법의 제정 및 호주 회사법의 개정 과정에서 상당한 논쟁 끝에 금융소비자를 대상으로 하는 권유 및 조언제공 행위에 대해서는 이러한 취지를 반영한 법조문을 도입하는 것으로 귀결되었다.[3] 그러나, 이러한 현상으로부터 관찰되는 것은 그 속성상 신인관계로 인정될 만한 내용에 대해서는 신인의무를 적용하겠다는 정책적 판단이지, 금융기관의 재량과 권한 또는 투자자의 신뢰와 신임, 보호의 필요성과 같은 신인관계의 특징이 없거나, 그 가운데 일부만 존재하는 법률관계에 대해서까지 신인의무를 무조건 확대 적용하겠다는 것이 아니라는 점에 유의하여야 할 것이다.

최근 우리나라에서 금융상품관련 분쟁과 관련하여 금융기관은 이익충돌 국면에서 투자자에 대한 보호의무 또는 지도의무로 표현될 수 있는 선관주의의무를 일괄적으로 부담한다는 주장이 제기되고 있다.[4] 이러한 견해를 주장하는 측에서는 명시적으로 신인의무

---

2) Niamh Moloney(2014), p.797.

3) 김아름(2015), 9쪽.

4) 박준 외(2013), 9쪽, 김주영 발언 부분.

라는 용어를 사용하지는 않지만, 외국에서의 신인의무 확대적용론과 마찬가지로 거래관계의 법적 성격이나 금융상품의 특성을 고려하지 않고 마치 금융기관은 항상 자신의 이익보다 고객의 이익을 우선시 할 의무가 있는 것과 같은 오해를 야기할 가능성이 높다.

나. 이익충돌과 관련된 금융기관의 주의의무

신인관계가 성립하지 않는다는 것은 문제가 되는 이익충돌 상황에 대하여 충성의무 및 그에 따른 이익충돌금지원칙과 이익향수금지원칙을 적용할 수 없다는 뜻이다. 전통적으로 신인의무의 핵심 내용으로 인식된 충성의무의 법리는 잠재적 이익충돌 가능성이 있는 거래조차 원칙적으로 금지하는 것이기 때문에 독립당사자간의 거래관계에 대해서까지 이러한 금지적 의무를 부과하는 것은 성격상 맞지 않다. 또한 금융자문업무와 같이 원형적인 수탁자 모델에 비하여 낮은 수준의 재량을 보유하는 경우에도 원칙적으로는 고객의 이익을 우선할 충성의무를 부담하는 것으로 하되, 다만 구체적인 거래에서 이익충돌금지원칙을 완화하여 적용하는 것이기 때문에 신인의무 법리를 적용하기 어려운 금융거래에 대해서까지 일괄적으로 고객의 이익을 우선시 할 의무를 부과하기는 어렵다.

금융기관은 신인의무 법리의 적용을 받지 않는 업무 영역에 관해서는 고객에 대해서 충성의무는 부담하지 않고, 업무 수행과정에서 고객의 이익을 위법·부당하게 침해하는 행위를 하지 않을 주의의무를 부담할 수 있을 것이다. 그러한 의무의 존부와 구체적 내용은 거래관계의 법적인 성격이나 특징에 따라 달리 정해질 것이다. 금융기관이 이익충돌 상황에서 고객에 대해서 부담하는 주의의무의 구체적인 내용을 규제법상으로 사전에 정해놓을 수는 있지만, 금융기관이 이익충돌 상황에서 단지 실정법상 규제를 위배하지 않을 의무만을 부담한다면 이익충돌의 문제에 관한 별도의 논의가 필요하지 않을 수도 있다. 그러나 자본시장에서의 이익충돌이란 근본적으로 금융상품의 특성 및 불균등한 정보보유, 전문성의 격차 및 금융기관에 대한 고객의 의존성 등에 기인하여 발생하는 것이기 때문에 이러한 요소를 종합적으로 감안하여 실정법으로 미리 모든 금지행위를 정해 놓는 것은 사실상 불가능할 것이다. 또한, 글로벌 금융위기 당시 가장 많은 비판이 제기된 대형 투자은행들의 CDO 거래 등과 같이 복잡한 금융상품을 제조, 판매함에 있어서 상품의 구조와 위험에 대한 정보와 이를 이해하고 판단하는 전문성 측면에서도 고객보다 우위에 있는 금융기관이 고객의 이익을 부당하게 침해할 가능성이 더 높아질 수 있다. 이러한 점을 감안하여, 본 논문에서는 일반 사법(私法) 법리로서 금융기관이 어떠한 거래관계의 특성이 있으면 따라 이익충돌 상황에서 고객의 이익을 위법·부당하게 침해하지 아니할 주의 의무를 부담하는지를 규명해 볼 것이다.

이처럼 신인관계의 성립이 인정되지 않는 금융거래관계에서 발생하는 이익충돌 상황에서 금융기관이 고객의 이익을 염두에 두고 행위할 주의의무를 부담한다는 것은 이익충돌이 발생한 원인된 법률관계의 성격에 따라 주의의무의 수준이 달라질 수 있다는 점을 잘 설명해 준다. 다시 말해서, 신인의무자에게 적용되는 이익충돌금지 원칙(no-conflict rule)은 일단 신인관계가 인정되는 이상 일괄적으로 적용되는 것이 원칙인데 반하여, 신인관계가 아닌 경우에는 이익충돌 상황에서 당사자들이 행하는 거래의 유형에 따라 사회 평균인의 기준으로 금융기관이 부담하는 의무의 구체적 내용을 판단할 수밖에 없기 때문이다. 본 논문에서 지칭하는 주의의무라는 것은 금융기관이 직무수행과정에서 기울여야 할 주의의 객관적 수준을 의미하며5) 업무수행상의 주의의무의 내용은 직종이 전문화·세분화 되면서 계약의 내용이나 법률관계의 성격, 행위주체의 전문성을 고려하여 정해질 수 있다.[6] 본 논문에서는 이러한 점을 염두에 두고 제3장에서는 신인관계에 해당하지 않거나 신인의무 법리의 적용을 단정하기 어려운 금융기관의 업무 수행 양태를 유형화하여 각 거래유형에서 금융기관이 고객과의 이익충돌 상황에서 부담하는 행위 준칙의 구체적 내용을 검토하기로 한다.

2. 자본시장에서의 이익충돌 문제 규율에 관한 접근 방법

가. 정보불균형 해소를 통한 이익충돌 규율

신인의무 법리가 적용되지 않는 금융업무를 수행하는 과정에서 이익충돌 현상이 발생하는 것은 일차적으로 금융기관이 투자자에 비하여 금융상품 또는 자본시장에 대한 정보의 우위에 있기 때문에 이를 남용하여 부당하게 투자자의 이익을 침해할 유인이 존재하는 데서 기인한다.[7][8] 금융기관은 게이트키퍼와 함께 자본시장에서 정보의 공급과 유통기능을 활성화함으로써 시장의 가격 결정 기능을 원활하게 작동할 수 있도록 기여하는 특징이 있기 때문에,[9] 다수의 문헌들에서도 이익충돌 문제를 정보의 관리와 중개를 본질로 하는 금융업의 불가피한 부산물이라고 평가하면서 금융기관이 고객에 비해서 많은 정보를 보유하고 있다는 점을 이익충돌 문제가 제기되는

---

5) 권영준(2015), 104쪽; 양창수·권영준(2011), 534쪽; 곽윤직(2005), 389쪽.
6) 권영준(2015), 116~118쪽.
7) 같은 뜻, 박준 외(2013), 9쪽, 김무겸 발언 부분.
8) 잉고 월터 교수도 시장에 정보불균형이 존재하기 때문에 이익충돌 상황에서 금융기관이 남용(exploitation)적 행위를 할 유인이 있고, 평판자본의 위험을 감수하게 된다고 설명한다. Ingo Walter(2007), pp.16~18.
9) Stephen Choi(2004), p.28.

중요한 원인으로 지적한다.[10]

　이러한 견해에서는 금융기관이 시장에 대해서 정보를 제공하고 중개함으로써 시장의 가격결정 기능이 제대로 기능할 수 있게 된다는 점을 전제로 하고 있는 것으로 보인다. 그 결과 이익충돌 상황에서 금융서비스 제공자 또는 그 대리인이 인센티브를 추구하기 위하여 정보를 은닉하거나 악용할 경우에는 금융시장의 효과적인 작동을 방해할 수 있기 때문에,[11] 정보격차를 해소할 수 있도록 고객에 대해서 충분한 정보를 제공하여 고객의 올바른 투자판단을 유도한다면 투자자보호의 목적을 달성할 수 있다는 논리적 귀결에 이르게된다.[12] 이러한 논리는 공시의무(mandatory disclosure)를 부과함으로써 투자자보호기능 및 대리문제를 해소할 수 있다는 전통적인 금융규제법의 입장과 맞닿아 있으며,[13] 정보격차 해소를 통해 정보의 우위를 남용함으로써 발생하는 미공개중요정보이용행위, 시세조종 등의 불공정거래행위를 억지할 수 있게 되고 결과적으로 자본시장의 염결성(integrity)을 높이는 데도 기여할 수 있는 것으로 본다.[14]

　최근에는 증권시장 규제의 가장 중요한 원칙으로 받아들여지던 공시제도의 한계와 문제점에 대한 다양한 연구 성과들이 제시되고 있으며,[15] 특히 다수의 일반투자자를 상대로 증권신고서 등을 통하여 정보를 제공하는 전통적인 공시제도 뿐만이 아니라 투자중개업무, 투자자문업무 및 투자권유행위 등 개별 투자자와의 금융거래관계에서 발생하는 맞춤형 정보제공의 문제를 포함하여 정보제공 중

---

10) John Boatright(2000), p.204; Andrew Crockett et al.(2003), pp.75~77; 국내문헌으로는 정순섭(2009), 10쪽.

11) Steven Choi and Jill Fisch(2003), pp.272~277.

12) Luca Enriques and Sergio Gillotta in Niamh Moloney et al.(2015), pp.514~515.

13) Stephen Bainbridge(2000), pp.1023~1024; Donald Langevoort(2002), pp.165~166.

14) Harry McVea(1993), ch.3, 4.

15) Luca Enriques and Sergio Gillotta in Niamh Moloney et al.(2015), pp.515~516.

심규제의 한계에 관한 논의가 이루어지고 있다.[16) 그 가운데 금융기관과 투자자 간의 이익충돌 문제에 관해서는 강제공시 또는 정보제공의무를 강화하더라도 투자자는 제공된 정보를 충분히 이해할 수 없음에도 불구하고 오히려 책임을 투자자에게 전가하고 금융기관의 면책만을 정당화 해 준다는 비판에 주목할 만하다.[17) 증권법상 공시제도는 전통적인 매수인 부담원칙(caveat emptor)의 철학을 대체할 의도로 입법되었지만[18) 최근에 제기된 비판적인 견해에 따르면 결국은 매수인에게 여전히 위험을 부담할 원칙을 남겨둔 것과 크게 다르지 않다고도 볼 수 있다.

나. 금융기관의 전문성에 대한 투자자 신뢰를 중시하는 접근 방안

이익충돌 문제의 발생원인과 규율 방안에 관하여 금융기관과 고객 간의 정보격차의 문제를 중시하는 견해는 실제 금융거래에서 이익충돌이 발생하는 중요한 원인으로서 금융기관의 전문성에 대한 투자자의 신뢰라는 측면을 간과하는 경향이 있다. 주식 및 채권 등 단순한 상품을 거래하는 상황에서는 금융기관이 발행회사 및 금융상품에 대한 기본적인 정보를 제공하면 투자자는 이를 바탕으로 투자판단을 내릴 수 있지만 복잡한 구조화 상품, 파생상품 등을 거래함에 있어서는 해당 상품을 설계하고 판매하는 금융기관을 신뢰하

---

16) Omri Ben-Shahar and Schneider(2011), p.658.

17) 투자자가 정보를 이해하고 분석할 능력이 부족하다는 측면에 관해서는 Omri Ben-Shahar and Carl Schneider(2011), pp.704~729; 반대로 효율적 시장을 전제로 할 때 시장에서 형성된 증권의 가격에는 기업의 가치가 이미 반영이 되어 있기 때문에 추가적인 규제가 필요 없다는 견해로는 Easterbrook and Fischel(1984), p.694.

18) SEC v. Capital Gains Research Bureau, Inc., 375 U.S. 180, 186(1963); Stephen Bainbridge(2000), p.1023.

고 금융기관의 의견에 상당 부분 의지할 수밖에 없게 된다.

상품의 제조 및 판매자의 소비자에 대한 정보우위로 인한 이익충돌 문제는 모든 종류의 상품시장에서 발생할 수 있음에도 불구하고 특히 자본시장에서의 금융기관이 부담하는 의무의 존부 및 내용에 관해서 논의가 집중되는 것은 바로 금융상품의 거래에 대해서는 금융기관의 전문성과 그를 바탕으로 한 의견제시에 대한 투자자의 신뢰가 부여되기 때문이다. 즉, 금융상품은 기본적으로 장래의 현금흐름이 그 가치를 결정한다는 점에서 일반 상품과는 가장 크게 구별되는데 금융기관이 이러한 가치 결정에 관해서 평가할 수 있는 전문성과 정보의 우위에 있게 되며, 금융기관 역시 영리를 추구하므로 고객이 금융상품 매입, 기타 거래를 활발히 하도록 적극적으로 활동할 유인이 있는 것이다.19) 따라서, 금융기관과 고객 간에는 신인의무 법리가 적용되기 어려운 매매거래, 중개거래 등을 행하는 경우라고 하더라도 향후 금융상품의 가치 변동에 대한 금융기관의 판단을 고객이 신뢰하는 경향이 관찰될 수밖에 없으며, 금융상품이 복잡해질수록 고객은 각종 위험요인에 대한 금융기관의 의견제시에 의존하는 성향이 강해지게 될 것이다.

금융기관은 평판 자본을 바탕으로 투자자들이 금융기관을 신뢰하고 거래에 참여할 수 있도록 하는 기능을 수행하도록 기대되는 바,20) 이익충돌 상황에서 고객이 부여한 신뢰를 배반하지 않는 범위 내에서 자신의 이익을 추구하는 것이 허용된다는 제약을 받게 될 것

---

19) 박준 외(2013), 10쪽, 박준 발언부분; 거래상대방에 비하여 전문성의 우위에 있기 때문에 이익충돌 상황에서 고도의 주의의무를 부담한다는 논의는 게이트키퍼의 이익충돌 관련 문헌에서 많이 지적되고 있지만 금융기관 역시 거래 경험이나 지식의 측면에서 전문성에 따라 주의의무가 높아질 수밖에 없을 것이다. 정보격차와 전문가 책임에 관한 일반적인 논의는 박흠일(2012), 470~474쪽; 곽관훈(2009), 50~52쪽.

20) Jonathan Macey(2010), pp.430~431.

이다. 이러한 접근 방법은 금융기관의 정보제공 의무를 강화하는 방안과는 달리 금융기관이 금융거래를 행함에 있어 고객의 이익을 고려하여 행위해야 한다는 보다 높은 수준의 주의의무를 부과하는 법리가 필요하다는 결론으로 연결될 수 있다.[21)]

금융기관이 보호해야 하는 고객의 신뢰는 해당 금융거래의 법적인 성격과 거래 대상 상품의 특징, 금융기관과 고객간의 전문성의 격차에 따라 달리 결정될 것이다. 예를 들어 금융기관이 동종상품의 거래경험이 많은 전문투자자와 자기계산으로 하는 매매거래를 하는 경우에는 고객의 신뢰를 보호하기 위하여 추가적인 의무를 부과할 필요성이 없지만, 일반 투자자에게 복잡한 파생상품에 투자하는 펀드에 대한 투자권유를 하는 경우에는 금융기관이 제시하는 의견에 영향을 받는 고객의 신뢰를 보호하기 위한 높은 수준의 의무가 요구될 것이다. 이러한 차이는 특히 글로벌 금융위기 이후 투자권유행위와 관련된 이익충돌 문제에 있어서 설명의무와 같은 정보제공의무를 강화할 것인지, 아니면 고객의 신뢰를 보호하기 위하여 신인의무법리에 준하는 고객이익 우선의무를 부과할 것인지에 관한 명백한 차이로 귀결되는 바, 신인의무법리가 적용되기 어려운 금융기관의 이익충돌 문제를 다루는 제3장에서 상술한다.

다. 금융규제법상의 접근 방안

신인관계의 성립여부를 불문하고 자본시장에서 활동하는 모든 금융기관에 대해서 이익충돌 상황에서 고개의 이익을 염두에 두고 행위할 의무를 부과하는 이론적 근거에 대해서는 금융규제의 원칙

---

21) 금융상품이 복잡해질수록 정보공시제도가 한계를 가질 수 밖에 없다는 점을 지적하고 금융기관에 대해서 높은 수준의 대고객 의무를 부과해야 한다는 견해로는 Tamar Frankel(2012), pp.435~436.

과 정책 목표를 다루고 있는 기존 연구들에서는 명쾌한 답변을 찾기 어렵다. 금융규제의 목표로서는 독점의 폐해로부터의 보호, 고객 보호(영업행위 및 미시적 건전성 규제) 및 시스템 안전성 이슈가 거론되고 있기 때문에[22] 금융기관과 고객과의 관계, 또는 자본시장에서 활동하는 게이트키퍼들의 투자자와의 관계에서 발생하는 이익충돌 문제는 투자자보호의 관점, 그 가운데에서도 영업행위 규제의 관점에서 파악하는 것이 합리적이라고 생각한다.[23] 한편, 다른 연구에 따르면 증권시장에서의 중요한 투자자보호제도로는 일반적인 성실, 공정의무, 고객에 대한 정보제공의무, 수수료공시의무, 적합성의 원칙, 불초청권유규제, 광고규제, 판매계약 해지 제도가 존재하는데, 이익충돌 규제는 투자권유 및 광고규제와 함께 투자자보호의 주요 축으로 설명되고 있다.[24] 다른 보고서에서는 금융소비자 보호의 원칙은 일반적인 금융소비자보호의 원칙, 금융상품에 대한 정보제공, 금융소비자의 재산보호, 실효성확보를 위한 분쟁해결 수단, 정보 보호 등으로 세분화 되며, 그 세부 원칙에 이익충돌 문제에 관한 내용을 포함하지 않는 경우도 있다.[25] 다만, 동 보고서에서는 이익충돌 문제를 투자광고규제, 투자권유규제와 함께 자본시장법 제정을 계기로 새롭게 도입된 영업행위 규제의 중요한 축을 이루고 있는 것으로 평가하고 있기 때문에 투자자보호를 위한 영업행위 규제의 일부로 해석하는 데에는 별 무리가 없겠다.[26]

---

22) Charles Goodhart *et al.*(1998), pp.3~9.

23) Charles Goodhart *et al.*(1998), p.6.

24) 정순섭·오성곤(2009), 79쪽; 나석진(2007), 29쪽 이하.

25) 정순섭(2009a), 17쪽 [표2-1].

26) 금융감독 측면에서는 이익충돌 문제는 대표적인 원칙중심 규제(principle-based regulation)의 영역으로 꼽히는데, 이익충돌 상황에서 금융기관이 고객에 대해서 부담하는 의무를 규명하는 것은 사전적으로 금지 행위를 열거하는 규칙중심 규제(rule-based regulation)의 한계를 극복하는데 기여할 수

이처럼 투자자보호 또는 금융소비자 보호 차원에서 이익충돌 문제에 접근함에 있어서는 설명의무와 적합성 원칙 등으로 대표되는 기존의 금융소비자 규제와 이익충돌 상황에서 금융기관이 고객에 대해서 부담하는 의무의 관계에 대해서 규명할 필요가 있다. 설명의무는 금융기관이 투자권유시 금융상품, 시장전망 및 가치변동에 영향을 주는 요인들에 관한 정보제공의무를 규정한 것이고, 적합성원칙은 고객의 투자경험, 위험감수능력을 감안하여 적합한 상품을 권유해야 한다는 의무를 부과한 것이긴 하지만, 설명의무와 적합성의 원칙을 준수한다고 해서 금융기관이 고객과의 이익충돌과 관련된 사법(私法)상의 주의의무를 다한 것이라고 볼 수는 없다. 왜냐하면, 기존 투자권유 규제는 정보의 격차 또는 전문성의 격차가 있는 소매 투자자들을 보호하기 위한 최소한의 의무를 정한 것에 불과하기 때문이다.[27] 또한 우리와 법제가 유사한 일본 학자들 또한 신인관계가 인정되지 않는 상황에서 금융기관과 고객의 이익충돌이 발생할 때 고객 이익을 고려하여 행위 할 의무를 부과하는 것은 금융기관의 전문적 직위에 따른 사회적 기대로 인하여 자기책임의 원칙에 제약을 가하고 국가가 개입하는 보호주의적 규제를 가하게 되는 것이라고 설명한다.[28] 또한 일본에서도 금융거래에 적용되어야 하는 사법적 법률관계의 측면과 금융투자업자에 대한 규제차원의 법리는 구별하여 인식하여야 한다는 견해가 존재한다.[29] 이러한 점을 감안할 때, 금융기관의 고객에 대한 사법(私法)상의 주의의무는 규제법상 특정한 조문에서 정한 요건을 충족시켰는지 여부를 넘어서 해당 법률관

있을 것으로 기대된다. 이익충돌 문제와 원칙중심 규제에 관해서는 김영도·이상재(2008), 33~35쪽; 원칙중심 규제에 관한 개관은 정순섭(2009b); 곽관훈(2012), 11~20쪽.

27) Andrew Tuch in Niamh Moloney et al.(2015), p.550.
28) 潮見佳男(2005), p.15.
29) 神田秀樹(2001), p.105; 利益相反研究會(2009a), p.3.

계의 법적 성격과 다양한 속성을 종합적으로 고려하여 판단하여야
할 것이다.

제4절 소결

　본 장에서는 이익충돌 문제의 정의와 자본시장에서 이익충돌 문제의 발생원인 및 이익충돌문제의 해결을 위한 법적인 접근방법에 관하여 개괄적으로 살펴보았다. 이익충돌은 자기책임의 원칙에 따른 영리의 추구를 근간으로 하는 자본시장의 거래관계에서는 항상적으로 발생할 수밖에 없는 현상이지만, 이익충돌의 상황에 처한 금융기관의 과도한 사익추구 행위는 사회적 비난과 법적 책임을 불러일으켰다. 따라서 이익충돌 상황에서 금융기관의 자기이익 추구 행위의 한계를 설정하고 고객의 이익을 우선시할 의무 또는 고객의 이익을 부당하게 침해하지 않을 의무와 같은 법적인 의무를 부과할 필요성이 제기되었으며, 그 의무의 구체적인 내용은 금융기관이 고객과의 관계에서 맺게 되는 법률관계의 성격에 따라 결정되어야 한다.

　금융기관과 고객간의 신인관계 성립이 인정된다면 금융기관은 고객에 대한 충성의무를 부담하고 잠재적 이익충돌까지도 회피하여야 할 이익충돌금지원칙을 적용받게 되므로 신인관계의 성립 여부를 판단하기 위한 기준을 확립하고 신인의무의 내용을 규명할 필요가 있다. 신인의무 법리는 영미법학계에서 형평법원의 판례를 통해서 형성된 내용을 이론적으로 체계화 하면서 발전해 왔고, 우리나라에서도 신탁법, 자본시장법, 회사법 등 자본시장에서의 거래관계에 적용되는 실정법 분야에서 해당 법리를 일부 수용한 것으로 평가된다. 신인관계는 신인의무자가 상대방의 신뢰와 신임을 토대로 이익에 영향을 미칠 수 있는 재량과 권한을 보유하는 것을 특징으로 하며, 이러한 재량과 권한을 통제하기 위해서 충성의무를 부과하는 것인바, 우리나라에서도 고객의 이익에 실질적 영향을 미칠 수 있도록 판단과 의사결정을 수행하는 금융기관에 대해서는 엄격한 이익충돌 금지의무를 부과하는 이론적 근거가 될 수 있다.

한편, 신인의무 법리의 적용을 받지 않는 거래관계에서는 금융기관이 고객에 대해서 이익충돌 발생을 회피하거나 고객의 이익을 우선시해야 할 충성의무를 부담하지는 않는다. 그러나 가치가 변동하고 복잡하게 설계된 금융상품의 특성상 금융기관은 이익충돌 상황에서 당해 거래의 법적 성격 및 고객과의 관계의 특성에 따라 정보 또는 전문성의 우위를 악용하여 고객의 이익을 위법·부당하게 침해하지 않을 직무수행상의 주의의무를 부담하는 경우가 있으며, 그 주의의무의 존부 및 구체적 내용은 금융기관의 전문성, 고객과 체결한 계약의 내용 및 고객이 금융기관에 부여한 신뢰의 정도에 따라 달라질 수밖에 없다. 자본시장에서 금융기관이 고객과 맺는 법률관계는 업무 수행의 구체적 태양에 따라 유형화가 가능한바, 본 논문에서는 이익충돌의 관점에서 고객과 이해관계가 대립하는 상황자체를 회피할 의무를 부담하는 자산운용수탁관계에서부터 독립대등거래를 전제로 하는 자기매매거래까지 그 의무의 수준에 따라 분류를 해 보았다. 이하 제2장과 제3장에서는 각 유형의 거래관계에서 금융기관이 부담하는 의무의 내용을 규명하고, 최근 금융기관의 이익충돌이 문제된 주요 사례들을 함께 살펴보기로 한다.

제2장

신인의무 법리가 적용되는 금융투자업무에서의 이익충돌

본 장에서는 금융기관과 투자자의 관계에서 발생하는 이익충돌 문제를 신인의무 법리의 관점에서 검토한다. 자본시장에서 금융기관과 투자자가 맺게 되는 법률관계는 금융기관이 고객의 이해관계에 대해서 행사할 수 있는 재량과 권한의 크기에 따라 고객자산의 수탁·운용, 금융자문의 제공, 투자중개, 투자권유행위 및 투자매매의 다섯 가지 유형으로 분류할 수 있다. 그 가운데 고객자산의 수탁·운용업무는 영미에서 발전해 온 신인의무 법리의 원형이 적용되는 영역이며, 금융자문 업무도 자문 제공 결과에 따라 고객의 경제적 이익에 상당한 영향을 미칠 수 있다는 측면에서 신인의무 법리에 포섭될 수 있기 때문에 본 장에서 함께 다루기로 한다.

제1절에서는 자산운용수탁자의 이익충돌 문제에 관하여 검토한다. 신탁의 수탁자, 투자일임업자 및 펀드를 운용하는 집합투자업자 등은 모두 투자자가 맡긴 자금으로 투자대상 자산을 취득·처분할 재량을 보유하고 있으므로, 법적 형식의 차이에도 불구하고 이들을 한데 묶어 '자산운용수탁업무'라는 개념을 사용할 수 있다. 자산운용수탁업무는 자본시장에 영위되는 업무 양태 가운데 금융기관이 고객의 이익에 대해서 미칠 수 있는 재량과 권한이 가장 크기 때문에 그만큼 이익충돌 상황에서 엄격한 의무가 부과될 필요성이 존재하며, 제1장에서 검토한 신인의무 법리는 자산운용수탁자의 재량과 권한을 통제하는 방안을 제공한다. 제1절에서는 신인의무 법리에 따른 이익충돌금지원칙에 비추어 자산운용수탁자가 이익충돌과 관련하여 투자자에 대해서 부담하는 의무의 내용을 규명하고, 우리나라와 외국에서 자산운용수탁자의 이익충돌이 문제된 사례를 유형화하여 살펴본다.

제2절에서는 금융자문업무의 유형 가운데 투자은행의 기업인수합병 거래에서의 재무자문업무와 일상적인 투자판단에 관한 조언을 제공하는 투자자문 업무를 나누어 검토한다. 금융기관은 여러 가지 방식과 경로를 통하여 고객에 대해서 금융자문을 제공하는 바, 금융기관이 행사하는 권한과 재량의 정도는 자문의 대상과 내용, 보수 수취 여부 등의 요인에 따라 달라질 수밖에 없다. 첫째, 전자의 유형은 금융규제법이나 감독당국의 개입이 거의 이루어지지 않는 영역이었으나 최근 미국에서는 투자은행이 야기한 이익충돌을 원인으로 한 소송이 빈발하면서 관심이 집중되고 있다. 투자은행은 재무자문업무를 수행하면서 투자자의 강한 신뢰를 바탕으로 거래구조 전반의 설계에 강한 영향을 미칠 수 있기 때문에 이익충돌 상황에서 높은 수준의 의무를 부과할 필요가 있다. 둘째, 후자의 유형의 경우에도 신인의무 투자자가 해당 자문을 신뢰하고, 투자에 관한 의사결정시 상당한 영향을 받는다는 점을 전제로 신인의무 법리에 포섭할 수 있다. 한편, 글로벌 금융위기 이후에는 금융기관이 고객에 대해서 맞춤형 투자권유를 실시하는 경우에 대해서도 금융자문업무와 마찬가지로 신인의무 법리를 적용하는 등 엄격한 규율이 필요하다는 견해가 제기되고 있으나, 금융투자상품의 매매에 수반되는 투자권유행위에 관해서는 제3장에서 별도로 논하기로 한다.

제3절에서는 금융기관이 복수의 투자자들에 대하여 신인의무를 부담하는 경우, 해당 투자자들에 대하여 부담하는 의무가 충돌하는 상황에서 적용될 수 있는 법리에 관하여 검토한다. 자산운용 또는 금융자문 업무를 제공하는 금융기관은 개별 투자자와의 관계에서 오로지 해당 투자자의 이익만을 위하여 행위 할 충성의무를 부담하고 있지만, 이러한 충성의무를 부담하는 대상 투자자들 간의 이익이 충돌할 경우 어떻게 행위하는 것이 바람직한지에 관하여 지침을 마련할 필요가 있다. 이와 같은 상황은 신인의무자가 부담하는 의무간

의 충돌이라고 지칭될 수도 있고, 투자자들 간의 이익충돌 상황이라고 지칭될 수 있으나, 이해의 편의를 위하여 투자자간 이익충돌이라고 부른다. 특히 자본시장에서 활동하는 금융기관의 경우에는 복수의 투자자를 상대로 업무를 영위하는 것이 당연히 전제가 되기 때문에, 최근 영미 학계에서 논의되고 있는 신인의무 법리 하에서의 복수의 투자자간 이익충돌 문제 해결법리를 참고하여 분석한다.

제1절 투자자자산의 운용 관련 이익충돌 문제

1. 자산운용수탁업무의 수행과 투자자에 대한 의무

가. 자산운용수탁업무의 범위 및 법적 성격

이 책에서는 금융기관이 고객의 자산을 운용할 수 있는 권한을 보유하고 수행하는 업무를 "자산운용수탁업"이라고 지칭하고, 이러한 금융기관을 통칭하여 "자산운용수탁자"라고 한다. 자본시장법상 분류에 따르면 투자일임업(제6조 제7항), 집합투자업(제6조 제4항) 및 신탁업(제9조 제24항)이 본 논문에서 의미하는 자산운용수탁업의 개념에 포섭될 수 있다.[1][2] 집합투자업, 투자일임업 및 신탁업을 영위하는 금융기관이 투자자와 맺는 법률관계의 법적 성격은 각기 다르다. 예컨대, 투자일임업은 고객과의 관계에서 운용을 위탁받은 위임

---

[1] 투자일임업, 신탁업, 집합투자업을 통칭하여 "자산운용위탁업무"라고 하는 견해는 임재연(2013), 87쪽.

[2] 기관투자자에 대해서도 최근 들어서는 자산을 위탁한 투자자에 대하여 보다 엄격한 책임을 부담하여야 할 필요성이 제기되고 있다. 기관투자자는 개인투자자에 비해서 많은 지분을 보유하고 기업의 의사결정 및 지배구조에 영향력을 행사할 수 있다는 관점에서 정의된 용어이기 때문에, 고유재산으로 투자를 실시하는 은행 및 기타 금융기관뿐만이 아니라 투자자들로부터 위탁받은 자산을 운용하는 자산운용수탁자 및 국민연금 등 공적연기금이 모두 포함될 수 있다. 국내 문헌에서는 기관투자자로서의 연기금이 기금투자자와의 관계에서 수탁자 책임 또는 신인의무자로서의 책임을 구현한다고 표현되어 있지만 본래적 의미에서의 신인의무 법리에 따른 의무와 책임을 염두에 둔 것인지는 불분명하다. 이상복(2008), 385~387쪽; 곽관훈(2015), 172쪽; 기금의 신탁적 성격과 수익자에 대한 충실의무를 강조하는 견해로는 장우영(2012), 230~236쪽.

계약관계로 파악하는 견해가 다수를 차지한다.3) 이는 투자자가 일임된 투자재산에 대해서 여전히 소유권을 보유하고, 투자운용에 개입하는 것이 가능하기 때문에 신탁의 법리가 적용되기는 어렵다는 취지로 해석된다. 판례에서도 투자일임계약을 체결하여 고객의 자산을 운용한 금융기관의 선관주의의무 위반 여부를 판단함에 있어서 민법 제681조를 근거 조문으로 들고 있다는 점을 참고할 수 있다.4) 다음으로, 집합투자업은 법률상 명시적인 규정은 없지만 판례와 학설에 따르면 위임관계에서 한걸음 더 나아간 신탁관계가 존재하는 것으로 설명된다.5) 대법원 판례에서도 "위탁회사는 [중략] 수탁회사와 함께 증권투자신탁계약을 체결함으로써 수탁회사와 공동으로 증권투자신탁을 설정하는 것"이라고 설시한 바, 이는 집합투자업자와 투자자간에 직접적인 신탁관계를 인정한 것으로 이해되고 있다.6) 한편, 자본시장법상 신탁업에 대해서는 법률 규정(제9조 제24항)에 따라 신탁법에 따른 법리가 적용 될 수 있다.

이처럼 자산운용수탁업자가 고객과 맺는 고객의 법적인 형식은 다르지만, 이들은 모두 고객의 자산을 운용할 재량과 권한을 보유하고 운용 결과에 따른 성과를 투자자에게 배분한다는 점에서 그 경제적 실질은 동일하다.7) 투자자의 입장에서도 집합투자 및 맞춤형 투자에 대한 선호도, 투자경험에 따른 운용개입 능력, 각 금융기관에 대해서 적용되는 구체적 규제의 차이 등을 감안하여 투자의 형식을 달리 선택하겠지만, 선택하는 법적 형식에 따라서 자신의 재산을 운용하는 금융기관의 의무의 수준이 달라진다고 기대하지는 않을 것

3) 임재연(2013), 86쪽; 박철영(2009), 7쪽; 오영표(2011), 48쪽.
4) 대법원 2008. 9. 11 선고 2006다53856 판결.
5) 김건식·정순섭(2013), 879쪽.
6) 대법원 2007. 9. 6 선고 2004다53197판결.
7) 김은집(2015), 83쪽.

이다. 특히, 이익충돌의 측면에서는 자산운용을 수탁 받은 금융기관이 자기 또는 제3자의 이익을 투자자의 이익에 우선시 하는 행위는 그 법적 형식이 민법상 위임 또는 신탁법상 신탁 가운데 어떤 것을 취하더라도 용인되기 어렵다.

이러한 점을 감안할 때, 적어도 이익충돌의 문제와 관련해서는 모든 자산운용수탁자가 투자자와의 관계에서 부담하는 의무의 수준을 동일한 선상에서 파악하고 논의를 전개하는 것이 바람직하다. 금융규제법의 차원에서는 자본시장법에서와 같이 개별 금융투자업에 대해서 같은 수준의 선관주의의무 및 충실의무를 규정하는 방법이나 미국의 1940년 투자자문업자법에서와 같이 일괄적으로 신인의무를 부과하는 방법이 모두 가능하지만, 특정 규제의 적용 여부를 논하기에 앞서서 실질이 동일한 법률관계에 대해서는 동일한 법원리가 적용되어야하기 때문이다. 특히 '자산운용수탁자'라는 표현을 사용한 것은, 이들 금융기관들에 대해서 기대되는 역할과 업무태양이 신인의무자의 원형이라고도 할 수 있는 수탁자와 흡사하다는 이유에서 비롯되었다.[8] 다시 말해서, 투자일임업이나 일부 공적연기금의 경우와 같이 실정법상 신탁의 법리가 직접 적용될 수 없는 영역이라고 하더라도 수탁자의 충성의무 및 주의의무와 같은 수준의 의무를 부과하는 것이 경제적 실질에도 부합하고 투자자의 기대에도 부응한다. 이하에서는 신인의무 법리를 토대로 자산운용수탁자들이 이익충돌 문제와 관련하여 투자자와의 관계에서 부담하는 의무의 내용과 수준에 관하여 논의한다.

---

8) 신인의무를 "자금수탁자 의무"로 번역하고 자본시장법 도입과정에서 이익충돌 문제를 해결하기 위한 방안으로 적극적으로 도입을 주장한 견해로는 김용재(2007), 25쪽; 김은정·정경영(2007), 481~482쪽.

나. 자산운용수탁자의 의무와 신인의무 법리

(1) 자산운용수탁업무에 있어서의 신인관계의 성립

자산운용수탁자는 모두 투자자가 맡긴 재산에 대한 운용 재량과 권한을 보유하고 있으며, 투자자들은 이들 금융기관의 전문성과 운용역량에 대하여 신뢰와 신임을 부여하였고, 운용 결과에 따라 투자자의 경제적 이해관계가 절대적으로 영향을 받을 수 있다는 특징이 존재한다. 따라서 자산운용수탁자와 고객과의 관계는 (i)상대방의 이익에 대한 재량과 권한의 보유, (ii)신뢰와 신임의 부여, (iii)상대방의 취약성 및 보호의 필요성이라는 신인관계의 징표에 정확하게 부합하며, 자산운용수탁업무 수행에 대해서는 신인의무 법리가 적용될 수 있다. 신인의무 법리는 영미법학계에서 판례를 통해서 형성되어 온 것이기는 하지만, 신인관계의 징표를 포착하여 신인의무자에게 높은 수준의 충성의무를 부담시킬 수 있는 근거를 제공해 주기 때문에 우리의 거래 현실에 적용되는 법원리를 도출하는 데도 유용한 이론적 도구라고 생각된다.

자산운용수탁자는 신인의무 법리에 따라 투자자에 대한 충성의무를 부담한다. 제1장에서 검토한 바와 같이 신인의무의 내용에 관하여 견해 대립이 존재하지만, 어느 견해에 따르더라도 충성의무가 그 핵심이 된다는 데는 이론이 없다. 물론 주의의무 또한 신인의무자의 직무수행과 관련된 객관적 행위의 기준으로 작용하는 것은 맞지만, 충성의무야 말로 신인의무 법리를 불법행위나 계약법 법리와 구별지어주는 고유한 것이기 때문이다. 다시 말해서, 자산운용수탁자는 투자자에 대해서 충성의무와 주의의무를 모두 부담하나, 신인의무 법리가 독자적 의의를 가지는 영역은 충성의무와 그에 수반하는 이익충돌금지원칙 및 이익향수금지원칙과 관련된 내용이라고 정리될 수 있다.

(2) 신인의무 법리에 따른 자산운용수탁자에 대한 충성의무의 부과

자산운용수탁자가 부담하는 충성의무는 이익충돌금지원칙과 이익향수금지원칙을 주요 내용으로 하며, 신인의무자의 재량과 권한의 남용을 통제하고 투자자의 신뢰를 보호하는 기능을 수행한다. 한편, 자산운용수탁자는 전문성을 바탕으로 타인의 자산을 운용하는 자이기 때문에 높은 수준의 주의의무도 함께 부담하는데,[9] 우리나라의 법체계하에서는 수탁자 또한 위임관계에서의 수임인과 마찬가지 수준으로 타인의 재산을 관리하는 자의 선관주의의무를 부담하는 것으로 이해되고 있다.[10] 제1장에서 검토한 바와 같이 충성의무는 신인의무자가 오로지 고객의 이익만을 위하여 행위할 의무를 부과함으로써 재량과 권한의 남용을 통제하는 것이고, 주의의무는 상대방에게 최선의 이익을 가져다주는 것을 목적으로 하고 있기 때문에, 이익충돌 상황에서의 행위준칙에 관해서는 충성의무 및 그 하위 법원칙들이 적용되는 것이 적절하다.

영국과 미국에서는 오래전부터 판례 법리를 통하여 집합투자업자, 투자일임업자, 연기금 운용자, 신탁의 수탁자 등 자산운용수탁자들이 신인의무자로서 충성의무를 부담하는 것으로 인정되어 왔으

---

9) 이연갑 교수는 미국의 통일신탁법전에 대한 해석을 차용하여 신탁행위로 주의의무의 정도를 낮추는 것은 가능하지만, 고의 또는 중과실로 선관의무를 위반하여 생긴 손해에 대하여 면책하는 것은 허용되지 않는다고 설명하는데, 이는 수탁자는 고도의 주의의무를 부담하는 것을 전제로 하는 주장이라고 생각된다. 이연갑, 노혁준·정순섭(2015), 333쪽.

10) 광장신탁법연구회(2016), 170쪽. 판례의 태도는 다음과 같다. "[구] 신탁법 제28조에 의하면 수탁자는 신탁의 본지에 따라 선량한 관리자의 주의의무로서 신탁재산을 관리 또는 처분하여야 하고, <u>이러한 주의의무는 민법상 위임에 있어서 수임인의 주의의무와 같은 개념으로 이해할 수 있으며</u>"(하략) 대법원 2006. 6. 9 선고 2004다24557 판결; 신탁법상 수탁자에 대해서는 위임관계와 비교하여 더 높은 수준의 주의의무를 구체화해야 한다는 주장은 윤태영(2015), 545~557쪽.

며,11) 신탁관계 및 자본시장을 규율하는 법제에서도 신인의무 법리를 명문으로 규정하고 있다.12) 영국에서는 오래전부터 자산운용 기능을 수행하는 금융기관에 대해서는 신인의무 법리를 적용해 왔으며,13) 금융서비스시장법(FSMA 2000)에서도 자산운용수탁자에 대해서 충성의무에서 도출되는 행위준칙을 부과한다.14) 미국에서도 1940년 투자자문업자법에서는15) 명문으로 신인의무라는 표현을 사용하고 있지는 않지만,16) 1963년 연방대법원에서 투자자문업자는 신인의무

---

11) Alastair Hudson(2013), pp.103~104.

12) 자산운용수탁자가 부담하는 주의의무의 수준에 관해서는 자본시장의 거래현실이 변화함에 따라 달리 이해되는 경향이 있다. 신탁법리 발전 초기에는 수탁자는 투자자의 자산을 운용함에 있어서 신탁계약에서 지정하거나 법원의 허가를 받은 재산만을 운용하도록 허용되었으나, 20세기 중반 이후에는 분산투자의 원칙을 준수하는 범위 내에서 합리적 주의를 다하여 재산을 운용할 수 있다는 취지의 신중한 일반인의 원칙(Prudent Man Rule)이 도입되었다(미국의 1959년 신탁법 제2차 리스테이트먼트 제227조; 표준신탁법전 제9장; Uniform Prudent Investor Act 제2조 내지 제3조). 최근 들어서는 개별 투자행위에 대해서 적용되던 분산투자 의무를 완화하고 전체 포트폴리오 관점에서 보다 적극적인 운용행위를 허용하는 취지에서 신중한 투자자의 원칙(Prudent Investor Rule)로의 수정이 이루어졌다.(미국의 1993년 신탁법 제3차 리스테이트먼트 제77조). 영국에서도 신탁재산의 투자와 관련하여 표준투자지침(standard investment criteria)를 가지고 투자자에게 적합한 투자를 실시하며 분산투자 요건을 충족시키도록 요청된다. 반면, 글로벌 금융위기 이후에는 신중한 투자자의 원칙이 완화됨에 따라 신탁의 투자대상 범위가 확대 된 데 대한 비판이 제기되고 있다. Joshua Getzler(2009), p.225.

13) Law Commission(1992), pp.31~32; Law Commission(2013), p.56.

14) 금융감독청의 영업행위 규정(Conduct of Business Obligation, COBS)에서도 금융기관이 고객과의 계약을 통해서 이와 같은 의무를 배제할 수 없다는 점을 분명히 한다(COBS, 2.1.2R). Alastair Hudson(2013), p.300.

15) 투자자문업자(Investment Advisers Act of 1940)라는 표현을 사용하고 있지만 운용의 재량을 보유하는 집합투자업, 투자일임업 및 신탁업에 대해서도 모두 적용되는 법률이다.

16) Timothy Spangler(2010), pp.72~73.

를 부담한다는 취지의 판례가 선고된 것을 계기로 하여 감독당국도 신인의무 법리의 적용을 전제로 법률을 집행하고 있다.[17]

또한, 각국에서는 기관투자자가운데 연기금 운용자에 대해서도 신인의무 법리를 적극적으로 적용하고 있다.[18] 미국에서는 근로자 퇴직연금법 제404(a)조에서 동법의 적용을 받는 기금운용자는 신인의무자로서 기금참여자들과 수익자의 이익만을 위하여 행위할 의무를 부담한다고 명시함으로써 충성의무를 부과하고 강력한 이익충돌 규제를 실시한다.[19] 영국에서는 실정법규에서 연기금 운용과 관련된 충성의무를 명문으로 규정하고 있지는 않지만, 판례 법리에 따라 이익충돌금지원칙을 포함하여 수탁자에 대한 신인의무 법리를 적용하고 있다.[20][21]

---

17) SEC v. Capital Gains Research Bureau, Inc., 375 U.S. 191, 192(1963). 아더 레이비 교수는 해당 판례만을 근거로 연방 법률상 일괄적으로 투자자문업자에 대해서 신인의무를 부과하는 것이라고 단언하기 어렵다고 비판한다. 레이비 교수에 따르면 1940년 투자자문업자법 입법 당시 신인의무를 명문화하자는 논의가 존재하였고, 초안에는 신인의무라는 단어가 포함되어 있었으나 1940년 4월 이후 법안에서 사라졌다는 점을 지적한다. Arthur Laby(2011), pp.1052~1053, 1070.

18) 곽관훈(2015), 169쪽; 각국의 기관투자자가 부담하는 투자관련 의무에 대해서는 James P. Hawley *et al.*(2014).

19) ERISA 제404조의 표제는 신인의무자의 '주의의무(duty of care)'라고 되어 있고, 그 하위 개념으로 충성의무와 주의의무를 포괄하는 방식으로 기술되어 있다.

20) 영국에서도 연기금의 지배구조 및 수익자에 대한 의무에 관한 명문규정이 없다는 비판은 Alison Fox in James P. Hawley, *et al*(2014), pp.31~2; Geraint Thomas and Alastair Hudson(2010), pp.1286~1287.

21) 영국과 일본에서는 스튜어드십 코드(Stewardship Code)를 제정하여 수익자들에 대해서 이익충돌을 관리할 의무를 부과한다. 영국의 스튜어드십 코드는 https://www.frc.org.uk/Our-Work/Codes-Standards/Corporate-governance/UK-Stewardship-Code.aspx; 일본의 스튜어드십 코드는 日本版スチュワードシップ・コードに關する有識者檢討會「責任ある機關投資家」の諸原則 ≪日本版ス

(3) 우리나라의 실정법상 자산운용수탁자에 대한
충성의무 적용 근거

아직까지 우리나라에서는 자산운용수탁자가 실정법 조항을 근거로 바로 신인의무 법리에 따른 구체적 의무, 특히 충성의무를 부담한다고 해석하기는 어렵다. 현행 자본시장법에서는 집합투자업자, 투자일임업자 및 신탁업자에 대해 공통적으로 선관주의의무와 충실의무를 부과하고 있지만,[22] 신인의무 법리에 따른 주의의무 및 충성의무를 입법화한 것인지는 불분명하기 때문이다. 자본시장법 제79조 등에서는 "투자자의 이익을 보호하기 위하여 해당 업무를 충실하게 수행하여야 한다."고 규정하고 있으나 동 조문은 간접투자자의 이익을 보호하여야 한다는 구 간접투자자산운용업법상 선관주의의무에 관한 제86조 제1항의 연장선상에 있는 것으로 이해되는 경향이 있다.[23] 또한 국민연금을 비롯한 법률상의 연기금에 대해서는 '국가재정법에 따라 보유하고 있는 주식의 의결권을 기금의 이익을 위하여 신의에 따라 성실하게 행사할 의무'가 적용되는 것 이외에(동법 제64조) 개별 법률에서 수익자에 대한 충성의무를 직·간접적으로 규정하

チュワードシップ・コード》~投資と對話を通じて企業の持續的成長を促すために~(2014. 2. 26).

22) 자본시장법 제79조, 제96조, 제102조.

23) 변재호 외(2015), 270쪽. 대법원에서는 구 간투법 제86조 제1항에 관하여 "자산운용회사는 간접투자재산을 운용함에 있어 가능한 범위 내에서 수집된 정보를 바탕으로 간접투자자의 이익에 합치된다는 믿음을 가지고 신중하게 간접투자재산의 운용에 관한 지시를 하여 선량한 관리자로서의 책임을 다할 의무가 있다"고 해석하고 있다(대법원 2013. 11. 28 선고 2011다96130 판결; 대법원 2015. 11. 12 선고 2014다15996 판결).; 사견으로는 자본시장법 제79조가 실질적으로 집합투자업자가 투자자에 대해서 부담하는 충성의무(duty of loyalty)에 따라 이익충돌금지원칙, 이익향수금지원칙을 사법(私法) 법리상 관철시킬 수 있는 근거 조항으로 기능해야 한다고 생각하며, 구체적인 근거에 관해서는 제4장에서 상술한다.

는 법조문은 찾기 어렵다. 다만, 최근 삼성물산과 엘리엇간의 분쟁
을 계기로 기관투자자의 수탁자책임에 관한 논의가 제기되면서 한
국에서도 영국과 일본의 모델을 참고하여 총 7개 원칙으로 구성된
스튜어드십 코드 안이 발표되었다.[24] 스튜어드십 코드는 기관투자
자가 '수탁자'[25]로서 투자자에 타인 자산의 관리자·수탁자로서 책임
을 충실히 이행하기 위한 정책을 마련하고(제1원칙), 이러한 책임을
이행하는 과정에서 실제 직면하거나 직면할 가능성이 있는 이해상
충 문제를 어떻게 해결할지에 관해 효과적이고 명확한 정책을 마련
하고 그 내용을 공개하도록 정하고 있다(제2원칙). 그러나 스튜어드
십 코드만으로는 연기금 등 기관투자자가 신인의무자로서 투자자에
대해서 신인의무 법리에 따른 법적인 책임을 부담한다는 내용을 확
인한 것으로도 해석할 수 있을지는 의문이다.

한편, 신탁법에서는 2012년 개정을 통하여 영미법상 신인의무 법
리를 적극 수용하여[26] 제32조에서는 수탁자가 선량한 관리자의 주의
의무로 신탁사무를 처리하여야 한다는 선관의무를, 제33조에서는 수
익자의 이익을 위하여 신탁사무를 처리할 충실의무를 규정하고 있
다.[27] 따라서, 자산운용수탁업무를 직접 규제하는 법률상 영미법상

---

24) 한국기업지배구조원·자본시장연구원(2015), 57~60쪽.

25) 신인의무 법리에 따른 기금투자자에 대한 수탁자의 의무를 지칭하는 용어
인지 아니면 기관투자자로서 부담하는 의무를 총칭하는 용어인지 다소 불
분명하다.

26) 법무부(2012), 266쪽 이하; 일본에서도 2006년 新신탁법 제정 계기로 충실의
무에 관한 조문이 새롭게 도입되었다. 이익충돌금지원칙 및 이익향수금지
원칙을 수탁자의 충실의무의 구체적 내용이라고 소개하면서도 구법에서
부터 수탁자의 일반의무로 규정되어 온 선관주의의무에 충실의무가 포함
되는 것이라고 설명하는 견해로는 아라이 마코토, 안성포역(2011), 279쪽.

27) 신탁법상 충실의무에 관한 조문이나 자본시장법상 집합투자업자의 충실의
무에 관한 조문은 모두 '수익자의 이익을 위하여 업무를 (충실히) 수행할
의무'를 부과하는 방식으로 규정되어 있으며, 미국의 신탁법 리스테이트먼

충성의무에 관한 규정이 존재하지 않는다고 하더라도 법률관계의
실질을 고려하여 신탁법상 충실의무에 관한 조항을 폭넓게 활용하
는 방안을 통하여 충성의무의 적용범위를 확대할 수 있다고 생각한
다. 학계에서도 수탁자의 범위를 넓게 설정하여 신탁과 실질이 유사
한 법률관계에 대해서까지 충성의무의 법리를 적용하여야 한다거
나,[28] 적어도 고객과의 신탁관계 성립이 인정되는 집합투자업자에
대해서만큼은 신탁법의 규정이 확대 적용될 수 있다는 견해들이 제
기되고 있다.[29]

다. 자산운용수탁 업무에 적용되는 이익충돌금지원칙

(1) 이익충돌금지원칙의 내용 및 적용근거

신인의무자의 원형에 해당하는 수탁자는 수익자와 자기 또는 제3
자의 이익이 충돌하는 상황에서 엄격한 이익충돌금지원칙(no-conflict
rule)의 적용을 받는다. 신인의무 법리에서의 이익충돌금지원칙이란
충성의무에서 도출되는 것으로서, "신인의무를 부담하는 자는 자신
이 보호 의무를 부담하는 자의 이익과 충돌하거나 충돌한 가능성이
있는 계약을 체결해서는 안 된다"고 설시한 영국 법원의 1854년 판결
을 통해서 정식화 되었다.[30]

트 등에서와 같이 '오로지 투자자의 이익만을 위하여 행위 할 의무'와 같
이 금지적 의무의 취지를 살리는 문언을 사용하고 있지는 않다. 따라서 해
당 문언만을 토대로 신인의무 법리의 충성의무가 도입되었는지 여부를 판
단할 수는 없고, 입법 당시의 의도, 법원의 해석 등을 토대로 종합적으로
평가할 수밖에 없다.

28) 이중기(2011a), 349쪽.

29) 김건식·정순섭(2013), 880쪽.

30) Aberdeen Railway Company v Blaikie Bros(1854) 1 Macq 461,471. Graham
   Virgo(2012), p.495.

이익충돌금지원칙은 수익자가 정보에 기반한 동의를 제공하지 않는 이상 신인의무자로 하여금 이익충돌이 발생하는 상황 또는 이익충돌이 발생할 것이 합리적으로 기대되는 상황에 처하는 것 자체를 금지한다.[31] 원형적인 신인의무 법리에 따르면, 신인의무자의 이익충돌 가능성이 있는 거래 또는 행위는 그 거래 또는 행위로 인하여 수익자에게 이득을 가져다 줄 수 있는지 여부를 묻지 않고 이를 전적으로 금지하는 엄격한 법리가 적용된다. 영국에서는 판례 법리를 통하여 수익자의 이익 여부를 불문하고 동의를 획득하지 않은 상태에서 이익충돌 가능성이 있는 거래를 행한 수탁자는 신인의무를 위반한 것이라는 법리가 정착하였으며,[32] 미국에서도 제3차 신탁법 리스테이트먼트 제78조에 기술되어 있듯이 수탁자는 신탁재산을 오로지 수익자의 이익만을 위하여 관리하고, 자기거래 또는 기타 이익충돌 가능성이 있는 거래가 엄격하게 금지된다.[33]

우리나라에서는 자본시장법상 자산운용수탁업을 수행하는 금융기관에 대한 구체적 영업행위 규정의 하나로 '특정 투자자의 이익을 해하면서 자기 또는 제삼자의 이익을 도모하는 행위'를 금지하고 있기는 하지만[34] 해당 조문 자체만으로 신인의무 법리에 따른 엄격한 이익충돌금지원칙의 실정법상 근거규정이 된다고 해석하기는 어렵다.[35] 오히려 신탁법 제33조에서의 일반적 충실의무와 더불어 제34

---

31) UK Law Commission(1992), p.32.

32) 대표적으로 Boardman v. Phipps [1967] 2 A.C. 46, 124.

33) Restatement(Third) of Trust §78.

34) 자본시장법 제85조 제4호(집합투자업자), 제98조 제2항 제4호(투자일임업자) 및 제108조 제4호(신탁업자) 등 모든 자산운용수탁자에 대해서 공통적으로 적용된다.

35) 일반적 의무로서의 충실의무에 관해서는 제4장 제3절의 논의를 참고. 자본시장법 제79조 제2항 등에서 집합투자업자 등의 충실의무를 규정하고 있지만 이는 선관주의의무를 구체화한 것에 불과하다는 견해는 김용재

조에서 "이익상반행위의 금지"라는 표제 하에 규정된 내용들이 자산
운용수탁자가 부담하는 이익충돌금지원칙의 해석 지침이 될 수 있
을 것으로 생각된다.[36] 신탁법 제34조에서는 신탁재산을 고유재산으
로 하거나 고유재산을 신탁재산으로 하는 유형의 수탁자와 수익자
간의 이익충돌(동조 제1항 제1호 및 제2호), 수익자와 제3자의 이익
충돌(제1항 제4호)의 발생을 비롯하여 수익자의 이익에 반하는 경우
까지 포괄적으로 금지하고, 신탁행위로 허용한 경우, 수익자의 승인
을 얻은 경우, 법원의 허가를 받은 경우에만 예외를 인정하고 있기
때문에 신인의무 법리에 따른 이익충돌금지원칙이 원형에 가깝게
적용되는 것으로 보인다.[37]

　　자산운용수탁자가 이익충돌과 관련하여 투자자에 대해서 부담하
는 의무의 내용을 확립함에 있어서는 영미법상 신인의무 법리를 적
용하는 것이 효과적일 것이다. 자산운용수탁자는 원칙적으로 투자

(2007), 46쪽.

[36] 영미법상 충성의무에 따른 이익충돌금지원칙을 규정한 것이라고 명시되
어 있다. 법무부(2012), p.276.

[37] 신탁법 제36조에서는 "수탁자는 누구의 명의로도 신탁의 이익을 누리지
못한다. 다만, 수탁자가 공동수익자의 1인인 경우에는 그러하지 아니하
다."고 규정함으로써 신인의무 법리에 따른 이익향수금지원칙을 명문화
한 것이라고 해석되고 있다. 그러나 영미법상 신인의무 법리에 따른 이익
향수금지원칙은 신인의무자의 지위로 인하여 취득하는 모든 이익을 그 대
상으로 하는 반면, 우리 신탁법에서는 '신탁의 이익'의 취득 금지하고 있기
때문에 반환 대상이 되는 이익의 범위가 매우 좁아지게 된다. 따라서 수탁
자가 부담하는 충성의무의 내용이 체계적으로 정비된 현행 신탁법을 해석
함에 있어서는 이익향수금지원칙으로 보는 것이 더욱 합리적일 것이나,
'신탁의 이익'이라는 의미가 불명확하므로 '수탁자의 업무수행과 관련하여
발생하는 이익' 등과 같이 개정하는 것이 바람직하겠다. 현행법 제36조에
대해서는 신인의무 법리상의 이익향수금지원칙이라는 설명으로는 법무부
(2012); 수탁자가 신탁사무를 처리하는 과정에서 커미션 등 부수적 이익을
얻거나 선물을 받는 행위를 금지하는 등 적용 범위를 폭넓게 해석하는 견
해로는 이연갑(2014), 90~91쪽.

자의 동의 없이 자기 또는 제3자의 이익과 투자자의 이익충돌을 야기할 우려가 있는 거래를 할 수 없도록 하는 행위준칙의 적용을 받아야 하며,[38] 그 근거로서는 수탁자의 이익상반행위에 관한 신탁법 제34조가 직접 또는 유추적용 될 수 있다. 자본시장법에서 자산운용 수탁업무를 수행하는 모든 금융기관들에 대해서 일반조항으로서의 충실의무를 부과하는 한편, 특정투자자의 이익을 해하면서 자기 또는 제삼자의 이익을 도모하는 행위를 금지하는 것도 신탁에서의 수탁자-수익자 관계와 경제적 실질이 유사한 관계에서 강력한 이익충돌 금지의무를 부과할 필요성에서 비롯된 것이라고 선해할 수 있을 것이다.

이와 관련하여, 이중기 교수는 대법원에서 수탁자의 충실의무에 근거하여 "수익자의 이익과 수탁자의 이익이 상반되는 행위"를 할 수 없다는 점을 전제로 판시한 점을 들어 신인의무 법리를 민법상 위임관계 가운데 강한 신뢰와 신임을 전제로 하는 법률관계에 대해서까지 확대 적용할 수 있다고 주장한 바 있다.[39] 이러한 주장은 민법상 대리인과 후견인, 상법상 회사의 이사, 상업사용인, 대리상 등에 대해서 신탁법상 수탁자에 준하는 이익충돌 금지의무를 부과해야 한다는 주장으로 까지 이어지고 있기 때문에[40] 각 신인관계의 특성을 고려하지 않는 과도한 확대해석의 위험도 존재한다. 그러나 적어도 자산운용수탁업무 수행에 있어서는 신탁법의 적용을 받는 신탁관계의 성립여부를 떠나서 투자자에 대한 충성의무 법리 및 그에 따른 이익충돌금지원칙, 이익향수금지원칙의 적용을 정당화 시켜주

---

38) 일본의 히로토 교수도 위임과 신탁의 가장 첫 번째 차이점으로 신탁에서는 이익상반행위에 대한 상대방의 정보에 기반한 동의(informed consent)를 요한다는 점을 꼽는다. 利益相反研究會(2009b), pp.61~62.

39) 이중기(2011a), 329쪽.

40) 이중기(2011a), 331~332쪽, 이중기(2015c), 1302~1303쪽.

는 논리를 제공해 주는 것으로 생각된다.

(2) 이익충돌금지원칙의 적용 수준
- Sole Interest Rule v. Best Interest Rule

앞서 설명한 바와 같이 원형적인 신인의무 법리에 따르면 수탁자는 그 결과가 수익자에 대하여 이익이 되는지를 불문하고 이익충돌을 야기하는 상황에 처하거나 이익충돌의 우려가 있는 거래로 나갈 수 없다. 이와 같은 엄격한 이익충돌금지원칙은 불문원칙(no-further inquiry rule)이라고 표현되기도 하며, 자신의 이익보다 언제나 고객의 이익을 우선시해야 한다는 점을 강조하여 고객이익 전념의무(sole interest rule)이라고 일컬어지기도 한다.[41] 영국의 Boardman v. Phipps 판결에서 가장 극적으로 드러나듯이,[42] 불문원칙을 적용할 경우에는

---

41) 불문원칙에 따르면, 수탁자가 성실하게 행위하였는지, 또는 해당 거래가 공정한 절차에 따라 정당한 대가를 지불하고 이루어졌는지를 따지지 않는다. Uniform Turst Code §802; Melanie Leslie(2005a), p.580.

42) Boardman v Phipps [1966] UKHL 2. 동 사건에서 Phipps 가족신탁의 변호사였던 Tom Boardman은 신탁의 수익자 중 한명이었던 Tom Phipps와 함께 신탁재산에 포함되어 있던 한 섬유회사의 지분 과반수를 자신들의 명의로 취득하였다. 보드만은 당해 회사의 주총에 참석하였고, 신탁재산으로 27%만 보유하던 지분을 과반수로 늘리면 회계 문제를 극복하고 기업의 실적개선이 가능한 것으로 생각하고 투자를 실시하였다. 이후 회사가 자산을 처분하여 얻은 수익을 배분하였고 가족 신탁은 £47,000을, 보드만과 Tom Phipps 는 £75,000을 취득하였다. 이에 다른 수익자인 John Phipps는 보드만이 모든 수익자에 대하여 유효한 동의를 받지 못한 상태에서 이익충돌 거래를 하였기 때문에 이익을 환수해야 한다는 취지의 소를 제기하였다. 1심과 2심법원에서는 보드만이 스스로 이익충돌 되는 상황에 처했기 때문에 충성의무 위반에 해당한다는 취지로 판시하였고, 상고심에서도 다수 의견은 신탁의 변호사는 수익자에 대해서 자문을 제공하고 수익자와 신탁의 지분의 사용에 관하여 협상을 진행하는 관계에 있고, 여하한 이익충돌의 가능성을 회피하여야 할 신인의무를 부담하기 때문에 동의를 획득하지 않고 신인의무자로서의 직무수행 과정에서 취득한 정보를 이용하여 이익충돌 가능성이 있는 지분을 매입한 이들의 행위는 신인의무 위반이라고 판시했다.

수탁자가 수익자의 동의를 얻지 못한 채로 신탁재산을 투자하여 수
익자에게 상당한 이익을 가져다주었다고 하더라도 신인의무 위반으
로 인한 책임을 부담하여야 한다는 결과가 발생한다.[43]

존 랑바인(John Langbein) 교수는 지나치게 엄격한 이익충돌금지원
칙은 자산의 운용을 위탁한 투자자의 의도에 부합하지 않으며, 금융
거래의 현실을 외면한 것으로서 결국 투자자에 대해서 이익을 가져
다 줄 수 있다는 점에서 불문원칙에 대한 대안으로 최선이익 원칙
(best interest rule)을 적용하여 이익충돌금지원칙을 완화할 것을 주장
하였다.[44] 최선이익 원칙은 문자 그대로 수익자의 최선의 이익을 위
해서 행위한 것이면 신인의무자가 이익충돌금지원칙을 위반한 것이
아니라는 주장으로서, 회사법상 발전한 법리를 연장하여 상사 거래
에서는 절차적 공정성 및 내용의 공정성을 통제함으로써 이익충돌
거래의 예외를 인정할 수 있다는 내용을 핵심으로 한다.[45] 동 원칙
은 엄격한 이익충돌금지원칙의 원칙과 예외를 전도하는 것임에도
거래계의 필요성에 따라 많은 지지를 얻게 되었다.[46] 실제로 미국에
서는 신탁법 제3차 리스테이트먼트 개정을 통하여 당사자 간의 합의

---

43) 우리나라에서는 구 신탁법 제31조 제1항에 따라 금지된 신탁재산과 고유
    재산 간의 거래로 나아간 수탁자의 거래가 수익자에게 이익이 된다는 사
    정만으로는 그러한 거래를 유효하다고 볼 수는 없다는 취지의 판결이 몇
    차례 선고된 바 있으나 해당 판례들에서는 강행규정을 위반하였기 때문에
    무효가 된다는 근거만을 제시하고 있기 때문에 이러한 사정만으로는 우리
    나라에서는 불문원칙을 적용하고 있다는 결론을 도출하기는 어렵다. 대법
    원 2009. 10. 30. 선고 2006다62461판결(평석으로는 임채웅(2009), 391쪽); 같은
    취지의 판례로는 대법원 2007. 11. 29. 선고 2005다64552판결; 대법원 2011. 6.
    10. 선고 22011다18482판결. 강행규정 위반으로서 무효를 선언하였다는 견
    해는 최수정(2015), 338~340쪽.

44) John Langbein(2005), p.984.

45) John Langbein(2005), p.958.

46) Edward Halbach(1992), pp.1151~1155.

를 통해서 고객이익 전념의무를 완화할 수 있는 근거가 마련되었
다.47)

자산운용수탁자로서는 고객의 자산을 운용함에 있어 어떠한 예
외도 없이 이익충돌을 야기할 우려가 있는 거래에 대해서 사전 동의
를 받는 것은 실질적으로 불가능하다. 따라서 어떤 방식으로든 불문
원칙을 완화할 필요가 있기 때문에, 최선이익 원칙은 금융거래의 현
실을 반영하여 엄격한 이익충돌금지원칙을 완화하는 이론적 근거를
제시한다는 장점이 있다. 반면, 최선이익원칙은 신인의무 법리의 근
간을 이루는 충성의무의 골간을 형해화하고 수익자에게 지나치게
불리하기 때문에 자산운용수탁자의 이익충돌금지원칙을 완화하는
기준으로 적용하기는 어렵다는 비판도 존재한다.48) 그러나, 최선이
익원칙에 따라 이익충돌 금지의무 위반 여부를 판단하더라도, 신인
의무자는 자기 또는 제3자의 이익을 추구하는 거래를 행하는 과정에
서 수익자에 대해서 필요한 정보를 제공하거나, 제3자로부터 자문을
받는 등과 같이 공정한 절차를 준수하고 거래의 조건이 공정성을 갖
추도록 노력하여야 할 것이며 오로지 수탁자의 주관적 기준에 따라
수익자의 최선의 이익을 위하여 행위 하였는지에 대해서 판단할 것
은 아니다.49) 이러한 점을 감안한다면, 다소 유연하게 이익충돌금지

---

47) 제2차 리스테이트먼트 제170조 제1항에서는 "수탁자는 오로지 수익자의 이
   익을 위해서만 신탁을 관리할 의무를 부담한다."고 규정되어 있으나, 제3
   차 리스테이트먼트 제78조 제1항에서는 "신탁 계약에서 달리 정하는 경우
   를 예외로 하고, 수탁자는 오로지 수익자의 이익을 위해서만 또는 오로지
   자선의 목적(charitable purpose)을 증진하기 위해서만 신탁재산을 관리할 의
   무를 부담한다."고 개정되었다. 통일신탁법전 개정 과정에서도 엄격한 이
   익충돌 원칙에 대한 예외를 인정하는 경향이 관찰된다는 설명으로는
   Edward Halbach(2000), p.1011.
48) 수익자가 수탁자를 감시하기 어렵고, 외부에서 수탁자를 통제하는 압력이
   존재하지 않으며, 수익자의 탈퇴가 어렵다는 특성을 강조하는 견해로는
   Melanie Leslie(2005a), pp.558~567.

원칙을 적용한다는 차원에서 동 원칙을 수용하는 것은 가능할 것으로 생각된다.[50]

(3) 이익충돌금지원칙 위반의 효과

제1장에서 검토한 바와 같이 신인의무 법리 하에서는 신인의무자가 이익충돌금지원칙과 이익향수금지원칙에 위배된 행위를 함으로써 수익자에 대한 충성의무를 위반한 경우에는 수익자는 거래를 무효화하고 원상회복을 청구하거나, 손해배상 또는 이익반환을 구할 수 있도록 하는 다양한 구제수단을 활용할 수 있다.

특히, 자산운용수탁자와 같이 고객이 위탁한 재산에 대해서 폭넓은 재량을 보유하고 있는 업무를 수행하는 경우, 이를 통제하기 위해서는 엄격한 신인의무 법리를 적용하여 투자자를 두텁게 보호하고 재량 남용을 억제할 필요성이 증대된다.[51] 우리나라에서는 신인의무자의 충성의무 위반에 대해서 영미에서의 신인의무 법리에서와 같은 수준의 구제수단을 제공하고 있는 것은 아니기 때문에, 신탁법상 충실의무 법리의 확대적용을 통하여 투자자를 보호하는 방안을 도모할 수 있을 것으로 생각된다. 2012년 개정된 신탁법에서는 수탁자가 충실의무(제33조), 이익충돌 금지의무(제34조), 이익향수 금지의무(제36조) 등과 같이 신인의무 법리에 따른 충성의무에 상응하는 의

---

49) Graham Virgo(2012), p.500.

50) 영국에서는 자기거래 금지원칙(self-dealing rule)과 공정거래 허용원칙(fair dealing rule)과 관련하여 유사한 논의가 이루어진 바 있다. 불문원칙에 따른 엄격한 이익충돌금지원칙을 강조하는 코나글렌 교수는 공정성이란 어디까지나 유효한 동의의 존부를 판단하는 입증자료로서만 기능한다고 주장하고, 버고 교수는 공정거래 원칙에 따른 이익충돌 금지의무를 유연하게 적용할 수 있다는 취지로 설명한다. Matthew Conaglen(2006), p.368; Graham Virgo(2012), pp.499~501.

51) 이중기(2011b), 70쪽.

무를 위반한 행위에 대하여 수익자에게 손해가 발생한 때에는 원상
회복 의무를 부과하고(제43조 제1항), 손해가 발생하지 않은 경우에
대해서도 이익반환 의무를 인정한다(제43조 제3항).[52]

현행 자본시장법상으로는 자산운용수탁업과 동일한 기능의 금융
투자업을 수행하는 금융기관이 충실의무 또는 이익충돌 및 이익향
수를 금지하는 구체적 영업행위 규제를 위반하더라도 불법행위 법
리에 따른 손해배상 책임만이 인정되는 상황이지만, 우리나라에서도
이와 같은 신탁법의 조문들을 활용한다면 비록 자본시장법상으로는
손해배상의 특칙이나 이익환수와 같은 별도의 구제수단을 부여하지
않다고 하더라도 자산운용수탁자의 충성의무 위반을 억지하고 투자
자를 보호하는 기능을 수행할 수 있을 것이다.[53]

2. 자산운용수탁자의 이익충돌이 문제된 사례

자금운용수탁자의 이익충돌 금지의무 위반은 투자자의 신뢰와
신임을 배반하고 재량을 남용한 행위로서, 투자자의 재산상 손해를
야기할 뿐더러 자본시장의 염결성과 신뢰를 무너뜨리는 파장을 초
래할 수 있다. 이하에서는 자산운용수탁자가 이익충돌 상황에서 고
객의 이익보다 자기 또는 제3자의 이익을 우선시함으로써 고객에 대

---

52) 상업사용인(제17조 제2항), 대리상(제89조 제2항), 합명회사의 사원(제198조
  제2항), 합자회사의 무한책임 사원(제269조) 등. 해당 상법 조문에서 규정하
  고 있는 개입권은 법률관계 자체는 그대로 유지하면서 회사의 경제적 이익
  을 보호하기 위한 권리라고 해석되며[천경훈(2012), 257쪽], 신인의무법리에
  따른 이익반환(disgorgement)과 유사한 기능이 있다. 이중기(2007b), 225쪽.
53) 자본시장법 제64조에서는 동법 제37조 제2항, 제44조, 제45조 등 이익충돌
  과 관련된 법조문을 위반한 경우 입증책임을 전환하는 방식의 손해배상
  특칙을 마련하고는 있지만 동 특칙은 투자매매·중개업과 집합투자업을 겸
  영하는 경우에만 적용이 가능하기 때문에 실제 이익충돌 상황에 적용될
  가능성은 매우 낮다.

하여 손해를 입한 대표적 사례들을 살펴본다. 자산운용수탁자의 이익충돌금지의무 위반이 문제된 사례들은 (i) 금융기관이 오로지 자신의 이익을 위하여 사기적 계획을 바탕으로 자금을 수탁 받은 사례, (ii) 고객 자금을 운용하는 과정에서 투자자들 간의 수익률에 영향을 미침으로써 특정 고객에 대하여 손해를 가한 사례로 구별될 수 있다. 전자와 후자의 사례 모두 자산운용수탁자가 신인의무자로서 고객 이익을 우선할 충성의무를 위반한 경우에 해당하지만, 전자의 경우는 고객자산의 운용이라는 외관이 사기를 위한 도구로 쓰여 졌기 때문에 신인의무 위반으로서의 위법성을 논하기에 앞서 사기 그 자체로 비난 가능성이 더 크다. 한편, 후자의 경우는 주로 자산운용수탁자들에 대한 금융규제 법규 위반이 문제된 사안이 다수를 차지하지만, 반드시 실정법규 위반에는 해당하지 않음에도 불구하고 신인의무자로서 이익충돌 상황에서 자기 또는 제3자의 이익을 우선시 한 사례도 관찰된다.

한편, 최근 투자대상 기업의 지배구조 및 의사결정에 큰 영향을 행사하는 기관투자자의 이익충돌 문제에 대한 관심이 증가하고 있다. 기관투자자 가운데 자산운용 수탁자 또는 공적 연기금 등은 수익자들에 대한 신인의무자 지위에서 다수의 투자대상 기업에 대한 포트폴리오를 보유하고 있는바, 신인의무자인 기관투자자들이 개별 기업에 대해서 어떤 방식으로 의결권을 행사하는 것이 수익자 이익에 부합하는 것인지에 관한 확립된 법리는 존재하지 않는다. 이에 자산운용수탁자의 투자대상기업에 대한 의결권 행사와 관련하여 발생 가능한 문제 상황을 아래에서 함께 검토해 보기로 한다.

가. 투자자로부터의 사기적인 자금 수탁행위
(1) 매도프의 폰지 사기
미국에서는 글로벌 금융위기를 전후하여 버나드 매도프(Bernard L.

Madoff)가 SEC에 브로커-딜러이자 투자자문업자로 등록한 금융기관인 Bernard Madoff Investment Securities LLC("BMIS") 및 그 소속 임직원들을 통하여 폰지 사기를 행함으로써 고객들에게 650억 달러 이상의 손해를 가한 사실이 발각되었으며, 그 이외에도 50건 이상의 폰지 사기 피해 사례가 확인되었다.[54] 폰지 사기(Ponzi scheme)란 새롭게 모집한 투자자로부터 납입받은 투자금을 기존의 투자자들에게 일정기간 지급함으로써 가입당시 약속한 저위험/고수익을 보장해 주는 것처럼 보이게 하지만 실제로는 고객 자금을 투자대상 자산에 운용하는 행위는 전무하고, 금융기관 자신을 위해서 횡령하는 구조의 수법을 지칭한다.[55]

SEC의 기소 내용에 따르면 BMIS는 23명의 고객이 위탁한 170억 달러 상당의 자금에 대하여 운용과 자문 서비스를 제공하고 있었다. 버나드 매도프와 BMIS의 임직원들은 폰지 사기 수법을 동원하여 장래 고수익의 상환을 약속하고 자금을 모집했다. 매도프의 사기적 수법을 의심한 투자자들은 2008년 11월 최초로 70억 달러 상당의 자금에 대한 환매를 청구하였고, 환매 유동성 확보에 어려움을 겪던 매도프는 주요 임직원들에게 자신의 투자전략이 "하나의 대단한 거짓말이자 폰지 사기에 불과하였음"을 시인하였다.[56] SEC는 2008. 12. 11. 매도프와 BMIS에 대한 제재조치를 발표하고, 미연방 뉴욕남부지방법원에 소를 제기하였다.[57]

---

54) http://www.sec.gov/spotlight/enf-actions-ponzi.shtml.

55) Tamar Frankel(2012), p.2.

56) SEC complaint, p.6; 1940년 투자자문업자법 제206(1)조 및 제206(2)조를 위반해서 사기적인 투자자문행위를 한 것이 주로 문제가 되었으나, 동 사는 브로커-딜러로도 등록되어 있었기 때문에 1933년 증권거래법 제17(a)조 및 1934년 증권거래소법 제10(b)조 및 그에 따른 SEC 규칙 10(b)-5를 위반한 사기혐의도 추가되었다.

57) SEC, SEC Charges Bernard L. Madoff for Multi-Billion Dollar Ponzi Scheme(2008-293).

폰지 사기와 관련된 징계 및 기소 사례에서는 고객에 대한 사기 행위를 금지하는 1940년 투자자문업자법 제206(1)조 및 제206(2)조[58] 의 위반이 주로 문제되었다. 사안에서 자산운용수탁자의 지위는 고객에 대한 사기를 위한 수단으로 이용되었을 뿐이고, 실제 자산의 운용행위 자체가 존재하지 않았기 때문에 신인의무 법리를 적용하기가 쉽지는 않다.[59] 그럼에도 불구하고, 매도프 등은 규제 대상 금융기관이라는 간판을 활용하여 신인의무자로서 외관을 창출하고, 고객이 금융기관에 대해서 신뢰를 바탕으로 맡긴 자금을 오로지 자신의 이익만을 위해서 사용하였다는 점에서 고객에 대한 충성의무와 이익충돌금지원칙을 위반한 것으로 인정될 수 있다.[60] 투자자로부터의 사기적인 자금 수탁행위에 대해서도 신인의무 법리를 적용하는 것은 투자자에 대해서 신인의무자가 의무 위반 행위로 획득한 이

---

58) It shall be unlawful for any investment adviser, by use of the mails or any means or instrumentality of interstate commerce, directly or indirectly—

(1) to employ any device, scheme, or artifice to defraud any client or prospective client.

(2) to engage in any transaction, practice, or course of business which operates as a fraud or deceit upon any client or prospective client.

59) 투자자에 대한 피해의 규모는 다른 금융스캔들과 비교할 수 없이 막대함에도 불구하고 해당 사안과 직접적으로 관련된 학문적 논의는 별로 존재하지 않는다. SEC가 내부고발자로부터 들은 정보를 토대로 오랜 기간 조사한 끝에 계획의 실체를 밝혀낸 데 대해서 높이 평가하고 규제기관의 평상시의 감시·감독의 무능함이나 업계에 포획되었다는 탓할 수만은 없다는 에세이로는 Donald Langevoort(2009), pp.15~18.

60) 매도프와 같은 사기적 계획에 대하여 자신의 고객의 자금을 투자한 금융기관들도 다수 제재 및 기소 대상이 되었는데, 이러한 금융기관들의 행위는 충성의무 위반이라기보다는 주의의무 위반에 가까운 것으로 평가될 수 있다. 우리나라에서도 집합투자업자가 운용하는 재간접펀드가 매도프 관련 자산에 투자하여 고객 자산에 손실을 가한 사건과 관련하여 소송들이 진행되고 있다. 머니투데이, 자산운용사 '메이도프' 소송, 2심서도 웃었다―고등법원도 산은자산운용 상대 손배소 기각(2012. 6. 13).

익을 환수할 수 있도록 폭넓은 구제수단을 부여할 수 있다는 의의가
있다.

(2) 우리나라의 사례 – 이숨투자자문

최근 우리나라에서도 투자일임업자가 고객들로부터 자산을 수탁
받아 폰지 사기와 똑같은 수법으로 손해를 가한 사례가 발생하였다.
투자자문업 및 투자일임업자로 등록된 이숨투자자문의 임직원들은
자금을 맡겨주면 해외 선물 투자를 통해 월 2.5%의 고수익 및 원금
의 90% 반환을 보장하겠다는 이면약정을 제시함으로써 투자자들을
유인하였다. 이들은 총 2,772명의 투자자로부터 1,381억원을 모집하였
으나 고객들의 자금을 실체가 없는 다른 회사에 일괄적으로 예치한
후 임의로 출납하여 개인적 용도로 사용하고 그 중 일부만을 해외
원유 선물에 투자하여 일부 선순위 투자자들과 수익을 공유하였
다.[61] 검찰 수사가 개시되어 회사의 임직원들은 자본시장법상 손실
보전약정 금지(제55조)의무 위반 및 특정경제범죄가중처벌등에관한
법률상 사기 혐의 등으로 기소되었고, 회사는 폐업하였다.[62]

본 사안 역시 매도프의 사기 사건과 마찬가지로 회사가 규제대상
투자일임업의 외관을 이용하여 오로지 자신의 이익만을 추구하고
투자자들에 대해서는 사기로 인한 막대한 피해를 입힌 사례로 분류
될 수 있다. 이숨투자자문과 그 임직원들의 주된 범죄행위는 형법상
사기에 해당하는 것으로 알려져 있으며, 자본시장법상 투자일임업자

---

61) 연합인포맥스, 이숨투자자문, 한국판 '폰지사기' 논란 도마 위로(2015. 10.
19).

62) 이숨투자자문은 대표 및 임원들이 투자자문회사를 인수하여 설립한 회사
로서, 투자자들의 피례사례를 확인한 감독당국에서 현장검사를 나섰으나
오히려 검사의 위법성을 문제삼아 담당 검사역의 월급을 가압류 하여 실
제 제재는 이루어지지 않고 바로 폐업을 하였다. 연합인포맥스, 금감원 고
소 논란 이숨자문…결국 폐쇄 결정(2015. 10. 18).

에 대해서 적용되는 영업행위 규제 자체를 무시한 채로 사업을 영위
했다는 사실 또한 발견된다. 현재는 회사 및 임직원들에 대한 행정
적인 제재조치는 실질적으로 불가능하기 때문에 형사처벌 단계만이
남아 있으며, 투자자들이 민사소송을 제기하더라도 손해의 범위 내
에서 배상을 받을 수 있기 때문에 위법행위에 상응하는 제재가 가해
질 지는 의문이다.[63]

나. 금융기관 및 제3자의 이익을 위하여 고객 자산에 손해를 가한 행위

최근 우리나라에서는 자산운용회사가 투자일임업을 영위하는 과
정에서 증권회사 임직원과의 공모 하에 파킹거래를 실시함으로써
고객에 대하여 손해를 가한 사실이 적발되어 감독당국으로부터 중
징계를 받고, 담당 운용인력은 검찰에 기소된 사안이 발생하였다.[64]
파킹거래란 부외 거래를 통하여 증권회사 명의로 채권을 매수하여
일정 기간 중 증권회사 명의로 보관하는 거래를 의미하는데 금리상
승을 통한 투자일임계정의 이익 도모 목적 외에 수수료가 큰 채권
거래의 중개수수료 몰아주기 목적으로 활용되는 거래방식이다.

금융감독원의 발표에 따르면 맥쿼리투자신탁운용은 구 ING 자산
운용 당시 일임재산 운용을 담당하는 임직원이 편입대상 채권을 증
권회사에 맡겨두었다가 이를 해소하는 시점에 특정 투자일임계좌로
그 결과를 귀속시키는 방법으로 총 7개 증권회사와 액면금액 기준 7
조 8,445억원 상당의 채권파킹 거래를 하였다. 맥쿼리투자신탁운용

---

63) 버나드 매도프가 150년의 징역 및 1,700억 달러의 추징금을 선고받은 것과
　　비교할 때 유사한 행위를 우리나라에서 했을 경우 예상되는 제재의 수위
　　는 매우 낮다. Wall Street Jourrnal, 'Evil' Madoff Gets 150 Years in Epic Fraud(2009.
　　6. 30).
64) 금융감독원 보도자료(2015. 1. 28).

은 증권회사에 파킹해 둔 만기 10년물 채권의 금리가 예상과 달리 급등하여 증권회사의 손실이 누적되자 손실을 보전하기 위하여 동 증권회사와 특정 투자일임계좌간에 시장가격(장외 직전거래호가) 대비 저가매도 또는 고가매수하는 등의 부적정한 운용방법으로 액 면금액 기준 총 4조 5,100억원 상당의 채권거래를 함으로써 복수의 투자일임계좌의 투자일임재산에 112억 9,600만원의 손실을 전가한 사실이 적발되었다.

금융감독원은 해당 파킹거래는 투자일임재산을 운용함에 있어서 투자자의 이익을 해하면서 자기 또는 제3자의 이익 도모하는 행위를 금지하는 자본시장법 제98조 제2항 제4호에 위반된 사실을 지적하였 고, 그 결과 회사에 대해서는 업무의 일부정지 3월, 과태료 1억원의 중징계가, 임원에 대해서는 직무정지 3개월 및 직원에 대해서도 면 직, 정직 3개월 등의 중징계가 내려졌다.[65] 이후 검찰 수사가 개시되 어 자산운용회사의 임직원들은 파킹거래 물량을 몰아주는 대가로 뇌물을 수수한 사실이 적발되어 배임죄로 기소되었다.[66]

자본시장법에서는 구체적 영업행위 규제의 일환으로 파킹거래를 금지하고 있지 않기 때문에 감독당국에서는 자기 또는 제3자의 이익 을 위하여 고객자산에게 손해를 가한 행위를 금지하는 조항 위반을 지적하였다. 자본시장법 문언상으로는 고객의 손해가 입증되어야 제재를 가할 수 있는 것으로 되어 있지만, 신인의무 법리에 따를 경 우에는 자산운용수탁자로서 이익충돌 발생이 우려되는 거래를 하는

---

65) 금융감독원 보도자료(2015. 1. 28). 그밖에도 일임범위를 초과하여 일임재 산을 운용하고 지정된 수탁회사가 아닌 상기 증권회사 명의로 보관하는 등 투자일임계약을 위반하여 일임재산을 운용하여 법 제98조 제2항 제10 호 및 동법 시행령 제99조 제4항 제2호를 위반한 점, 과당매매 및 채권사전 배분 절차 위반 등을 지적하였다.

66) 조선일보, '채권 파킹-금품 수수' 펀드매니저-증권사 임직원 무더기 기소 (2015. 6. 16).

것 자체가 금지되기 때문에 충성의무 위반으로 인한 환수 대상 이익의 규모는 손해가 입증된 112억보다 훨씬 클 것이다.[67]

다. 고객 자금 운용 과정에서 특정 투자자의 이익을 우선시하는 행위

(1) 특정 투자자에 대한 장마감후 거래 기회 제공
- 카나리 캐피탈의 사례

2003년 9월 미국 뉴욕 주의 엘리엇 스피처 검찰총장은 에드워드 스턴(Edward Stern)과 그가 운용하던 헤지펀드인 카나리 캐피탈 파트너스(Canary Capital Partners LLC, '카나리 펀드')[68]가 뱅크 오브 아메리카의 뮤추얼 펀드 그룹인 네이션스 펀드와 계약을 체결하여 장마감후 거래(late trading)과 마켓 타이밍 거래(market timing)를 한 사실을 적발하였다. 장마감후 거래는 개방형 뮤추얼 펀드에 환매 또는 투자하는 투자자들에게 장마감 이후에 매매주문을 하였음에도 장마감시간의 순자산가치를 기준으로 매수한 것으로 처리하는 관행을 의미하는데, 장마감 이후의 주식가치 변동 정보를 악용하여 펀드 지분을 매입 또는 환매함으로써 다음 날 이러한 정보가 반영된 시장가치로 거래하는 것보다 유리하게 거래하여 다른 투자자들의 이익을 해칠 가능성이 존재한다.

사안에서는 카나리 펀드가 뱅크 오브 아메리카의 뮤추얼 펀드와 계약을 통해 장마감후 거래에 참여하고, 뱅크 오브 아메리카는 카나리 펀드에 대해서 전자적 플랫폼 및 공매도 목적의 파생상품 거래를

---

67) 국민연금 등에서 소제기를 검토하고 있다는 언론 보도가 있었으나, 최근 문제가 된 투자자들에 대해서 손해 배상을 실시하고 합의에 이른 것으로 관찰된다. '불법채권거래' 맥쿼리투신, ING생명 고객에 120억 환급(한국경제, 2015. 9. 14).

68) The SEC was only notified of Spitzer's settlement two days beforehand(Thomas, "Big Fine", New York Times(September 4, 2003), C8.

위한 펀드 보유 자산 목록을 제공하였다. 뱅크 오브 아메리카에서는 주요 고객인 스턴 가문과 카나리 펀드가 제공하는 수수료를 목적으로 거래에 참여하였고, 심지어 에드워드 스턴 개인에 대하여 3억 달러의 자금을 공급하기도 했다.[69] 뉴욕 주 검찰은 조사의 범위를 확대하였고, 재너스 캐피털(Janus Capital), 얼라이언스 캐피털 매니지먼트 (Alliance Capital Management), 푸트남 인베스트먼트(Putnam Investments) 등의 유명 자산운용사들도 그 소속 트레이더들이 헤지펀드 등 특정 고객들에게 장마감후 거래 등을 가능하게 해 주고 투자자금까지 제공함으로써 이익충돌을 야기한 사실을 밝혔다.[70]

해당 사안에서 수사 당국은 에드워드 스턴 및 카나리 캐피털의 장마감후 거래 행위를 기소의 대상으로 삼았지만, 이를 허용한 뮤츄얼 펀드의 자산운용사들은 자신이 신인의무를 부담하는 투자자들에 대한 이익충돌금지원칙을 위반한 데 대한 책임을 면하기 어렵다. 뱅크 오브 아메리카, 재너스 캐피털 등 금융기관이 뮤츄얼 펀드를 운용하면서 발생하는 장마감후 거래의 기회를 주요 고객인 에드워드 스턴 및 그가 운용하는 헤지펀드에 대해 제공함으로써 뮤추얼 펀드의 다른 투자자들의 이익을 침해할 위험을 야기하였기 때문이다.

이러한 사실관계는 제3절 이하에서 검토할 투자자간 이익충돌 문제에 해당하는지 아니면 자산운용수탁업무를 영위하는 금융기관과

---

69) 에드워드 스턴과 카나리 펀드는 사기 금지 및 허위 진술에 관한 뉴욕주법 위반을 사유로 4천만 달러의 합의금을 지불하고 향후 10년간 공모펀드를 운용하지 않기로 합의하였다. Wall Street Journal, Spitzer Kicks Off Fund Probe With a $40 Million Settlement(2013. 9. 4).

70) SEC 규칙으로 이미 장마감후 거래가 금지되고 있었으나, 감독당국에서는 이를 감시하고 집행하지는 않았던 것으로 보인다. 엘리엇 스피처 검찰총장은 "업계를 마땅히 감시해야 할 감독당국이 스위치를 제 때 안켜고 잠이 들어 있었으니 내가 그 스위치를 켤 때다"라고 불평을 제기했다. Andrew Crokett et al.(2003), Addendum A-19.

투자자 사이에서 발생하는 이익충돌 문제에 해당하는지 의문이 제기될 수 있다. 본 사안은 자산운용수탁자가 에드워드 스턴으로부터 기대되는 수수료 및 장래 사업 기회라는 목적을 위하여 뮤츄얼 펀드의 다른 투자자들의 동의를 받지 않고 위법행위에 조력한 것으로서 금융기관과 투자자간의 이익충돌 문제에 해당한다. 따라서 투자자간 이익충돌 문제 해결의 법리를 별도로 검토하지 않고 신인의무자인 자산운용수탁자가 이익충돌의 우려가 있는 거래를 하였다는 사실 자체만으로도 투자자에 대해서 신인의무 위반의 책임을 부담하여야 할 것이다.

(2) 투자자간 수익률 조정 사례
– 아비바 인베스터에 대한 징계 사례

영국의 금융감독청(FCA)은 2015년 2월 24일 아비바 인베스터(Aviva Investor Global Services Limited, "아비바 인베스터")에 대해서 역사상 두 번째로 많은 1,760만 7,000 파운드의 벌금을 부과하는 제재조치를 발표하였다.[71] FCA가 공개한 최종통지문에 따르면 아비바 인베스터는 총 2,400억 파운드의 고객자산을 운용하고 있는 자산운용사로서 소속 트레이더들이 2005년부터 2013년까지 8년 동안이나 자신들의 수수료 수익을 늘리기 위해서 특정 계좌에 대하여 몰아주기를 실시하고 다른 투자자들에 대해서 손해를 가하는 '체리피킹(cherry picking)'을 일삼은 행위를 감시, 통제하는데 실패하였다.[72] 아비바 인베스터는 서로 다른 성과보수를 지급하는 펀드 및 일임, 보험 계정을 하나의 팀에서 동시에 운용하는 조직 체계를 두고 있었는데, 한 팀에 소속된 트레이더들이 다양한 계정에 주식, 채권 등의 자산을 편입함에 있어 각 계정이 지불하는 성과보수를 감안하여 사후적으로 자신들

---

71) FCA, Final Notice(2015. 2. 24).

72) *Id*, pp.2~3.

에게 유리한 수익을 가져다 줄 수 있도록 배분을 실시한 것으로 알
려졌다. 예를 들어 한 트레이더가 20%의 높은 성과보수를 지급하는
헤지펀드에 할당할 목적으로 특정 주식을 매수하였으나, 여섯 시간
경과한 후 그 가격이 떨어지는 것을 확인한 뒤에는 성과보수가 낮은
계정으로 편입시키는 행위, 채권에 대한 배분 기록을 조작하고 주문
체결 시간을 조작하여 투자자간 수익률을 조정하는 행위 등과 같은
다양한 방법이 동원되었다.[73]

FCA는 아비바 인베스터가 고객과의 이익충돌을 관리하도록 하는
영업행위 원칙(Principles of Business) 제8조, 고객 주문의 체결과 집행
과 관련된 영업행위 규정(Conduct of Business) 제11.3.2.조 위반을 이유
로 제재를 가하면서,[74] 영국의 자산운용업계가 고객 이익을 최우선
시 하는데 실패하였다고 비판하였고 향후 이익충돌 문제에 관한 감
독을 강화하겠다는 입장을 발표하였다.[75] 본 사안에서 드러나는 투
자자 계정간 수익률 조정 문제도 금융기관에 대하여 높은 성과보수
를 약정한 투자자의 이익을 위하여 다른 투자자들의 이익을 침해한
것이기 때문에 위 다.(1)에서 살펴본 장마감후 거래 기회 제공과 마
찬가지로 본질적으로는 금융기관과 투자자간의 이익충돌 문제의 성
격을 띠는 것으로 분류할 수 있다.

영국에서는 FCA 영업행위 원칙과 영업행위 규정 위반에 대해서는
투자자의 민사소송을 통하여 금융기관의 책임을 추궁하는데 제한이
있기 때문에[76] 사안에서도 금융기관이 투자자들에 대해서 부담하는
책임의 범위를 확인하기 어렵다. 다만, FCA가 발표한 내용에 따르면

---

73) *Id.* pp.2~3.

74) *Id.* Annex A .

75) Financial Times, Regulator fines Aviva Investors £18m for control failures,(Feb 24, 2015).

76) Titan Steel Wheels Ltd v RBS [2010] EWHC 211.

제재금액을 계산함에 있어서 1단계로는 금융기관이 의무위반으로 인한 이익을 산정하고, 2단계로는 의무위반이 야기한 손해를 산정하여 이를 합산하고 있기 때문에[77] 신인의무 위반에 대한 이익의 환수와 손해의 전보 목적을 모두 고려하는 것으로 생각된다.

(3) 투자자간 수익률 조정사례 - 부실채권 부당 편출입 사건

우리나라에서도 1990대 후반 대우그룹이 부실화됨에 따라 투신사들이 대우그룹 계열사들이 발행한 회사채를 부당하게 편출입하는 방식으로 펀드간 수익률을 조정한 행위가 문제되어 감독당국의 특별 검사와 다수의 소송으로 이어졌다.[78]

대표적인 사안은 대우그룹 채권단의 일환이던 한 투신사가 대우그룹에 대한 지원약정을 이행하기 위하여 A펀드의 신탁재산으로 보유하던 대우채의 만기를 연장시킨 외에 자신이 운용하고 있던 B펀드의 투자신탁재산에서 만기가 도래한 대우그룹 채권 등을 만기 연장하여 A펀드의 신탁재산으로 새롭게 편입시킨 행위가 문제된 사례이다.[79] 대법원은 B펀드의 투자신탁재산에서 만기가 연장되어 A펀드의 신탁재산에 새로 편입된 부분에 대하여는 그 당시 대우그룹 채권 등은 상환가능성이 매우 불확실한 것으로서 신탁재산 중 대우그룹 채권 등의 비율을 상승시켜 A펀드의 수익자에게 피해를 입힐 가능성이 크고 실제로 원고를 포함한 수익자들은 수익증권 중 위 대우

---

77) FCA, Final Notice(2015. 2. 24.), pp.16~17. DEPP 6.5 A, 1G, 2G.

78) 비슷한 시기에 현대투신운용이 신탁재산으로 보유하던 부실채권을 한데 모아 부실채권 상각전용펀드를 설립한 뒤 여기서 발행한 불량수익 증권을 당시 대표 펀드였던 '바이코리아 펀드'에 편입한 사실이 문제가 되어 손해 배상 소송을 제기한 투자자들과 배상에 합의한 사례도 유사한 사례이다. 김주영(2014), 108~109쪽. 한국일보, 참여연대, 펀드 '수익률 물타기' 제동 (2002. 2. 5).

79) 대법원 2004. 2. 27 선고 2002다63572판결의 사실관계.

그룹 채권 등의 환매로 손실을 입었다는 이유를 들어 투신사의 책임을 인정하였다.[80)]

라. 기관투자자로서의 의결권행사와 관련된 이익충돌 문제

자산운용수탁자 또는 연기금 등은 기관투자자로서 투자대상 기업에 대하여 의결권을 행사하는 경우가 있다. 자본시장법 상으로는 투자일임업자는 고객으로부터 의결권 행사를 위임받을 수 없지만,[81)] 집합투자업자와 신탁업자는 투자자의 이익을 보호하기 위하여 집합투자재산 또는 신탁재산의 속하는 주식의 의결권을 충실하게 행사할 의무를 부담하고 있으며,[82)] 국가재정법의 적용을 받는 기금들도 기금의 이익을 위하여 신의에 따라 성실하게 의결권을 행사하여야 되는 것으로 규정되어 있다.[83)] 아직까지는 자산운용수탁자 등의 의결권 행사로 인한 제재 또는 분쟁사례가 확인된 바 없으며, 법률상 규정된 '충실하게' 또는 '신의에 따라 성실하게' 같은 문언의 구체적 의미가 규명된 것은 아니다. 특히 의결권 행사 문제는 2015년 한국판 스튜어드십 코드(안)의 발표를 계기로 기관투자자가 고객자산의 수탁·운용자로서 부담하는 책임과 대상기업의 주주로서의 역할이 교차하는 지점으로서 관심이 집중되고 있다.[84)]

---

80) 다수의 투신사들이 부실 자산인 대우채를 특정 펀드에서 다른 펀드로 편입하면서 일부 투자자들에 대해서 부실의 위험을 전가하는 행위를 한 사실이 문제되었기 때문에, 금융감독원에서 대우채 부당 편출입에 대한 특별 검사가 실시되었다. 한국경제, 금감원, 다음주부터 투신사의 대우채 불법 편출입 특검 착수(2002. 2. 16).

81) 자본시장법 제98조 제2항 제9호 다목.

82) 자본시장법 제87조 및 제112조.

83) 국가재정법 제64조.

84) 기업지배구조원·자본시장연구원(2015), 8~15쪽(정윤모 발표문).

다음과 같은 가정적 상황을 검토해 보면 자산운용수탁자 등의 의결권 행사 과정에서는 수익자와의 관계에서 이익충돌이 문제될 소지가 존재하기 때문에 이와 관련된 행위준칙을 마련할 필요성을 확인할 수 있다. 예를 들어, 국민연금이 지분을 보유하고 있는 A회사와 B회사 간 인수합병 등의 거래가 일어나는 상황을 전제로 할 때,[85] 국민연금의 의결권 행사 방침에 관해서는 다음과 같이 견해가 나뉠 수 있다. 첫째로는 국민연금이 A회사의 주주총회에서는 A회사와 주주들에게 이익이 되는 방향으로 의결권을 행사하고 B회사의 주주총회에서는 B회사에 대한 유불리 여부를 별개로 판단하여 의결권을 행사하여야 한다는 견해가 주장될 수 있다. 두 번째로는 각 회사에 대한 지분 보유 비율을 감안하여 B회사의 지분보유로 인한 이익이 A회사의 지분 보유로 인한 손실보다 큰 경우에는 A회사에 대해서는 불리하고 B회사에 대해서는 유리한 의안에 찬성해야 한다는 견해가 주장될 수 있다. 첫 번째 견해에 비해 두 번째 견해는 기관투자자의 기금투자자에 대한 충성의무를 좁게 해석하여 특정기간 중 수익률과 같은 금전적 이익을 극대화하지 않는 경우 신인의무 위반에 해당할 수 있다는 입장이라고도 할 수 있다.

우리나라에서는 특정 주주가 다른 주주의 이익을 고려하여 의결권을 행사할 의무가 인정되지는 않지만, 기업의 이해관계에 중요한

---

85) 국민연금연구원(2014), 81쪽. 현재 국민연금의 의결권행사지침에 따르면 기금은 장기적으로 주주가치 증대에 기여하는 방향으로 의결권을 행사하도록 되어 있으며(제3조), 개별 안건에 대한 의결권행사기준은 다음과 같은 기본원칙에 따라 정한다(제6조).
  1. 주주가치의 감소를 초래하지 않고 기금의 이익에 반하지 아니하는 경우에는 찬성한다.
  2. 주주가치의 감소를 초래하거나 기금의 이익에 반하는 안건에 대하여는 반대한다.
  3. 위의 각 호의 어느 하나에 해당하지 아니하는 경우에는 중립 또는 기권의 의사표시를 할 수 있다.

영향력을 행사할 수 있는 지분을 보유한 연기금 투자자가 해당 의안이 회사 및 주주에게 불리할 것이라는 사정을 알면서도 자신의 포트폴리오 구성 내역에 비추어 연기금 수익자들의 단기적 이익만을 위하여 의결권을 행사하여야 한다는 견해에는 찬성하기 어렵다. 이러한 관점에서는 연기금 투자자에 대해서 수익자와의 관계에서 신인의무 법리에 따른 이익충돌금지원칙을 적용한다고 하더라도, 지분보유 대상 회사별로 특정의안이 미치는 유불리를 판단하여 의결권을 행사한 결과 설령 단기적으로 손실이 발생한다고 하더라도 충성의무 위반에 따른 책임을 묻기는 어려울 것이라고 생각된다.[86]

---

86) 박준 외(2015), 76쪽, 노혁준 발언부분에 소개된 예시를 참고하였다.

제2절 금융자문 제공업무와 이익충돌

1. 기업인수합병거래에서의 투자은행의 이익충돌

가. 투자은행의 역할 및 고객과의 법률관계

(1) 기업인수합병거래에서 투자은행의 역할

미국에서 투자은행은 성장 초기 단계부터 증권인수, 주식중개 및 재무자문 업무를 수행하였으며, 1990년대 이후에는 자기계산으로 하는 투자 및 고객자산 운용업무 등 다양한 분야에 진출하였다.[1] 그 가운데 인수합병거래의 재무자문 업무는 매도기업 또는 매수기업의 이사회에서 투자은행을 선임하고 투자은행은 거래구조 및 절차의 설계, 거래 조건의 결정, 거래 상대방과의 협상 등 전 과정에 있어서 자문을 제공하는 방식으로 이루어지며, 전형적으로 인적자본 및 평판자본에 기반한 전통적인 투자은행의 업무 영역이다.[2] 덧붙여, 투자은행은 인수합병 당사자 회사의 이사회에 대해서 공정의견서 (fairness opinion)를 제공함으로써 이사들의 매각 결정에 정당성을 부여하거나[3], 매수기업에 대하여 자금을 제공하는 역할 등 인수합병의

---

1) 투자은행은 19세기 중반 이후 유럽과 미국의 대륙간 중개무역에서 자금의 중개 및 증권의 인수 업무 등을 토대로 성장하였다. 투자은행의 역사적 성장과 발전에 관한 설명으로는 Wilhelm and Morrison(2007) ch. 5, 6을 참고하였고 모건스탠리와 골드만삭스에 대한 사례연구로는 각각 론 처노(2007), William Cohen(2011)을 참고하였다.

2) Servaes and Zenner(1996), p.806.

3) Steven Davidoff(2006), p.1588. 당해 거래가 재무적인 관점에서 최소한의 공정성 기준을 충족한다는 내용의 의견서를 의미한다. 최근 연구에 따르면 매도인 회사의 80%, 매수인 회사의 37% 가량이 인수합병거래를 진행할 경우

전 과정에서 다양한 기능을 수행한다.

인수합병 거래는 당사자 회사 및 관련된 다양한 이해관계자들의 이익에 막대한 영향을 미치기 때문에, 해당 기업의 경영진 입장에서는 해당 거래가 적대적 성격 또는 우호적 성격인지를 불문하고 자문회사를 선임할 필요성이 있다.[4] 따라서 매도기업 또는 매수기업의 이사회는 많은 경우 경험과 지식, 평판에 대한 신뢰를 바탕으로 투자은행을 재무자문사로 선임하며, 거래구조와 절차 및 협상 전략 등에 관하여 투자은행이 제공하는 자문에 의존하여 거래를 수행한다.[5]

(2) 기업인수합병거래에서의 투자은행과 고객이 맺는 법률관계의 성격

투자은행은 거래의 전반에 걸쳐 고객의 이익에 실질적인 영향력을 행사할 수 있는 재량과 권한을 보유하며, 고객은 투자은행에 대하여 신뢰를 부여하였다는 점에서 인수합병 거래에서의 투자은행과 고객과의 관계는 신인관계의 징표에 부합하기 때문에 투자은행의 업무 수행에 대해서는 신인의무 법리를 적용할 수 있다. 특히 기업인수합병거래는 지분의 매수 또는 영업의 양도, 자산의 매매 등 형식을 불문하고 거래조건을 결정함에 있어서는 매도인과 매수인의 이해관계가 대립하기 때문에 투자은행은 자신이 서비스를 제공하는 고객의 최선의 이익을 옹호할 것이 기대된다. 따라서 이러한 고객의 기대를 보호한다는 측면에서도 투자은행의 신인의무자의 지위를 인

공정의견서를 제공받는다고 하며, 기업들은 대체로 공정의견서를 제공받는 투자은행으로부터 기업인수합병 과정에 관한 재무자문 업무를 의뢰한다. 새로운 증권 발행을 수반하는 거래에서는 매수인측 재무자문인이 인수업무를 담당하는 비율이 56%에 이른다는 실증연구가 있다. Mine Ertugrul and Karthick Kirshnan(2014), p.168.

4) Andrew Tuch(2015a), pp.10~11.

5) Andrew Tuch(2015a), pp.18~19.

정하는 것이 바람직하다.[6]

　반면, 투자은행들은 인수합병 자문업무를 수행함에 있어서 통상
적으로 자신이 신인의무자의 지위에 있지 않다는 점을 자문 계약 조
항으로 포함하고, 고객과 독립당사자 관계에서 서비스를 제공하는
것으로 법률관계를 구성하는 것을 선호한다.[7] 업계의 입장을 대변
하는 증권산업협회(Securities Industries and Financial Market Association)에
서는 투자은행과 자문대상 고객 간의 관계는 계약에 따라 해석되어
야 하기 때문에 투자은행에 대해서 계약서에 포함되지 않은 내용의
신인의무를 부과할 수 없다고 강력하게 주장하고 있다.[8] 브레튼
(Bratton) 교수와 왁터(Wachter) 교수도 투자은행과 고객 관계는 성질상
신인의무 법리의 영역에 포함될 수 있다는 점을 인정하면서도, 계약
에 따라 신인의무자의 책임으로부터 면책될 수 있다는 점을 강조하
여 결국 독립당사자간 거래 관계와 마찬가지가 된다는 견해를 제시
한다.[9] 이러한 주장들은 고객이 스스로를 방어할 수 있음에도 불구
하고 높은 수준의 의무를 부과하는 것은 결국 고객에 대한 비용 증가
로 귀결된다거나[10] 평판 자본을 중시하는 투자은행이 고객의 이익에
반하는 행위를 할 유인이 없다는 점 등을 근거로 들고 있다.[11]

　이와 같은 견해 대립이 존재하는 상황에서는 해당 법률관계의 성

---

6) Andrew Tuch(2015a), pp.27~29.

7) 대표적인 판결로는 Australian Securities and Investments Commission v Citigroup
   Global Markets Australia Pty Ltd [2007] FCA 963.

8) Securities Industries and Financial Markets Association in the appeal to Rural Metro
   I and Rurual Metro II(http://www.sifma.org/issues/item.aspx?id=8589954847).

9) Bratton and Wachter(2014), pp.7~8, 13, 32. 신인의무 관점에서 브레튼과 웍터
   교수의 주장에 대한 반론으로는 Andrew Tuch(2015b), pp.215~218.

10) Steven Davidoff et al.(2012), p.533.

11) 1970년대까지 투자은행이 고객과의 관계에서 평판자본을 구축하는 모델이
    우위에 있었다는 설명으로는 Alan Morrison et al.(2014), pp.30~36.

격을 어떻게 규정하는지에 따라 투자은행과 고객의 이익충돌 문제를 바라보는 입장이 달라진다. 투자은행에 대하여 신인의무자의 지위를 인정한다면 항상 고객의 이익을 우선할 엄격할 의무를 부과할 수 있는 반면, 독립당사자 관계에 지나지 않는다고 하면 계약과 법률에서 허용하는 범위 내에서 자신의 이익을 위하는 것이 정당화 될 수 있을 것이기 때문이다. 이하의 내용에서는 기업인수합병 거래의 특성 및 투자은행이 수행하는 역할에 비추어 볼 때, 투자은행은 재무자문을 제공하는 고객에 대하여 신인의무를 부담하고, 그에 따라 이익충돌금지원칙의 적용을 받는 것이 바람직하다는 점에 관하여 상세히 논의한다.

나. 기업인수합병거래시 재무자문 제공 관련 이익충돌의 발생원인

기업인수합병거래 관련 자문제공 업무는 투자은행이 전통적으로 수행해 오던 활동이지만[12] 1990년대 후반에 들어서야 이익충돌과 관련된 문제들이 제기되기 시작하였다.[13] 이러한 사례들은 (i)매도인을 위하여 자문을 제공하는 투자은행이 매수인 또는 매수의향자를 상대로 인수자금을 제공하는 이른바 '스테이플 파이낸싱(staple financing)'[14]

---

12) Alan Morrison and William Wilhelm(2007), p.21.

13) 예컨대, 1999년 영국에서는 보다폰이 만네스만을 적대적으로 인수하는 거래에서 매수기업의 재무자문사였던 골드만삭스의 이익충돌이 문제된 사례가 대표적이다. 매도기업인 만네스만은 골드만삭스가 종전 거래에서 자신에 대하여 재무자문을 제공하면서 향후 적대적 인수합병거래에서 상대방을 대리하지 않겠다는 내용의 약정을 위반하였다고 직무정지를 청구하였으나 법원에서 기각되었다. 김화진(2007), 77쪽.

14) 스테이플 파이낸싱은 유동성을 공급함으로써 기업인수 합병시장 활성화에 기여하고, 입찰 절차에 보다 많은 회사들을 유인하고, 거래종결까지 소요되는 시간을 절약함으로써 궁극적으로는 매도인 회사에게도 이익이 될 수 있다. Bonnie White(2013), pp.94~95.

과 관련된 사례 또는 (ii)투자은행이 대상기업의 지분을 보유하는 등 직접적인 이해관계가 있는 사례 등으로 유형화 될 수 있으며, 법적 책임의 존부를 따지기에 앞서 투자은행이 고객의 이익보다 자신의 이익을 우선시하였다는 이유로 비판의 대상이 되었다.

새롭게 제기된 인수합병 거래 관련 투자은행의 이익충돌의 문제는 1990년대 들어 변화한 시장 환경에 기인한 것으로 평가된다. 첫째, 1999년 글래스-스티걸 법(Glass-Steagall Act)의 폐기로 인하여 투자은행이 기업인수합병 목적의 대출을 할 수 있게 됨에 따라[15] 매도기업을 위한 재무자문사로 선임된 투자은행으로서는 매수의향자에 대해 수수료가 높은 스테이플 파이낸싱을 제공하는 길이 열렸다.[16] 스테이플 파이낸싱은 그 장점에도 불구하고 투자은행이 매도인의 최대 이익을 위하여 최대 인수가격을 제시하는 인수의향자를 선택하는 대신에 높은 자금제공 수수료를 가져다 줄 수 있는 인수의향자를 협상 상대방으로 선택할 유인을 제공하기 때문에 이익충돌을 야기할 수 있다.[17] 투자은행은 통상 거래 가액의 0.05%에 해당하는 자문수수료 및 1~5%에 달하는 성공보수를 조건으로 서비스를 제공하기 때문에[18] 해당 거래가 고객에 대하여 이익이 되는지 여부와 무관하게 거래를 성사시키는 방향으로 자문할 우려가 있는데다가,[19][20] 조

---

15) Arthur E. Wilmarth, Jr.(2002), p.321.
16) 대규모 패키지 거래에서 입찰을 개시하는 매도인 회사가 자신의 재무자문사가 인수자금을 제공할 것이라는 내용을 입찰안내서(offering memorandum)의 뒤에 스테이플러로 편철한다는 데서 유래하였음. Bratton and Wachter(2014), p.18.
17) Christopher Foulds(2009), p.520.
18) Christopher Foulds(2009), p.586.
19) 매도자문제공 투자은행이 공정의견서 제공 업무를 함께 수행할 경우에는 공정의견서 제공 수수료를 성공보수에 포함시켜서 수령하기로 하고, 공정의견서 제공 자문사를 별도로 선임할 경우에는 의견서 작성 보수를 별도로 지급한다. Steven Davidoff(2006), p.1586.

달금액 대비 1.3% 내지 1.5%의 높은 인수금융 수수료를 수취할 수 있는 경우에는 고객의 이익을 우선할 유인이 더욱 희미해질 수밖에 없다.[21]

둘째, 투자은행의 자기매매 업무의 비중이 증가하고 기업인수합병 시장에서 사모투자펀드(private equity fund)들의 영향력이 증대하는 등 시장 상황이 변모하면서 자문 제공 대상 기업의 이익만을 위하여 충성을 다할 유인이 저하되었다. 예를 들어, 1990년대 들어 투자은행의 전체 수익에서 자기계산거래가 차지하는 비중이 급증함에 따라 재무자문 제공 대상 회사의 지분을 보유하는 경우가 빈번하게 발생하였다. 또한 투자은행은 자본시장에서 반복적으로 거래에 참여하는 사모투자펀드를 상대방으로 하는 거래에서는 해당 사모투자펀드가 향후 제공해 줄 사업기회를 고려하여 자문대상 기업의 이익을 충실히 옹호하는 데 소홀해 질 수 있다.[22]

이러한 거래 환경 하에서 투자은행으로서는 자신의 가장 중요한 사업 모델로 구축해 온 인적 자본을 바탕으로 하는 평판과 명성을 희생시키면서까지 자문 대상 기업의 이익보다 자신의 이익을 우선시 하는 사례들이 발생하였다. 미국에서 투자은행은 브로커-딜러로서 SEC의 규제를 받으며, 금융투자규제협회(FINRA)의 영업행위 규칙을 준수할 의무를 부담하고 있지만 인수합병 거래 자문업무 관련된 대고객 의무 위반으로 인하여 징계나 제재가 이루어진 사례를 찾아보기는 어렵다.[23] 앤드류 터크 교수의 조사 결과에 따르면, FINRA의

---

20) 평균적으로 투자은행의 재무자문 업무 수행 보수의 80% 가량이 성공보수 약정에서 비롯된다고 한다. Bratton and Wachter(2014), p.97.

21) Bonnie White(2013), p.97.

22) 이하 제2절에서 검토할 최근 미국의 판례들에서도 자문대상 기업의 거래 상대방은 모두 KKR, Warburg Pincus 등 유명 사모투자펀드 들이었다.

23) FINRA는 2007년 증권회사에 대한 자율규제기구인 전미증권딜러협회 (National Association Securities Dealers)와 뉴욕증권거래소의 규제를 담당하던

설립 이후 2008년 1월부터 2013년 6월까지 66개월의 기간 동안 총 1,645개의 브로커-딜러와 4,116명의 소속 직원들에 대한 제재가 가해졌으나 그 가운데 투자은행 업무와 관련하여 이루어진 제재는 7개의 브로커-딜러와 18명의 소속 직원들에 대한 것으로서 매우 적은 비중을 차지한다.[24] 이처럼 금융 감독 차원에서의 통제가 이루어지지 않고 있는 상황에서 투자은행의 이익충돌 문제는 일부 대상 기업의 주주들이 제기한 민사 소송 과정에서 적극적으로 표출되었고, 결국 투자은행의 이익충돌로 인한 투자자에 대한 책임을 인정하는 취지의 판결이 선고되기에 이르렀다.[25]

다. 기업인수합병거래 관련 투자은행의 이익충돌이 문제된 판례

미국의 델라웨어 주 법원에서는 2000년대 중반 이후 기업 인수합병과정에서 투자은행의 이익충돌 문제를 주요 쟁점으로 다루고 있는 판례가 계속해서 선고되고 있다.[26] 해당 소송은 모두 대상 기업의 주주들이 인수합병 거래에 관하여 의사결정을 한 이사들의 신인의무 위반을 이유로 손해배상을 청구하거나 합병거래의 효력을 다투는 가처분을 신청한 사건들로서 투자은행의 회사에 대한 직접적인 책임의 존부를 청구원인으로 삼고 있지는 않다. 즉, 해당 사건들에서는 투자은행이 이익충돌로 인하여 제공한 편향된 자문에 따라 인수합병 거래로 나아간 이사들의 책임이 주로 문제가 되었으며, 투자은행의 책임은 방론으로 다루어지거나 일부 사건에서 이사들에

NYSE Regulation. Inc.,의 합병으로 설립되었다. Andrew Tuch(2014b), p.108.

24) Andrew Tuch(2014b), pp.137~141.

25) 아래 다.(4)에서 논의하는 Rural Metro 사건 판결. Financial Times, Court case forces M&A bankers to take conflicts seriously(2015. 12. 1).

26) 해당 판례들을 종합적으로 분석한 연구로는 Andrew Tuch(2015a) 및 Bratton and Wachter(2014)를 참고하였다.

대한 방조 책임의 유무만이 문제가 되었을 뿐이다.

그럼에도 불구하고 판결 내용 가운데는 투자은행이 인수합병 과정에서 자문을 제공함에 있어서 고객 회사에 대해서 부담하는 법적인 의무에 관련된 설시가 지속적으로 이루어지고 있기 때문에, 이러한 판례들은 투자은행이 직면한 이익충돌 문제에 관한 법리를 형성하는데 참고할 수 있는 단초를 제공해 준다는 의의가 있다. 해당 판례들에서는 주로 매도기업을 위한 재무자문인으로 선임된 투자은행이 높은 수수료를 제공하는 매수대상자들에 대해 인수금융 제공을 유인하면서 거래 참여를 유도하거나, 매수대상 기업의 지분을 보유하고 있었음에도 불구하고 자문을 제공한 사실이 주된 쟁점이 된 바, 아래에서 각 사안의 내용을 구체적으로 검토·분석한다.

(1) Toys R Us 사건[27]

2005년 델라웨어 주 형평법원에서는 KKR 등 세 개의 사모투자펀드 콘소시움이 설립한 펀드('KKR 등')가 유명 장난감회사 토이저러스(Toys R Us, Inc.)를 인수한 거래와 관련하여, 매도기업의 이사들이 신인의무를 위반하였다는 이유로 기관투자자들이 제기한 합병무효 가처분 소송에 관한 판결을 선고하였다. 해당 소송에서는 이사들이 재무자문사로 선임된 투자은행 크레딧스위스 퍼스트보스톤(Credit Suisse First Boston, 'CSFB')이 처한 이익충돌에 영향을 받아 인수합병에 관한 결정을 하였는지 여부가 쟁점으로 다루어졌다.

①사실관계 : 2004년 실적 부진을 겪은 토이저러스사의 이사회는 입찰 절차를 통하여 KKR 등과 인수합병 계약을 체결하기로 하였으나 계약 조건에 관하여 문제를 제기하는 소수주주의 반대로 거래가

---

27) Toys "R" Us, Inc. Shareholder Litigation, 877 A.2d 975(Del.Ch. 2005).

지연되었다.[28] 동 이사회는 CSFB와 매도과정 전반에 대한 자문을 제
공받기로 하는 계약을 체결하였고, CSFB는 입찰 절차에 참여하는 불
특정 인수희망자측에 스테이플 파이낸싱을 제공하고자 토이저러스
이사회의 동의를 구하였다. 동 이사회는 동의를 거부하고, 이사회에
서 합병이 승인되기 전까지 KKR을 비롯한 여하한 인수의향자를 위
한 업무 수행을 금지하였다. 토이저러스는 결국 KKR 등과 합병 계약
을 체결하였고, CSFB는 그 후 2개월이 경과한 시점에서 KKR 등에 대
한 인수금융 제공에 대한 이사회의 동의를 획득하였다.

　② 자은행의 이익충돌 관련 판시사항 : 법원에서는 CSFB가 스테이
플 파이낸싱 제공에 따라 결과적으로 이중적인 역할을 수행했다고
하더라도, 그것이 매도인의 요청에 따른 것이었다면 매도인의 최선
의 이익에 어긋나지 않는 것이고 따라서 그로 인한 이사들의 신인의
무 위반 책임도 묻기 어렵다는 취지로 판단하였다. 레오 스트라인
(Leo Strine) 판사는 매도인에 대해서 자문을 제공하는 투자은행이 많
은 보수를 제공하는 매수희망자를 위한 업무 수행을 희망하는 부적
절한 외관을 만들어 내는 것은 바람직하지 않다고 판시하면서, 매도
인의 이사회에서 스테이플 파이낸싱에 동의하는 것 자체가 이미 의
심의 대상이 되고 있는 투자은행의 윤리 문제에 연루될 수 있다고
지적하였다.[29]

---

28) 사안에서 가장 중요한 쟁점으로 다루어 진 것은 추후 더 높은 가격을 제시
　하는 인수희망자가 있다고 하더라도 KKR의 지위를 보장해 주는 취지의
　Deal-protection 조항에 대한 것이었다. KKR과의 합병계약에 나타난 네 가지
　조항은 (i)다른 매수인과 합병계약을 체결하면 주식가치 3.75% 상당의 2억4
　천750만 달러의 고정된 해약금을 지급하고, (ii)주주들이 합병에 반대하면 3
　천만 달러를 상한으로 하는 비용을 보전해 주고, (iii)경쟁 인수인에 대한
　제안을 금지하고, (iv)KKR 보다 높은 가격을 제시하는 매수희망자가 나타
　나면 KKR에 대해서 3일간 가격 보정 기간을 부여한다는 내용이다.

해당 판결에서는 매도인측 투자은행의 스테이플 파이낸싱 제공 유인 행위가 있었더라도 더 많은 수의 인수의향자를 모집하기 위해서라면 자문대상 고객의 최선의 이익을 옹호하기 위한 목적에서 허용될 수 있다는 식으로 판단하였다. 따라서, 동 판결은 스테이플 파이낸싱의 당부에 관한 결론을 내렸다기보다는 투자은행이 고객의 최선의 원칙을 위하여 행위할 의무를 확인한 데 의의가 있다. 동 판결을 계기로 매수인 또는 매수의향자에 대해서 자금을 제공하기 위해서는 매도인측 자문에 전념하는 투자은행을 별도로 선임해야 한다는 인식이 확산되었고, 투자은행의 이익충돌 문제를 환기하는 계기가 된 것으로 평가된다.[30]

(2) Del Monte 사건[31]

2011년 델라웨어 주 형평법원에서는 유명한 식품회사인 델몬트 푸드(Del Monte Foods, Inc.)의 매각 과정에서 이사들의 신인의무 위반을 이유로 하는 합병중지 가처분 사건에 관한 판결이 선고되었으며,[32] 곧이어 회사의 이사들과 재무자문사가 주주들에 대해서 8,940

---

29) KKR은 퍼스트 보스톤의 오랜 주요 고객이었으며, 퍼스트 보스톤은 매수인에 대한 자금 제공이 승인되자 1천만 달러의 수수료를 추가로 받을 수 있었다.

30) Richard Hall, Stapled Finance Packages Under Scrutiny, IFLR(Apr. 1, 2006); 스테이플 파이낸싱의 구조와 취약성에 대해서는 Chrisoph Foulds(2009), pp.519~524.

31) Toys R Us 판결과 Del Monte 판결 사이에 선고된 것으로서 투자은행의 이익충돌이 문제된 판례들은 다음과 같다. (i)Ortsman v. Green(Del. Ch. Feb. 28, 2007) - 매도측 자문업무를 담당하는 투자은행이 매수인측 자금 제공에 참여한 경우 (ii)Khanna v. McMiin(Del. Ch. May 9, 2006) - 거래의 성사 여부에 경제적 이익이 걸린 매도인 측 자문인이 제공한 fairness opinion을 신뢰하고 합병계약을 체결한 매도인측 이사의 신인의무 위반 여부를 인정한 사례 (iii)In re Prime Hospitality, Inc Shareholders Litigation(Del.Chan. May 4. 2005) - 이익충돌이 문제된 투자은행으로부터 자문을 받은 매수인측 이사회 구성원들의 주주에 대한 신인의무 위반이 문제된 사안이다.

만 달러 상당의 손해배상금을 지급하기로 하는 합의가 타결되었
다.[33] 사안에서는 델몬트 푸드의 이사들이 매도인의 재무자문사로
선임되었던 바클레이즈 캐피탈(Barclays Capital)의 이익충돌에 영향을
받아 매각에 관한 결정을 하였는지가 핵심적인 쟁점이 되었다.[34]

①사실관계 : 2010년초 델몬트 푸드는 여러 사모투자펀드들로부터
인수 합병 제안을 받게 되자 바클레이즈 캐피탈을 재무자문사로 선
임하였다. 바클레이즈 캐피탈은 수개월 전부터 오랜 고객이었던 KKR
을 비롯하여 다양한 재무적 투자자들을 대상으로 델몬트 푸드 인수
에 관한 자문을 제공해 오고 있었으나, 재무자문사로 선임된 이후에
는 더 이상 관련 정보를 제공하지도 않았고, 향후에 인수대상자가
선정되면 스테이플 파이낸싱을 제공하겠다는 의사를 표시하지도 아
니하였다. 델몬트 푸드의 이사회는 인수의향자들과 비밀보장 약정
을 체결하고, 향후 2년간 매수자들간에 팀을 구성하여 매도가격을
제한하지 못하도록 담합금지(no teaming) 확약을 받았으며, 실제로 복
수의 인수의향자들로부터 콘소시엄 구성 제의가 들어와도 거절하였
다. 바클레이즈 캐피탈은 KKR과 Vestar가 한 팀을 구성하여 제2차 입
찰에 참여하도록 권유하였고, 위 비밀보장약정에 위반하여 삼자간
대화를 주도하였다. KKR은 Vestar와의 공동인수 사실을 숨기고 델몬

---

32) 위 판결의 결과 20일간 동 인수합병 거래에 대한 주주들의 투표 절차를 연
    기하고, 같은 기간 동안 매수인측과 인수합병 계약에 포함된 deal protection
    조항에 따른 권리의 실행이 금지되었다. 20일의 기간이 경과 한 후 주주들
    은 주당 19달러의 가격에 KKR 등 대한 인수합병을 승인하였고 금전적 손
    해는 합의를 통해서 배상받기로 하였다.

33) 해당 합의 사실은 델몬트 푸드가 SEC 에 제출한 공시자료를 통해서 공개되
    었다. http://www.sec.gov/Archives/edgar/data/1259045/000119312511265457/d239179d8k.
    htm.

34) In re Del Monte Foods Co. Shareholders Litigation, 25 A.3d 813, 819~820.

트 푸드와 협상을 진행하였고, 델몬트 푸드의 이사회는 높은 인수가
격을 제시한 KKR을 우선 협상자로 선정하였다.

바클레이즈 캐피탈은 KKR이 인수자로 선정되면 인수자금의 1/3을
제공하기로 하는 내용의 약정을 하였고, KKR과 동 약정을 체결한 사
실에 관하여 델몬트 사의 이사회의 동의를 구했다.35) 델몬트 푸드의
이사회는 바클레이즈 캐피탈의 이익충돌을 우려하여 결국 300만 달
러의 비용을 지불하고 추가로 재무자문사를 선임하였다. 델몬트 푸
드는 KKR-Vestar 그룹과 주당 19달러에 매각하기로 합의하면서 45일
간의 추가 인수의향자 모집 기간("go-shop")을 보장받았다. 델몬트 푸
드의 이사회는 바클레이즈가 KKR의 매수인 선정에 이해관계가 걸려
있다는 점을 알면서도, 인수의향자 추가모집 절차의 관리를 의뢰하
였다.36)

② 투자은행의 이익충돌 관련 판시사항 : 레스터(Laster) 판사는 원
고측의 가처분 신청을 인용하면서, 이익충돌을 야기한 바클레이즈의
조언에 따른 델몬트 푸드의 이사들은 주주에 대한 신인의무를 위반
하였다고 판시하였다.37) 동 판결에서는 거래의 전과정에 걸쳐 바클

---

35) 매도측 자문으로 바클레이즈가 벌어들인 수익이 2,100만 달러 내지 2,400만
   달러에 이르렀는데, 매수인에 대한 자금제공 수수료도 2,350만 달러로 예
   상되었다고 한다. 위 판결문, 818, 820.
36) 골드만삭스가 이 업무에 관심을 보였으나, 바클레이즈의 권유에 따라 KKR
   이 골드만삭스에게 인수자금의 5%를 제공하는 업무를 맡기기로 하자 결국
   의사를 철회하였다. 위 판결문, 823.
37) Toys R Us 판결에서도 그러하듯이, 주주대표소송의 특징으로 인하여 인수
   합병 과정에서 투자은행의 이익충돌이 직접적인 문제의 원인이라고 하더
   라도 법원에서는 회사의 이사들의 신인의무 위반 여부를 판단의 대상으로
   삼을 수밖에 없었다., 본 판결에서도 이사의 신인의무 준수 여부를 판단하
   는 기준으로 확립된 Revlon 원칙에 따라 이사들의 판단에 합리성이 있었는
   지에 관하여 판단이 내려졌다. 위 판결문, 818.

레이즈의 이익충돌로 인하여 이사들의 염결성(integrity)이 손상되었으며, 설령 추후에 모든 사실이 이사들에게 공개되었다고 하더라도 흠이 치유될 수 없다고 판시하였다.[38] 레스터 판사는 바클레이즈의 행위가 비밀리에 그리고 이기적인 동기에서 비롯하여 자신이 더 많은 수익을 올릴 수 있는 거래를 성사시킬 수 있도록 매각 절차를 조종한 것이라고 비판하였다.[39]

델몬트 판결에서는 투자은행이 이사회로부터 매수의향자에 대한 스테이플 파이낸싱 제공과 관련한 동의를 얻었는지 여부 뿐만 아니라, 거래 전반에 걸쳐 자문대상 고객의 이익보다 KKR 등의 이익을 우선시한 사실이 문제되었다. 바클레이즈 캐피탈은 KKR이 Vestar를 끌어들이는 과정에서 델몬트의 이사들에 대해서 주주가치를 높일 수 있는 적극적인 자문을 제공하지 않고 자신의 고객인 KKR과의 합병 계약이 체결 될 수 있도록 방관한 점, KKR과의 합병가격에 합의하기도 이전에 이미 스테이플 파이낸싱을 제공하기로 약정함으로써 2,400만 달러 상당의 수수료 수익 확보하고, 델몬트사는 추가적인 재무자문사를 선임하기 위하여 300만 달러를 지출하도록 유도한 점 등이 인정된 바, 이러한 행위는 투자은행이 고객의 이익이 아니라 오로지 자신의 이익만을 우선시 한 결과라고 평가된다.[40]

---

[38] 한편 이 판결에서는 델몬트의 이사들이 단지 투자은행의 이익충돌에서 비롯된 왜곡된 자문결과에 따라 합리적인 판단을 하지 못하였을 뿐만 아니라, 이러한 투자은행들을 감시하여야 하는 의무를 이행하지 못하였다는 점도 언급하였다. 위 판결문, 835.

[39] 위 판결문, 813, 817.

[40] 전체 화해금액 가운데 Del Monte사가 6,670만 달러를, Barclays가 2,370만 달러를 지급하기로 하되, Del Monte사의 지급금 가운데 거래 성사에 대한 보수로 Barclays가 지급받을 수 있었단 2,000만 달러는 Barclays가 지급하는 것으로 정하여 결국 두 회사가 반반씩 책임을 부담하는 결과에 이르렀다, Tom Hals, Del Monte's 89 million Shareholder Settlement Approved, Reuter(Dec. 1, 2011).

(3) El Paso 사건

2012년 델라웨어 주 형평법원에서는 에너지 기업인 엘 파소(El Paso)의 매각과 관련된 이사들의 신인의무 위반을 이유로 한 합병중지 가처분 소송에 관한 판결이 선고되었다.[41] 사안에서는 골드만삭스와 그 임원이 매수인 회사의 지분을 보유하고 있으면서 매도기업에 대해서 자문을 제공하였기 때문에 그에 따라 매각에 관한 의사결정을 한 이사들의 신인의무 위반여부가 문제되었다.[42]

①사실관계 : 2011년 석유 탐사/생산 및 파이프라인 사업 부문을 운영하던 엘 파소는 탐사/생산 부문매각 의사를 발표하였고, 탐사/생산부문보다는 파이프라인 사업에 관심이 있었던 킨더 모건(Kinder Morgan)은 파이프라인 사업부를 포함하여 회사 전체를 인수하겠다는 제안을 하였다. 엘 파소는 골드만삭스를 매각자문사로 선임하였으며, 골드만삭스는 당시 킨더 모건 지분의 19%(총 40억 달러 상당)를 보유하고 있었고, 이사 두 명을 선임하였다.[43] 골드만삭스는 이러한 사실에 관한 정보를 제공하고 동의를 받았지만, 엘 파소 매각거래 담당팀장인 스티브 다니엘이 개인적으로 34만 달러 상당의 킨더 모건 주식을 보유하고 있다는 점은 알리지 않았다. 엘 파소는 골드만삭스의 이익충돌을 우려하여 모간스탠리를 재무자문사로 추가 선임하였다. 그러나, 골드만삭스는 회사 전체 매각 협상에서만 제외되었을 뿐, 분할매각(spin-off) 옵션에 대해서는 킨더 모건 투자 부서와 정보교류차단장치(Chinese wall)로 분리된 팀을 구성하여 계속해서 자문을 제공했다. 골드만삭스는 분할매각 성사시에는 25만 달러를, 회사

41) El Paso Corp S'holder Litigation 41 A.3d 432(Del. Ch. 2012).

42) Jonathan Macey(2013), p.48; Del Monte 사건과 El Paso 사건을 비교, 분석한 논문으로는 Robert Miller(2012), pp.1~19.

43) 위 판결문, 440.

전체가 매각될 경우에는 20만 달러를 자문 보수로 지급받기로 약정하였다.[44] 엘 파소는 매각 대금 총 210억 달러를 지급받고 킨더 모건에 대해서 회사 전체를 매각하는 인수합병 계약을 체결하였다.[45]

②투자은행의 이익충돌 관련 판시사항 : 비록 합병중지 청구는 인용되지 않았지만, 골드만삭스가 엘 파소의 주주들의 최선의 이익과는 반대방향의 경제적 이해관계를 보유하고 자문을 제공하였기 때문에[46] 이를 토대로 한 엘 파소 이사들의 의사결정은 합리성이 결여되어 있다는 점이 인정되었다.[47] 레오 스트라인 판사는 골드만삭스가 매수 가격을 상승시킬 수 있음에도 불구하고 엘 파소에 대해서 킨더 모건의 적대적 인수합병 관련 동향의 공론화를 자제하도록 조언하였으며, 킨더 모건에 대한 매각이 성사될 경우에 한하여 모간스탠리에 대한 3,500만 달러의 보수를 지급하도록 하는 계약 조건에 관여하는 등 이익충돌 사실을 지적하면서[48] 골드만삭스의 이러한 행위는 투자은행이 제공하는 전략적 자문의 신뢰성을 손상시킨다고 비판하였다.[49]

엘파소의 주주들은 결국 합병을 승인하였고, 이사들의 의무위반으로 인한 손해에 관해서는 킨더 모건 측에서 1억1천만 달러의 화해금을 원고 주주들에 대하여 지급하는 것으로 하여 사안이 종결되었

---

44) 위 판결문, 442.
45) 골드만삭스의 인센티브가 더 강한 분할매각이 아니라 전체 매각방식으로 합병 계약이 체결되었기 때문에 이익충돌이 약화될 수도 있었다는 평가로는 Bratton and Wachter(2014), p.58.
46) 위 판결문, 434.
47) 합병무효 가처분에 관한 원고들의 주장은 받아들이지 않았다.
48) 위 판결문, 440~444.
49) 위 판결문, 444.

다. 골드만삭스는 이 화해와 관련하여 2000만 달러의 자문 수수료를 포기하기로 합의함으로써, 궁극적으로는 매도인 회사의 주주들에 대해서 일부 책임을 부담하게 되었다.[50] 동 사안에서는 투자은행이 비록 고객의 동의를 받기는 하였지만 상대방 회사의 지분을 보유하면서, 자신의 이익을 위한 것으로 의심되는 자문을 제공한 것이 문제가 되었기 때문에, 앞의 두 사례와 비교하여 투자은행의 이익충돌에 대한 비난 가능성이 더 큰 사례라고 평가할 수 있다.

(4) Rural Metro 사건

2015년 델라웨어주 대법원에서는 엠뷸런스 서비스를 제공하는 루럴 메트로(Rural Metro)사의 인수합병과 관련하여 이사들의 신인의무 위반 및 재무자문사로 선임된 투자은행의 방조행위로 인한 배상책임을 인정하는 판결을 선고하였다.[51] 이전에 문제된 유사한 사안에서는 주주들이 소송을 제기할 당시 이사들만을 피고로 하여 주주에 대한 신인의무 위반에 따른 책임을 물었으나, 이 사건에서는 이익충돌 상황에 처하여 자문을 제공한 투자은행도 공동피고에 포함되었고, 그에 따라 투자은행이 고객 회사 주주에 대한 손해배상 책임이 최초로 인정되었다는 의의가 있다.

①사실관계 : 2011년 루럴 메트로는 매각 절차에 대한 재무자문사로 로열 뱅크 오브 캐나다(Royal Bank of Canada, "RBC")를 선임하였다. RBC는 루럴 메트로의 경쟁사인 이머전시 메디컬 서비스(Emergency Medical Services, EMS)들의 인수의향자들도 루럴 메트로의 매각에 관심을 표할 것으로 예상하면서, 이러한 점을 알리지 않고 매각절차

---

50) Kinder Morgan's 11 million El paso Settlement Approved, Bloomberg(Dec. 4. 2012).
51) RBC Capital Markets v. Jervis(Del. S. Ct. November 30, 2015). 제1심 판결은 In re Rural Metro Corp. Stockholders Litig., 88 A.3d 54(Del. Ch. 2014).

개시시기를 EMS의 입찰 기간과 맞추도록 자문하였다.[52] RBC는 루럴 메트로의 인수의향을 표시한 사모투자펀드 와버그 핀커스(Warburg Pincus)에 대해서 스테이플 파이낸싱의 제공을 유인하였다.

② 투자은행의 이익충돌 관련 판시사항 : 1심에서는 RBC가 이익충돌에 관한 사실을 루럴 메트로의 이사회에 대해서 알리지 않았기 때문에 이사의 신인의무 위반과 관련하여 투자자들에 대해서 방조책임을 부담한다는 점을 인정하였다. 레스터 판사는 1심판결 이후 발표한 후속의견(slip-on olinion)을 통하여, 루럴메트로의 이사들이 1심 판결 선고 직후 원고들과 합의에 이르렀다는 점을 감안하여 RBC가 방조 및 조력책임으로 원고들에 대해서 약 7,600만 달러의 배상책임을 부담해야 한다는 의견을 제시하였다. 항소심에서도 1심을 대체로 인용하면서 RBC가 고객의 경쟁사와 동일한 시기에 입찰 절차를 진행하면서도 자신이 그로 인하여 이익을 볼 수 있다는 점을 알리지 않음으로써 고객의 이익을 최우선시 하지 못하였다는 점을 책임인정의 근거로 설시하였다. RBC는 와버그 핀커스에 대해서 루럴 메트로의 이사회에 관한 미공개 정보를 제공하고, 와버그 핀커스에게 매력적인 가격을 제시하기 위하여 가치평가 방식을 조작하는 등의 행위를 감행하였다.

위 항소심 판결로 인하여 RBC가 루럴 메트로의 이사들에 대해서 7,580만 달러의 배상 책임을 부담하는 것이 확정된 바, 업계에서는 해당 판결이 미치는 파장에 주목하고 있다.[53] RBC는 해당 거래구조

52) 위 판결문 91; 그러나 EMS 매각거래에 따른 비밀유지 약정으로 인하여 EMS 인수의향자들은 결국 루럴 메트로에 대한 입찰에 참여하지 못하였다. 위 판결문 72.

53) Ruling in Rural/Metro Case Could Affect All Wall St. Banks, New York Times(October 31, 2015), http://www.nytimes.com/2015/10/31/business/dealbook/ruling-in-rural-metro -case-could-affect-all-wall-st-banks.html?_r=0; 판결문에 따르면 RBC의 행위는 고

가 고객의 이익을 위하여 합리적으로 설계되었고 가장 높은 가격을
제시한 와버그 핀커스가 인수대상자로 선정되었다는 점을 강조하였
으며, 투자은행 업계에서는 이사들에 대한 면책은 쉽게 이루어지는
반면 자신들에 대해서는 '방조 책임'의 법리를 통하여 책임을 부과할
수 있다는 점에 대해서 상당한 불만을 제기하였다.[54] 제1심 법원에
서 인정한 바와 같이 RBC가 스테이플 파이낸싱으로 획득할 수수료,
경쟁사의 입찰과정에 참여하는 매수의향자들에 대한 사업기회 확대
등 자신의 이익만을 위하여 거래 구조를 몰고 간 점은[55] 투자은행을
재무자문사로 선임한 고객들의 기대에 반하는 것이라고 평가할 수
있다.

라. 분석 및 평가

앞서 소개한 사안들에서는 모두 인수합병 대상 회사들의 이사들
이 주주들에 대해서 신인의무를 위반하였는지가 주요 쟁점이었기

의에서 비롯된 것이기 때문에 주의의무 위반에 대해서 적용되는 정관상
이사 또는 이사의 자문사, 대리인에 대해서 적용될 수 있는 면책조항이 적
용될 수 없다고 설시한바, 결과적으로 RBC 는 해당 거래로 수취한 500만
달러의 자문수수료부다 15배 이상 큰 금액의 배상금을 지급해야 하는 상
황에 처하게 되었다.

54) Delaware Supreme Court Upholds Ruling Against RBC in Rural/Metro Case, Wall Street
Journal(November 30, 2015) http://www.wsj.com/articles/delaware-supreme-court-u
pholds-ruling-against-rbc-1448899007.

55) In Rural Metro 88 A.3d54(Del. Ch. 2014); 해당 거래에서 RBC가 받은 자문 수수
료가 500만 달러에 불과하다는 사실과 비교할 때 상당한 규모의 배상액수
가 인정된 것이라 평가된다. Financial Times(2015. 12. 1). 다만, 델라웨어주
대법원에서는 1심에서 투자은행이 투자자에 대해서 게이트키퍼로서 책임
을 부담한다는 내용의 판시에 대해서는 부정적인 견해를 표명하였고, 동
사건에서처럼 투자은행이 직접 투자자에 대해서 책임을 부담하는 것은 예
외적인 경우에만 인정된다는 점을 명시하였다.

때문에, 투자은행이 고객회사에 대해서 부담하는 신인의무와 그 위반 책임에 관한 직접적 판단이 이루어지지는 않았다.[56] 그럼에도 불구하고 각 판결에서는 재무자문사로 선임된 투자은행은 고객의 이익을 우선시할 신인의무를 부담한다는 것을 전제로 하는 듯한 설시 내용들이 다음과 같이 관찰된다.

첫째, 해당 델라웨어주 판결들에서는 투자은행이 자문대상 고객의 이익을 옹호할 의무를 부담한다는 점을 인정한다. 예를 들어, 엘 파소 사건에서는 골드만삭스 및 담당 직원이 거래상대방 회사에 대해서 지분을 보유하고 있기 때문에 고객인 엘 파소의 주주들의 '최선의 이익(best interest)'에 역행하는 경제적 동기에 따라 업무를 수행한 점이 지적된 것이 대표적이다.[57]

둘째, 상대방의 정보제공에 기반한 동의 여부가 투자은행의 이익충돌로 인한 책임의 유무를 판단하는 주요 기준으로 작용한다. 예컨대 두 사건 모두 이사회의 동의를 얻기는 했지만 토이저러스 사건에서는 매도기업 이사들이 스테이플 파이낸싱 제공을 검토하여 한 번 거절한 다음에 승인해 주었으나, 델몬트 푸드 사건에서는 형식적인 동의는 받았지만 이익충돌 사실에 대한 충분한 정보가 제공되지 않

---

56) Rural Metro 사건에서는 원고들이 투자은행을 방조책임을 부담하는 피고로 하여 소를 제기하였고, Del Monte 사건에서는 나중에 투자은행을 피고로 추가하였다. Robert Miller(2012). p.5; El paso 사건에서는 골드만삭스가 피고는 아니었으나 법원에서 이사의 주주들을 인정하는 취지의 판결을 선고함에 따라 원고들이 골드만삭스도 합의금을 내는 조건으로 합의를 추진하였다. Reuters, "Will Goldman learn its lesson from El Paso shareholder settlement?"(2012. 9.11) http://blogs.reuters.com/alison-frankel/2012/09/11/will-goldman-learn-its-lesson-from-el-paso-shareholder-settlement/.

57) El Paso 판결, 434; 한편, 투자은행의 공정의견(fairness opinion)에 따른 계열사 간 인수합병 거래가 문제된 Souther Peru Copper 사건에서도 투자은행이 고객에 대한 충성의무를 부담한다는 취지로 판시하였다. In re S. Peru Copper Cor. S'holder Derivative Litig., 52 A. 3d 761, 795(Del. Ch. 2011).

았다는 차이가 있었기 때문에 전자의 동의에 대해서만 유효성이 인정된 것으로 보인다.[58]

이를 종합해 볼 때, 투자은행은 재무자문을 의뢰한 고객의 이익을 언제나 우선시 하여야 하며 자기 또는 제3자의 이익을 우선시 할 잠재적 가능성이 존재하는 경우에는 고객에 대해서 해당 정보를 충분히 제공하고 동의를 받아야 한다는 행위 준칙을 도출할 수 있는바, 이는 신인의무자에 대해서 적용되는 이익충돌금지원칙과 다르지 않다. 이에 대한 반론으로 투자은행과 고객 간에는 대등한 계약관계가 성립하기 때문에 투자은행이 자신의 이익을 우선시 하는 것은 허용되어야 하며, 투자은행과 고객간의 이익충돌이 고객에게 반드시 부정적인 영향을 미치는 것은 아니라는 반론도 가능하다. 그러나 거래 구조 전반에 걸쳐 투자은행이 행사하는 영향력이 매우 크고 고객은 이를 감시, 통제하기 어렵기 때문에 신인의무 법리에 따른 엄격한 의무가 부과되는 것이 바람직하다.[59] 최근 선고된 일련의 델라웨어 주 판결들은 투자은행 업계의 강한 반발을 초래하기도 하였지만, 결과적으로 더 이상 투자은행들이 매도회사에 대한 자문과 매수인에 대한 자금지원 업무를 동시에 수행할 수는 없다고 단념하는 계기가 되었기 때문에 투자은행의 신인의무에 대한 인식의 수준을 제고하는 데 기여하였다는 차원에서 긍정적으로 평가되고 있다.[60]

우리나라에서도 최근 들어 인수합병 거래에서 자문을 제공하는 투자은행의 이익충돌 문제가 제기되기 시작하였다. 문제가 된 사안에서는 투자은행이 인수후보자인 특정 사모투자펀드의 이익을 위하

---

58) 이와는 달리, 이익충돌에 관한 정보제공이 이루어졌음에도 불구하고 이를 문제 삼은 법원의 태도에 대해서 비판하는 견해로는 Robert Miller(2012) p.19.

59) Andrew Tuch(2015a), pp.16~20.

60) Financial Times, Delaware judges begin clampdown on the M&A litigation farce(2013. 10. 15) A16.

여 거래를 설계하였다는 이유를 들어 매도회사가 자문관계를 중단
하였으며, 매도회사는 미국에서 해당 투자은행과 사모투자펀드가 미
국에서 중요한 거래관계에 있기 때문에 불리한 가격조건을 제시하
였음에도 불구하고 다른 인수의향자보다 우선권을 보장해 주었다는
문제를 지적한 것으로 알려졌다.[61][62] 현행 자본시장법 하에서는 기
업인수합병에 대한 자문업무는 규제대상에서 제외되고, 투자중개업
무에 해당할 경우에만 규제를 받는 것으로 되어 있지만 그 구별이
모호하고 실제 검사나 제재사례도 존재하지 않으며 업무 수행시 준
수해야 할 행위 준칙이 마련되어 있지 않은 상황이다. 또한 사법상
의 법률관계의 측면에서도 투자은행의 재무자문업무에 대해서 신인
의무의 법리를 적용하기 위한 근거 명확하지 않고, 위임관계에 따른
선관주의의무의 내용으로서 고객과의 이익충돌의 발생을 방지할 의
무가 포함될 수 있을지 여부 및 그러한 의무의 내용이 신인관계에
따른 충성의무와 동일시 한 것으로 평가될 수 있을지 등에 관한 상
세한 논의가 이루어지는 않았다. 우리나라에서도 신인의무 법리를
활용함으로써 투자은행이 제공하는 업무의 성격에 따라 고객과의
이익충돌을 회피하고 고객의 이익을 우선시 하도록 하는 의무를 부
과할 수 있는 법적인 근거에 관하여 검토가 필요할 것으로 생각된다.

---

61) 머니투데이, 현대차 - 골드만삭스 핫라인 깨졌다(2014. 11. 6).

62) 소수의 전문성을 지닌 투자은행들만이 재무자문업무를 제공하는 시장의
현실상 자신의 주요고객을 우선협상자로 선정하자는 의견을 제시한 사실
만으로 신인의무 위반을 인정하는 것이 바람직한지 의문이고, 구체적인
책임의 존부를 판단하기 위해서는 구체적 사건에서 투자은행이 누구의 어
떤 이익을 위하여 행위 하였는지가 함께 검토되어야 할 것이다. 미국에서
는 대형 투자은행들의 이익충돌이 문제가 되자 인수합병 자문을 전문으로
하는 독립자문업자의 수가 급증하였다. 한 조사결과에 따르면 2003년 독립
인수합병 자문업자는 전체 시장점유율의 3%만 차지했으나 2012년에는 12%
로 급증했다고 한다. Bratton and Wachter(2014), p.30, 각주 13.

2. 투자자문 제공업무와 이익충돌문제

가. 투자자문제공업무의 업무 태양과 고객과의 법률관계

(1) 투자자문 제공업무의 정의와 업무 태양

투자자가 금융상품에 관한 투자의 의사결정을 함에 있어 금융기관으로부터 자문을 제공받는 태양은 자문계약의 체결 및 보수의 지급여부, 금융기관의 자문이 고객의 의사결정에 미치는 영향력의 정도에 따라 다르게 나타난다. 이러한 점 때문에 각국의 금융규제법규에서는 투자자문 행위에 대해서 정의하는 방식도 다르고 포섭하는 업무의 범위도 불분명하다. 대표적으로 영국에서는 소매고객에 대한 개인적 추천(personal recommendation)이나 기본적 조언(basic advice)을 제공하는 행위를 자문으로 정의하고,[63] 호주에서는 개인의 특정 금융상품 또는 상품군에 대한 의사결정이나 관심에 영향을 미치려는 의도를 지닌 개인적(personal) 조언이나 의견을 제시하는 행위 및 보고서를 자문행위로 정의하고 있으며,[64] 미국에서는 증권의 가치나 증권 매매의 타당성에 관하여 타인에게 자문하는 것을 영업으로 하는 자를 1940년 투자자문업자법에 따른 투자자문업자로 규율한다.[65]

이러한 내용의 공통점을 추출해 보면 투자자문 제공행위는 금융투자상품에 관한 투자자의 의사결정에 영향을 미치는 맞춤형 조언

---

63) COBS 6.2 A, FCA Handbook; EU 의 자본시장지침(MiFID)에서도 투자자문이란 고객의 요청에 의하거나 회사의 판단으로 금융상품과 관련한 거래에 대하여 고객에게 개인적인 추천을 제공하는 것이라고 정의하였고(제4(1)조 제4호) 유럽연합 증권규제위원회(Committee of European Securities Regulators, CESR)에서는 개인적인 추천이란 상담자의 의견으로 구성된 것으로서 의견제시나 가치판단 없는 단순한 정보제공은 자문의 정의에서 배제한다. MiFID 제4(4)조, CESR(2010), p.2.

64) Corporation Act 2001, Section 766b.

65) Investment Advisers Act of 1940, Section 2(11).

이나 추천행위라고 정의해 볼 수 있다.[66] 본 논문에서는 이러한 정의에 부합하는 금융기관의 조언 또는 추천행위를 투자자문 제공행위로 전제하고 논의를 전개할 예정이며, 투자자가 금융기관과 체결한 자문계약에 따라 보수를 지급하고 자문서비스를 제공받거나, 증권회사의 금융상품거래의 주문체결 집행 등 중개서비스를 이용하는 과정에서 투자대상 업종이나 종목 추천 등의 서비스를 제공하는 행위를 모두 포함한다. 미국이나 우리나라에서는 후자의 경우를 투자자문업의 규제대상에서 제외하고 있지만,[67] 이는 보수를 지급받지 않고 투자중개업 수행과정에서 부수적으로 제공되는 서비스라는 측면을 감안한 것으로서 사법(私法)적인 측면에서 금융기관이 고객에 대해서 부담하는 의무의 내용을 규명하는 데 있어서는 달리 취급할 이유가 없다고 생각한다.[68]

한편, 금융투자상품을 판매하는 과정에서 이루어지는 권유 활동은 여기서 논하는 투자자문의 범위에서 제외한다. 글로벌 금융위기 이후에는 특히 금융소비자 보호의 측면에서 투자권유 활동을 전통적인 투자자문업무 규제와 동일선상에서 취급하려는 경향이 증대하고 있다.[69] 그러나, 이러한 투자권유 활동은 본질적으로 금융투자상

---

66) 자본시장법에서는 금융투자상품, 그 밖에 대통령령으로 정하는 투자대상 자산(이하 "금융투자상품등"이라 한다)의 가치 또는 금융투자상품등에 대한 투자판단(종류, 종목, 취득·처분, 취득·처분의 방법·수량·가격 및 시기 등에 대한 판단)에 관한 자문에 응하는 것을 영업으로 하는 것을 투자자문업이라고 정의한다.

67) 자본시장법시행령 제7조 제4항 제7호.

68) 로버트 시트코프 교수도 투자자문업무에 대해서 적용되는 사법적 법률관계는 해당 업무가 투자자문업자법에서 규율되는지 여부를 불문하고 동일하다는 점을 전제로 논의한다. Robert Sitkoff(2014), p.42.

69) 대표적으로 도드-프랭크 법 제913(g)조 등과 같이 금융투자상품을 판매하는 금융기관에 대한 의무의 수준을 자문업자의 의무의 수준과 동일시하려는 시도를 꼽을 수 있다. Andrew Melnik(2013), p.426.

품의 매매거래에 부수하는 것으로서 투자자문 제공업무와는 법률적 성격이 상이하기 때문에 신인의무 법리가 적용되지 않는 금융투자업무의 이익충돌 문제를 다루는 제3장에서 별도로 검토하기로 한다.

(2) 투자자문 제공업무에 대한 신인의무 법리의 적용

본 논문에서 정의하고 있는 유형의 투자자문 제공업무는 금융기관이 투자자의 의사결정에 상당한 영향력을 행사하고 투자자의 신뢰와 의존성에 기반한 것이라는 특징을 지니고 있기 때문에, 신인관계에 포함시킬 수 있다.[70] 투자자문 제공업무와 관련한 금융기관과 투자자와의 법률관계에서는 투자자가 투자에 관한 최종적인 의사결정 권한을 가지므로 자산운용수탁자의 경우처럼 쉽게 신인관계의 성립을 단정하기 어렵다. 그러나 예컨대 투자자가 별도의 자문계약을 체결하고 보수를 지급한다는 것은 금융기관이 제공하는 자문서비스에 의존하여 투자판단을 내릴 것이라는 의사를 표시한 것이라고 해석할 수 있는 바, 금융기관의 사익추구로 인한 왜곡된 자문 제공을 통제할 필요가 있다는 차원에서[71] 신인의무를 부과할 필요성이 인정된다.

이와 관련하여, 영미법계 국가들에서는 정보제공과는 구별되는 조언과 추천행위가 있으면 금융자문 제공업무에 대해서 신인의무 법리를 적용할 수 있다는 취지의 판결들이 선고되고 있다. 예를 들어, 호주에서는 단순한 판매행위(mere sales)에 대해서는 신인관계를 인정할 수 없지만 이를 넘어서는 조언과 추천에 대해서는 신인관계를 인정할 수 있다는 내용의 판결이 선고되었다.[72] 즉, 영미법상 판

---

70) 신인의무자가 재산적 처분권을 보유하는 본래적 의미의 수탁자보다는 넓은 개념이라는 주장에 관해서는 Tamar Frankel(1983), p.801.

71) 투자자문 제공 금융기관의 사익추구로 인한 왜곡, 편향된 자문의 폐해에 관한 실증적 연구로는 Jeremy Burke et al.(2014), pp.9~10.

례 법리에 따르더라도 고객자산운용에 대한 취득·처분의 재량이 없는 투자자문 행위에 대하여 신인의무를 부과하는 것이 정당화 될 수 있으며, 금융기관이 행사하는 영향력과 투자자가 부여한 신뢰가 정당화의 근거가 될 것이다.[73]

우리나라의 법체계하에서 투자자문을 제공하는 금융기관에 대해서 신인의무를 적용하는 법적인 근거를 찾기가 쉽지 않다. 투자자문계약은 민법상 위임계약에 해당하므로 투자자문을 제공하는 금융기관은 투자자에 대해서 선관주의의무(제681조)를 부담하며, 자본시장법 상으로는 투자자문업자에 대하여 투자일임업자와 동일한 내용의 주의의무와 충실의무(제96조 제1항 및 제2항)가 부과되어 있다. 그러나, 투자일임업자와는 달리 투자자문업자에 대해서까지 신탁법상 충실의무와 관련된 조문들을 유추적용하기에는 법률관계의 성격상 차이가 크기 때문이다.[74] 따라서, 현행법상으로 투자자문업무를 수행하는 금융기관에 대해서 신인의무 법리를 적용하기 위해서는 '투자자의 이익을 보호하기 위하여 해당 업무를 충실하게 수행하여야' 한다고 규정한 자본시장법상 충실의무에 관한 조항을 적극적으로 해석하는 방안을 고려해 볼 수 있을 것이다.

나. 투자자문 제공업무 수행과정에서 발생하는 이익충돌

금융기관의 투자자문 업무수행과 관련하여 발생하는 이익충돌 문제는 자산운용수탁업무의 경우와 달리 소송이나 징계로 이어진

---

72) Paul Miller in Andrew Gold and Paul MIller(eds.)(2014), p.83; 호주에서는 일반적으로 금융자문 제공행위에 대해서 신인의무 법리가 적용될 수 있는 것으로 받아들이고 있다는 설명으로는 Pamela Hanrahan in Justin O'Brienand and George Gilligan(2013), p.224.

73) Paul Miller in Andrew Gold and Paul Miller(2014), pp.83~84.

74) 운용 재량 유무 여부에 따른 차이를 강조한 견해로는 안수현(2009), 74쪽.

경우가 쉽게 발견되지 않는다.[75] 자산운용수탁업무는 고객과 이익 충돌되는 자기 또는 제3자를 위한 운용행위를 금융기관이 직접 수행 하기 때문에 이익충돌의 결과가 쉽게 확인되는 데 비하여, 자문제공 업무와 관련해서는 이익충돌과 손해발생의 인과관계가 입증되기 어 렵고 시장에서 거래가 이루어지는 운용행위와는 달리 실제로 고객 에 대해서 어떠한 내용의 자문이 제공되었는지 파악하기 어렵기 때 문이라고 생각된다. 그 가운데 투자자문 제공 행위에 대한 신인의무 를 인정한 대표적 사례로 거론되는 캐나다의 Hodgkinson v Simms 판 결은 주식 중개인인 원고가 회계사인 피고에 대해서 조세회피지역 에 대한 부동산 투자에 관한 자문을 구한 사건을 다루고 있다.[76] 동 사건에서는 원고가 피고의 조언에 따라 "Multiple Urban Renewal Building"이라는 부동산 관련 회사의 지분에 투자하였으나 약 35만 달 러 상당의 손해를 입게 되자 피고가 자문을 제공할 당시 자신이 투 자대상 회사를 위하여 업무를 수행하고 있다는 정보를 제공하지 않 았다는 이유로 신인의무 위반에 대한 손해배상 청구소송을 제기하 였다. 캐나다 대법원에서는 원고와 피고 사이에 신인관계의 성립을 인정하면서 단순자문(advice simpliciter)와 신인의무를 수반하는 자문 을 구별하는 기준으로서 일방 당사자가 다른 당사자에 대해서 실질 적 권한(effective power)을 행사하는지 여부를 판단하여야 한다고 설 시했다.[77]

　최근 들어서는 금융소비자보호 측면에서 금융기관의 투자자문 업무 수행과 관련해서 발생하는 이익충돌 문제에 대한 정책적 차원

---

75) 우리나라에서도 금융감독원 홈페이지에 징계사례 가운데 2013년 이후에는 투자자문업 영위와 관련된 이익충돌 관련 규제 위반이 문제된 사례는 찾 을 수 없다.

76) Hodkinson v Simms [1994] 3SCR 377(SCC), Shaunnagh Dorsett(1996), p.164; Paul Miller in Andrew Gold and Paul Miller(2014), pp.83~84.

77) Hodkinson v Simms [1994] 3SCR 377(SCC).

에서의 논의가 활발하게 이루어지고 있다.[78] 예를 들어 미국에서는 2008년에 투자자로 분한 조사요원들이 금융기관을 방문하여 5만 달러내지 10만 달러의 유휴자금을 자신들이 생각하고 있는 포트폴리오에 관한 투자하는 데 대한 자문을 구하는 실험을 실시하였다. 실험 결과에 따르면 50%의 금융기관에서는 더 많은 보수를 제공하는 액티브 펀드에 대한 투자를 추천한 반면 많은 보수를 기대할 수 없는 지수형 펀드나 현금 등가물 투자를 권유하는 금융기관은 조사대상 가운데 8%에 지나지 않았다. 해당 연구에서는 동 수치를 바탕으로 금융기관은 이익충돌에 처하면 고객의 이익과 무관하게 편향된 자문을 제공하고, 고객이 구상한 포트폴리오에 문제가 있다고 하더라도 이를 정정하지 않으려는 경향이 있다는 결론을 제시하였다.[79] 한편, 호주의 증권투자위원회(ASIC)에서 2006년 조사를 실시한 결과에 따르면, 투자자문 제공자가 투자자가 자문 제공에 따라 실제로 투자를 실시할 경우 더 높은 보수(trailing fee)를 받는 경우 같이 보수체계와 관련된 이익충돌에 처해있다면 합리성이 결여된 자문을 제공할 확률이 그렇지 않을 경우에 비해서 6배나 높고, 자신이 운용하는 펀드 등 계열회사 등의 상품에 투자하도록 조언하는 경우에는 유해한 자문을 제공할 확률이 3배에 달한다고 한다.[80]

---

78) 김아름(2015), 6~7쪽; 미국에서 근로자퇴직연금보장법에 따른 기금운용자의 신인의무를 강화하기 위한 논리를 뒷받침하기 위한 RAND 연구소의 보고서에서는 자문, 권유를 제공하는 금융기관의 이익충돌 문제가 수익률에 미친 영향에 관한 기존의 연구성과들을 요약·정리하고 있다. Jeremy Burke *et al.*(2014), pp.13~15.

79) Sendhil Mullainathan *et al.*(2012), p.2.

80) ASIC(2006), pp.25~26.

다. 투자자문 제공과 관련된 이익충돌 문제 해결의 법리

위에서 소개한 연구 성과들에 따르면, 투자자문을 제공하는 경우 고객의 이익을 우선시 할 의무를 부과하지 않으면 이익충돌로 인하여 고객에 대한 손해를 가할 수 있으므로 투자자문 서비스에 대해서도 신인의무 법리를 적용할 수 있다는 정책적 함의를 도출할 수 있다. 엄격한 신인의무 법리에 따를 경우, 투자자문을 제공하는 금융기관은 신인의무자로서 고객의 이익을 자신의 이익보다 우선시해야 한다는 충성의무를 부담하며, 그에 따라 자기 또는 제3자의 이익이 투자자의 이익과 충돌하는 상황에 처해서는 안 된다는 이익충돌금지원칙의 적용을 받는다. 특히 투자자에 대해서 이익이 되는지 여부를 따지지 않고, 잠재적 이익충돌이 우려되는 상황 자체를 회피할 엄격한 이익충돌금지원칙을 적용한다면 투자자문 업무를 수행함에 있어서는 자기 또는 계열사가 제조, 설계하는 상품에 대한 투자를 권유하는 행위 자체가 금지될 수도 있을 것이다.

그러나 투자자문을 제공하는 금융기관에 대하여 부과되는 신인의무의 구체적 내용과 수준이 자산운용수탁 업무의 경우만큼 엄격해야 할 필요는 없을 것으로 생각된다. 왜냐하면, 신인의무를 부과하는 근본적 원인은 신인의무자가 수익자에 대해서 보유하는 재량과 권한의 내용을 통제하기 위한 것이기 때문에, 같은 신인의무자라고 하더라도 재량과 권한의 정도가 낮으면 이를 통제하기 위한 법리를 다소 완화하여 적용할 수 있을 것이다. 예를 들어 자본시장법상 투자일임업자에 대해서는 투자일임재산과 고유재산과의 거래, 계열사 발행 증권과의 거래, 다른 투자자가 위탁한 재산과의 거래 등을 매우 엄격하게 금지하고 있으나(제98조 제2항), 투자자문업자에 대해서는 계약으로 정한 수수료외의 대가를 추가로 받는 행위(제98조 제1항 제4호) 등을 제외하고는 이익충돌금지원칙의 관점에서 자기 또는 계열사가 발행, 운용하는 상품에 대한 자문을 금지하는 조항을 두고 있지 않는 것도 이러한 취지를 반영한 것으로 생각한다.

타마 프랑켈 교수는 금융기관에 대한 이익충돌에 대한 규제의 수준은 고객이 신인관계에서 노출되는 위험의 정도 및 신인의무자가 보유하는 재량의 행사를 감독할 수 있는 능력에 따라서 결정되어야 한다고 주장하였다.[81] 이러한 주장은 신인관계의 성립 범위를 넓게 인정하더라도 해당 관계의 구체적인 성격에 따라 엄격한 신인의무 법리를 유연하게 적용할 수 있다는 점을 전제로 하고 있기 때문에, 똑같은 신인의무자라고 하더라도 낮은 수준의 재량을 부담하는 신인의무자에 대해서는 경감된 신인의무를 부과하는 근거를 제공해 주는 것으로 평가된다. 프랑켈 교수는 당사자간 계약에 의해서 신인의무의 내용을 달리 정하는 방안, 이익충돌금지원칙을 적용함에 있어 불문원칙 대신 최선이익 원칙을 적용하는 방안, 신탁법리 대신 대리법리를 적용하는 방안 등을 활용하여 신인의무를 완화하는 법리('watering down fiduciary duties')를 제시한다.[82] 이러한 법리들은 투자자문을 제공하는 금융기관의 업무수행 양태에 적합한 이익충돌금지원칙을 형성하는 데 참고가 된다. 마찬가지로 하노크 데이건 (Hanoch Dagan) 교수 또한 금융 거래의 특성을 감안하여 투자자의 최선의 이익에 부합하는 범위에서 엄격한 불문원칙의 예외를 인정할 수 있다고 주장한다.[83]

---

81) Tamar Frankel(2009), p.7.

82) Tamar Frankel in Andrew Gold and Paul Miller(2014), pp.244~255. 프랑켈 교수는 이러한 방안들을 모두 동원하여 신인의무를 완화시켜야 한다고 주장하는 것은 아니다. 오히려 해당 방안들의 장단점을 소개하면서, 특히 계약으로 신인의무 법리를 대체하거나 최선이익 원칙을 관철시키는 경우 신인의무 법리의 핵심인 충성의무가 형해화 되고 계약법이나 불법행위법상의 주의 의무로 대체될 수 있다는 위험을 경계한다.

83) Hanoch, Dagan and Elizabeth Scott(forthcoming), pp.20~21.

　결론적으로, 투자자문을 제공하는 금융기관은 고객에 대한 충성의무를 부담하므로 고객과의 이익충돌이 있을 경우에는 자문 서비스를 제공하지 않는 것이 바람직하겠으나 고객에 대하여 위험을 고지하고 동의를 받았다거라 해당 자문의 내용이 고객의 최선의 이익에 부합하는 것이라면 신인의무 위반의 예외가 인정될 수 있을 것이다. 생각건대, 자산운용수탁업무의 경우나 투자자문업무의 경우 모두 이익충돌을 야기할 수 있는 거래에 대해서는 고객의 동의를 받도록 하는 원칙을 적용하되, 다만 투자자문업무에 대해서는 유효한 동의의 존부를 판단하는 기준 또한 완화해서 적용할 수 있을 것이다. 다만, 완화된 신인의무 법리를 적용한다고 하더라도 투자자문 제공 시에는 언제나 투자자의 이익을 자신의 이익보다 우선시하여야 한다는 충성의무의 내용이 달라질 수는 없을 것이다. 낮은 수준의 재량을 부담하는 신인의무자에 대해서는 다소 완화된 신인의무 법리를 적용을 할 수 있다고 주장하는 학자들의 경우에도 신인의무의 핵심을 이루는 충성의무 자체가 침해되어서는 안 된다는 점을 강조하고 있다.[84]

---

84) Tamar Frankel in Andrew Gold and Paul Miller(2014), p.251; Hanoch. Dagan and Elizabeth Scott(forthcoming), p.22.

제3절 투자자간 이익충돌과 신인의무 법리의 적용

1. 투자자간 이익충돌 문제의 성격 및 발생 양상

가. 투자자간 이익충돌 문제의 법률관계

제1절과 2절에서는 신인의무 법리가 적용되는 금융기관과 투자자와의 관계에서 발생하는 이익충돌 문제에 관해서 검토하였다. 신인의무 법리가 발전한 초기에는 한 사람의 수탁자가 하나 또는 소수의 신탁재산을 관리하는 가사신탁 또는 유언신탁의 수탁자를 전형적인 모델로 하고 있었기 신인의무자가 하나의 수익자를 위하여 전념할 충성의무를 부담한다는 법리만으로도 신인관계를 규율하기에 어려움이 없었을 것이다.[1] 그러나, 점차 신탁이 상사거래에서 활발히 활용되면서 거래계의 수요 또는 당사자 간의 합의 등을 전제로 신인의무자가 복수의 수익자들에 대해서 신인의무를 부담하는 상황이 점차 빈번하게 발생하였고, 수익자들의 이해관계가 일치하지 않는 경우 수탁자가 부담하는 의무의 내용을 확립할 필요가 생겨났다.[2] 특히 금융기관들의 경우에는 다수의 고객을 상대로 업무를 영위하는 것을 당연한 전제로 할 뿐만 아니라, 다수의 투자자들로부터 모집한 자금을 집합하여 운용하는 집합투자업과 같이 개별 투자자에 대해서 신인의무 법리가 적용되는 업무를 수행하면서도 복수의 투자자의 이해관계가 반드시 일치하지 않는 경우를 직면하는 상황에 처할 수밖에 없다.

---

1) 충성의무의 배타적 성격에 관하여는 Paul Miller(2014), pp.303~305
2) Matthew Conaglen(2009), p.111.

신인의무 법리를 연구하는 학자들은 신인의무자와 수익자간의 이익충돌 상황을 수익자에 대한 의무와 신인의무자의 이익간의 충돌(duty-interest conflict)이라고 표현하고, 복수의 수익자에 대해서 부담하는 신인의무가 양립하기 어려운 상황을 수익자에 대한 의무간 충돌(duty-duty conflict)이라고 지칭하기도 하지만,3) 수익자의 관점에서는 후자의 상황을 자신의 이익과 다른 수익자의 이익이 충돌하는 상황으로 받아들이게 될 것이다. 신인의무자가 의무의 충돌 상황에 직면할 경우 한 수익자에 대한 충성의무를 이행하기 위해서는 다른 수익자들에 대한 신인의무를 위반하게 될 가능성이 있다. 이러한 상황에서 개별 수익자에 대한 엄격한 이익충돌금지원칙만을 적용한다면 신인의무자가 수익자 가운데 일부 또는 전부에 대한 충성의무를 위반하게 되는 결과로 이어질 수 있다. 그러나, 수익자의 입장에서는 이미 신인의무자가 다른 수익자를 위하여 업무를 수행하고 있다는 점을 알면서도 업무 수행을 위탁한 것이기 때문에, 의무의 충돌이라는 상황 자체를 두고 충성의무 위반에 대한 책임을 부담시키도록 기대할 수는 없고, 투자자간 이해관계를 조정할 수 있는 별도의 법리가 필요하다.

이러한 취지에서 본 논문에서는 소위 '의무간 충돌' 문제를 신인의무자가 복수의 수익자를 상대하는 경우 수익자들 간의 이해관계가 일치하지 않는 상황으로 파악하고, 신인의무 법리가 적용되는 금융기관의 업무수행과 관련하여 발생하는 투자자간의 이익충돌에 관하여 논의한다. 다만, 외관상 투자자간의 이익충돌로 보이는 상황 가운데 많은 경우는 실제로 금융기관과 투자자 사이에서 발생하는 이익충돌에 해당하기 때문에, 본 절에서 다루는 투자자간 이익충돌 문제는 금융기관과 투자자간 이익충돌 문제로 해결되지 않는 영역

---

3) Matthew Conaglen(2009), p.122.

에 한정된다. 예를 들어 여러 고객의 계정을 운용하는 자산운용사가 높은 성과보수를 제공하는 계정이나 계열사가 투자한 계정에 대해서만 우량 자산을 편입하는 경우에 대해서는 손해를 본 고객과 금융기관간의 이익충돌 법리가 적용되어야 할 것이지, 고객들 간의 이해관계를 조정하기 위한 다른 법리가 요구되는 상황이라고 보기는 어렵다.

신인의무자의 상대방이 되는 복수의 투자자들 사이에서 발생하는 이익충돌 문제를 해결하는 법리에 관한 본격적인 연구가 이루어진 것은 최근의 일이며,[4] 아직까지 신인의무자와 투자자간의 이익충돌 상황에서 적용되는 이익충돌금지원칙을 대체, 보완하는 독립된 법리가 확립된 상황은 아니다. 투자자간 이익충돌의 문제를 해결하기 위해서는 사전에 다양한 수익자들과 계약으로 모든 상황에 대비하는 방법도 가능하지만, 거래 비용의 측면에서나 거래의 안정성과 예측가능성 측면에서는 문제 해결을 위한 원칙적인 법리가 정비될 필요가 있다.[5] 이하에서는 투자자간 이익충돌 문제가 발생하는 사례를 검토하고, 최근 여러 학자들이 제시하고 있는 법리들을 분석해 보기로 한다.

나. 신인의무 법리 하에서 투자자간 이익충돌이 문제되는 사례

(1) 복수의 투자자의 자산을 운용하는 자산운용수탁업무 관련 사례

신인의무 법리 하에서 투자자간 이익충돌이 문제되는 가장 전형적인 사례는 복수의 투자자가 존재하는 집합투자기구의 투자자간

---

4) 폴 핀(Paul Finn) 판사의 1977년 저서 "Fiduciary Obligation"에서는 "의무와 의무의 충돌(Conflict of Duty and Duty)"이라는 장에서 이 문제를 간단히 언급하고 있다. Paul Finn(1977), Ch 22. Conflict of Duty and Duty, pp.252~257.

5) Paul Miller(2014), pp.4~6.

이익충돌이나 하나의 금융기관이 펀드, 일임, 신탁 등 다양한 투자자의 계정을 동시에 운용하는 경우이다. 앞서 설명한 것 같이 금융기관이 자기 또는 제3자의 이익을 위해서 특정 투자자를 우대한 상황에 대해서는 금융기관과 고객간의 이익충돌 법리가 적용될 것이므로, 복수의 투자자의 자산을 하나의 금융기관이 운용하는 경우 발생 가능한 투자자간 이익충돌의 발생 유형은 제한적이다. 다만, 실제로 투자자간 이익충돌의 외관이 발생했을 때 이에 대해서 금융기관과 투자자간 이익충돌의 법리를 적용할 것인지, 아니면 투자자간 이익충돌의 법리를 적용할 것인지를 구별하는 문제는 쉽지 않다.

예컨대 집합투자기구에 대해서 대규모 환매가 발생했을 때 자산운용사가 자신의 영업에 대해서 영향력이 큰 우선적으로 환매를 해 준 경우에는 금융기관과 투자자간의 이익충돌 상황으로 파악하여야 할 것이고, 자산운용사의 이해관계와 관련이 없는 다른 사유로 인하여 투자자들 사이에서 환매대금의 차이가 발생할 수 있는 상황인 경우에는 투자자간의 이익충돌로 파악하여야 할 것이다. 또한 투자자산 편입의 경우에도 높은 보수를 지급하는 주요 고객에 대하여 우량 자산을 몰아 준 경우에는 금융기관과 투자자간의 이익충돌 문제가 발생하게 될 것이고, 시장 상황에 따라 취득가능 우량 자산의 물량이 변동함에 따라 특정 투자자가 더 이익을 볼 수 있는 상황인 경우라면 투자자간의 이익충돌로 파악될 수 있다.

(2) 구조화 거래에서 선/후순위 투자자간 이익충돌이 문제된 사례

다양한 순위(tranche)의 투자자가 존재하는 구조화거래와 관련해서도 투자자간 이익충돌 문제가 발생하기 쉽다. 그 대표적 사례로는 지난 2008년 발생한 오리온 파이낸스 코퍼레이션(Orion Finance Corporation) 사건이 거론 되는데, 다양한 순위로 발행된 신용파생상품이 동일한 기초자산을 담보로 하는 경우 담보권자들 간에 발생한 이익충돌 문

제에 관하여 영국 법원의 판결이 선고된 사건이다.[6] 사안에서는 케이만 아일랜드에 설립된 구조화투자회사(structured investment vehicle)이던 오리온 파이낸스 코퍼레이션이 선순위 투자자들에 대한 지급 의무를 이행하지 못하고 디폴트 상황에 처하게 되었다. 선순위 투자자들은 수탁자에 대하여 조속한 담보의 실행을 청구하였으며, 당시 금융시장 사정상 담보 가치는 선순위 투자자들의 투자금 환수에도 미치지 못하였다. 이에 대하여 후순위 투자자들은 기초자산의 가격 상승을 기대하며 담보 실행의 연기를 요청하였다. 당시 뉴욕주법을 준거법으로 하던 담보계약서상 명확한 규정은 존재하지 않았는데, 영국 법원(High Court)에서는 선순위 투자자는 수탁자에 대하여 즉시 담보 실행을 청구할 권리가 없으며, 뉴욕주 법에 의거할 때 담보는 모든 담보권자의 이익을 위하여 유지되어야 한다는 점을 근거로 들어 사안에서 수탁자는 단지 채권자의 대리인에 불과한 것은 아니며 재량을 발휘할 것이 요청된다고 판시하였다.[7] 당해 법원에서는 수탁자의 담보 실행 시기에 따라 선순위 투자자들과 후순위 투자자들의 이해관계가 변동할 수 있는 상황에서 수탁자가 후순위 투자자들의 이익을 고려할 수 있다는 점을 중시하였는바, 해당 판결에서 설시하는 법리에 관해서는 아래 2. 나.에서 추가적으로 검토한다.

---

6) Bank of N.Y. v. Mont. Bd. of Invs., [2008] EWHC(Ch) 1594; Steven Schwarcz(2010), pp.1872~1873.

7) 이러한 문제는 반드시 순위가 다른 채권자들의 경우뿐만이 아니라 만기가 서로 다른 동순위(parri pasu) 채권자들 사이에서도 발생할 수 있다. Steven Schwarcz(2010), p.1873.

2. 투자자간 이익충돌 문제에 대한 신인의무 법리의 적용

가. 신인의무자의 개별 투자자에 대한 충성의무를 중시하는 견해

매튜 코나글렌 교수는 신인의무자의 개인적 이익과 무관하게 특정 수익자의 이익을 우선시하는 상황에서 발생하는 복수의 수익자 간의 이익충돌 문제를 특정 수익자에 대한 충성의무 법리와 조화롭게 해석하는 방안을 제시하였다.[8] 코나글렌 교수는 신인의무 법체계에서 충성의무만이 신인의무의 내용을 이루며, 충성의무는 신인의무자의 사익이 개입하는 것을 차단함으로써 주의의무, 성실의무와 같은 비신인의무의 이행에 기여한다는 주장을 일관되게 개진하였다.[9] 이러한 논리체계 하에서는 투자자간 이익충돌 발생 시 신인의무자가 각 투자자에 대하여 부담하는 의무의 법적 지위와 내용을 규명함에 있어서도 충성의무의 본래적 기능이 훼손되지 않도록 하는 데 초점이 맞추어졌다.

코나글렌 교수는 신인의무자의 고의적인 행위로 인하여 복수의 수익자에 대한 신인의무자의 의무의 충돌이 실제로 발생하고, 그 결과 특정 수익자의 이익이 우선시된다면 충성의무 위반에 해당하고, 그렇지 않은 수익자간 이익충돌은 충성의무의 문제에 해당하지 않는다고 주장하였다.[10] 이러한 주장은 영국의 Bristol and West Building Society v. Mothew 판결에서 밀레 판사(Lord Millet)가 설시한 내용을 토대로 한 것으로서, 요약하자면 신인의무자의 고의로 특정 수익자의 이익이 우선시 된 상황에 대해서는 충성의무의 법리를 적용하여 신

---

8) Matthew Conaglen(2009), p.140.

9) Matthew Conaglen(2005), pp.460~463.

10) Matthew Conaglen(2009), p.123. 코나글렌 교수는 이러한 법리를 "inhibition principle"이라고 지칭한다.

인의무자의 사익이 개입되는 것을 차단해야 하지만, 그렇지 않은 경우에는 신인의무자가 각 수익자에 대해서 신실하고 충실하게 행위할 성실의무(duty of good faith)를 부담하는 것으로 정리될 수 있다.

이러한 주장의 함의는 투자자간 이익충돌 상황에서는 잠재적 이익충돌의 우려만이 존재하거나, 신인의무자의 고의가 없었던 경우에는 신인의무 위반(즉, 충성의무 위반)으로 인한 책임을 물을 수 없다는 것이다. 따라서, 신인의무자의 사익이 개입되지 않은 경우라면 비신인의무에 해당하는 주의의무나 성실의무의 기준에 따라 신인의무자의 행위를 평가하면 될 것이므로 일반적인 계약법이나 불법행위의 법리와 다르지 않게 된다.[11]

미국의 아더 레이비(Arthur Laby) 교수도 코나글렌 교수와 유사하게 충성의무만이 신인의무의 본질을 이룬다는 점을 전제로 투자자간 이익충돌 문제를 이해한다. 레이비 교수는 각 당사자들 간에 신인관계가 성립한 이상 충성의무는 반드시 준수되어야 하는 것이므로 특정 투자자에 대한 충성의무를 다하는 것이 다른 투자자에 대한 충성의무를 위반하는 상황을 초래한다면 신인의무 법리에 반하게 되므로 허용될 수 없고, 따라서 별도의 법리를 논할 필요가 없다고 전제한다.[12] 따라서, 모든 수익자의 동의에 따라 하나의 신인의무자로부터 서비스를 제공받는 상황에서는 수익자간 이익충돌 문제는 각 투자자에 대한 주의의무 및 비밀유지의무 등 신인의무자가 부담하는 충성의무 이외의 부수적인 의무를 위반하였는지를 기준으로 판단해야 할 것이라는 결론에 도달하게 되므로,[13] 코나글렌 교수의

---

11) Matthew Conaglen(2009), p.125.

12) Arthur Laby(2004), pp.126~127.

13) 레이비 교수는 이러한 쟁점을 뒷받침하기 위해서 투자은행이 하나의 고객에 대해서 자문을 제공하면서 정보를 취득하고, 해당 정보를 다른 고객에 대해서 이용해야 하는 상황을 예로 들고 있다. 사안에서 투자은행이 고객 2를 위하여 고객 1로부터 취득한 정보를 이용한다면, 고객 1에 대해서는

견해와 유사한 것으로 분류할 수 있을 것이다.

나. 전체 투자자의 이익을 기준으로 충성의무를 완화하는 견해

스티븐 슈워르츠(Steven Schwarcz) 교수는 신인의무자가 복수의 투자자를 상대하는 경우 각 투자자에 대한 충성의무가 완화되어 적용될 수 있다는 취지로 주장한다. 슈워르츠 교수는 다양한 순위로 발행된 채무증권이나 신용파생상품에 투자한 투자자들을 위한 수탁회사의 예를 중심으로 수익자간의 이해관계가 일치하지 않을 경우 이를 조정하기 위한 실체적, 절차적 해법을 모색하였는 바,[14] 그 주요 내용은 다음과 같다.

첫째, 실체적인 관점에서는 신인의무자가 투자자의 이익 전체를 감안하여 행위한 경우에는 신인의무를 위반한 것이 없었다고 간주한다. 예컨대 구조화 상품에서 선순위, 후순위 투자자간 또는 만기가 다른 투자자간의 이익이 충돌하는 경우 특수목적기구의 담보 관리를 위하여 선임된 수탁자는 전체 투자자의 이익을 고려하여 담보권을 행사하면 되고, 그렇다고 하더라도 선순위 투자자에 대한 신인의무를 위반한 것이 아니라는 결론을 도출할 수 있다.[15] 이러한 논리는 투자자의 최선이익을 위한 것이라면 이익충돌금지원칙을 완화시킬 수 있다는 사고에서 비롯된 것으로 평가되며, 위에서 소개한 오리온 파이낸스 코퍼레이션 사건 등 다수의 판례에서 확인되는 법리이다.[16]

충성의무 위반이 되는 것이고, 이를 이용하지 않는다면 고객 2에 대해서는 주의의무 위반이 되기 때문에, 고객 1에 대한 충성의무를 우선시해야 한다는 주장이다. Arthur Laby(2004), p.84.

14) Steven Schwarcz(2010), p.1900.
15) Steven Schwarcz(2010), p.1903.

둘째, 신인의무자가 당사자 간에 정해지거나 법적으로 마련되어 있는 절차를 준수한 경우에는 투자자간 이익충돌이 발생하더라도 신인의무 위반으로부터 면책될 수 있다. 슈워르츠 교수는 특히 복수의 수익자간 이익을 조정할 수 있도록 하는 사법(司法)제도를 정비할 필요성을 강조하였다.[17] 예를 들어, 투자자간 이익충돌이 발생할 경우 각 투자자가 대변하는 이해관계별로 별도의 신인의무자를 선임하도록 하거나, 법원에서 각 투자자의 동의를 신속하게 획득할 수 있도록 하는 허가 절차를 마련할 필요가 있고, 이러한 절차를 준수한 경우에는 투자자간 이익충돌에 대한 신인의무 위반이 문제되지 않는 바, 최근 미국 및 영국 법원에서 도입되고 있는 수익자의 동의를 간소화하는 절차[18] 등을 참고할 수 있다.

다. 분석 및 평가

위에서 소개한 법리들을 종합해 보면 모두 다음과 같은 공통점을 지니고 있다는 점이 관찰된다. 즉, 투자자간 이익충돌이라고 하더라도 특정 투자자에 대한 신인의무자의 충성의무의 존재는 부인될 수 없으며, 고의로 이를 위반하는 것은 용인될 수 없다. 어떤 견해를 따르더라도 신인의무자가 자기 또는 제3자의 이익을 위해서 특정 투자자의 이익을 침해하기 위해서는 그러한 사실에 대한 동의를 획득하여야 한다는 법리에는 변함이 없다. 다만, 코나글렌 교수의 견해는 충성의무를 엄격하게 적용하는 투자자와 신인의무자간 이익충돌의 상황과 주의의무 및 성실의무를 적용하는 것으로 족한 투자자간 이

---

16) Beck v. Manufacturers Hanaver Trust Co., 632 N.Y.S. 2d 520(App. Div. 1995).

17) Steven Schwarcz(2010), p.1910.

18) 영국의 1986년 도산법(Insolvency Act)에 따른 민사소송규칙(English Civil Procedures Rules).

익충돌의 상황을 구별하는 것이고, 슈워르츠 교수의 견해는 투자자 간 이익충돌 상황에서는 충성의무의 기준 자체가 완화될 수 있다는 차이가 존재할 뿐이다.

　　자본시장에서는 금융기관이 복수의 투자자를 상대로 하기 때문에 반드시 금융기관의 사익이 개입되어 있지 않더라도 투자자간 이해관계가 일치하지 않는 현상이 빈번하게 발견된다. 예를 들어 과세정책의 변동에 따랄 펀드의 배당방침이 바뀌는 경우 투자 시점에 따라 이해관계가 달라질 수 있지만 이러한 경우는 개별 투자자에 대한 충성의무 위반과는 거리가 멀다. 한편, 자산운용사 또는 펀드매니저가 자신의 이해관계는 무관하지만 친분 등을 이유로 특정 투자자에게만 유리하게 위탁 자산을 운용함으로써 다른 투자자의 이익을 침해하게 되는 상황은 손해를 본 투자자와 금융기관의 이익이 직접 충돌하는 상황이라고 보기는 어렵고, 투자자간 이익충돌 유형에 가까운 것으로 분류할 수 있다. 이러한 사안들에 대하여 위에서 소개한 법리들을 적용해보면, 전자의 경우는 금융기관은 주의의무를 다하여 성실하게 고객에게 해당 사실을 알리고 환매 등에 필요한 법적인 권리를 보장하는 것으로서 고객에 대한 신인의무를 이행한 것으로 간주될 수도 있고, 법률이나 고객에게 미리 고지한 내부지침 등에 따라 간소화 된 동의 요건을 준수하는 등의 절차적 요건을 충족시킴으로써 신인의무를 이행한 것으로 간주될 수 있을 것이다. 반면, 후자의 경우는 금융기관이 선호하는 투자자의 이익을 우선하는 행위는 손해를 볼 우려가 있는 투자자에 대한 충성의무 위반을 야기하기 때문에 어느 견해에 의하더라도 허용될 수 없을 것이라고 생각된다. 실제로 많은 글로벌 금융기관들은 투자자간 이익충돌이 발생하는 상황에서 고객에게 알리고, 동의를 받도록 이익충돌 관련 내부 지침들을 운영하고 있다고 알려져 있다.[19]

　　결론적으로, 신인의무 법리 하에서 투자자간 이익충돌이 발생하

는 경우는 엄격한 충성의무 법리가 적용되지 않는 영역으로서 신인
의무자가 성실하게 투자자 전체의 이익을 위하여 행위한 것으로 면
책될 수 있도록 하는 것이 다른 투자자의 존재를 전제로 금융기관의
서비스를 이용하는 자본시장의 거래 현실에도 부합할 것으로 생각
된다. 따라서, 구체적인 이익충돌이 문제될 경우 해당 상황이 신인
의무를 부담하는 금융기관과 투자자 사이에서 발생하는 이익충돌에
해당하는지, 아니면 복수의 투자자간의 이익충돌에 해당하는지를 구
별하고 각 상황에 적합한 법리를 적용하여야 할 것이다.

---

19) 예를 들어 인터넷에 공개된 도이치.뱅크의 그룹의 이익충돌 관리 지침에서
는 고객과 금융기관과의 이익충돌 뿐만 아니라 금융기관이 서비스를 제공
하는 고객들 간의 이익충돌 문제에 대해서도 정보를 제공하고 동의를 받
도록 규정한다. https://www.db.com/en/media/Deutsche-Bank-Group—Conflicts-o
f-interest-Policy.pdf.

제3장

신인의무법리가 적용되지 않는 금융투자업무에서의 이익충돌

본 장에서는 신인의무 법리가 적용되지 않거나 적용되기 어려운 금융기관의 업무수행과 관련된 이익충돌 문제를 검토한다. 이러한 유형의 법률관계에서는 신인관계의 특징적 요소인 (i)금융기관의 재량이나 권한, (ii)투자자가 부여한 신뢰와 신임, (iii)투자자의 취약성과 보호의 필요성을 찾기 어렵거나 이 가운데 일부만 존재하기 때문에 신인관계 성립을 인정하기 어렵다. 따라서 이러한 업무를 행하는 금융기관에 대하여 투자자의 이익만을 우선시해야 할 충성의무 및 그에 따른 이익충돌금지원칙을 적용하기는 어렵고, 금융기관이 정보 및 전문성의 우위를 남용하여 고객의 신뢰를 저버리고 오로지 위법·부당하게 고객의 이익을 침해하는 것을 방지하기 위한 별도의 법리를 검토할 필요가 있다.

　　제1절에서는 금융기관이 투자중개업무를 수행함에 있어서 발생하는 이익충돌 문제에 관하여 검토한다. 투자중개업무는 고객을 위하여 주문을 체결·집행하는 위탁매매업무와 금융투자상품의 거래를 알선, 중개하는 행위를 모두 포함하는 개념으로서, 전통적으로는 신인의무의 법리가 적용되던 영역이다. 오늘날에서는 거래 대상 상품과 시장의 특성에 따라 투자중개업자가 고객의 이익에 대하여 행사하는 영향력의 수준이 달라지기 때문에 신인관계의 성립을 단정할 수 없다. 제1절에서는 거래 대상의 물색과 가격 결정에 대한 금융기관의 재량에 따라 장외매매와 장내매매의 경우를 나누고, 각 거래 유형에서 발생하는 이익충돌의 양상과 금융기관에 대해서 적용되는 법리의 내용을 검토한다.

　　제2절에서는 금융기관이 투자매매업무, 특히 자기계산으로 매매 거래를 함에 있어서 고객과의 이익이 충돌하는 상황에서 부담하는

의무에 관하여 검토한다. 금융기관이 매매거래의 당사자로 거래에 참여하게 경우, 이익충돌은 당연히 발생하게 되는 것이고 금융기관은 원칙적으로 고객의 이익을 우선할 의무를 부담하지 않는다. 그럼에도 불구하고 최근 들어서 투자은행 등이 사기적·기망적 수단을 사용하여 매매거래로부터 과도하게 사익을 추구한 행위에 대한 비판이 제기되고 있는바, 제2절에서는 금융기관이 자기계산으로 매매거래를 행하는 경우에 준수해야 할 행위준칙을 규명한다.

제3절에서는 금융기관이 금융상품에 대한 투자를 권유하는 과정에서 발생하는 이익충돌 문제에 관하여 검토한다. 투자권유행위는 글로벌 금융위기 이후 금융기관의 투자자에 대한 의무의 수준을 높여야 한다는 입법과 학문적 논의가 가장 집중되는 영역이다. 투자권유는 금융기관이 권유대상 투자상품에 대한 정보를 제공하는 측면과 투자판단을 이끌어내는 의견을 제시하는 측면이 모두 존재하기 때문에 어떤 측면을 강조하는지에 따라 이익충돌 문제를 규율하는 법리도 달라질 수 있다. 기존에는 투자권유행위를 매매에 부수하는 것으로 인식하고, 금융기관의 투자자에 대한 정보제공 의무를 강화해야 한다는 견해가 주류적 입장을 차지하고 있었으나, 최근에는 투자자가 금융기관의 전문성에 대하여 부여하는 신뢰와 의존성의 측면을 강조하여 투자자문업무와 유사한 것으로 파악해야 한다는 주장이 힘을 얻고 있다. 제3절에서는 각 견해에 대한 검토를 바탕으로 투자권유행위와 관련된 이익충돌의 규율법리를 모색한다. 덧붙여, 애널리스트가 특정 고객군을 대상으로 특정 회사의 주식 등에 대하여 조사분석보고서를 제공하는 경우에도 투자대상 금융상품에 대한 정보제공과 매도·매수여부에 대한 의견제시가 함께 이루어지고 있다는 점에 주목하여, 이와 관련하여 이익충돌의 문제도 광의의 투자권유행위의 일환으로 포함하여 함께 논의한다.

제4절에서는 금융기관이 다수의 금융투자업무를 동시에 영위하

는 경우 각 업무수행과 관련하여 투자자들에 대하여 부담하는 의무가 충돌하는 상황에서 적용될 수 있는 법리에 관하여 검토한다. 본 논문에서는 금융투자업간 이익충돌이란 앞서 검토한 금융기관과 고객 간의 이익충돌 문제 해결의 법리로 해결될 수 없는 예외적 상황으로 파악하고 있기 때문에, 겸영의 허용범위나 정보교류 차단장치 등 금융정책이나 금융규제 측면에서 업무간 이익충돌 문제를 해결하기 위한 제도 및 장치 등의 의의와 한계를 검토한다.

제1절 투자중개업무와 이익충돌

1. 투자중개업무의 법적 성격과
   이익충돌 문제의 발생

가. 투자중개업무의 태양과 우리 법상 투자중개업의 법적 성격

투자중개업무는 주로 증권회사가 투자자들의 계산으로 금융투자상품을 매매하는 위탁매매업무를 말하며, 넓은 의미에서는 금융투자상품 매매의 중개나 대리를 포함하는 것으로서[1] 자본시장 발달 초기에서부터 투자매매업무와 함께 증권회사 업무의 양대 축을 이루어 왔다.[2] 자기계산으로 금융상품의 매매거래를 하여 더 높은 마진을 남기는 것을 목적으로 하는 투자매매업무와는 달리, 투자중개업무를 영위하는 금융기관은 금융투자상품의 거래 규모 및 거래 횟수에 따라 수수료 수익을 수취하는 것을 경제적 목적으로 한다.

자본시장법에서는 투자중개업을 "누구의 명의로 하든지 타인의 계산으로 금융투자상품의 매도·매수, 그 중개나 청약의 권유, 청약, 청약의 승낙 또는 증권의 발행·인수에 대한 청약의 권유, 청약, 청약의 승낙을 영업으로 하는 것"(제6조 제3항)으로 정의하고 있는 바, 위탁매매업무를 수행하는 경우에는 상법상 자기명의로써 타인의 계산으로 물건 또는 유가증권의 매매를 영업으로 하는 자로서 위탁매매 법리의 적용을 받는다(상법 제101조).[3] 따라서, 투자중개업무를 수행

---

1) 김건식·정순섭(2013), 125쪽.

2) Nicholas Di. Lorenzo(2012), pp.301~303.

3) 증권매매시 금융투자업자와 투자자 사이에는 매매거래계좌설정계약의 체

하는 금융기관은 고객의 주문체결과 관련하여 투자자에 대해서 민법상 위임계약의 수임인의 의무를 부담하고(상법 제112조), 선량한 관리자의 주의로서 위탁매매업무를 수행하여야 한다. 한편, 우리법상 위탁매매인과 수임인의 경우에는 충성의무가 명문으로 규정되어 있지는 않지만, 대리권이 수여된 범위 내에서 본인의 동의 없이 자기거래 또는 쌍방대리가 금지된다는 민법상 대리에 관한 법리에 근거하여 고객의 이익을 우선시할 의무를 부과할 수 있을 것이다.[4][5]

나. 투자중개업무에 대한 신인의무 법리의 적용

금융기관의 투자중개업무 수행과 관련해서도 신인의무 법리를 적용할 수 있는지에 관해서는 견해가 대립하고 있다. 신인의무 적용 여부에 따라 고객과의 이익충돌 상황에서 준수해야 할 행위준칙의 내용이 달라지는 점을 감안하여 아래에서는 각 견해의 내용과 근거를 간략히 살펴본다.

미국에서는 자본시장 발전 초기 단계에서부터 주식브로커와 고객의 법률관계를 둘러싼 분쟁이 다수 발생하였고, 투자중개업무를 담당하는 금융기관이 투자자에 대해서 부담하는 법적 의무의 성격에 대한 논의가 활발히 진행되었다. 전통적으로는 투자중개업자가 보유하는 재량의 측면을 강조하여 신인의무 법리를 적용하자는 견

결, 증권 또는 대금의 예탁 및 매매주문이 동시에 또는 순차적으로 이루어지지지만 본 장에서는 위탁매매에 해당하는 매매주문을 둘러싼 법률관계를 중심으로 검토한다. 증권위탁매매의 법률관계에 관해서는 김건식·정순섭 (2013), 579쪽.

4) 민법 제124조에 따른 대리 법리의 적용을 주장하는 견해로는 김용재 (2013b), 48쪽.
5) 민법상 대리와 위임의 법리를 신인의무 관점에서 비교한 연구로는 이지민 (2015), 51~79쪽.

해로서, 증권시장 수수료가 자율화된 1975년 이전의 판례의 주류적인 입장을 차지하였다.[6] 아직까지도 캘리포니아주 등에서는 증권법에서 투자중개업자(broker)는 고객 계정에 대한 재량을 보유하고 있는지 여부와 무관하게 신인의무를 부담한다고 명문으로 규정하고, 법원에서도 신인의무의 존재를 전제로 한 판결을 선고하고 있다.[7]

미국에서는 판례와 학설상 투자중개업자가 위탁매매시 보유하는 재량이 거의 없다는 점을 강조하여 충성의무를 핵심으로 하는 신인의무를 부담하지는 않는다고 해석하는 견해가 다수를 차지한다.[8] 미국의 연방증권법에서도 브로커-딜러에 대해서는 고객에 대한 신인의무를 부과하는 조문은 없으며, 뉴욕주 등 다른 주의 법원에서는 "재량이 없으면 신인의무자로서 책임을 부담하지 않는다는 것이 법리의 핵심이다."라고 판시하고 있다.[9] SEC에서도 투자중개업자에 대해서는 자본시장에서의 고객 재산에 대한 주문 집행과 관련하여 보유하는 재량적 측면을 강조하여 신인의무자라고 해석하기도 하고,[10] 자산운용수탁자와 같은 수준의 재량이 없는 이상 신인의무자가 아니라고 해석한 경우도 있다.[11]

브로커의 신인의무를 강조하는 견해는 영국에서 브로커가 고객을 '위해서' 행위 한다는 점을 선언하도록 한 1697년 "투자중개업자의 진입 및 영업규제에 관한 법률(An Act to Restrain the Number and Ill Practice of Brokers and Stock Jobbers)"에서 그 기원을 찾고 있으며, 미국에서도 19세기부터 중개업자의 신인의무를 인정하는 것이 판례의 주

---

6) Arthur Laby(2010a), p.704.

7) Arthur Laby(2010a), p.705.

8) Thomas Hazen(2009), pp.606~607.

9) Arthur Laby(2010a), p.705.

10) E.F. Hutton & Co. Inc., Exchange Act Release No. 25,887("공정, 공평 대우의 원칙은 기본적인 신인의무자의 책임을 구현하는 것이다").

11) SEC v. Pasternak, 561 F. Supp. 2d 459, 499.

류적인 태도로 자리잡은 점, 20세기 중반까지도 대리법 제1차 리스테이트먼트(1933년) 및 제2차 리스테이트먼트(1959년)에 따라 대리인으로서의 신인의무를 부담하는 점 등을 근거로 삼고 있다.[12] 반대로, 신인의무 법리의 적용에 반대하는 견해에서는 투자중개업자가 고객계정에 대한 일임매매를 실시하는 등의 재량을 보유하지 않는 이상 통상적인 주문, 집행 기능을 수행하는 것만으로는 신인의무자의 지위를 인정하기 어렵다는 점을 강조한다.[13]

요컨대, 투자중개업자에 대한 신인의무 법리 적용여부는 일률적으로 판단할 수 없고, 투자자의 이익에 대해서 행사할 수 있는 재량과 권한의 수준에 따라 달리 판단하여야 할 것이다.[14] 특히, 이러한 재량과 권한의 수준은 취급하는 상품이나 거래가 이루어지는 시장의 특성에 따라 달라지기 때문에 다음과 같은 유형화가 가능하다고 생각한다. 첫째, 증권회사가 투자중개 서비스를 제공함에 있어서 금융상품의 매도 및 매수가격 결정에 실질적으로 영향력을 미치기 어려운 증권시장이나 장내파생상품시장에서의 통상적인 중개업무의 경우는 재량과 권한의 범위가 매우 좁을 수밖에 없고, 따라서 신인관계의 징표를 관찰하기 어렵다. 둘째, 채권시장이나 장외파생상품시장 등 장외거래에서는 투자중개업자의 재량에 따라 투자자의 이해관계에 영향력을 미칠 가능성이 상대적으로 크기 때문에 여전히 신인의무 법리를 적용할 필요성이 존재한다. 이하에서는 장외거래와 장내거래의 경우를 구별하여 투자중개업자가 보유하는 재량의 수준 차이에 따라 고객과의 이익충돌과 관련하여 부담하는 의무의

---

12) Arthur Laby(2010a), pp.720~721.

13) Barbara Black(2005), p.36.

14) 바바라 블랙 교수는 투자중개업자가 신인의무자라고 인정하면서도 검토, 감시 및 거래중단 의무를 대고객 의무의 핵심 내용을 이루는 것으로 설명한다. Barbara Black and Jill Gross(2003), p.469.

내용이 달라진다는 점을 전제로 논의를 전개한다.

2. 투자중개업무와 관련된 이익충돌의 발생

가. 이익충돌의 발생원인

장외채권시장이나 장외파생상품시장에서는 신인의무자에 해당하는 금융기관이 고객의 이익보다 자신의 이해관계를 우선시함으로써 고객 재산에 대해서 보유하는 재량을 남용하고 투자자의 신뢰를 침해할 우려가 있다. 장외거래는 거래 물량이 상대적으로 적고, 거래 단위가 크거나 상품의 구조가 복잡하다는 특성이 있기 때문에, 투자중개업자가 거래 시기와 거래조건에 관하여 상당한 영향력을 행사할 수 있으며 그에 따라 투자자의 이해관계가 크게 달라질 수 있기 때문이다. 신인의무 법리가 적용될 수 있는 장외거래에서는 이처럼 고객의 이익을 침해할 우려가 있는 상황에서 수수료 수익이나 이해관계 있는 회사가 발행한 채권의 매입 등을 목적으로 하는 거래를 체결하도록 중개하는 것 자체가 비난 가능성이 있는 이익충돌이라고 하겠다.

반면, 투자중개업자가 보유하는 재량이 미미한 장내거래에서는 고객과의 이익충돌의 발생 원인도 장외거래의 경우와 달리 진단된다. 미국에서는 1975년 수수료 자율화 이후 증권거래 수수료 수익이 증권회사 수익에서 차지하는 비중이 급감하고, 전자기술의 발전으로 다양한 주식중개 플랫폼들이 등장하면서 위탁매매시 증권회사가 보유하는 재량이 감소하고 기계적인 집행업무가 중심을 차지하게 되었다.15) 그 결과 증권시장의 인프라가 투자중개업자의 재량을 대체

---

15) SEC에서 1975년 거래소들로 하여금 각 회원 증권회사들에게 고정수수료 수취를 금지한 결과 수수료 인하 경쟁이 격화되면서 투자중개업자의 재량이

하였기 때문에 고객 주문의 거래조건 결정에 직접 영향력을 행사함으로써 이익충돌을 야기할 확률도 낮아지게 된 것이다. 따라서 장내거래 중개업무와 관련해서는 금융기관이 투자중개업무를 수행하면서 취득한 고객의 정보를 남용하여 매매거래 등에서 자신의 이익을 도모하고 투자중개업무 고객의 이익을 부당하게 침해하거나, 오로지 수수료 수익의 획득만을 목적으로 과당거래(churning)을 하는 등과 같이 금융기관의 재량을 보유하는 제한적인 경우에 이익충돌이 발생하게 된다.

나. 투자중개업무 관련 이익충돌이 문제된 사례

(1) 장외거래에서의 투자중개업무 관련 이익충돌

최근 우리나라에서는 장외거래, 그 중에서도 특히 채권거래의 투자중개업무 관련 증권회사의 이익충돌이 문제된 사례가 발생하고 있다. 그 첫 번째 대표적인 사례로는 2012년 공정거래위원회가 제1종 국민주택채권, 서울도시철도채권 등 소액채권의 즉시매도가격을 정하기 위해 한국거래소 등에 제출하는 채권 수익률을 사전에 합의한 20개 매수전담 증권사에 대해 시정 명령 및 과징금 총 192억 3,300만 원을 부과하고 그중 6개 증권사를 검찰에 고발한 사안을 들 수 있다.16) 해당 증권사들은 소비자가 아파트나 자동차 등을 구입할 때 의무적으로 구입한 소액채권을 할인해 즉시 은행에 되파는 과정에서 적용되는 채권 수익률을 담합하였는데, 그로 인하여 채권을 매입한 투자자들이 손해를 입었다는 이유로 70명의 투자자들이 민사소송

줄어들었다. 고정 수수료 제도는 1792년부터 인정되어 오던 것으로서 그 정점이던 1961~1968년 기간 중에만 투자중개업자들의 수수료 수익이 총 6배 인상되는 등 중요한 수익원이 되었다. Arthur Laby(2012), pp.726~728.
16) 공정거래위원회 보도자료(2012. 11. 2).

을 제기한 사실이 알려졌다.[17] 해당 사안에서 투자자들이 청구한 손
해배상 금액은 2,200만원에 불과하지만 공정거래위원회가 부과한 과
징금 규모나 투자자들이 주장한 증권회사들의 총 부당이득 금액이
4,000억원에 이른다는 점을 감안할 때, 신인의무 법리를 적극적으로
적용하여 증권회사들이 중개 업무 수행으로 인하여 취득한 이익을
환수하는 법리의 적용 여부에 따라 재량남용행위의 억지 기능이 달
라질 있다는 점을 잘 보여주는 사안이다.

　두 번째 사례로는 2015년 자산운용사가 펀드 또는 일임계정 운용
시 채권을 편입함에 있어 금리변동을 감안하여 거래체결 시기를 조
정하는 소위 '파킹거래'에 조력한 증권회사들에 대해 제재조치가 이
루어진 사안을 꼽을 수 있다.[18] 금융감독 당국에서는 해당 제재를
계기로 장외거래가 70퍼센트 이상의 비중을 차지하는 채권시장의 특
징으로 인하여 불공정하고 폐쇄적인 거래가 만연했다는 점을 지적
하면서 향후 집중적인 검사와 제재 계획을 밝힌 바 있다.[19] 채권파
킹에 관한 징계사례 외에도 증권회사들이 자산운용사 등에 수익률
을 맞춰주기 위해 채권가격을 인위적으로 조정하는 사례 및 자기 계
좌 또는 임직원 계좌 등 특정 계좌에 이익을 몰아주기 위하여 위해
다른 고객 계좌에 피해를 주는 행위가 함께 지적되었다.[20] 이러한
유형의 행위들은 모두 장외거래에서 중개업자가 이익충돌을 야기함
으로써 재량을 남용하고 투자자의 신뢰에 반한 것이라고 평가될 수
있다.

　한편, 자본시장의 발전 초기단계에서는 주식시장의 경우에도 장

---

17) 머니투데이, 증권사 소액채권 금리담합 피해자 70명 공동소송 제기(2013. 7.
　　10).
18) 금융감독원 보도자료(2015. 1. 28).
19) 금융감독원 보도자료(2015. 10. 1).
20) 한국경제신문, 금감원, 채권 불공정거래 전면검사(2015. 10. 1).

외거래의 비중이 높았고, 주식브로커들이 주문의 체결·집행에 상당한 재량을 가지고 있었기 때문에 신인의무 법리가 적용됨을 전제로 이익충돌의 발생과 관련하여 투자자에 대한 책임을 인정한 사례가 많이 있다. 쉐릴 와이스(Cheryl Weiss) 교수의 논문에서는 19세기부터 1930년대 연방증권법이 제정되기까지 고객의 주문·집행을 위탁받은 주식브로커의 이익충돌이 문제가 된 판례들을 검토하고 있는데,[21] 대표적으로 1881년 선고된 Levy v. Loeb 판결과 같이 고객을 위하여 증권의 매수를 위탁받은 투자중개업자가 동일한 거래에 있어서 매도인을 위한 대리인으로 행위 할 수 없고 양측으로부터 수수료를 수령할 수 없다고 판시한 경우 등이 있다.[22] 그 밖에도 고객의 주문집행으로 얻는 이익을 은닉하거나[23] 허위 주문을 내어 매매를 성립시키거나(이른바 bucketing order),[24] 고객의 지시에 반하는 거래, 숨은 수수료 취득 및 고객 자금 유용 행위, 과다한 금액에 의한 담보권 설정 행위 등이 문제되었는데,[25] 이러한 행위유형들은 모두 주식브로커가 이익충돌을 발생시키거나 이익충돌이 우려되는 상황에서 자기의 이익을 우선함으로써 충성의무를 위반한 것에 해당될 수 있다.[26]

　(2) 장내거래에서의 투자중개업무 관련 이익충돌

　장내거래의 발전 초기 단계에서는 재량을 남용하여 오로지 수수료 수익을 얻기 위해서 과도한 거래를 일으킨 과당거래가 문제된 사안들이 다수 존재한다. 1918년 Cohen v. Rothschild 판결에서는 면화거

---

21) Cheryl Weiss(1997), p. 77 각주 89; 투자매매·중개업자의 대고객 의무의 성격에 관한 국내 연구에서도 주로 Cheryl Weiss 교수의 논문의 해당 부분에서 소개된 사례들을 인용하고 있다. 이채진(2010), 50쪽; 김용재(2013b), 49쪽.
22) 85. N.Y. 365.
23) 103 Mass. 306.
24) Cheryl Weiss(1997) pp.79~80.
25) 김용재(2013b), 50~51쪽.
26) 같은 취지로 이채진(2010), 51쪽.

래에서 매매를 위탁한 중개업자가 과도한 거래를 한 것이 문제되었는데 뉴욕주 대법원은 투자중개업자가 고객 재산에 대해서 포괄적인 권한을 행사할 때는 신인의무자로서의 특징을 갖는다는 것을 전제로, 여러 고객들에 대해서 계좌를 위탁받아 재량에 따라 중개업무를 수행하는 경우 특정 고객의 동의 없이 자기 자신의 이익을 위하여 과도하게 거래를 일으킨 데 대한 책임을 부담하는 것으로 판시하였다.[27]

우리나라에서도 1990년대 후반부터 자본시장법이 시행되기 이전까지 증권회사의 임직원이 고객에게 투자권유 과정에서 수익보장 약정을 해 주고, 동 계좌에 대해서 일임매매를 진행하면서 수수료 수익을 목적으로 고객 재산에 손해를 입힌 사건에 관한 분쟁이 빈번히 발생하였다.[28][29] 대법원은 그 중 한 건에서 "증권회사가 고객과 포괄적 일임매매 약정을 하였음을 기화로 그 직원이 충실의무를 위반하여 고객의 이익을 무시하고 회사의 영업실적만을 증대시키기 위하여 무리하게 빈번한 회전 매매를 함으로써 고객에게 손해를 입힌 경우에는 과당매매행위로서 불법행위가 성립한다."고 설시한 바

---

27) Cohen v. Rothschild 69 App. Div. 659, 669(N.Y. App. Div. 1918). Hoffman v. Livingstone 판결(1880년)에서는 중개업자가 일임 재량을 보유한 고객 계좌에 손해가 발생했음에도 불구하고 수수료를 청구한 사안에서 투자중개업자의 책임을 인정하였으며, Bennet v. Hungate 판결(1992년 선고)에서도 법원은 투자를 위해서 맡긴 고객의 자금을 투기적 거래를 위해서 이용해서는 안 된다고 설시하였다. 김용재(2013b), 46~47쪽.

28) 대법원 1997. 10. 24 선고 97다24603판결; 대법원 2007. 4. 12 선고 2004다4980 판결.

29) 판례에서는 일임매매를 권유하는 과정에서 증권회사가 수익보장 약정을 했기 때문에 투자권유 과정에서의 고객보호의무 위반 여부가 주로 문제가 되었으며 증권회사의 투자권유가 고객에 대한 보호의무 위반에 해당한다고 인정한 최초의 사례는 대법원 1996. 8. 23 선고 94다38199 판결로서, 권유의 대상은 일임매매에 해당한다. 한국증권법학회(2015), 289쪽.

있다.30) 이러한 판시 내용이 투자중개업무를 영위하는 금융기관의 충성의무를 전제로 한 것인지 단정하기는 어려우며, 과당매매를 충성의무가 아니라 선관주의의무 또는 성실의무 위반 행위로 파악하는 견해도 있다.31) 그러나 위와 같은 판례에서 설시된 법리는 신인의무 법리에 따른 충성의무 위반을 인정한 것과 실질적으로 동일하므로, 과당거래와 같이 고객에 대한 재량을 남용하고 자신의 이익을 앞세우는 등 신인의무 법리가 적용되는 업무수행과 관련된 이익충돌 문제에 적용할 수 있을 것이다.

한편, 위탁수수료가 자율화되고 장내거래에서 중개업자가 보유하는 재량이 감소한 이후에는 주문체결 과정에서 중개업자가 재량을 남용하여 고객의 이익을 직접적으로 침해하는 사례, 즉 수수료 수익을 목적으로 고객에게 손해를 가하는 거래를 행하는 유형의 행위가 크게 문제된 사례는 찾아보기 힘들다.32) 아더 레이비(Arthur Laby) 교수는 위탁수수료 자율화가 이루어진 이후 지금까지 투자중개업무를 둘러싼 분쟁들이 법원에서의 소송이 아닌 금융산업규제기구(FINRA) 또는 미국중재협회(American Arbitration Association)의 규칙에 따른 중재(arbitration)로 종결되는 경향이 있었고, 그로 인하여 투자중개업자의 의무에 관한 법리가 정립되는 데 어려움이 존재하였다고 지적한다.33) 더욱이 미국 연방대법원에서 1987년과 1989년에 각각 투자중개업자의 중개위탁계약(Brokerage Agreement)에 전형적으로 포함되어 있는 강제중재조항을 1934년 증권거래소법 및 1933년 증권법상 유효한 것으로 판단하였고,34) 그 이후에는 중개업무 관련된 분쟁에 관한 선

---

30) 대법원 2007. 7. 12 선고 2006다53334 판결.
31) 한국증권법학회(2015), 402~404쪽.
32) Arthur Laby(2010a), p.704.
33) Arthur Laby(2010a), p.705.
34) Shearson/American Express, Inc. v. McMahon, 482 U.S. 220, 238(1987); Rodrigueaz

례를 찾기가 더욱 어려워졌다. 더욱이 1995년 사적 증권소송 개혁법률(Private Securities Litigation Reform Act)의 입법으로 투자자들이 직접 금융기관의 책임을 묻기 어렵고,[35] SEC가 금융기관을 상대로 소를 제기하는 경우에는 금융기관이 합의금을 지급하고 화해로 종결되는 경우가 더 많기 때문에 법리가 정착될 기회가 없었다.[36]

대신, 투자중개업자의 전면적인 재량이 존재하지 않는 경우에도 선행매매 등과 같이 금융기관이 위탁매매업무를 업무를 수행하는 과정에서 획득하는 정보를 남용함으로 인해서 고객의 이익을 침해하는 유형의 문제는 여전히 발생하고 있다. 예를 들어, 2011년 SEC는 메릴린치의 고유재산 트레이더들이 투자중개업 고객들로부터 지득한 거래정보를 소속 회사의 자기계산으로 하는 매매거래에 활용한 사실을 적발하고 합의를 체결하였다.[37] 이 때 문제된 거래는 고객의 주문을 체결한 이후에 이루어졌기 때문에 1934년 증권거래소법 및 FINRA의 영업행위 규칙에서 금지하는 선행매매의 정의에 부합하지는 않지만 감독당국에서 고유재산 거래와 관련하여 투자중개업 고객의 정보를 이용하는 유형의 이익충돌 문제를 규제하기 위한 목적으로 제재를 시도한 것으로 해석될 수 있다. SEC의 발표에 따르면 메릴린치의 한 트레이더는 "저는 늘 다른 똑똑한 사람들이 하는 대로 할 따름입니다."라는 논리를 들어 투자중개업 고객의 이익을 침해할 수 있는 고유재산 거래 행위를 정당화하려고 시도하였는데,[38] 이러한 인식은 신인의무 법리가 적용되기 어려운 상황에도 금융기관이 이익충돌 상황에서 정보의 우위를 남용하여 고객의 이익을 부당하

---

de Quijas v. Shearson/American Express, Inc., 490 U.S. 477, 486(1989).

35) Steven Ramirez(2002), p.548.

36) Arthur Laby(2010a), p.706.

37) SEC Release No.63760(2011. 1. 5.).

38) SEC Release No.63760(2011. 1. 5.).

게 침해하는 현상이 업계에 만연히 존재할 수도 있다는 점을 시사해 준다.

3. 투자중개업무 수행관련 이익충돌 문제 해결의 법리

가. 장외거래의 경우

투자중개업무를 수행하는 금융기관이 거래의 시기와 물량, 가격 등 제반 조건을 결정하는 데 상당한 재량을 보유하는 장외거래의 경우에는 금융기관과 고객 간의 신인관계 성립이 인정될 수 있기 때문에, 금융기관에 대하여 충성의무를 부과하고 이익충돌금지원칙(no-conflict rule)을 적용할 수 있다. 따라서 금융기관은 고객의 동의 없이 이익충돌을 야기하는 거래를 할 수 없고, 이익충돌이 우려되는 상황에서 자기 또는 제3자의 이익을 고객의 이익보다 우선시 하는 행위를 할 수 없다. 특히 투자중개업무에 있어서는 수수료 수익을 얻기 위한 목적으로 고객의 이익이 침해될 우려가 있는 거래인 줄 알면서 주문을 체결·집행하는 행위가 전형적으로 금지될 것인바, 예를 들어 파킹거래와 같이 실정법상 금지규제가 존재하지 않는 행위라고 하더라도 투자중개업자는 그로 인하여 손해의 발생이 예상되는 상황에서는 해당 거래로 인한 수수료 수익이나 당해 거래를 지시한 자산운용사로부터 향후 취득할 수 있는 사업기회를 도모해서는 안 된다는 결론을 도출할 수 있게 된다.

다만, 장외거래를 수행하는 투자중개업자라고 하더라도 자산운용수탁자에 대해서와 같이 엄격한 이익충돌금지원칙을 적용하는 것은 바람직하지 않다. 제2장 제2절에서 자산운용수탁업무와 투자자문 제공업무에 대하여 적용되는 신인의무의 수준이 달라질 수 있다고 논의한 바와 같이, 장외거래라고 하더라도 특정 거래의 체결과 집행에 대한 한정된 재량을 보유하는 투자중개업자에 대해서는 이익충돌금지원칙을 완화하여 적용할 수 있으며, 그러한 적용이 투자자의 기대에도 부합한다. 타마 프랑켈 교수나 폴 밀러 교수도 수탁자에 대해서 적용되는 신인의무와 대리인에 대해서 적용되는 신인의무의 수준이 달라질 수 있다는 점을 인정하고 있는 바, 대리법리를 기본으로 하는 투자중개업무의 영역에 대해서 이러한 논리를 쉽게 적용할 수 있다.[39] 따라서, 신인의무 법리가 적용되는 장외거래에서의 투자중개업무 수행 시 이익충돌이 원칙적으로 금지되나, (i) 금융기관이 신의성실에 따라 이익충돌로 인하여 고객에 대한 손해가 발생하지 않을 것으로 판단하였다면 신인의무 위반의 책임을 묻지 않거나 (ii) 이익충돌 거래 또는 행위에 관한 유효한 동의의 판단 기준을 완화하는 등의 예외를 유연하게 인정할 수 있을 것이다.

나. 장내거래의 경우

거래소 시장에서와 같이 금융기관이 보유하는 재량과 권한이 미미한 경우에는 금융기관이 수수료 수익을 위하여 고객에게 손해가 되는 거래의 체결을 감행하는 유형의 이익충돌이 발생할 가능성이 매우 낮다. 따라서, 장내거래에 대한 중개업무를 수행하는 금융기관에 대해서 신인의무 법리에 따른 이익충돌금지원칙을 적용할 실익이 없고, 오히려 개별 거래의 이익충돌 여부에 관한 판단 및 투자자의 동의를 획득하기 위한 비용만 증가시킬 가능성이 크다.

다만, 장내거래라고 하더라도 예외적으로 해당 금융기관이 투자중개업 고객으로부터 취득한 정보를 악용하여 자기의 계산으로 거

---

39) Paul Miller in Andrew Gold and Paul Miller(2014), pp.79~80; Tamar Frankel(2009), p.7.

래를 하거나, 제3자에게 해당 정보를 제공함으로써 동 고객의 최선의 이익에 반하는 조건으로 주문체결이 이루어지지 못하도록 방지할 필요가 있다. 또한 해당 상품의 주문을 체결·집행하는 시장이 복수로 존재하는 경우에는 비록 장내거래라고 하더라도 위탁매매업무를 행하는 금융기관이 주문체결의 조건이 결정되는 특정 시장을 선택할 재량이 있기 때문에, 특정 시장으로부터 킥백이나 기타 경제적 대가를 제공받고 고객의 최선의 이익에 반하는 가격에 거래가 이루어지도록 주문을 배분하는 것을 금지하여야 한다.[40] 이러한 행위들은 금융기관이 고객에 대하여 금융거래에 대한 정보의 우위를 악용하거나 사기적 위법행위를 함으로써 고객의 신뢰를 배반하고 부당하게 손해를 입히는 것이므로 허용되어서는 안 될 것이다.

첫째, 투자중개업무 수행 과정에서 지득한 정보를 남용하거나 투자자의 신뢰를 악용함으로써 투자자의 이익을 침해할 가능성이 높은 행위 유형을 규제법규에서 사전적으로 유형화하고 그 위반에 대하여 행정적·형사적 책임을 부과하는 방안이 존재한다. 예컨대, 미국에서는 FINRA 규칙으로 브로커-딜러가 장내매매를 중개하는 과정에서 고객으로부터 취득한 거래정보를 남용하여 고객에 대하여 부당한 손해를 가할 수 있는 유형을 사전에 정하여 금지하고 있다.[41] 예를 들어 FINRA 규칙 5320에서는 고객의 주문을 집행하기에 앞서서 증권회사가 자기의 계산으로 거래하는 것으로 일반적으로 금지하며, FINRA 규칙 5280에서는 조사분석보고서의 미공개 정보를 활용하여 자신의 포지션을 변경하는 행위 등을 금지하고 있다. 이러한 규제는 자본시장법에 따른 투자매매업·투자중개업자의 선행매매 및 스캘핑 금지 규제와 일치하는 것이다.[42] 또한 미공개정보이용행위나 시세

---

40) Andreas Martin Fleckner in Niamh Moloney *et al.*(2015), p.628.

41) FINRA Report(2013), pp.37~38.

42) 우리나라에서도 자본시장법 제70조이하의 투자매매·중개업자의 영업행위

조종행위 등 불공정거래 규제의 경우에도 투자중개업무 수행과정에서 지득한 고객의 정보를 활용하여 부당하게 사익을 추구하고 투자자의 이익을 침해하는 것을 방지하는 기능을 수행할 수 있다. 한편, 복수의 장내시장에서 거래가 이루어지는 상황을 활용하여 킥백(kickback)을 수취하는 등 고객의 이익보다 금융기관 자신의 이익을 우선시할 수 있도록 각 시장 간에 주문을 배분하지 못하도록 하는 최선집행의무(best execution)에 관한 규제도 투자중개업자가 장내거래에서 예외적으로 재량을 보유하게 되는 상황에서 이를 남용하여 고객에게 손해를 전가하지 못하도록 하는 목적이라고 이해될 수 있다.[43]

둘째, 금융기관이 투자중개업무 고객으로부터 취득한 정보를 고객의 동의없이 자신의 이익을 위하여 활용하거나 매매주문 체결과 관련하여 특정 거래시장으로부터 리베이트를 받는 등 고객의 신뢰를 저버리고 이익을 위법·부당하게 침해하였다면 투자자에게는 그에 상응하는 민사상 구제수단이 부여되어야 한다. 이 때 불공정 거래규제와 같은 실정법 위반의 경우에는 위법성의 판단이 비교적 용이할 것이나, 특정한 규제법규 위반의 요건에 해당하지 않는 행위에 대해서는 위탁매매업무로부터 지득한 고객정보 활용 행위의 태양 및 행위의 동기, 금융기관에 대한 고객의 신뢰의 수준 등을 종합적으로 감안하여 불법행위에서의 위법성의 요건을 충족시키는 것으로 해석될 수 있을 것이다.

규정 가운데 다수는 투자중개업무를 영위하는 과정에서 취득한 정보를 남용하는 행위를 규제하고 있으며, 그 구체적 내용은 4장에서 상세히 검토한다.

43) EU에서도 주문집행이 이루어지는 시장(trading venue)이 다변화 되면서 이익충돌 상황에서 고객의 최선의 이익을 위하여 주문을 체결하지 못할 위험을 통제하기 위하여 일반적인 행위준칙으로 최선집행의무를 부과하고 있다(MiFID Ⅱ, 제27(1)조). Niamh Moloney(2014), pp.519~521; Guido Ferrarini(2009), p.407.

우리나라의 사법(私法)법리상으로는 투자중개업자가 위법·부당하게 고객의 이익을 침해함으로써 취득한 이익을 환수할 수 있는 특별한 법리가 마련되어 있지는 않다. 장외거래와 관련해서는 이론적으로 신인의무 법리에 따라 금융기간이 이익을 얻기 위하여 투자자에게 불리한 영향을 미칠 수 있는 매매주문을 체결하는 것 자체가 금지되고 이러한 의무 위반에 대한 이익환수 및 거래무효화 등의 구제수단이 인정될 수 있으나, 실정법상으로는 위탁매매인이 부담하는 선관주의의무(상법 제112조)의 내용 가운데 신인의무자의 충성의무가 포함되는 것으로 해석하기가 쉽지 않고, 선관주의의무 위반이 인정된다고 하더라도 이익환수나 원상회복이 가능하지 않다. 한편, 장내거래에서는 금융기관이 이익충돌 상황에서 고객의 거래정보를 악용하거나 특정한 거래소로부터 리베이트를 받는 등 고의적으로 고객의 신뢰를 배반하고 자신의 이익을 우선시하는 행위에 대해서도 그로부터 얻은 이익을 환수할 필요가 있다고 생각되지만 불법행위 및 계약위반으로 인한 손해배상을 청구하는 것 이외의 구제수단이 마련되어 있지는 않다. 즉, 장외거래 또는 일부 장내거래에서 중개업자가 재량을 남용하고 고객의 이익을 위법·부당하게 침해한 행위에 대해서는 그러한 이익을 환수하는 것이 중개업무 관련 이익충돌을 효과적으로 규율하는 전제가 될 수 있을 것이나 자본시장법 또는 상법상 위탁매매인의 이익충돌로 인한 이익을 고객에게 돌려주기 위한 법리는 전혀 마련되어 있지 않은 것이다.[44] 투자중개업무는 매매거래 또는 투자권유행위와 달리 일정한 경우 금융기관이 고객의

---

44) 상법 제107조에 위탁매매상의 개입권이 규정되어 있지만 이는 위탁매매인에 대하여 직접 계약체결의 당사자가 될 수 있는 예외적 조건을 규정하는 조문으로서 상업사용인(제17조 제2항)등의 경업금지의무 위반으로 인한 이익환수 기능을 수행하는 개입권과는 성질을 달리 한다. 천경훈(2012), 257쪽, 각주 61.

이해관계에 직접적인 영향을 미칠수 있기 때문에 이익충돌 상황에서 고의로 재량을 남용한 이익을 환수하는 것이 타당할 것이고, 따라서 위탁매매에 대해서도 이익환수의 근거가 되는 조문을 입법적으로 신설할 필요가 있을 것이다.

제2절 투자매매업무와 이익충돌

1. 투자매매업의 성격과 이익충돌

가. 투자매매업무의 법적 성격

증권회사는 자기의 계산으로 증권이나 파생상품 거래를 할 수 있고, 이를 업으로 영위할 경우에는 투자매매업자 또는 딜러(dealer) 등의 명칭으로 각국 감독당국에 의하여 진입규제, 건전성규제 및 영업행위 규제 등의 대상이 된다. 증권법제상 영업행위 규제의 측면에서 증권회사의 거래상대방을 '투자자'라고 정의하고는 있지만, 이들은 자산운용수탁자에 대하여 자금을 위탁하는 투자자와는 달리 자기책임의 원칙이 지배하는 매매거래, 대차거래 또는 이와 유사한 거래의 상대방의 지위에 있는 자이다. 또한 자기매매업을 영위하는 증권회사는 매매거래에서의 매도가격과 매수가격 간의 차액과 같은 마진을 영업이익으로 추구한다. 그렇다면 자기매매업을 영위하는 증권회사와 고객 간의 관계는 본질적으로 여타 상품의 매매거래 또는 사인간의 금전 또는 현물의 소비대차 거래 등과 동일한 법적 성격을 지닌다.[1][2]

---

1) 같은 뜻, 김용재(2013b), 30쪽.
2) 자기계산으로 하는 매매거래를 제외한 투자매매업무의 대표적인 영위 태양은 증권의 인수업무이다. 증권 인수업무는 자본시장 발전 초기 단계부터 투자은행 등에 의해서 수행되어 왔으며, 우리나라의 자본시장법 하에서도 투자매매업무의 정의에 포함되어 대형 증권회사 등에 의해서 영위된다. 금융기관이 증권의 인수업무를 수행하는 경우에는 발행회사를 위하여 업무를 수행하면서도 위법, 부실한 증권이 시장에 유통되는 것을 억지하

민법상 매매거래의 매도인과 매수인이 부담하는 의무는 대금의 지급과 목적물의 인도, 소유권의 이전에 관한 것이고, 소비대차 거래의 경우에는 대주와 차주 간에 대여한 물건이나 금전을 동종, 동질, 동량의 것으로 이자를 붙여 상환할 의무를 부담하는 법적인 관계가 성립하며, 해당 거래 과정에서 이행을 담보하기 위하여 민법상 정해진 절차와 방법을 준수하는 범위에서 각종 담보권의 설정이 수반될 수 있다. 이 과정에서 매도인과 매수인, 대주와 차주 간에는 신인의무 법리에 따른 충성의무나 위임계약상 수임인의 선관주의의무와 같이 거래 상대방의 이익을 위하여 행위할 의무는 부과되지 않는다.[3] 다만, 투자매매업무를 수행하는 금융기관도 직무를 수행함에 있어서 법률 및 신의칙, 조리 등에 의해서 발생하는 주의의무를 부담하는 경우가 생길 수 있으며, 고의 또는 과실로 주의의무를 위반한 경우에는 거래 상대방에 대한 불법행위에 따른 손해배상 책임 부담의 근거가 될 수 있다.

나. 투자매매업무와 관련된 이익충돌의 발생양상과 발생원인

금융기관이 대등당사자 거래관계를 전제로 자기계산으로 하는 매매거래를 할 경우 금융기관과 투자자의 이익충돌은 당연히 발생할 수 없다. 증권의 매매거래에서 거래 조건에 따라 필연적으로 이득과 손실을 보는 당사자가 생겨나기 때문이다. 따라서 자기계산으로 하는 매매거래와 관련된 이익충돌은 그 자체로 비난 가능성이나

는 게이트키퍼의 수행에 가깝기 때문에 금융기관과 투자자의 직접적인 이익충돌 문제를 다루는 본 논문의 연구 대상에서 제외한다. 게이트키퍼로서 증권인수인의 역할과 책임에 관해서는 허유경(2012); 발행시장에서의 강화된 주의의무에 관해서는 박준(2011b), 71~72쪽.

3) 권영준(2015), 104쪽.

법적 책임을 수반하는 현상은 아닌 것이다. 이런 측면에서, 자기매매업무를 수행하는 금융기관은 이익충돌의 발생 자체를 회피하거나 상대방의 이익을 우선시 할 의무는 부담하지 않고, 예외적으로 법률이나 직무수행상의 주의의무에 위배하여 거래 상대방의 이익을 위법·부당하게 침해하지 않을 의무만을 부담하게 될 것이다.

이처럼 예외적으로 매매거래에서도 거래 상대방의 이익을 염두에 두고 위법·부당한 행위를 하지 않을 의무가 생겨나는 원인은 금융상품과 자본시장의 특성에서 찾을 수 있다. 본질적으로 금융상품은 미래 가치의 변동을 전제로 한 것이기 때문에 금융기관이 투자자에 비해서 정보의 우위에 있으므로, 이러한 우월적 지위를 남용하여 투자자에게 손해를 전가하고 금융시장의 염결성을 해하는 것을 방지할 필요가 있다는 점은 제1장에서 이미 설명한 바와 같다. 즉, 금융기관은 매매거래 시점에서의 해당 상품에 관한 정보뿐만 아니라, 향후 해당 상품의 가치 변동에 영향을 줄 수 있는 시장에 관한 정보에 있어서도 우위에 있고, 심지어 자신이 반대거래 등을 통해서 해당 상품의 가치 변동에 영향을 줄 가능성이 있기 때문에 이를 사전에 통제할 필요가 있는 것이다.

또한, 증권회사와 고객의 정보 격차가 클수록 증권회사는 이를 남용하여 상대방 투자자에 대해서 위험을 전가시키고 과도한 사익을 추구할 우려가 더욱 커진다. 즉, 단순하게 설계된 상품의 경우에 비하여 구조화된 상품이나 새롭게 출시된 상품의 거래에서는 금융기관이 투자자보다 해당 거래에서 이익을 볼 가능성이 높아지고, 특히 다양한 투자기구를 사용하도록 구조화된 상품이라면 반대거래를 통하여 고객의 이익을 해하고 자신의 이익을 도모할 가능성이 높아질 것이며, 시장상황의 변동에 따라 위법·부당한 수단을 사용하여서라도 고객에게 손실을 전가할 유인이 높아진다. 이러한 연유로 글로벌 금융위기 이후에는 투자은행 등이 CDO 등 복잡하게 구조화된 파

생상품을 거래하면서 투자자의 이익을 부당하게 침해하였다는 문제
가 집중적으로 제기되었다.[4] 여기에 더하여 자본시장의 구조적 변
화로 인하여 투자매매업무, 투자중개업무를 수행하는 금융기관의
수입원 가운데 인수 수수료, 위탁매매 수수료 등 제반 수수료 수익
의 비중이 급감하고, 1990년대 이후부터 자기계산으로 하는 투자
(proprietary trading)의 비중이 급증하면서[5] 경제적으로도 고객과의 매
매거래에서 보다 많은 수수료를 남기기 위하여 이익충돌 상황에서
준수해야 할 행위준칙을 위배할 유인이 증가한 것으로 생각된다.[6]
이하에서는 이러한 사건들 가운데에서도 가장 큰 논란을 야기한 골
드만삭스의 신용파생상품 매매거래 사례를 집중적으로 분석하고 금
융기관의 투자매매업무 수행과 이익충돌에 관한 최근의 논의를 소
개한다.

2. 투자매매업 영위시 이익충돌이 문제된 사례

가. 골드만삭스의 아바쿠스 거래

골드만삭스의 CDO 매매거래와 관련된 소위 "아바쿠스(Abacus) 사

---

4) U.S. Senate Report(2011), pp.325~329.

5) 투자은행의 자기자본 거래 금액의 급증에 관한 통계로는 Jeff Merkeley and
   Carl Levin(2011) p.521. 해당 통계는 은행의 10-K 보고서를 기초로 하여 작성
   된 것으로서, 예를 들어 씨티그룹의 경우에는 자기계산거래 계정(trading
   account assets) 규모가 2002년 1,500억 달러에서 2007년 5,400억 달러로 급증하
   였고, 리먼 브라더스의 경우는 같은 기간 1,200억 달러에서 3,100억 달러로
   증가하였다는 사실이 확인된다. 자기계산으로 하는 투자의 위험성에 관해
   서는 Arthur Wilmarth(2002), pp.373~377.

6) Merkely and Levin(2011), p.523; 월스트리트의 탐욕에 대한 묵인과 같은 윤리
   적·심리적 문제를 지적하는 견해로는 Donald Langevoort(2011), pp.1235~1240;
   투자은행의 비윤리적 행태에 대한 비난은 금융위기 이후 발간된 터너 리
   포트[FSA(2009)]에서도 잘 나타난다.

건"은 투자은행이 금융위기의 원인으로 비난의 표적인 된 사건으로
서, 골드만삭스가 기관투자자들과 아바쿠스라는 이름의 신용파생상
품 거래를 하면서 또 다른 고객이 이익을 볼 수 있도록 반대 포지션
을 취하는 거래를 하였다는 사실을 밝히지 않아서 1934년 증권거래
소법 제10(b)조 및 SEC 규칙 10(b)-5 상의 사기에 해당하는지 여부가
문제되었다.[7] 이 사건은 상대방 회사의 지분을 보유한 상태에서 기
업인수합병을 자문했던 엘 파소(El Paso) 사건 판결[8]과 시기적으로
겹치면서 선도적인 투자은행인 골드만삭스의 이익충돌 문제에 관한
비난이 집중되는 계기가 되었고,[9] 역사상 최대 금액의 과징금이 부
과된 감독당국의 제재조치와 더불어 의회에서는 별도의 청문회까지
개최될 정도로 커다란 파장을 초래하였다. 아래에서는 구체적 사실
관계를 소개하고 자기계산으로 하는 매매업무와 관련된 이익충돌
문제에 관한 법적 쟁점을 검토해 보겠다.[10]

---

7) SEC와 골드만삭스가 5억 5천만 달러의 과징금을 납부하기로 하는 합의를
   계기로 2010년 7월 15일 발표된 보도자료에서는 비교적 간단하게 사실관계
   가 기술되어 있지만, 다수의 당사자가 거래에 참여하고 다양한 특수목적
   기구를 활용하는 등의 사유로 인하여 실제 거래 구조는 훨씬 복잡한 것으
   로 알려져 있다. 아래에서는 SEC의 소장 등 인터넷에 공개된 각종 소송자
   료 및 미 상원 조사보고서를 통해서 공개된 자료를 토대로 상세한 사실관
   계를 재구성하여 설명한다. 동 사안에 관한 국내 문헌으로는 사기적부정
   거래 행위의 일환으로 파악하여 KIKO 사건과 비교한 한병영(2010) 및 투자
   은행의 탐욕적 행태를 묘사하는데 초점을 맞춘 사례연구로서 엄경식 외
   (2011)가 있다. 해당 사건에 관한 일본 학자의 분석으로는 萬澤陽子(2010).
8) In re El Paso Corp. S'holder Litig., 41 A.3d 432(Del. Ch. 2012), 제2장 제3절 1.
   다.(3).
9) 평론가 매트 타이비가 골드만삭스를 "세계에서 가장 강력한 투자은행이란
   돈냄새가 나는 곳이면 어디든 거침없이 피를 빨아들일 준비가 되어 있는
   인간의 탈을 쓴 흡혈 오징어(vampire squid)에 불과하다"고 비유한 문장은
   끝없이 회자되고 있다. Matt Taibbi, "The Great American Bubble Machine"(Rolling
   Stone, July 9~23, 2009), p.52.
10) 엔론의 스왑거래 및 골드만삭스의 아바쿠스 거래를 특수목적기구를 이용

①폴슨의 요청과 거래구조의 설계 : 골드만삭스는 프라임브로커 고객인 헤지펀드 운용자 폴슨(Paulson & Co.)의 요청에 따라 2007년 Abacus 2007 AC-1 이라는 이름의 CDO 상품(이하 "아바쿠스")을 설계하였다.[11][12] 폴슨은 부동산 가격 하락에 따라 주택담보대출의 채무불이행율이 급격히 상승할 것이라는 기대에서 이와 같은 합성 CDO 상품의 제작을 요청하였고, 자신이 운영하는 펀드가 숏포지션을 취할 수 있기를 희망하였다.[13] 골드만삭스는 아바쿠스 거래를 구조화하면서, 주택담보대출채권 유동화증권(MBS)을 준거자산(reference asset)으로 하는 신용스왑(credit default swap, "CDS")계약을 폴슨과 체결하고 자신은 보장매도인이 되어 정기적으로 폴슨으로부터 보장 수수료를 지급받고, 사전에 정한 신용사건이 발생할 경우에는 폴슨에게 10억 달러 상당의 일시금을 지급하는 방안을 구상하여[14] 상품설계의 대가로 폴슨으로부터 1,500만 달러에서 2,000만 달러 사이의 보수를 지급받기로 하였다.[15]

한 금융스캔들의 관점에서 비교·분석한 연구로는 Bratton and Levitin(2013), pp.847~862.

11) CDO에 대한 상세한 설명 및 CDO 등의 구조화 상품이 글로벌 금융위기에 미친 영향에 관한 설명으로는 Alastair Hudson(2013), ch. 44~45.

12) 폴슨과 골드만삭스의 관계에 대해서는 William Cohan(2011) p.489. 폴슨은 그 이전에 베어스턴즈 등 다른 투자은행에게 유사한 구조의 CDO를 설계해 달라고 요청했으나 거부당한 사실이 있다. ACA Financial Guaranty Corp. v. Goldman, Sachs & Co. ¶27.

13) 거래의 동기에 관해서는 SEC v. Goldman Sachs & Co. and Fabride Torre(S.D. N.Y. 2010), 2010. 4. 16.("SEC complaint") (https://www.sec.gov/litigation/complaints/201 0/comp21489.pdf) p.5 ; In the Matter of Abacus CDO, File No. HO-10911, Submission on behalf of Goldman, Sachs, & Co., p.11.

14) SEC complaint p.3.

15) 미 상원 청문회 의사록 Exhibit 118, p.6; 설계된 구조에 따라 거래가 진행되었기 때문에 골드만삭스는 1,500만 달러 상당의 보수를 지급받았다. SEC complaint, p.3.

②IKB에 대한 아바쿠스상품 판매 :골드만삭스는 폴슨과의 CDS 거래로 예상되는 위험을 회피하기 위하여 특수목적기구(이하 "아바쿠스 SPV")를 설립하고 CDS를 체결하여 자신이 보장매수인이 되고, 아바쿠스 SPV가 보장매도인이 되도록 하였다. 아바쿠스 SPV 는 20억 달러 상당의 90개 이상의 주택담보대출채권 유동화증권(MBS)을 준거자산으로 보유하였다. ACA Capital이 형식적인 준거자산 선정대리인으로 선임되긴 하였지만, 폴슨이 준거자산 선정에 실질적인 영향력을 행사하였다.[16] 골드만삭스는 아바쿠스 SPV가 발행한 사모채권(private-place notes, 이하 "아바쿠스 상품")을 인수하고, 투자자들에게 판매하는 역할을 담당하였다. 골드만삭스에서는 파브리스 투레(Fabrice Tourre)가 1억 9,280만 달러 상당의 아바쿠스 SPV의 준거자산인 주택담보대출채권 유동화증권으로부터의 현금 흐름에 상당하는 금액을 수취할 권리를 포함하는 아바쿠스 상품의 판매를 주도하였고, 독일의 은행인 Deutsche Industriebank AG("IKB")가 이를 매입하였다.[17] 폴슨은 원래 계획대로 아바쿠스 상품이 설계되고 IKB의 투자 및 준거자산 선정이이루어진 이후에 골드만삭스와 CDS계약을 체결하였다.

③ACA Capital과의 CDS 거래 : 골드만삭스는 폴슨과의 CDS거래의 위험을 추가로 회피하기 위해 ABN Amro를 통하여 ACA Capital과 CDS 계약을 체결하였다.[18] 골드만삭스는 폴슨에 대하여 CDS에 따른 일시

---

16) 무디스로부터 Baa2 등급을 받은 미드프라임 또는 서브프라임 MBS로만 구성되었다. 준거자산 결정에 관한 골드만삭스, 폴슨, ACA의 협의 과정에 대해서는 SEC complaint, pp.2~3.

17) 아바쿠스 상품의 판매는 1933년 증권법에 따른 SEC 규칙 144A에 따라 이루어졌기 때문에, 사모투자설명서가 투자자에 대하여 제공되었고, 동 설명서에는 전체 아바쿠스 거래에 관한 내용이 소개되었다. 전반적인 거래구조상, 투자자들은 준거자산의 현금흐름을 직접 취득하는 것이 아니라 아바쿠스 SPV가 골드만삭스와의 CDS 거래로부터 수취하는 보장수수료를 수익의 원천으로 삼고 있었고, 따라서 아바쿠스 상품은 합성 CDO로 분류되었다. Andrew Tuch(2012), p.394.

금을 지급할 의무가 발생하여도 아바쿠스 SPV 및 ACA Capital 로부터 같은 금액을 지급받을 수 있게 되었으므로 결과적으로는 중립적 포지션에서 전체 거래를 구조화한 것인데, ACA Capital에 대해서는 폴슨이 마치 아바쿠스에 대해 숏포지션을 취한 것이 아니라 2억 달러의 지분투자를 한 것이라고 설명하였다.[19][20] 결국, 서브프라임 주택담보대출 시장이 붕괴하자, 아바쿠스 SPV의 준거자산의 가치가 급락하여 폴슨은 CDS계약에 따라 10억 달러의 이익을 보게 되었고, 아바쿠스의 투자자인 IKB와 ACA Capital[21]은 같은 금액의 손실을 입었다.

④SEC의 조사 및 과징금의 납부 : SEC는 2008년 6월부터 이 사건에 대한 조사를 개시하여, 2010년 4월 16일 골드만삭스의 아바쿠스 상품 투자권유행위에 관하여 증권법상 사기혐의를 적용하는 내용의 소장을 제출하였다.[22] SEC는 특히 골드만삭스가 투자자들에 대하여 제공한 투자권유 서류(flip book), 사모투자설명서 등의 내용을 볼 때 준거자산의 선정에 관하여 충분한 정보제공이 이루어지지 않았다는 점

---

18) 이 CDS 거래에서 ABN Amro는 중개기관(intermediary)의 지위에서 ACA Capital 이 골드만삭스와의 CDS 계약에 따른 채무를 불이행할 경우 자신이 그 채무를 이행할 의무를 부담하였는데, 결국 ACA가 CDS에 따른 채무를 불이행함으로써 골드만삭스에 대한 일시금 지급 의무의 주체가 되었다. 골드만삭스 답변서, p.5.

19) 골드만삭스의 답변서에 따르면, 실제 폴슨에 대한 수퍼 시니어 트랜치의 보장매도비율은 50% 내지 100 %였고, ACA와 아바쿠스 SPV의 골드만삭스에 대한 보장매도비율은 45% 내지 100% 였기 때문에 골드만삭스의 포지션은 완전히 중립적이지 못했고, 최악의 경우 준거채무 불이행시 일부 위험을 부담하였다. 위 답변서, pp.14~15.

20) SEC complaint, pp.1~5.

21) 결국은 ③거래 이후 ACA Capital과 보장매수 거래를 한 ABN Amro가 손해를 부담하였다. http://www.courts.state.ny.us/REPORTER/3dseries/2015/2015_03876.htm.

22) 2009년 말 언론에 이러한 사실이 보도되기 시작하였고, 골드만삭스도 언론 보도에 대한 해명을 시도하였다. New York Times, Gretchen Morgenson & Louise Story, Banks Bundled Bad Debt, Bet Against It and Won(2009. 12. 24) A1.

에 주목하였다. SEC는 골드만삭스가 폴슨이 숏포지션을 취한 사실과 준거자산의 선정에 관여하였다는 사실을 투자자에게 알리지 않았던 사정이 증권법상 사기행위에 해당하는 기재누락(omission)이라는 혐의를 제기하였다. 골드만삭스는 SEC가 제기한 혐의 사실을 시인하지도 부인하지도 않았고, 단지 판매 관련 서류에 준거자산 선정시 폴슨이 개입한 사실과 폴슨의 경제적 이익이 아바쿠스 상품 투자자들의 이해관계와 반대방향을 취하고 있었다는 사실을 포함시키지 않았다는 사실만을 인정하고 5억 5,000만 달러의 과징금을 납부하였다.[23]

[그림 1] 아바쿠스 거래 구조도 [24]

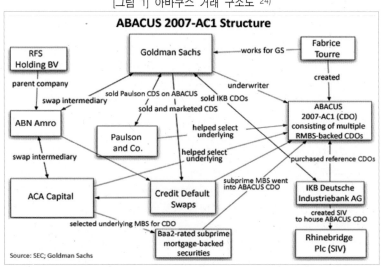

23) SEC Litigation Release No. 21592(July 15, 2010) https://www.sec.gov/litigation/litreleases/2010/lr21592.htm.

24) http://www.businessinsider.com/chart-of-the-day-abacus-2007-ac1-structure-2010-4.

나. 아바쿠스 사안과 투자매매업무 관련 이익충돌 문제

(1) CDO 거래 관련 이익충돌의 발생과 투자은행의 역할

미국 의회에서는 글로벌 금융위기의 원인을 조사하는 위원회 활동의 일환으로 골드만삭스의 CDO 상품 설계 및 판매 행위를 전반적으로 조사하였고, 2010년 4월에는 골드만삭스의 임원들을 증인으로 소환하여 청문회를 개최하였다.[25] 미 의회의 조사보고서에서는 골드만삭스가 2004년부터 2008년까지 아바쿠스 외에도 팀버울프(Timberwolf)[26], 허드슨(Hudson), 앤더슨(Anderson) 등 총 25종의 CDO 상품을 제조, 판매하였으며, 그 과정에서 투자자와의 심각한 이익충돌 문제를 야기한 것으로 지적하였다.[27][28]

---

25) 미 상원 의회 조사위원회의 조사 절차 및 조사를 통해 규명된 사실관계, 입증 기록은 청문회 보고서에 상세히 기재되어 있다. United States Senate Permanent Subcommittee on Investigation Committee on Homeland Security and Governmental Affairs, EXIBITS, Hearing on Wall Street and the Financial Crisis, the Role of Investment Bank(2010. 4. 27) available at http://www.hsgac.senate.gov//imo/media/doc/Financial_Crisis/042710Exhibits.pdf?attempt=2.

26) 우리나라의 금융기관(흥국생명, 흥국화재)에서도 2007년 팀버울프에 투자하여 수백억원대의 손실을 입었기에 골드만삭스가 위험에 대한 충분한 고지가 없이 상품을 판매하였다는 이유로 손해배상을 구하는 민사소송을 2011년 미국법원에 제기하고, 판매를 담당한 직원들을 한국 검찰에 고소한 사건이 있었다. 언론보도에 따르면 2013년 골드만삭스가 투자금 4,700만 달러의 약 40%인 206억을 두 회사에 지급하는 내용의 합의에 따라 소송이 취하되었다. 매일경제, 흥국생명, 美 서브프라임 손실 배상 받는다 - 골드만삭스와 訴 취하 합의(2013. 2. 7).

27) New York Times, S.E.C. Accuses Goldman of Fraud in Housing Deal,(2010. 4. 17).

28) 2010. 1. 13. 개최된 금융위기 조사위원회(Financial Crisis Inquiry Commission)의 제1차 청문회에서 동 위원회의 필 안젤리데스(Phil Angelides) 위원장은 골드만삭스의 CEO 로이드 블랭크페인과의 문답과정에서 골드만삭스의 아바쿠스와 같은 상품은 브레이크가 고장나도록 자동차를 설계하여 판매한 다음 운전자에 대한 생명보험금을 받기 위해서 보험증서를 매입하는 행위와 마

미 상원의 조사보고서에서는 골드만삭스가 (i)CDO 상품에 대한
투자권유를 하면서 이익충돌에 관한 사실을 누락한 점과 (ii)투자권
유를 전후하여 CDO 상품의 구조에 따라 자기매매 거래를 하면서 투
자자의 이익을 부당하게 침해한 사례를 망라하여 이익충돌과 관련
된 다양한 우려를 제기하였다.[29] 전자와 관련해서는 고객에 대해서
골드만삭스 또는 제3의 투자자가 반대 방향의 포지션을 취한 사실을
알리지 않거나, 준거자산의 재원을 허위로 알리거나, 시장상황이 투
자자에게 불리하게 변동하여 손실을 볼 가능성이 매우 높다는 점을
알리지 않은 사정 등이 문제되었고, 후자와 관련해서는 자기계산으
로 투자를 함에 있어서 고객과 반대 포지션을 잡은 사실 또는 골드
만삭스가 보장매수인의 지위에서 CDS를 체결한 제3자에 대해서 부
담하는 위험을 전가하기 위해 고객과 반대방향의 CDS를 체결한 사
실, 청산대리인으로 지정되었음에도 8개월간 청산을 지연시킴으로
써 자신이 취한 숏 포지션으로부터 이익을 취하고 투자자에게 손해
를 가한 사실 등이 지적되었다.[30]

이와 같은 CDO 상품의 제조, 판매 및 후속거래의 전 과정에 걸쳐
서 이익충돌이 발생하고 있기 때문에 해당 거래에서 골드만삭스가
수행한 역할을 어떻게 인식하는지에 따라서 골드만삭스의 행위에
대한 법적인 평가가 달라질 수 있다. 첫째, 골드만삭스가 수행한 투
자매매업무의 측면을 강조한 견해이다. 2010년 개최된 미 상원 청문
회에 출석한 골드만삭스의 임원들은 골드만삭스가 투자매매업무를
수행하면서 폴슨과 같은 매도자와 IKB 등 매수자를 연결시켜주는 시
장조성 기능(market-maker)만을 담당하였거나,[31] 자신의 위험을 회피

찬가지라고 비유하였다.

29) U.S. Senate Report(2011), pp.602~603.
30) U.S. Senate Report(2011), pp.513~588.
31) 시장조성자의 역할이나 자기매매업무 모두 증권법상 투자매매업(dealer)의

하기 위한 목적으로 거래를 행했다는 점을 반복적으로 강조하였다.[32) 또한 모리슨 교수 등은 아바쿠스 거래에서 골드만삭스는 각 투자자의 필요성에 따라 거래 당사자가 되거나 거래 당사자들을 단순히 연결시켜주는 역할만을 수행하였기 때문에, 평판자본을 바탕으로 하는 인수합병거래의 재무자문업무에서의 역할과 달리 취급해야 한다고 주장하였다.[33)

둘째, 골드만삭스가 투자권유를 행하면서 사기적으로 정보를 제공한 측면을 강조하는 견해이다. SEC는 골드만삭스를 기소하면서 1934년 증권거래소법 제10(b)조 및 SEC 규칙 10(b)-5의 요건에 따라 폴슨과 관련된 이익충돌 사실의 기재를 누락한 사실을 지적하였고, CDO 상품의 구조 및 IKB, ACA Capital 등과 반대 방향의 CDS를 체결한 사실 자체를 문제 삼지는 않았다.[34) 제3절에서 서술하는 바와 같이

규제를 받지만, 시장조성자의 경우에는 거래로 취득한 투자대상자산을 별도의 매매계정(trading book)에 계상한다는 차이가 있으며, 미국에서는 고객에 대한 정보제공의무관점에서 시장조성자가 부담하는 의무의 수준이 가장 낮은 것으로 인식된다. U.S. Senate Report(2011), p.604.

32) 최고경영자였던 로이드 블랭크파인(Loyd Blankfein)은 전문투자자들은 자신들이 원하는 상품을 거래할 수 있도록 허용되어야 한다는 답변만을 반복하였고, 골드만삭스의 아바쿠스 판매 과정에서 중요한 역할을 담당했으며, 결국 형사 기소되어 유죄 판결을 받은 파브리스 투레(Fabrice Tourre) 부사장은 아바쿠스 거래에서 골드만삭스는 준거자산의 가격의 상승을 기대하는 투자자와 하락을 기대하는 투자자들을 연결시켜주었을 뿐이고, 이들 클라이언트들은 모두 숙련된 전문투자자인 기관투자자였다고 답변하였다 미 상원 청문회 의사록, pp.26~27. 수잔 콜린스 의원(공화당, 메인주): 골드만삭스에서 근무할 당시 고객의 최선의 이익을 위해서 행위할 의무가 있다고 생각했었습니까? 스팍스(Mr. Sparks, 주택담보대출 부서 책임자): 의원님, 저는 매우 솔직하고 열린 방식으로 고객을 대할 의무가 있었습니다. 기술적으로, 투자자문에 관해서 말하자면 저희는 마켓메이커에 지나지 않았고, 시장에서 신중하고 책임감 있는 참가자로서의 의무만을 부담했습니다. New York Times, Panel's Blunt Questions Put Goldman on Defensive(2010. 4. 27).

33) Stephen Davidoff et al.(2012), p.539, 542.

투자권유시에는 자기계산으로 매매를 수행하는 경우에 비해서 고객 이익을 보다 적극적으로 고려할 의무가 인정될 수 있기 때문에 견해에 따라 이익충돌에 관한 금융기관의 책임을 인정하기가 더 용이해질 수 있을 것이다.

(2) 투자매매업을 수행함에 있어 고객의 이익을 침해하는 거래행위에 대한 평가

이처럼 CDO의 설계와 판매를 둘러싼 금융기관과 고객과의 법률관계는 자기계산으로 하는 매매거래의 측면과 투자권유행위의 측면이 중첩되어 있기 때문에 투자매매업무 수행시 발생하는 이익충돌과 관련한 쟁점들을 분리하여 검토할 필요가 있다. 자기계산으로 하는 매매거래의 측면만을 놓고 보면, 아바쿠스 사례에서는 골드만삭스가 높은 수수료를 지급하는 폴슨이 준거자산 가격의 하락으로부터 이득을 취하도록 전체 거래구조를 설계하고, 그로부터 발생하는 위험을 회피하기 위하여 해당 CDO를 매입한 투자자들과 CDS 거래를 하였다는 점이 문제가 되었다. 한편, 아바쿠스 상품이 아닌 다른 CDO 상품의 경우에는 있어서는 준거자산의 가격하락을 예측하고 스스로 숏 포지션을 취함으로써 막대한 이익을 취득한 차이가 있다.[35]

금융기관이 매매 거래의 당사자가 되는 경우 투자자와 반대포지션을 취하여 이익충돌을 야기한 사실만으로는 법적인 책임을 부담하여서는 안 되며, 이익충돌 상황에서 투자자의 이익을 위법·부당하게 침해한 사실이 인정되어야 할 것이다. 이런 관점에서 투자은행들

---

34) SEC complaint, p.2, 21.

35) US Senate Report(2011), pp.382~383. 골드만삭스 이외에도 대부분의 투자은행들이 유사한 구조의 CDO을 발행, 판매하였으며 미 의회 보고서에서는 도이치뱅크도 자신이 판매한 CDO 상품에 대해 반대포지션을 취한 사실을 지적하였다. 위 보고서, pp.337~346.

이 부동산시장에 관한 부정적 예측에 따라 숏 포지션을 취한 사안들은 소송이나 제재 등의 법률적 책임 문제로 연결된 경우를 발견하기 어렵다고 평가해 볼 수 있다. 다만, 아바쿠스 거래에서는 폴슨으로 하여금 이익을 얻게 하고 자신은 막대한 수수료를 수취하기 위해서 폴슨의 관여사실을 숨기거나 왜곡된 정보를 제공함으로써 투자자들과 CDS 계약을 체결한 골드만삭스의 행위는 정당성을 인정받기 어렵다고 생각된다. 2011년 ACA Capital은 골드만삭스가 폴슨의 관여를 숨겼기 때문에 CDS 거래를 체결함으로써 1억 2,000만 달러의 손해를 입은 데 대한 민사소송을 제기하였고 뉴욕주 항소법원에서는 2015년 8월 원고의 청구에 따라 정식 재판을 재개해야 한다는 결정을 내렸는바,36) 동 사건에서 피고인 골드만삭스와 폴슨이 부담하는 책임의 존부에 관해서도 판단이 이루어질 것으로 예상된다.

신인의무 법리에서와는 달리 고객과의 이해관계 대립을 당연한 전제로 하는 금융기관의 자기매매에 대한 법적인 평가는 그 행위로 인하여 고객의 이익이 위법·부당하게 침해되었는지에 관한 사후적인 통제를 수반할 수밖에 없다. 이에 덧붙여 금융규제적인 관점에서 정책적인 고려에 따라 불공정거래규제 등 위법·부당성이 인정되는 금융기관의 정보남용 행위의 유형을 사전에 정해 둠으로써 투자자들의 손해를 예방하고 이익충돌 상황에서 금융기관의 행위준칙을 확립하는 데 기여할 수 있는 바, 이하에서는 투자매매업무 수행시 이익충돌과 관련된 사전적, 사후적 통제수단에 관하여 검토한다.

---

36) 뉴욕주 항소법원의 해당 결정은 피고의 원고청구 각하 신청(motion to dismiss)를 인용한 1심 법원의 2013년 결정을 파기한 것이다. http://www.courts.state.ny.us/REPORTER/3dseries/2015/2015_03876.htm.

3. 투자매매업무 관련 이익충돌을 규율하는 법리

가. 사전적 통제수단

(1) 이익충돌 관련 정보개시의무의 부과

미국에서는 투자매매업무를 수행하는 딜러에 대해서도 자율규제기관인 FINRA의 영업행위 규칙을 적용하고 있는 바, 그 가운데에는 고객에 대하여 자기계산으로 하는 매매와 관련하여 정보남용의 우려가 있는 경우에는 그러한 사실을 미리 고지해야 한다는 취지의 의무를 부과하는 규정들이 존재한다.[37] 예를 들어, FINRA 규칙 2124에서는 투자매매업자가 자기계산으로 거래를 하면서 A고객의 매도(매수) 주문에 대하여 거래를 체결하지 않은 상태에서, 특정한 가격으로 B고객 또는 다른 증권사와 매도(매수) 거래를 체결하고 그 다음으로 다른 가격에 A고객의 주문에 따른 거래를 체결하여 결국 양 거래사이의 차익을 누리는 소위 네트 거래(net trade)를 실시하기 위해서는 거래별로 고객에 대해서 서면 동의를 받도록 규정한다.[38] 네트 거래는 증권회사가 양 거래의 가격차이로 수익을 얻는 구조이기 때문에 증권회사가 다른 고객과 반대방향의 거래를 할 때보다 A고객에게 불리한 조건으로 거래를 한다는 사실에 관하여 원래 주문을 낸 A고객으로부터 개별적 동의를 요청하는 것으로 해석된다. FINRA 규칙 2124에서는 기관투자자와의 거래에 대해서는 개별 거래마다 동의를 요구하지 않음으로써, 신인의무 법리와는 달리 정보격차로 인해서 발생하는 매매거래시의 이익충돌에 관해서는 정책적 필요성에

---

37) FINRA report(2013), pp.37~38.
38) FINRA 규칙 2124는 시장조성업무를 수행할 때 적용되는 규정으로 보인다.
　　http://finra.complinet.com/en/display/display_main.html?rbid=2403&element_id=2476&
　　print=1.

따라 일반 투자자들을 대상으로 하는 거래에 한하여 금융기관의 의무를 강화하는 것으로 보인다.

또한, FINRA 규칙 2126에서는 증권회사가 증권의 발행인과 지배/종속관계에 있거나 공통의 지배하에 있는 경우 고객과 해당 증권의 매도 또는 매수거래를 체결하기 전에 서면으로 이해관계를 공시하도록 규정되어 있다. 이 규정은 매매거래의 목적물에 대하여 증권회사가 더 많은 정보를 확보하고 있다는 사실이 전제되는 거래에 관해서는 고객에게 정보를 고지함으로서 증권회사의 부당한 고객이익침해를 차단하기 위한 목적을 가지고 있는 것으로 해석될 수 있다.[39] 이러한 구체적인 영업행위 규정들의 취지에 따르더라도 자기계산으로 하는 매매거래에서는 이익충돌 자체가 문제가 되는 것이 아니라 정보의 격차를 남용하여 고객에게 손해를 가하는 행위를 금지할 의무만이 부과된다는 점이 잘 드러난다.

(2) 불공정거래행위 규제

금융기관이 투자매매업무를 수행함에 있어 정보를 남용하여 고객의 이익을 부당하게 침해하는 행위의 가장 대표적인 유형은 미공개중요정보 이용행위, 시세조종을 포함하는 불공정거래 행위이며 자본시장법을 비롯한 각국의 규제법규에서는 불공정거래를 통제하기 위한 법률 규정을 두고 있다.[40] 불공정거래규제의 양대 축을 이루는 미공개중요정보 이용행위는 정보격차를 남용하여 투자자에게 손해를 가함으로써 자본시장의 신뢰를 해치는 행위이며,[41] 시세조종은 특정 금융투자상품에 대한 수요공급을 조종함으로써 금융투자상품

---

39) http://finra.complinet.com/en/display/display_main.html?rbid=2403&element_id=8663.

40) 임재연(2014), 제2편 제1장 제2절(미공개중요정보 이용행위), 제2장 제1절(시세조종).

41) 김건식·정순섭(2013), 394~395쪽.

시장에서의 공정한 가격형성을 저해함으로 투자자에게 손해를 입히고 시장에 대한 투자자의 신뢰를 해치는 행위라고 평가되는바,[42] 금융기관이 자기계산으로 투자 수행하는 과정에서 미공개중요정보이용 행위 또는 시세조종 행위를 하는 경우에는 이익충돌 상황에서 투자자의 이익을 위법·부당하게 침해한 것에 해당할 수 있다.

본 논문에서는 불공정거래행위에 관한 법리를 별도로 고찰하기보다는 해당 규제가 금융기관의 투자매매업무 수행과 관련하여 투자자와의 이익충돌 상황에서 준수해야 할 중요한 행위규범이 될 수 있다는 점을 언급하고자 한다. 불공정거래 규제의 보호법익은 자본시장의 신뢰성·공정성 및 효율성이라는 사회적 법익이고 투자자의 재산적 이익을 보호하고 특정한 피해를 구제하는 것을 목적으로 하지는 않는다.[43] 한편, 위에서 소개한 투자은행의 구조화파생상품 매매거래와 같이 미공개중요정보 이용행위 또는 시세조종의 유형에 부합하지 않는 경우에도 투자자와의 이익충돌 상황에서 금융기관의 행위를 통제해야 할 필요성이 여전히 존재하기 때문에 불공정거래의 규제만으로는 불충분한 면이 있다. 물론 미국의 1934년 증권거래소법 제10(b)조의 일반적 사기행위 금지 조항이나 우리나라 자본시장법상 새롭게 도입된 부정거래행위(제178조) 등 포괄적인 법규범이 존재하기는 하지만, 투자자 입장에서는 각 조항에서 정하고 있는 주관적 요건이나 인과관계 등을 입증해야 할 부담이 있다.

(3) 이익충돌 문제를 야기하는 거래의 제한과 볼커 룰(Volcker Rule)

미국에서는 글로벌 금융위기를 계기로 제정된 도드-프랭크 법에

---

42) 김건식·정순섭(2013), 446쪽; 시장참여자의 신뢰를 추락하게 하며 다른 참여자들에 대한 손해를 가하는 것이므로 엄격하게 규율할 필요가 있다는 설명으로는 온주 자본시장법 제176조(2015. 12. 14).

43) 정순섭(2012), 119~121쪽.

은행 또는 은행 계열사의 단기차익 추구 거래를 금지하기 위한 소위 '볼커 룰'(Volcker Rule, 제619조)을 포함하였고,[44] 당해 법조문은 결과적으로 투자은행이 이익충돌을 야기하는 자기계산 매매거래를 하는 것을 금지하는 결과를 초래하였다. 볼커 룰은 은행이 자기계산으로 고위험 거래를 하면서 금융시스템 전체의 위기를 초래하였다는 반성적 고려에서 비롯된 것으로서, 일차적으로는 계열관계에 상업은행 (commercial bank)을 두고 있는 은행(banking entities)들의 자기계산 거래로 인한 위험 노출(exposure)을 낮추어 금융시스템 전체의 리스크를 감소하는 것을 목적으로 하지만, 부차적으로는 과도한 위험을 수반하는 자기계산 거래를 규제함으로써 투자매매업 수행과 관련하여 발생할 수 있는 이익충돌 문제의 발생 가능성을 낮추기 위하여 발의되었다.[45]

---

44) 연방준비위원회 의장이었던 폴 볼커(Paul Volcker)가 동 규정의 도입을 강력히 지지했기 때문에 볼커 룰이라고 일컬어지며, 2015. 7. 22에 시행되었다. 볼커 전 의장은 투자은행의 고유재산 거래를 금지할 필요성에는 동의하지만, 위험한 고유재산 거래가 글로벌 금융위기의 핵심 원인이었다는 주장에는 반대하고 있다. Charles Whitehead(2011) p.41; 볼커 룰 입안 당시의 티모시 가이트너 재무장관도 전통적인 여신제공, 그 중에서도 부동산 관련 대출이 손실을 야기한 핵심 원인이었으며, 고유재산 거래가 글로벌 금융위기를 초래했다고 생각하지는 않는다고 진술했다. Hearing Before the Congressional Oversight Panel, 111th Cong.(2009) (testimony of Sec. of Treasury Timothy Geithner); 볼커 룰을 포함하여 도드-프랭크 법의 주요 내용을 소개하는 국내문헌으로는 김홍기(2010), 49~71쪽; 글로벌 금융위기를 계기로 각국의 투자은행 규제에 관한 연구로는 김홍기(2011).

45) 입법보고서에서는 "금융기관의 위험 노출(risk exposure)를 낮춤으로서 연방 차원의 안전장치에 의해서 보호되는 기관들로부터 발생될 수 있는 납세자들의 손실(즉, 공적자금 투여) 및 금융안정성에 대한 위험을 감소시키려는 의도라는 점, 자기자본거래 또는 헤지펀드/사모펀드 투자를 활발히 실시하는 은행 및 비은행 금융기관들의 규모, 복잡성 및 상호연관성을 감소시키고, 도산시 정상적인 해결이 가능하도록 하는 목적"을 위하여 제정되었다고 기재되었다. 법안 제출 당시의 명칭은 "Protect Our Recovery Through

볼커 룰은 은행 계열사를 두지 않은 증권회사의 영업행위에 일반적으로 적용되는 것은 아니지만,[46] 투자은행 등이 매매거래 당사자가 됨으로써 고객과의 관계에서 발생하는 이익충돌을 규제할 필요성을 제기하였다는 측면을 긍정적으로 평가할 수 있다. 해당 규정은 은행들의 자기계산거래(proprietary trading) 및 헤지펀드와 사모투자펀드의 지분취득을 원칙적으로 금지하며, 국채나 정부채, 위험회피 거래 등 위험성이 낮은 거래 유형에 대해서는 적용을 배제하지만, 금융기관과 고객 간의 중대한 이익충돌(material conflict of interest)을 야기하는 경우는 거래의 유형과 상품의 종류를 불문하고 면제 대상에 포함되지 않도록 하였다.[47] 머클리 및 레빈 의원은 투자은행들이 자기계산 거래를 통해서 고객의 이익보다 금융기관 자신의 이익을 우선시하기 위하여 (i)고객이 손해를 볼 수밖에 없도록 은밀하게 설계된 상품을 설계하고 판매하는 것과 (ii)고객의 거래정보를 활용하여 해당 고객 또는 시장의 다른 참여자들에 대해서 손해를 가하는 것과 같은 두 가지 방식을 동원하였다는 점을 근거로 이익충돌에 대한 규제를 위한 입법 목적을 강조하였다.[48] 도드-프랭크법에 따라 설립된

Oversight of Proprietary Trading Act of 2010(PROP Trading Act) S. 3098, 111th Cong.(2010)"였으나 상원에서의 토론을 거쳐 도드-프랭크 법 제619-제621조로 통합되었다. Jeff Merkeley and Carl Levin(2011), p.48.

46) BHCA §13(d)2(A)(i), 12 U.S.C. §1851(d)(2)(A)(i).

47) 동 법률 619(a)(1)(A)(B), SEC 619(d)(2)(A)(i). 은행의 자기계산 거래와 헤지펀드, 사모펀드 투자는 전적으로 금지하고 국채 등 안전자산의 경우에는 예외를 인정하면서도 중대한 이익충돌을 야기하는 경우에는 면제 대상에서 제외하는 방식으로 규정한다. S. Rep. 111-176. pp.8~9.

48) Merkely and Levin(2011), p.523. 머클리와 레빈의원은 위 논문에서 골드만삭스의 CDO 거래가 단지 투자자의 반대방향의 포지션을 잡은 것(bet against the client)이 문제가 아니라, 주사위의 무게중심을 변형하여 고객이 손해를 보도록 만든 것(loaded the dice)이 문제라는 점을 지적하고 있는바, 입법자들도 자기계산 매매거래와 관련해서는 고객의 이해관계에 부당하게 손해를 입힐 수 있는 별도의 정보남용 행위가 있어야 한다는 점을 인식하고 있

금융안정성감독위원회(Financial Stability Oversight Council)에서도 볼커 룰과 관련하여 금융기관이 투자자와의 거래에 대한 이해관계, 금융상품의 구조, 시장의 동향에 관하여 보유하고 있는 정보의 우위를 활용하여 고객의 이익을 침해하는 것이 자기 계산으로 하는 매매업무와 관련된 이익충돌 문제의 핵심이라는 점을 지적한다.[49] 볼커 룰의 의미와 역할에 대해서는 자본시장과 학계에서 다양한 평가들이 교차하고 있지만,[50] 자기계산으로 하는 매매거래와 관련하여 발생하는 이익충돌의 문제를 환기하고 이를 규제하는데 기여한 점은 인정되어야 할 것이다.[51]

나. 사후적 구제수단

(1) 간판이론

미국에서는 1930년대 후반부터 SEC가 증권회사의 사기행위의 불공정 영업행위를 제재하기 위한 법리적 근거로서 "간판이론(shingle theory)"을 발전시켰고, 법원에서 이를 적극적으로 수용하여 증권회사의 매매 또는 중개업무와 관련하여 투자자에 대하여 부담하는 책임을 뒷받침하는 대표적인 이론으로 자리 잡고 있다.[52] 간판이론은 증권회사가 "간판을 내 걸고" 영업을 함으로써 고객에 대하여 공평정대하고 전문직다운 방식으로(in equitable and professional manner) 업무를 영위할 것이라는 점을 묵시적으로 표창한다는 이론으로서,[53] 1934

었다는 점을 잘 보여준다.

49) Financial Stability Oversight Council(2011), p.48.

50) 상업은행과 투자은행의 분리를 의도한 글래스-스티걸 법안으로 회귀함으로써 금융거래의 변화한 현실을 반영하지 못한다는 비판이 대표적이다. Charles Whitehead(2011), pp.53~55.

51) Onnig Dombalagian(2013), p.396.

52) Ross and Selligman(2005), pp.1061~1063.

년 증권거래소법상의 사기적 행위의 요건에 해당되는 행위를 사후적으로 통제할 수 있는 근거로 작동해 왔다.

간판이론은 증권회사의 자기매매, 중개업무 및 투자권유 등 업무수행의 양태를 가리지 않고 적용되어 왔으며, 동 법리가 정립된 초기에는 특히 증권회사가 자기계산으로 고객과 거래를 하는 경우에 거래상대방 투자자에 대해서 부담하는 의무 위반 여부가 쟁점이 되었다. 1943년 선고된 Charles Hughes & Co v. SEC 사건이 그 효시로 꼽히는데,[54] 동 사건에서는 찰스 휴즈 증권회사의 직원들이 증권시장에 관하여 별로 지식이 없는 독신여성이나 미망인들을 상대로 전화로 주식거래를 권유하면서 주식의 시가를 알리지 않은 채 자신들이 매도한 주식을 장외시장에서 시가보다 16.1% 내지 40.9 % 높은 가격으로 매입하도록 하고 증권회사는 평균 25%의 이익을 기록하였다. 클라크(Charles Clark) 판사는 '증권회사가 이러한 거래로 성공을 거둘 수 있었던 열쇠는 고객을 속일 수 있다는 데 확신을 가지게 된 점'에 관하여 질타하면서, 자기 계산으로 거래를 수행함에 있어서 고객에게 가격을 제시하는 경우 이를 달리 표시하지 않는 이상 시가와 상당한 관련성을 가진다는 것이 묵시적으로 표창되었다고 보아야 함에도 이러한 상당성을 결한 가격을 부과하는 것은 중요한 사실의 누락이자 사기적 행위를 구성한다고 판시하였다.

간판이론은 투자자들의 신뢰를 보호하기 위하여 증권회사가 고객에 대해서 대리인이나 기타 신인의무자의 지위에 있지 않은 독립 당사자간 거래(arm's length)에 있어서도 고객을 공정하게 대우할 의무를 부담시키는 것이다. 따라서 매매거래에서의 이익충돌 상황에서도 고객을 위하여 행위할 적극적 의무가 존재하는 것으로 오해될 우려가 존재하기는 하지만,[55] 이를 제한적으로 해석할 경우에는 정

---

53) Thomas Hazen(2012), p.408.
54) Charles Hughes & Co v. SEC 139 F.2d 434(2d Cir. 1943).

보 격차를 원인으로 발생할 수 있는 투자자와 금융기관간의 매매거래와 관련된 이익충돌 문제를 조율할 수 있는 법리적 근거로 작용할 수 있을 것이다. 미국의 법원은 찰스 휴즈 사건에서 증권회사가 매매거래의 당사자로 참여하는 경우에도 "고객의 시장 거래 조건에 대한 무지를 이용해서는 안되는 특별한 의무를 지니고 있다."고 판시한 점에 비추어 보더라도 증권회사가 고객의 정보를 남용하여 자기의 이익을 추구하고 부당하게 손해를 끼쳐서는 안 된다는 사고가 근저에 자리 잡고 있음이 확인된다.[56]

(2) 고객보호의무론

우리나라에서는 간판이론이 금융기관과 고객과의 법률관계에서 부담하는 주의의무의 근거가 될 수 있다고 하는 견해가 존재하지만,[57] 실제 판례에서는 신의칙에 기한 고객보호의무를 기준으로 금융기관의 행위의 위법성을 판단하고 있다. 고객보호의무 이론이 적용되어 금융기관의 불법행위 책임이 인정된 사례들은 포괄적 일임매매약정이 수반된 투자수익보장약정에 관한 권유, 허위표시 또는 단정적 판단의 제공이나 시세조종 유포나 미공개정보의 제공 등을 전제로 한 권유 등 투자권유행위와 관련된 사안이 높은 비중을 차지하지만[58], 투자매매업무의 수행에 대해서도 고객보호의무론의 적용

---

55) 간판이론을 투자자에 대한 공정성실의무 및 선관주의의무와 연결 짓는 설명으로는 한국증권법학회(2015), 209쪽.

56) Ross and Seligman(2004), p.1067; 한편, 간판이론은 시간이 지남에 따라 투자매매업 뿐만 아니라 위탁매매업자로서의 중개업무와 관련된 사안에서 증권회사의 SEC 규칙 10(b)-5 위반을 판단하는 통합적인 잣대로 발전하였다. 그러다 보니 오히려 나중 사안들에서는 증권회사의 과당매매 행위로 인한 책임 문제 등과 관련하여 법원은 대리법리 또는 신인의무의 법리와 간판법리를 별로 구별하지 않고 판단하는 경향을 보이기도 한다. 위의 책, p.1064.

57) 이채진(2010), 53~55쪽; 김용재(2013b), 51~52쪽.

58) 한국증권법학회(2015), 290~298쪽.

을 배제하지는 않는다. 특히, 대법원은 주가연계증권의 종가에 영향을 미치기 위하여 증권회사가 보유한 주식을 대량 매도한 행위에 대해서도 신의칙상 고객보호의무를 적극적으로 적용하여 증권회사의 책임을 인정하는 판결59)을 선고하여, 고객과의 이익충돌을 수반하는 거래관계에서 금융기관의 위법성을 인정하기 위한 근거로 고객보호의무 이론이 활용될 가능성이 존재한다.

　고객보호의무 이론은 민법상 신의칙에서 근거를 찾고 있기 때문에 내용이 포괄적이며,60) 주로 투자권유행위와 관련하여 법리가 발전하였기 때문에 자기계산 매매거래와 관련해서는 금융기관이 수행한 거래행위의 위법성을 인정하기 위한 조건이 확립되어 가고 있는 과정 중에 있다. 지금까지 대법원에서 설시한 내용들에 비추어 볼 때, 자기매매 거래에서는 (i)자본시장법상 불공정거래규제 또는 기타 형벌법규 등 법규상의 구체적인 의무를 위반한 경우, (ii)구체적인 법규 위반에 이르지는 않지만 금융기관이 정보격차를 남용하여 고객의 이익을 부당하게 침해한 것으로서 (i)과 동일하게 취급할 수 있는 경우에는 고객보호의무 위반과 관련된 위법성이 인정될 수 있을 것으로 보인다. 첫째, 금융기관이 (i) 유형의 매매거래를 한 경우에는 위법성이 쉽게 인정될 수 있을 것이다. 예컨대, 주가연계증권 대량 매도사건과 관련된 증권회사의 고객보호의무 위반을 인정한 대법원 판례가 선고된 직후 다른 증권회사에서 유사한 태양의 거래를 수행한 트레이더에 대해 자본시장법상 시세고정 금지행위(제176조 제3항) 위반을 인정하는 형사판결61)을 선고한 사례에서도 확인될 수 있듯이, 개별적인 불공정거래 규제 위반행위에 대해서는 고객보호의무 위반이 쉽게 인정될 수 있을 것이다.

---

59) 대법원 2015. 5. 14. 선고 2013다2757 판결.
60) 대법원 2009. 8. 20. 선고 2008다51120, 51137, 51151 판결.
61) 대법원 2015. 6. 11. 선고 2014도11280 판결.

둘째, (ii)유형과 관련하여서는 부당한 매매거래가 민법상 불법행위에 해당하는 위법성 요건을 충족시킬 수 있는지를 판단할 기준이 제시될 필요가 있다. 아직까지는 자기계산으로 하는 매매거래의 위법성이 문제된 사안들을 유형화 할 수 있을 만큼 판례가 축적되지는 않은 것으로 보이지만, 일부 판례에서 대법원이 취하고 있는 기본적인 입장을 확인해 볼 수 있다. 예컨대, 대법원은 거래경험이 없는 투자자가 워런트의 매매거래로 인한 손해배상을 청구한 사안에서 자기책임의 원리가 적용되는 금융투자상품의 매매거래에는 이익충돌이 당연히 전제되어 있으므로, 매수인이 손실을 보았더라도 매수 여부나 매수 가격을 결정하는 데 기초가 되는 거래의 중요한 사항에 관하여 구체적 사실을 신의성실의 원칙에 비추어 비난받을 정도의 방법으로 허위로 고지하여 기망하는 등의 위법행위가 없다면 매도인의 불법행위가 성립하지 않는다고 판시하였다.[62] 또한, 대법원은 금융기관이 기존 선물환계약에 따라 손실보증금 잠식 즉시 반대매매를 하지 않은 사안과 관련하여, "고객에게 손실이 예상될 경우 반대거래를 수행하도록 할 업무지침이 존재하더라도 금융기관과 고객

---

62) 대법원 2006. 11. 23 선고 2004다62955 판결. 사안에서는 금융기관이 아닌 거래경험이 많은 매도인이 피고가 되었다는 특징이 있지만, 다음과 같이 거래당사자간 정보 격차가 존재하는 상황에서 이루어진 매매거래의 위법성 판단의 기준을 시사하고 있다는 의의가 있다.
"매매거래에 있어서 매수인은 목적물을 염가로 구입할 것을 희망하고 매도인은 목적물을 고가로 처분하기를 희망하는 이해상반의 지위에 있으며, 각자가 자신의 지식과 경험을 이용하여 최대한으로 자신의 이익을 도모할 것으로 예상되기 때문에, 당사자 일방이 알고 있는 정보를 상대방에게 사실대로 고지하여야 할 신의칙상의 주의의무가 인정된다고 볼 만한 특별한 사정이 없는 한, 매도인이 목적물의 시가를 묵비하여 매수인에게 고지하지 아니하거나 또는 시가보다 높은 가액을 시가라고 고지하였다고 하더라도 상대방의 의사결정에 불법적인 간섭을 하고 있다고 볼 수 없으므로 불법행위가 성립한다고 볼 수 없는바, 주식과 같은 투기성 있는 객체의 거래에 있어서는 더욱 그러하다."

사이에 특별한 약정이 있거나 당시 환율의 하락 또는 상승 경향이
뚜렷하여 고객의 손실 회복을 기대할 수 없고 오히려 손실 폭이 더
욱 확대될 것으로 예상되는 등 고객을 보호하여야 할 특별한 사정이
존재하는 경우에만 반대거래를 실시할 고객보호의무가 발생한다."는
판결을 선고하였다.[63] 이러한 내용을 종합해 보면, 금융기관이 매매
거래의 당사자가 되는 경우에는 고객과의 이익이 충돌하는 상황에
서 기망적, 사기적 수단을 사용하지 않는 이상 위법성이 인정되기
어렵고, 고객의 이익을 증진하거나 손해를 줄이기 위한 다른 방안이
존재한다고 하더라도 이를 활용하지 않았다고 해서 부당한 거래를
한 것으로 볼 수는 없다는 결론을 도출할 수 있을 것이다.

다. 소결

금융기관이 자기의 계산으로 고객과 금융상품의 매매거래를 하
는 경우는 자기책임의 원리에 따라 거래의 위험과 손익을 각 당사자
가 부담하여야 하고 고객과 이해관계가 대립하는 상황에서 고객의
이익을 적극적으로 고려하여 행위할 의무가 부과되지 않는 것이 원
칙이다. 고객에 대하여 거래를 하도록 유인하는 측면을 제외한다면
금융상품의 매매거래에서는 금융기관이 사기적 수단을 이용하여 고
객을 적극적으로 기망하지 않는 이상 거래 조건에 대한 정보제공이
이루어지면 충분하고, 특별히 보호하여야 할 신뢰가 존재한다고 보
기 어렵기 때문이다. 다만, 금융상품의 매매거래에서도 다른 제조상
품의 거래와 마찬가지로 소비자 보호 측면에서 정보제공 의무를 강
화하는 차원에서 이익충돌에 관한 의무적 공시를 도입하는 사전적
통제가 이루어질 수는 있다. 이러한 맥락에서 내부자거래, 시세조종

---

63) 대법원 2009. 7. 9 선고 2007다90395 판결.

과 같은 불공정거래규제는 자본시장의 염결성과 공정성을 제고하기 위한 제도이지만, 부수적으로는 매매거래를 수행하는 금융기관이 고객의 사기적·기망적 수단을 사용하여 고객의 이익을 침해하는 행위의 위법성을 확인하는 의미가 있다. 한편, 미국에서는 글로벌 금융위기를 계기로 은행업을 영위하는 금융기관에 대하여 중대한 이익충돌을 야기하는 자기계산 거래 자체를 금지하는 규제가 도입되었다('볼커 룰'). 이러한 규제방안은 전통적인 매매거래에 대한 규제와 달리 특정한 유형의 거래 자체를 금지하는 것이기는 하지만 금융시스템 리스크를 줄이기 위한 거시감독적인 측면에서 도입된 측면이 크기 때문에 매매거래에서의 이익충돌을 규율하기 위한 일반적인 법리로서 자리매김 할지는 다소 불확실하다.

결국 금융기관이 자기계산으로 매매거래를 함에 있어서 위법·부당하게 자신의 이익을 과도하게 추구한 행위로 인하여 고객이 손해를 본 경우에 대한 사법적인 판단이 이루어지는 경우에는 금융기관이 불공정거래규제를 위반하는 위법한 행위를 하였거나, 실정법규를 위반한 것에 해당하지는 않더라도 정보격차를 악용하여 사기적·기망적 수단을 사용하였는지 여부가 쟁점이 될 것이다. 미국에서는 간판이론이라는 법리를 발전시킴으로써 고객에 대하여 사기적·기망적 매매거래를 통하여 과도한 이익을 수취한 금융기관의 책임을 인정해 왔고, 우리나라에서는 개별 사안의 사실관계에 따라 신의칙에 따른 금융기관의 고객보호의무 위반 여부를 판단하는 경향이 있다. 특히 우리나라에서 발전한 고객보호의무론은 문제가 된 금융거래의 법적 성격이나 특징을 구별하지 않고 신의칙이라는 민법상의 일반원리만을 적용하고 있기 때문에, 향후에는 매매거래에서 금융기관과 고객간의 이해관계가 대립하는 경우 금융기관이 위법한 행위를 하거나 사기적·기망적 수단을 사용하는 것이 금지된다는 이익충돌 관련 행위준칙을 보다 구체화할 필요가 있다.

제3절 투자권유행위와 이익충돌

1. 투자권유의 법적 성격과 이익충돌의 발생

가. 투자권유의 유형과 법적 성격

(1) 맞춤형 투자권유[1]의 법적 성격

맞춤형 투자권유는 금융기관이 개별 투자자에 대하여서 금융투자상품의 매매계약 체결을 권유하기 위하여 정보와 유인을 제공하는 행위를 지칭한다. 금융기관이 투자권유를 행할 때는 (i)금융상품 자체에 대한 정보, (ii)금융상품과 관련이 있는 다른 상품, 시장 및 기타 가치변동에 영향을 주는 요소에 관한 정보가 제공되고, (iii)이러한 정보들에 대한 금융기관의 판단과 의견제시가 이루어지기 때문이다. 금융상품에 대한 객관적 정보제공의 측면과 고객을 유인하기 위한 금융기관의 주관적 판단 및 진술이라는 측면이 동시에 존재하기 때문에 어떠한 측면을 강조하는지에 따라서 법률관계의 성격이 달리 파악될 것이다. 전자의 측면을 중시하는 입장에서는 투자권유 행위를 금융상품의 매매거래의 일부에 불과한 것으로 이해하며, 후자의 측면을 중시하는 입장에서는 고객이 금융기관이 제공하는 정

---

1) 자본시장법에서는 투자권유를 특정 투자자를 상대로 금융투자상품의 매매 또는 투자자문계약·투자일임계약·신탁계약의 체결을 권유하는 것으로 정의하고(제9조 제4항), 불특정 투자자에 대한 투자권유는 투자광고 규제로 규율한다(제57조). 본 논문에서는 특정 투자자에 대한 금융상품의 매매 권유 행위에 관해서 상세히 검토하면서 그와 비교되는 개념으로서 애널리스트의 조사분석보고서 작성 및 배포행위에 관하여 비교·분석하고, 투자광고에 대해서는 별도로 다루지 않는다.

보와 조언에 의존하여 투자에 관한 의사결정을 하게 되는 과정으로
이해한다. 투자권유 과정에서 금융기관과 투자자의 이해관계가 대
립하는 경우 해당 법률관계의 법적 성격을 어떻게 전제하는지에 따
라서 금융기관이 부담하는 의무의 내용과 수준이 달라질 것인바, 본
절에서는 각 견해를 나누어 검토를 진행한다.

첫째, 투자권유를 금융상품의 매매거래 과정의 일부로 보는 경우
에는 금융기관은 매매거래의 매도인이 부담하는 의무보다 높은 수
준의 법적인 의무를 부담하지 않을 것이며, 금융소비자보호의 차원
에서 거래대상 상품에 대한 정보제공 의무만이 문제될 것이다.[2] 금
융기관은 투자권유 단계에서도 매매거래의 경우와 마찬가지로 고객
의 투자판단을 좌우할 수 있는 재량이나 권한을 가지고 있지 않으
며, 고객도 금융기관의 경제적 동기에 대해서 잘 알고 있기 때문에
투자권유에 대해서 신인관계 또는 위임이나 대리와 같은 법리를 적
용하기는 어렵다는 결론이 도출될 수 있다. 이러한 입장에 따르면
투자권유행위에 사기나 기망에 이르는 위법행위가 수반되지 않는
이상 금융기관이 자신의 이익을 추구하는 것이 허용되고, 고객의 이
익을 위하여 행위할 별도의 의무는 존재하지 않게 된다.

둘째, 투자권유행위를 고객을 유인하기 위한 금융기관의 조언과
추천행위의 연장선상에서 이해하는 경우에는 투자자가 금융기관에
대해서 부여한 신뢰를 보호하기 위하여 금융기관이 고객의 이익을
옹호할 의무를 부담하는 법률관계로 구성할 수 있게 된다. 이러한
견해에서는 실증조사 결과 및 행동경제학의 연구성과를 토대로 투

---

2) 대법원은 투자권유자의 책임에 관한 보호의무론을 최초로 밝힌 판결에서
도 "무릇 증권거래는 본래적으로 여러 불확정 요소에 의한 위험성을 동반
할 수밖에 없는 것으로서 투자가도 일정한 범위 내에서는 자신의 투자로
발생할지 모르는 손실을 스스로 부담해야 함이 당연"하다고 설시하였다
(대법원 1994. 1. 11. 선고 93다26205판결).

자자들이 투자자문업자가 제공하는 투자자문과 증권회사 등이 제공
하는 투자권유 정보를 구별하지 못하고, 투자자문과 투자권유에 대
한 규제의 차이를 인지하지 못한다는 점을 핵심적인 근거로 제시한
다.[3] 최근 널리 인용되는 SEC의 "투자자문업자와 투자매매-중개업자
에 관한 연구"[4] 보고서에서는 투자자들이 금융전문가들이 제공하는
서비스와 그 서비스를 제공하는 금융전문가들의 실체 및 동 전문가
들이 부담하는 법적인 의무의 내용을 잘 이해하지 못하고 있는 반
면,[5] 금융기관들은 투자자들에게 나타나는 인식상의 혼란을 인지하
고 있다는 내용의 조사 및 연구 결과들을 상세히 밝히고 있다.[6] 이

---

3) RAND report(2008), p.94; 아더 레이비(Arthur Laby) 교수는 투자자의 혼란만으
   로는 투자권유규제를 투자자문업무의 수준으로 높이는 것을 정당화 할 수
   없다고 주장한다. Arthur Laby(2012), pp.739~740.
4) 도드-프랭크 법 제정에 따라 SEC가 증권회사와 투자자문업자가 부담하는
   주의의무의 차이에 관해서 연구를 실시하고 조사보고서를 발간하였다.(제
   913(b)조). 동 보고서에서는 투자자의 일반 투자자(retail customer)들이 현행
   규제에 따라 증권회사와 투자자문업자간에 서로 다른 주의의무가 적용되
   는지를 이해하고 있는지 여부(제913(c)조 (3)항), 이와 같은 주의의무 기준
   의 차이가 일반 투자자가 제공받는 개별적인 투자자문의 품질과 관련하여
   혼란을 일으키는 원천이 되는지 여부(제913(c)조 (4)항)에 관한 실증 조사
   결과가 포함되어 있다. SEC 는 2004년과 2006년 각각 Siegel & Gale, LLC and
   Gelb Consulting Group("SGG") 와 랜드 연구소(RAND Corporation)에 위탁하여
   투자자문업자와 증권회사의 의무와 역할의 차이에 관한 실증조사를 실시
   하였다. SEC report(2011), pp.95~98.
5) SGG의 연구는 투자자들이 투자자문업자와 증권회사의 역할, 법적 의무, 보
   수체계의 차이를 어떻게 인지하는지에 관하여 투자자 집단을 모두 네 그
   룹으로 분류하여 조사를 실시하였다. 동 조사는 볼티모어와 멤피스 지역
   에서 증권. 펀드 등에 투자 경험이 있는 투자자들을 8~9명을 하나의 그룹
   으로 묶어서 90분간의 심층 인터뷰를 진행한 결과이다. 투자자들은 특히
   재무설계사, 재무자문인, 금융상담사, 매매-중개업자, 투자자문업자 등 각
   명칭의 의미나 '신인의무자'라는 용어가 무엇을 의미하는지를 혼동하고 있
   었다. Siegel & Gale, LLP/Gelb Consulting Group, Inc., Results of Investor Focus
   Group Interviews About Proposed Brokerage Account Disclosures(Mar. 5. 2005).

러한 조사결과들을 토대로 투자권유행위 시에도 투자자문 제공의 경우와 마찬가지로 금융기관이 고객에 대해서 신인의무 또는 고객의 이익을 우선할 법적인 의무를 부담하도록 해야한다는 주장이 제기되었으며,[7] 글로벌 금융위기 이후 각국에서는 금융소비자 보호 차원에서 이러한 견해를 반영하여 금융규제법규의 개정이 이루어졌다.[8]

우리나라에서도 투자권유행위를 원칙적으로 투자자의 자기책임 원칙에 기초한 거래의 일환으로 파악해 왔으나, 금융상품의 진화속도가 가속화함에 따라[9] 독립당사자간 매매거래와 고객의 이익을 우선할 투자자문 제공관계의 사이에 위치한 법률관계로 인식하는 견해가 강력하게 제기되고 있다.[10] 판례 법리상으로는 계약 체결 과정에서 당사자간 부여한 신뢰를 보호하기 위하여 독일의 계약체결상의 과실책임과 같은 법리를 별도로 인정하지는 않고 있으며,[11] 고객보호의무론을 토대로 민법 제750조에 따른 불법행위 책임과 관련하여 투자권유 단계에서의 금융기관의 행위가 위법성 요건을 충족시키는지를 판단하는 기준을 정립하였다.[12] 대법원은 고객보호의무가 도출되는 이론적 근거에 대해서는 명확히 밝히고 있지 않으나, 금융기관과 투자자간의 정보격차, 투자의 위험성, 투자자의 신뢰라는 금융거래의 특수성을 감안하여 새로운 불법행위 유형을 창설하고 그에 따른 금융기관의 주의의무의 기준을 확립한 것이라고 평가된다.[13] 이러한 주의의무에 따라 금융기관은 자기계산으로 투자권

---

6) SEC report(2011), p.99.

7) SEC report(2011), p.101.

8) Francis Facciolo(2013), pp.297~302.

9) 안수현(2013), 32쪽.

10) 박준 외(2013), 10쪽, 박준 발언부분.

11) 권순일(2002), 195쪽.

12) 한국증권법학회(2015), 286~287쪽.

13) 권순일(2002), 189~190, 209~210쪽.

유를 함에 있어서 오로지 사익만을 추구하는 행태에 제약을 받게 되고, 이익충돌 상황에서도 정보격차를 남용하거나 투자자의 신뢰를 침해하지 않아야 한다는 행위준칙의 적용을 받게 될 것이다. 자본시장법 제정을 계기로 도입된 적합성원칙(제46조) 또는 설명의무(제47조)는 이처럼 일반적 사법법리에 따라 발전해 온 투자권유 단계에서 금융기관이 부담하는 주의의무의 내용을 정책적 필요성에 따라 유형화 한 것으로 평가된다.[14][15]

(2) 조사분석보고서 작성 및 배포행위

본 논문에서는 매도측 애널리스트[16]의 조사분석보고서 발간 및 배포행위를 소속 투자매매·중개업자가 수행하는 투자권유행위의 일종으로 파악하여 검토한다.[17][18] 투자매매·중개업자는 조사분석 부

---

14) 김건식·정순섭(2013), 765, 777쪽.

15) 김건식·정순섭(2013), 777쪽.

16) SEC에서는 애널리스트를 "조사분석보고서의 내용 작성을 주로 담당하는 자연인"이라고 정의하고 있다 Regulation Analyst Certification, 17 C.F.R. §242.500(2005). 우리나라에서는 조사분석담당자라는 용어가 사용되고 있으나, 이해의 편의를 위해 애널리스트라고 지칭한다.

17) 애널리스트들은 소속기관과 수행 업무의 성격에 따라 매도측(sell-side) 애널리스트, 매수측(buy-side) 애널리스트, 독립 애널리스트로 구분되지만, 투자자와의 이익충돌이 직접적으로 문제된 사례는 투자매매·중개업자에 소속된 매도측 애널리스트 경우가 많다. 2003년 현재 미국에서 활동하는 애널리스트의 60%가 매도측 애널리스트이고 매수측 애널리스트 및 독립 애널리스트가 각각 30% 및 10% 정도의 비율을 차지한다. 매수측 애널리스트는 기관 투자자 및 자산운용회사에 소속되어 있으며 소속 기관만을 위한 조사분석 업무에 종사한다. 나머지 대부분은 매도측 애널리스트로서 투자은행 및 매매중개업자에 소속되어 있고, 일부 애널리스트들은 독립된 조사분석 전문회사에서 일부 투자매매중개업자를 대상으로 서비스를 제공한다. John Coffee(2006), p.248.

18) 리서치 애널리스트는 게이트키퍼 직종들 가운데 비교적 그 역사가 짧다. 1928년까지만 하더라도 미국 증권시장에서 거래되는 주식의 가치가 회사

서에 소속된 애널리스트가 작성한 보고서를 자산운용사, 보험회사, 은행 등 기관투자자나 일부 전문투자자들에게 투자판단의 참고자료로서 배포하고 있기 때문에 넓은 의미에서는 투자권유행위로 볼 수 있기 때문이다.

다만, 조사분석 서비스를 제공하는 경우에는 맞춤형 투자권유의 경우와 비교할 때 (i)개별 투자자의 특성을 고려한 서비스라기보다는 애널리스트의 전문성과 독립성을 바탕으로 객관적이고 공정한 정보와 추천의견을 포함하도록 기대되는 점, (ii)투자로 유인할 계기가 되는 대면 접촉이 이루어지지 않는다는 점, (iii)투자자들이 여러 조사분석보고서를 종합하여 투자에 관한 의사결정을 내리기 때문에 개별 보고서가 투자판단에 미칠 영향력이 상대적으로 낮고 주로 기관투자자나 일부 전문투자자들을 대상을 제공되는 점 등에 차이가 있다. 따라서 조사분석 서비스와 관련된 법률관계는 개별 투자자와의 관계가 아니라 보고서를 이용할 수 있는 투자자집단 전체에 대해서 부담하는 의무의 차원에서 접근하는 것이 바람직할 것으로 생각된다.

리서치 애널리스트의 이익충돌 문제와 관련해서는 게이트키퍼 책임의 관점에서 조망한 연구 성과가 주를 이루고 있다.[19] 리서치

채 및 채무증권의 전체가치를 밑돌았을 만큼 19세기 후반 이후 발행회사에 대한 분석은 곧 발행회사의 부채에 대한 분석을 의미했고, 1920년대에 들어서야 보통주의 거래가 본격적으로 활발해 졌기 때문에, 주식 가치에 대한 분석업무를 담당하는 애널리스트 직종 역시 신용평가회사보다 뒤늦게 발전하였다. 1947년에는 전국적 네트워크인 금융 애널리스트 전국 연합회가 결성되었고, 1950년대 후반에는 공식 인증제도인 "공인 재무 분석사(Certified Financial Analyst)" 시험을 도입하기로 하여 1963년에 되어서야 최초의 공인 재무분석사 자격이 부여되었다. 그 이후 직무윤리 및 직무 수행의 이론적 기반이 발전하였고 그에 따라 리서치 애널리스트의 숫자도 급증하였다. 애널리스트 직종의 역사적 발전과정에 대해서는 John Coffee(2006), pp.253~263.

애널리스트도 객관적, 독립적인 조사분석보고서를 작성·배포함으로써 발행회사의 위법행위 및 부실한 증권의 유통을 억제하고 투자자들을 보호하는 기능을 수행하는 면이 있다는 점에서 게이트키퍼의 일종으로 인식되어 왔기 때문이다.[20] 본 논문에서는 리서치 애널리스트 개인 또는 소속부서가 제공하는 서비스 자체가 게이트키퍼로서의 역할을 수행할 수 있다는 점을 부정하는 것은 아니지만,[21] 투자자들에 대한 책임을 애널리스트가 소속된 증권회사가 부담하게 된다는 점에 더욱 주목하여 투자매매·중개업자가 수행하는 투자권유행위의 일환으로 분석한다.

SEC의 애널리스트 인증 규칙(Regulation Analyst Certificate)에 따르면 조사분석보고서란 증권 또는 발행인에 대한 분석을 포함하고 투자판단의 기초가 되는 합리적으로 충분한 정보를 제공하는 여하한 서면 의사소통[22]이라고 정의되며, 애널리스트들이 연구조사, 인터뷰, 탐방을 통해 수집한 정보를 바탕으로 회사를 평가하고 종목을 추천한 결과 및 회사의 장래 수익에 대한 예측 정보 추정치가 포함된다.[23] 조사분석서비스를 이용하는 투자자들의 입장에서는 애널리스

---

19) 게이트키퍼의 위법행위 억지기능에 대해서는 Reinier H. Kraakman(1985) pp.53~60; 게이트키퍼에 대한 민사책임에 관해서는 Assaf Hamdani(2003), p.113 등; 유럽에서의 연구 가운데 게이트키퍼 측면에서 애널리스트의 이익충돌 문제를 다루고 있는 문헌으로는 Jennifer Payne in Niahm Moloney et al.(2015), p.523; Niahm Moloney(2014), ch. 7; 투자자에게 제공되는 정보를 인증, 검증하는 기능을 하는 회계사와는 달리 애널리스트는 매수·매도에 관한 의견제시가 중심이 된다는 차이를 부각하는 설명으로는 Patrick Leyens(2011), pp.54~55.

20) 애널리스트가 제공하는 정보의 독립성·객관성에 초점을 맞춘 국내 연구로는 고재종(2009), 조성훈 외(2003).

21) John Coffee(2006), pp.247~257; John Coffee(2002), p.1409; Peter Oh(2004), p.742.

22) SEC, Final Rule: Regulation Analyst Certification(2003. 2. 20); Jill Fisch(2007a), p.46.

23) Jeffery C. Hooke(1998); 리서치 애널리스트의 직무 수행 과정을 흥미롭게 분석한 기사로는 Jeff D. Opdyke, Check, Please : Some Stock Analysts Get Back to

트들이 전문성과 독립성을 바탕으로 객관적인 보고서를 작성하기를 기대하지만,[24] 증권회사의 입장에서는 투자자들의 증권거래를 직·간접적으로 유인하기 위한 매개로 활용할 유인이 더 크다. 미국에서는 1975년 중개수수료 자율화가 도입되면서[25] 투자중개업자의 중개수수료로부터 일부를 조사분석의 대가로 지급받던 관행이 폐지됨에 따라 일부 주식시장 활황기를 제외하고는 조사분석 서비스 자체가 이윤을 창출하는 기능을 수행하지 못한다는 인식이 정착되었기 때문이다.[26]

조사분석보고서의 작성 및 배포행위는 투자매매·중개업자가 일방적으로 시장에 대해서 정보를 제공하고 의견을 제시하는 행위이기 때문에 특정투자자와의 구체적 법률관계가 성립한다고 보기는 어렵다. 그렇다고 하더라도 애널리스트의 전문성에 대한 시장의 신뢰, 투자유인이라는 보고서 배포의 목적에 비추어 본다면, 투자매매·중개업자는 투자자의 투자판단에 영향을 줄 수 있는 정보의 객관성, 독립성을 보장하고, 조사분석 과정에서 취득한 정보를 남용하여 위법·부당한 거래를 함으로써 투자자에게 위법·부당하게 손해를 가하는 것을 회피할 의무를 부담하도록 기대된다.

나. 투자권유 관련 이익충돌의 발생

(1) 맞춤형 투자권유

투자권유의 법적 성격을 어떻게 정의하는지에 따라 금융기관과

Basics in Wake of Scrutiny, WALL ST. Jr.(2001. 9. 5) 1면.

24) Jennifer Payne in Niamh Moloney et al.(2015), p.523.

25) 1975년 증권거래법 개정으로 1934년 미국 증권거래소법에 제6(e)조가 신설되면서 고정 또는 하한 중개 수수료에 기한 거래가 금지되었다.

26) John Coffee(2006), p.247.

고객 간에 발생하는 이익충돌의 양상과 발생 원인에 대해서도 서로 다른 진단을 내리게 된다.[27] 투자권유행위를 매매거래의 일부로 보는 견해에 따르면 자기책임의 원리가 지배하는 독립당사자간 거래의 성격상 이익충돌은 사익추구의 당연한 결과로서 발생한다. 즉, 금융기관은 판매수수료 또는 매매거래에 따른 마진 등 경제적 이익[28]을 추구하기 위하여 투자권유를 행하고, 투자자는 원본손실의 위험을 감수하고 금융상품에 투자하기 때문에 결과적으로 금융기관과 고객 간의 이해관계가 반대방향을 향하게 되더라도 그 자체로 부정적인 평가를 수반하지 않는다. 이러한 관점에서는 투자권유를 금융상품에 대한 객관적인 정보제공행위의 측면을 중심으로 이해하기 때문에, 고객과 금융기관간의 정보격차를 이익충돌의 주요한 발생 원인으로 파악한다.

다만, 투자권유행위를 독립당사자간 거래관계로 파악한다고 하더라도 금융기관이 고객과의 이익충돌에 직면하여 정보격차를 남용하거나 고객의 신뢰를 배반하여 고객의 이익을 위법·부당하게 침해하는 행위는 허용될 수 없다. 예를 들자면, ELS 상품을 판매하면서 증권회사의 기초자산 대량매도 행위로 인하여 상환 조건의 성취가 방해될 수 있다는 사실을 고지하지 않은 사안[29]과 같이 위법행위를 전제로 한 투자권유 또는 비상장 기업이던 증권회사가 기존의 투자신

---

27) 조사분석보고서의 작성·배포행위와 관련된 이익충돌에서와 유사하게 소속 증권회사의 이해관계와 무관하게 판매권유행위를 하는 직원 개인이 수취하는 인센티브 등의 이익을 추구하기 위해서 고객의 이익을 희생시키는 양태의 이익충돌도 발생할 수 있으나, 조사분석보고서와 달리 관련 실증연구를 확인하기는 어렵다.

28) 장래의 사업기회를 가져다 줄 수 있는 중요한 고객의 이해관계, 평판 자본의 획득과 같은 사회적 이익 등을 투자권유 대상 고객의 이해관계보다 우선하는 경우도 포함한다.

29) 대법원 2015. 5. 14 선고 2013다2757 판결의 사실관계.

탁 고객들에 대하여 자사 실권주의 공모에 참여하도록 청약을 권유하면서 실제로는 회사가 거액의 누적 결손을 기록하는 상황을 알리지 않은 사안[30]과 같이 사기적·기망적 수단을 사용한 부당한 투자권유행위는 허용될 수 없을 것이다.[31]

반대로, 투자권유의 의견제시적 측면을 강조하는 견해에 따르면 금융기관이 투자자의 투자경험에 비하여 지나치게 고위험 상품을 판매하는 등 이익충돌을 야기할 우려가 있는 사정을 고객에게 알리지 않은 채 자신의 이익을 과도하게 추구하는 행위 자체가 문제가 될 수 있다. 이러한 관점에서는 투자권유를 금융기관의 의견제시에 대한 고객의 신뢰 및 의존의 측면을 강조하기 때문에 투자권유와 관련된 이익충돌의 발생을 신인의무법리의 관점에서 파악하거나 고객의 신뢰를 배반하지 않을 업무상 주의의무를 위반할 소지가 있는 행위로 받아들이고 그에 따른 규율을 강화해야 한다는 주장으로 연결될 수 있다. 즉, 투자권유행위에 대해서도 신인의무 법리에 따른 이익충돌금지원칙(no-conflict rule)을 적용할 경우에는 원칙적으로 투자자의 손해가 예상되는 상황에서 금융기관이 판매수수료, 매매거래의 마진 또는 계열사나 다른 고객의 이익을 추구하기 위하여 특정 금융상품에 대한 투자권유행위에는 제약이 가해질 것이다.

우리나라에서도 일각에서는 금융투자상품의 판매와 관련하여 금융기관에게 고객의 이익을 우선할 일반적인 의무를 부담해야 한다는 견해가 주장되고 있다. 우리나라에서 논의되는 투자권유 관련 고객이익 우선의무란 신인의무법리에 따른 충성의무라기 보다는 고객이익을 감안하여 행위할 고도의 주의의무라고 생각된다. 즉, 금융기관과 금융소비자 간에는 매매거래에서 매도인과 매수인 관계를 넘어서서 위임과 유사한 법률관계가 성립하며, 금융기관은 금융상품을

---

30) 현대투신 실권주 공모사건, 김주영(2010), 2~3쪽.
31) 같은 취지, 박준 외(2013), 10쪽, 전원열 발언부분.

판매함에 있어서 정보제공의무, 조언의무 및 특히 '이해상충 방지의무'를 핵심으로 하는 선관주의의무를 부담한다는 취지로 설명된다.32)

(2) 조사분석 서비스 제공

투자매매·중개업자의 조사분석 서비스 제공과 관련된 이익충돌은 (i) 소속 회사 또는 애널리스트 개인의 경제적 이익을 위해서 투자자들의 투자판단에 부정적 영향을 미칠 수 있는 부실한 보고서를 작성하거나, (ii) 조사분석 과정에서 취득한 정보를 남용하는 유형으로 크게 구별될 수 있다. 이 가운데 두 번째 유형33)은 제3절에서 검토한 장내거래에서에서의 투자중개업무 고객으로부터 지득한 정보를 활용하여 자신의 이익을 추구하는 유형의 이익충돌과 유사한 측면이 있으므로 본 절에서는 첫 번째 유형에 대해서만 검토하기로 한다.

존 커피(John Coffee) 교수는 1990년대 후반 이후 닷컴 버블시기에 애널리스트들이 시장 전망을 지나치게 장밋빛으로 전달하는 등 독립성과 객관성이 의심받는 행태를 비판하면서, 이러한 행태의 근본적인 원인이 이익충돌 문제에 있다고 지적하였다.34) 질 피쉬(Jill Fisch) 교수도 독립성이 기대되는 리서치 애널리스트들이 증권회사에 소속되어 보수를 지급받으면서도 개인적인 판단과 전문성에 근거하여 조사분석보고서를 발간한다는 특징 때문에 투자자들의 투자판단

---

32) 같은 취지, 박준 외(2013), 9~10쪽, 김주영 발언부분.

33) 이러한 유형은 조사분석보고서 작성 자체보다는 이를 이용한 매매거래에 초점을 맞춘 것으로서 배포 전후 일정시간 동안 투자매매·중개업자의 거래를 제한하는 스캘핑 규제 등이 이에 해당한다 .

34) John Coffee(2006), p.247; Frank Partnoy(2001), p.525도 애널리스트에 대해서 독립적인 조사분석 업무 수행이 기대되지만 단기적 성과보수체계로 인하여 소속된 투자은행 및 고객의 이익을 우선하게 된다는 문제를 지적한다.

을 형성하는 데 중요한 근거로 작용하는 과정에서 다양한 종류의 이
익충돌이 발생할 수밖에 없다고 설명한다.[35] 애널리스트의 이익충
돌 역시 맞춤형 투자권유와 마찬가지로 그 자체로 부정적인 결과를
초래한다고 판단할 수는 없지만, 애널리스트 또는 소속 투자매매·중
개업자가 이익충돌 상황에 처해서 공정성과 객관성을 상실한 조사
분석보고서를 작성·배포함으로써 투자자의 투자판단을 형성하는데
장애요인으로 기능하고, 이를 신뢰한 투자자의 손해를 발생시킬 가
능성이 상존한다.

조사분석보고서의 작성·배포와 관련하여 투자자와의 관계에서
발생하는 이익충돌가운데 첫 번째 유형은 애널리스트 개인이 분석
대상 증권에 이해관계를 보유함으로써 조사분석보고서의 객관성, 독
립성이 보장되지 않는 것이다. SEC의 조사에서 밝혀진 사실에 따르
면, 조사대상 애널리스트의 3분의 1 가량이 보고서작성 대상 종목의
주식을 보유하고 있으며, 특히 주식의 공모 직전에 IPO 가격으로 주
식을 매입할 수 있는 권한을 받고 해당 회사에 대한 보고서를 작성
하는 관행이 시장에 만연한 것으로 알려져 있었다.[36]

조사분석 서비스와 관련하여 발생하는 이익충돌의 두 번째 유형
은 애널리스트가 소속된 투자매매·중개업자의 이해관계를 위하여
조사분석보고서의 객관성·독립성을 희생시키는 것이다. 전통적으로
는 투자자가 지불하는 중개수수료에 애널리스트에 대한 보수가 포
함되어 있었기 때문에[37] 리서치 애널리스트는 보다 많은 거래를 성
사시키기 위한 쪽으로 보고서를 작성할 유인이 컸다. 따라서 많은

---

35) 커피 교수는 이익충돌의 유형을 개인적 이익충돌, 브로커 수수료 이익충
   돌, 투자은행 이익충돌, 발행인 접근 이익충돌, 투자자 이익충돌, 정보 전
   달 지연 관련 이익충돌이라는 여섯가지 유형으로 분류한다. John
   Coffee(2006), pp.249~253.
36) Jill Fisch and Hillary Sale(2003), p.1046.
37) Jill Fisch and Hillary Sale(2003), p.1045.

중개수수료를 지급하는 기관투자자들의 선호를 반영하여 매수추천의 비중이 증가하거나, 거래에 부정적인 요인들을 과소평가 하여 중개업자를 통한 거래행위 자체가 많이 일어나도록 유도하고, 실제 보고서를 이용하는 투자자들의 이익이나 인센티브를 고려하지 않는다는 실증적인 비판들이 많이 제기되고 있다.[38)

투자중개수수료 자율화 이후에는 증권회사의 전체 수익에서 인수업무, 기업인수합병 등 투자은행 업무가 차지하는 비중이 증가하였고,[39) 1990년대 후반에는 주식시장 활황을 계기로 투자매매·중개업자가 발행회사의 이익을 위하여 스타 애널리스트의 평판과 명성을 활용하는 사례가 자주 발생하였다.[40) 증권시장에 진입하는 발행회사들은 주식을 궤도에 올리기 위해서 스타급 애널리스트들을 필요로 했고,[41) 투자매매·중개업자 입장에서는 투자은행 업무의 고객관리 및 마케팅을 위하여 로드쇼 등에 스타급 애널리스트들을 직접 참여시켰다.[42) 특히 애널리스트의 보수를 투자은행 업무로 인한 수익과 연동시킴으로써 투자자의 이익을 고려하지 않고 발행회사 주식의 가치를 고평가하는 보고서가 양산되는 상황에 이르렀다.[43)44)

---

38) John Coffee(2006), p.252.

39) 예컨대 1973년 메릴린치의 브로커 수입은 회사 매출의 55%를 차지했으나, 1980년도에는 그 비중이 36%로 줄고, 1990년대에 들어 대형 투자매매중개업자 대부분의 회사들의 수입의 절반 이상을 투자은행 업무가 차지하게 되었다. John Coffee(2006), p.256.

40) Jill Fisch and Hillary Sale(2003), p.1046; 정보중개(information intermediary) 업무의 일환으로 애널리스트의 이익충돌 및 대리비용 문제를 언급하는 연구로는 Stephen Choi(2004), pp.6~11.

41) Jeffery M. Laderman, Wall Streets's Spin Game, Bus. Wk.(1998. 10. 5), p.148

42) Jill Fisch(2007a), p.54.

43) 1992년 월스트리트 저널에서 공개된 모간스탠리의 메모렌덤인 "the Rohrbach Memo - No Negative Comments"에서는 "우리의 목표는 리서치 부서를 포함하는 전체 회사가 건전한 영업행위의 일환으로서 우리 고객에 대한 부정적

투자중개업무에서 발생하는 보수의 일부를 수령하는 경우에 비하여 투자은행 업무와 연동된 보수 수령구조의 이익충돌이 더 큰 문제를 야기하는 것으로 평가된다.[45] 전자의 경우에는 투자자의 이익을 희생시켜 거래 빈도를 높이는 위험이 있는 것이고, 후자는 투자자의 이익을 희생시켜 발행회사와 금융기관의 이익을 우선시 할 위험을 발생시킬 수 있다.[46] 투자중개업무에서 발생하는 중개수수료와 애널리스트 보수가 연동되었을 때는 양질의 조사분석 업무로 명성을 얻으면 이를 믿고 투자하는 고객을 유치할 유인으로 작용할 수 있었지만 투자은행 업무 수익과 애널리스트 보수가 연동되고 난 이후에는 투자은행업무 고객의 이익을 우선시하는 것이 당연시되고, 리서치 보고서의 독립성, 객관성과 그 자체의 신뢰가능성은 중요성이 무시되었기 때문에 이익충돌 문제가 발생할 가능성이 높아졌다.

이거나 논쟁적인 코멘트를 하지 않는다는 데 있다"고 언급하였다. 해당 메모는 당시 모간스탠리의 기업금융부서 책임자(managing director)가 전직원들을 대상으로 이러한 지침을 전달하기 위해서 작성된 것이며 해당 임원은 동 메모에서 회사의 준법감시매뉴얼에도 이런 내용이 포함되어야 한다고 주장했다는 사실이 보도되었다. Wall Street Journal, "The Rohrbach Memo: 'No Negative Comments'"(1992. 7. 14).

44) 이와 관련하여 투자은행 업무와의 이익충돌은 애널리스트의 전망추정치와 직접적으로 상관관계가 있어서 증권인수인과 그 애널리스트들은 투자은행 고객들의 증권을 좋게 평가하는 경향이 있다. John Coffee(2006), p.252; 커피 교수는 엔론이 파산상태에 이르기 직전인 2001년 10월 당시 17개의 조사분석보고서 가운데 16개가 매수 의견을 제시했으며, 그 가운데 최초로 매도 의견을 제시한 프루덴셜 증권(Prudential Securities)은 투자은행업무를 영위하지 않았다는 점은 비록 일화에 불과하다고 하더라도 애널리스트의 독립성 문제의 중요성을 시사해 준다. John Coffee(2004), p.316; John Coffee(2003), pp.1407~1408.

45) John Coffee(2006), p.247.

46) Jill Fisch and Hillary Sale(2003), p.1046.

2. 투자권유관련 이익충돌이 문제된 사례

가. 맞춤형 투자권유 관련 사례

(1) 골드만삭스의 펜 센트럴 부실기업어음 판매

미국에서 투자권유와 관련하여 금융기관과 투자자 사이의 이익
충돌이 문제된 가장 대표적인 사례는 1970년대 골드만삭스가 펜 센
트럴(Penn Central)사의 부실기업어음을 판매한 사건에 관한 것이다.
펜 센트럴은 당시 미국 철로의 35%를 운용하고 막대한 부동산 자산
을 보유하던 최대의 운송기업이었으나, 1970년 8,700만 달러 규모의
단기 무담보채무증권(기업어음)의 지급 불능에 이르게 되어 파산을
신청하였다. 골드만삭스는 1968년부터 펜 센트럴의 기업어음 발행
인수업무를 담당하였고, 1969년에는 이미 펜 센트럴의 재무상황이
급격히 악화되었다는 사실을 파악하고, 심지어 임원들로부터 유동성
이 부족하다는 정보를 반복적으로 제공받았음에도 불구하고 아메리
칸 엑스프레스(American Express), 웰치스(Welch's), 디즈니(Disney) 등 주
요 고객에 대해서 유동성과 상환가능성을 강조하면서 해당 기업어
음을 10% 할인된 가격에 판매하였다.[47] SEC는 펜 센트럴의 도산 이
후 조사를 진행하여 1934년 증권거래소법 및 SEC 규칙에 따른 사기적
증권판매 혐의로 골드만삭스를 기소하였고, 투자자들로부터도 총 45
건의 민사 소송이 제기되어 일부 사건에서는 골드만삭스의 책임이
인정되었다.[48]

이 건에서는 골드만삭스가 수수료 수익을 추구하기 위하여 투자
자에게 손해가 된다는 사정을 알면서도 고의로 이를 숨기고 부실한
증권에 대한 투자를 권유한 사실이 문제되었다. 최근에도 펜 센트럴

---

47) Jerry Markham(2002), p.6.
48) 560 F.2d 916.

사건은 투자은행의 이익충돌 문제를 보여주는 대표적 사례로 거론 되고 있는데,[49] 금융기관과 고객 간에 이익충돌이 발생하였다는 사 실 자체 보다는 이익충돌 상황에서 금융기관이 증권법상 사기에 해 당하는 위법·부당한 행위를 하는 것은 허용될 수 없다는 점을 잘 드 러내주는 사례이다.

(2) 우리나라에서의 불완전판매 관련 소송과 이익충돌

우리나라에서도 금융상품의 불완전 판매에 대한 책임을 묻는 소 송이 많이 진행되고 있는데,[50] 이익충돌의 측면에서는 구체적 사실 관계에 따라 (i)사후적으로 금융기관이 매매거래 등을 수행함으로써 해당 금융상품의 가치에 영향을 미칠 수 있는 상품을 투자권유한 행 위,[51] (ii)금융기관 또는 계열사가 발행한 증권의 가치가 하락할 것이 라는 사정을 알면서 투자권유한 행위[52] 및 (iii)투자자의 투자경험과 위험감수능력에 비해서 지나치게 위험한 상품을 투자권유하고 판매 수수료를 추구한 행위 등으로 유형화 될 수 있다.

첫째, (i)유형의 대표적인 사례는 기초자산의 대량매도로 고객의 조건 성취가 방해될 수 있는 주가연계증권을 투자권유한 사안일 것

---

49) 펜 센트럴 사건은 투자은행이 글로벌 금융위기를 계기로 노정한 이익충돌 문제가 오래 전부터 만연해있었다는 주장의 근거로 제시된다. William Cohan, Goldman Sachs's long history of duping its clients(2012. 3. 16).

50) 노태석(2013), 105쪽.

51) 시세조작의 유포, 미공개중요정보의 제공 등 불공정 거래규제에 위배되는 행위를 전제로 하는 투자권유와 관련된 분쟁들도 해당 유형에 속할 수 있 다. 사안의 구체적 내용에 관해서는 한국증권법학회(2015), 296~298쪽.

52) 불법적인 수익보장 약정에 의하여 금융상품을 판매한 유형의 분쟁도 금융 기관이 위법행위를 전제로 투자권유를 했다는 점에서 (ii)유형과 같이 취급 할 수 있다. 대표적으로, 증권회사가 불법적인 일임매매 및 투자보장 약정 을 함으로써 오로지 수수료 수익만을 추구한 점에 비추어 불법행위의 성 립이 인정된 사례로는 대법원 1999. 12. 24 선고 99다44588 판결.

이다.[53] 해당 사안에서는 금융기관이 자본시장법상 금지된 시세고
정행위에 해당하는 매매거래의 위법성이 주된 쟁점이 되었지만, 투
자권유 단계에서도 금융기관이 자신의 이익을 위하여 향후 투자자
에게 손해를 가할 수 있다는 사정을 알리지 않았기 때문에 이익충돌
의 문제가 존재한다. 또한 편입대상 파생상품의 운용을 담당하는 금
융기관이 고객자산의 손익을 좌우하는 포트폴리오의 구성, 변경종목
의 선정 등을 좌우할 수 있는 재량이 있다는 사실을 고지하지 않은
채 펀드를 판매한 우리파워인컴펀드 사건 역시 해당 유형에 속하는
분쟁 사례이다.[54]

　둘째, (ii)유형의 대표적 사례로는 우리나라에서는 구 동양증권이
계열사인 동양그룹 소속 회사들이 발행한 부실한 기업어음(CP) 및
회사채를 투자자들에게 판매한 행위와 관련된 사건 꼽을 수 있다.[55]
동양사건은 민사소송에 앞서 확정된 동양그룹 전직 임원들에 대한
형사재판에서는 동양그룹 전 회장과 동양증권의 전 대표이사가 동
양그룹의 1차 구조조정 실패가 확정된 2013년 8월 20일 이후에 부도

---

53) 대법원 판결에서는 이러한 대량매도행위의 위법성을 근거로 증권회사의
　　고객보호의무 위반의 책임을 인정하기도 한다(2015. 5. 14. 선고 2013다2757
　　판결; 대법원 2016. 3. 24 선고 2013다2740 판결). 해당 쟁점에 관해서는 제4
　　장에서 상세히 검토한다.

54) 주식디폴트스왑등 파생상품에 투자하는 펀드를 판매하면서 국채만큼 안
　　전한 상품이라고 설명한 판매사의 책임이 인정된 사안으로는 대법원 2014.
　　2. 27 선고 2011다112407 판결. 편입대상 장외파생상품의 설계, 운용을 담당
　　하는 동시에 해당 파생상품의 발행사인 SPC와 스왑계약을 체결하여 이익
　　충돌에 처한 CSFBi의 역할과 이해관계에 대해서 투자자에게 상세히 고지
　　되지 않은 점이 지적되고 있는데, 이러한 행위는 골드만삭스가 아바쿠스
　　사건에서 준거자산의 선정시 폴슨이 개입한 사실을 고지하지 않은 것과도
　　일맥상통한다. CSFBi의 이익충돌문제를 지적한 자료로는 김주영, 국회입법
　　조사처·서울대학교 금융법센터(2015), 81~85쪽.

55) 동양사건에 관해서는 김효연, 동양그룹 회사채 피해발생 관련 쟁점과 입
　　법정책과제 국회입법조사처(2013. 10. 14).

가 확실함에도 불구하고 회사채 및 CP를 발행하고 판매한 행위에 대해서 사기 및 자본시장법 위반 등의 책임이 인정되었다.[56] 같은 쟁점의 민사사건에서도 형사사건에서 사기 혐의가 인정된 2013년 8월 20일 이후의 판매행위에 대해서만 금융기관이 동양그룹의 도산에 관한 위험을 제대로 고지하지 않았기 때문에 설명의무를 위반하여 고객에 대한 손해배상책임을 부담한다는 취지로 판시하였다.[57] 법원에서는 관련 형사사건에서 사기죄가 인정된 시점을 기준으로 하여 발행된 CP 및 회사채에 대한 금융기관의 투자권유 관련 책임의 존부를 판단하였으며, 투자권유와 관련하여 금융기관과 투자자간 이익이 충돌하더라도 막연히 고객에 대한 보호의무를 인정할 수는 없고 고의로 위법행위를 한 경우에만 투자자에 대한 책임이 인정될 수 있다는 견해를 뒷받침 하는 판결이라고 생각된다.

셋째, (iii)유형에는 대표적으로 소위 KIKO 통화옵션계약을 둘러싼 수출기업들과 은행들 간의 분쟁[58]을 포함하여 적합성의 원칙이나 설명의무 준수여부가 쟁점이 된 다수의 불완전 판매 분쟁 사례가 속한다. KIKO 건에서는 기업과 은행이 미리 정한 범위 내에서 환율이 움직이면 기업이 환차익을 얻지만 반대의 경우 손해를 떠안도록 설계되어 있는 통화옵션계약 체결을 권유한 행위가 문제되었는데,[59] 은행과 기업의 환율예측 결과에 따라 이익충돌은 당연히 발생할 수밖에 없는 사안이었고, 대법원에서도 그에 따른 손실위험은 계약당

---

56) 2013년 2월부터 9월까지 발행, 판매된 전체 CP 및 회사채 1조 2,958억원 가운데 2013. 8. 20 발행된 1,708억원 상당의 증권에 대해서만 형사책임이 인정된 것이다. 대법원 2015. 10. 15 선고 2015도8191판결(원심판결 : 서울고등법원 2015. 5. 22 선고 2014노3298 판결).

57) 서울중앙지방법원 2015. 11. 26 선고 2013가합89094 판결.

58) 대법원 2013. 9. 26 선고 2011다53683(본소)·2011다53690(반소) 판결, 2012다1146·2012다1153 판결, 2013다13637 판결, 2013다26746 판결 등.

59) 사실관계 및 주요 쟁점에 관해서는 진상범·최문희(2014), 87~90쪽.

사자들이 인수해야 한다는 취지로 판시하였다.[60] 한편, 민사소송의
원고들이 KIKO 상품의 판매행위를 담당한 금융기관 임직원들을 고
발하였으나, 검찰에서는 콜옵션과 풋옵션의 가치 차이는 "행사환율
등 기업이 선택한 계약조건에 의해 결정되는 것으로 은행이 이를 유
인하거나 계약 체결 과정에서 이를 속일 동기가 되는 것으로 보기는
어렵다"는 이유로 전원 무혐의처분하였으므로 사기 등의 위법행위
도 인정되지 않았다.[61]

이들 가운데 특히 (iii) 유형의 분쟁에 관해서는 투자권유행위의
법적 성격을 어떻게 이해하는지에 따라 금융기관이 준수하여야 할
의무의 내용이 달라질 수 있다. 매매거래의 일부로로서의 성격을 강
조하는 입장에서는 이익충돌이 발생할 수 있다는 사실을 고지한 이
상 금융기관은 이익충돌 상황에서 투자자가 손실을 입는다고 해서
책임을 부담할 것은 아니다. 반면, 자문제공적 성격을 강조하는 견
해에 따르면, 이익충돌의 발생가능성을 고지하는 것을 넘어서서 고
객의 이익을 위하여 이익충돌의 발생이 예상되는 상품의 판매 자체
를 제한해야 한다는 결론에 도달하게 될 것이다.

나. 애널리스트 관련 사례

(1) 글로벌 세틀먼트 사건 이전 사례

미국 법원에서는 1990년대 후반 인터넷 기업의 거품이 한창이던
무렵 수사기관과 감독당국에서 조사가 개시되기 미국의 법원에서는
애널리스트의 이익충돌의 문제에 관하여 비교적 관대한 입장을 취
하고 있었다.[62] SEC는 1970년대 이래로 특히 애널리스트들이 회사 내

---

60) 대법원 2013. 11. 28 선고 2013다23891 판결.
61) 법률신문, 키코 판매 은행들 형사책임 면해 – 고소된 임직원 90여명 전원
무혐의 처분(2011. 7. 20).

부자들로부터 선별적으로 수취한 정보의 부정한 이용을 규제하려고 끊임없이 기소하였으나, 법원에서는 대부분의 사안에서 애널리스트의 책임을 부정하는 판결을 내렸다.[63] 특히 1983년 Dirks v. SEC 판결에서는 애널리스트의 면책에 관한 법리를 확립한 것으로 평가되는데, 미국 대법원은 동 판결에서 애널리스트의 정보 이용을 엄격하게 규제하면 효율적인 증권시장의 작동에 방해가 된다는 취지로 판시하였고,[64] 이 판결은 Dirks가 증권시장의 감시자로서 애널리스트 본연의 문지기 기능을 제대로 수행했기 때문에 필연적으로 법적 보호를 부여받은 것이라고 해석되기도 한다.[65]

한편, 1990년대 후반 이후에는 투자자들이 애널리스트의 이익충돌 행위에 대하여 1934년 증권거래소법 제10(b)조 및 SEC 규칙 10b-5에 근거하여 책임을 묻는 소송을 여러차례 제기하였다. 예컨대, 투

---

62) John Coffee(2006), p.264, Jill Fisch and Hillary Sale, pp.1056~1059.

63) In re Investors Management Co., 44 S.E.C. 633,648(1971); SEC. Bausch & Lomb, Inc., 565 F.2d 8, 9(2d Cir. 1977).

64) In re Dirks v, 463 U.S. 646,651(1983).

65) In re Dirks v, 463 U.S. 646, 651(1983). 사안의 내용은 다음과 같다. 보험산업을 전문 영역으로 하는 애널리스트 레이몬드 덕스가 Equity Funding of America 라는 보험회사("Equity Funding")의 내부자로부터 회계부실에 관한 내부고발정보를 수령하였고 회사를 방문하여 인터뷰 및 조사를 실시하여 획득한 정보를 월스트리트 저널에 제공하고, 증권거래위원회와도 의견 교환을 했다. 덕스의 조사 기간 중 덕스의 고객들은 Equity Funding의 주식을 대량 매도하여 주가가 급락했고(26달러 → 15달러), 월스트리트 저널에 덕스가 제공한 정보를 바탕으로 한 기사가 보도되었으며, 결국 Equity Funding은 도산에 처하게 되었다. SEC는 덕스가 회사 내부 정보를 자신의 고객에게 전달함으로써 미공개중요정보이용행위의 교사·방조에 해당하는 행위를 하였다고 1934년 증권거래소법 제10(b)조 위반으로 기소하였다. 연방항소법원에서는 SEC의 주장이 받아들여졌으나, 연방대법원에서는 애널리스트에 대하여 회사 내부자로부터 정보를 전달받은 정보수령자로서 신인의무 위반을 인정하기 위해서는 회사 내부자가 선별적 정보제공에 대한 대가를 제공받을 필요가 있다고 판시하면서 연방항소법원 판결을 파기하였다.

자자들이 크레딧 스위스의 애널리스트가 소속 금융기관이 중개업자가 숏포지션을 취하고 있는 증권 종목에 대해서 지나치게 비관적으로 전망하였다거나 모간 스탠리의 애널리스트 메리 미커(Mary Meeker)가 지나치게 낙관적으로 기술주들을 전망하여서 손해를 입었다는 이유로 제기한 소송 등이 있었으나,[66] 법원에서는 인과관계가 입증되지 않았다는 이유로 원고들의 청구를 모두 기각하였다.

(2) 글로벌 세틀먼트 사건

2000년 봄 주식시장 활황이 가라앉자 매수를 추천하던 리서치 애널리스트들에 대한 시장의 분노가 가열되었다. SEC는 2001년 공정공시 규정(SEC Fair Disclosure Regulation)을 채택하여 리서치 애널리스트들의 미공개 정보 전달 가능성을 차단하려고 시도하였고, 특히 애널리스트의 이익충돌 문제의 유형 및 발생가능성, 위험에 대해서 투자자들에게 경고하였다.[67]

뉴욕주 검찰총장 엘리엇 스피처는 2002년에 투자자들이 당시 시장에서 가장 유망한 애널리스트였던 헨리 블로제(Henry Blodger)가 소속 회사인 메릴린치의 투자은행 부문의 이익 및 그와 연동된 자신의 보수를 높이기 위하여 특정 인터넷 종목의 강력한 매수 추천을 했다는 사유로 메릴린치의 리서치 부서를 조사하기 시작하였다. 조사결

---

66) In re Credit Suisse First Boston Corp. SEC Litig., 97 Civ. 4760, 1998. U.S. Dist. 1656, 36(S.D.N.Y. Oct. 19, 1998) 한편, In re Credit Suisse First Boston 03 Civ. 2467 (lap) Corp.(Lantronix, Inc.,)에서도 크레딧스위스 및 소속 애널리스트가 Latronix 라는 회사 주식에 대한 부정적인 견해를 숨기고 긍정적인 전망을 담은 조사보고서를 발간하여 손해를 입혔다는 이유로 1934년 증권거래소법 10(b)조 및 SEC 규칙 10(b)-5 위반을 근거로 하는 집단 소송을 제기하였으나 손해배상책임이 인정되지는 않았다. Jill Fisch and Hillary Sale(2003), p.1058.

67) SEC, Analyzing Analyst Recommendations, https://www.sec.gov/investor/pubs.analysts. htm.

과에 따르면, 메릴린치의 소속 애널리스트들은 실제로는 매우 부정적으로 평가·진단하던 일부 인터넷 관련 주식종목들에 대해서도 높은 등급을 부과하고, 목표주가를 높이 설정하는 등 우호적인 의견을 발표하였다. 심지어 어떤 애널리스트는 부실기업에 대한 우호적인 평가에 반대 의사를 표시한 다른 애널리스트에게 "과연 옳은 일을 하고 있는지 모르겠네. 우리는 사람들의 돈을 잃고 있고, 나는 그런 상황이 싫네. 스미스씨 부부의 은퇴 자금이 줄어들고 있는데 이런 상황은 투자은행 고객인 토드 사장(발행회사의 대표)이 우리에게 화를 내기를 원하지 않기 때문이라고 생각하네."라는 내용의 이메일을 보내는 등, 소속 증권사의 고객인 발행회사의 거래성사로부터 수령할 자신의 경제적 이익을 위해서 투자자들을 대상으로 제공되는 조사분석보고서의 독립성과 객관성을 무시할 수도 있다는 인식이 조직적으로 만연해 있었다는 사실을 알 수 있다.[68]

　　메릴린치 사건을 계기로 매도측 리서치 부서를 운용하는 투자은행 업계 전반 및 유명 애널리스트들을 대상으로 이익충돌 문제에 대한 조사가 급격히 확산되었다. 결국 뉴욕주 검찰 뿐만이 아니라 SEC, 뉴욕주 증권업협회(NYSD), 뉴욕 증권거래소 등 자율규제기관 및 기타 주정부가 참여하여 투자은행들과의 긴 협상 끝에 2003년 4월 포괄합의(Global Settlement, "글로벌 세틀먼트")에 도달하였다. SEC 등의 발표에 따르면 투자은행들은 1934년 증권거래소법상 사기에 해당하는 조사분석보고서를 발간하거나, 전국증권매매업협회(NASD)의 영업행

---

[68] 엘리엇 스피처 검찰총장은 2002년 4월 메릴린치를 기소하였고 메릴린치는 기소 후 한달만인 2002년 5월 21일 1억 달러의 화해금을 지불하고, 조사분석 업무 개선 방안을 발표함으로써 사건을 종결했다. 메릴린치의 스타급 애널리스트였던 헨리 블로젯 역시 위법행위가 인정되어 400만 달러의 벌금을 납부하고, 증권 관련 업무에 종사하는 것이 영구적으로 금지되었다. Agreement Between the Attorney General of the State of New York and Merill Lyncy, Pierce, Fenner, & Smith, Inc(May 21, 2002).

위 규칙을 위반하여 근거 없이 대상 회사에 대하여 과장된 주장을 포함하는 등 공정거래와 신의성실의 원칙에 어긋나는 보고서를 발간한 혐의 및 1933년 증권거래법에 위반하여 수수료를 공시하지 않고 조사분석서비스의 대가를 수령한 혐의가 인정되었다.[69]

3. 투자권유행위와 관련된 이익충돌 문제에 적용될 수 있는 법리

가. 맞춤형 투자권유

(1) 기존의 투자권유 규제 – 설명의무와 적합성의 원칙

금융기관이 이익충돌 상황에서 위법·부당한 투자권유를 하여 투자자에 대한 손해를 발생시키는 것을 사전에 통제하기 위해서는 (i) 기존의 투자권유 규제체계 내에서 이익충돌에 관한 정보제공 의무를 강화하는 방안과 (ii)고객의 이익의 고려하여 투자권유를 실시할 추가적인 의무를 부과하는 방안이 존재한다.[70] 전자는 투자권유의 매매거래로서의 성격을 강조하는 입장에서 소비자 보호 차원에서 정보격차의 남용을 통제하는 것을 주된 목적으로 하는 것이고, 후자의 방안은 투자권유의 의견제시 측면을 강조하여 투자자의 이익을 옹호하기 위한 추가적인 부과하는 데 초점을 맞춘다는 차이가 있다.

---

69) 베어스턴스, 크레딧 스위스 퍼스트 보스톤, 골드만삭스, 리만 브라더스, 제이피 모건, 메릴린치, 모건 스탠리, 살로몬 스미스 바니(당시 Citigroup Global Market으로 통합), 유비에스 와버그, 파이퍼 제프레 10개의 투자은행들은 메릴린치가 2002년 뉴욕주 검찰과의 화해시 지불한 1억불의 화해금을 합하여 도합 13억 8,750만 달러의 화해금을 지급하기로 하였다. SEC Fact Sheet(2003. 4. 21). 협상과정에서 화해금이 감액된 점을 비판하는 견해로는 Hillary Sale(2003), p.413.

70) Onnig Dombalagian(2011), p.1283.

각국의 증권법제에서는 설명의무와 적합성원칙을 대표로 하는 투자권유 규제를 두고 있으며,[71] 그 가운데 설명의무는 정보제공을 통하여 이익충돌 문제를 규율하는 가장 기초적인 수단이 되며, 투자자가 금융기관이 제공한 이익충돌에 관한 정보를 바탕으로 투자판단을 할 수 있도록 하고 그에 따른 위험을 감수하도록 하는 함의가 있다.[72] 미국에서는 증권법상 사기금지 조항을 통하여 증권의 판매와 관련된 사기적·기망적인 권유행위를 규제하는 한편, 브로커-딜러에 대해서도 고객의 적합성을 테스트하거나 상품에 대한 설명을 제공함에 있어서 이익충돌에 관한 충분한 정보제공이 이루어지도록 한다.[73] 예를 들어 브로커가 해당 상품의 추천에 따라 특별한 보수를 지급받을 수 있다는 사정을 알리지 않은 경우 투자자가 입은 손해에 대한 책임을 인정한 사례가 다수 존재한다.[74] 우리나라 자본시장법에서는 적합성의 원칙 및 설명의무의 구체적 내용으로 이익충돌에 관한 조사의무 및 정보제공 의무를 명시하지는 않고 있는바, 해석을 통하여 금융투자상품의 구조와 성격, 투자자로부터 받는 수수료에 관한 사항[75] 등에 관한 설명의무의 내용 가운데 이익충돌에 관한 사항이 포함되도록 해야 할 것이다. 현행 규제에 따르면 금융

---

71) 권순일(2002), 49~61쪽.

72) Francis Facciolo(2013), p.297.

73) 그 외에도 1934년 증권거래소법 및 SEC 규칙에서도 청약을 권유하는 증권 회사와 대상 증권 또는 대상 증권의 발행인과의 이해관계를 서면으로 공개하도록 규정되고 있으며(SEC 규칙 15(c)1-5, 15(c)1-6), FINRA 규칙 5121에서는 이익충돌에 관한 공시를 내용으로 하는 전제 조건들을 충족시키지 않으면 증권의 공모에 참여할 수 없도록 규정하고 있다. 또한 FINRA 규칙 2830(k)에서는 다른 중개업무의 기회를 제공받았다는 이유로 특정 펀드를 고객에 대하여 우선적으로 추천하는 것을 금지한다. FINRA Report(2013), pp.37~38.

74) Lynn Bai(2014), p.60, 80 각주 66에 소개된 판례.

75) 자본시장법 제47조 제1항, 동법 시행령 제53조 제1항.

기관이 투자수익에 영향을 미치는 중요한 정보로서 해당 금융상품 판매에 수반되는 수수료만을 공시하면 족하지만,[76] 이익충돌에 관한 사항을 포함시키게 될 경우에는 동종 상품을 판매할 때 받게 되는 수수료와 비교한 결과를 투자자에게 알려주어야 하는 등 정보제공의 범위가 확대될 수 있다.

전통적인 투자권유 규제 가운데 적합성의 원칙은 투자자에 대해서 해당 상품에 관한 위험을 고지하거나 투자자가 권유행위를 이해하고 그에 따라 투자판단을 하도록 하는 것을 넘어서서 적합한 투자권유만을 실시하도록 할 의무를 부과하는 것이기 때문에 계약에 의해서도 배제할 수 없는 강력한 규제라는 평가가 있다.[77] 적합성의 원칙은 1970년대부터 투자권유와 관련된 브로커-딜러의 과도한 인센티브 추구 행위를 규제하기 위해서 입안되었지만, 최근 들어서는 적합성의 원칙만으로는 부족하고, 투자자문업자의 고객이익 최선 옹호의무와 통일적인 수준의 주의의무를 부과해야 한다는 견해가 강력하게 제기되고 있는 상황이다.[78]

특히, 최근에는 투자자에 대한 정보제공의무(mandatory disclosure)의 강화만으로는 이익충돌로 인한 투자자의 손해를 예방하기 어렵다는 견해도 강하게 주장되고 있다.[79] 이와 같은 반론은 투자자에게 제공되는 정보가 금융기관에 의해서 가공된 것이기 때문에 투자판단에 도움을 주지 못하며, 어차피 일반투자자들은 이익충돌로 인해

---

76) 안수현(2006), 241쪽.

77) Andrew Tuch in Niamh Moloney *et al.*(2015), p.550.

78) FINRA 규칙 2111에 따른 적합성의 원칙은 신인의무자의 주의의무에 비해 낮은 수준의 의무를 부과하는 것이기 때문에 투자자 보호를 위해서 통일적인 규율이 필요하다는 주장으로는 Ryan Bakhtiari *et al.*(2013), pp.318~319.

79) Omri Ben-Shahar and Carl E. Schneider(2010), pp.38~54. 전반적인 증권법제에서 의무적인 공시규제의 한계를 정리한 글로는 Luca Enriques and Sergio Giotta, in Niamh Moloney *et al.*(2015), pp.525~532.

서 야기되는 투자권유의 편향성의 정도를 전혀 측정하지 못한다는
점을 주요 근거로 삼으면서 의무적 정보제공 규제가 갖는 한계를 지
적한다.80) 특히, 이러한 주장의 근거를 제공하는 행동경제학 분야의
이익충돌 관련 연구에서는 금융기관이 정보제공을 통하여 오히려
이익충돌을 활용하여 투자자의 이익을 침해해도 좋다는 정당성을
확보하고(소위 'moral licensing'),81) 투자자에게만 부담을 전가하게 된
다는 점을 강조하면서 보다 적극적으로 이익충돌을 억지해야 한다
는 논의로 연결되고 있다.82)

(2) 신인의무 확대적용론과 도드-프랭크법

글로벌 금융위기 이후 투자권유행위를 행하는 경우에도 투자자
문업자와 규제수준을 일치시킴으로써 이익충돌로 인한 금융기관의
위법·부당한 투자권유를 통제해야 한다는 견해가 대두되었고, 각국
에서도 이를 입법적으로 반영하고 있다. 그 가운데 첫 번째는 투자
자문업자에 상응하는 신인의무를 투자권유행위시에도 부과하는 방
안이며, 미국에서는 도드-프랭크법 제913조를 제정하여 SEC가 브로커
-딜러가 연방증권법률에 따라서 부담하는 대고객의무의 수준과 1940
년 투자자문업법상 투자자문업자가 부담하는 행위기준을 통일하는
규칙을 제정할 수 있도록 하였다.83) 동 법률조항은 증권에 대한 투
자권유시에도 투자자문제공의 경우와 마찬가지로 고객의 최선의 이
익을 위하여 행위할 의무로서 신인의무를 부담시키고자 하는 목적
에 따라 입안되었으며,84)85) 신인의무의 적용여부를 기준으로 금융기

---

80) Daylian Cain, George Lowenstein and Don Moore in Daylian Cain *et al.*(2005), p.109.

81) Daylian Cain, George Lowenstein and Don Moore in Daylian Cain *et al.*(2005), p.7.

82) Arthur Laby(2010b), pp.430~431.

83) 증권거래소법은 증권의 매매에 관련하여 적용되는 것이므로, 증권의 매매
    와 관련된 맞춤형 자문을 제공한 이후의 행위에 대해서는 주의의무나 충
    실의무를 부담하지는 않는다고 명시하였다. 도드-프랭크 법 913(g)(1)조

관을 브로커-딜러와 투자자문업자로 양분하여 규율하던 규제의 근간을 흔드는 것이라는 평가[86]와 함께 학계와 실무계에서 상당한 논쟁을 촉발하였다.

우선 전문투자자를 상대하는 경우에 대해서까지 신인의무를 부과시키려는 법률안 초안[87]이 알려지자 월스트리트의 투자은행업계,

---

84) 2009년 12월 제출된 하원의 금융개혁법안은 SEC 에 대하여 브로커-딜러가 일반투자자에 대하여 개인적 투자자문을 제공할 때 신인의무를 부과하는 규칙을 채택하도록 하였고, 2010년 5월 통과된 상원의 법안은 SEC가 브로커-딜러 및 투자자문업자에 관한 규제 통합에 관한 연구를 수행하고, 필요한 경우 규제의 공백을 메우는 규칙을 입안하도록 요구하였다. 타협안이 도출되는 과정에서 미 하원 자본시장 소위원회 위원장이었던 공화당의 폴 칸조스키(Paul Kanjorski) 의원은 SEC가 연구를 수행한 후 통일된 신인의무 기준을 부과하는 규칙을 제정하도록 하는 것이야말로 도드-프랭크 법상 소비자 보호 영역의 핵심을 이루는 것이라고 주장하였다. 그는 또한 동 법률안의 다른 옹호자들과 마찬가지로 뉴딜 시대 이후로 브로커-딜러 및 투자자문업자에 대해서 서로 다른 규제가 적용되어 왔지만 마켓팅 기술이 발전하면서 일반투자자들이 둘 사이의 실체를 구별하기가 점점 어려워지기 때문에 투자자의 최선의 이익을 우선시 할 의무로서 충성의무(duty of loyalty), 정직의무(duty of honesty) 및 주의의무(duty of care)를 포함하는 신인의무를 부과해야 한다는 점을 강조하였다. CCH(2010), p.344.

85) ¶2040 "Fiduciary Standard for Broker-Dealer and Advisers" CCH(2010), p.343; SEC는 브로커, 딜러 및 투자자문업자가 증권에 관하여 일반투자자를 대상으로 '맞춤형 투자자문 및 권유(personalized investment advice and recommendations)'을 제공하는 데 적용되는 주의의무에 관한 현행 법률 및 규제상의 기준에 관한 연구를 실시하고(제913(b)조), 그 연구 결과를 상원과 하원 담당 위원회에 법률 시행일로부터 6개월 내에 보고하도록 하였다(제913(d)조).

86) 1940년 투자자문업자법에 의해서 규율되던 금융기관들은 913조의 입법에 찬성하는 입장에서, 브로커-딜러로 규율되던 금융기관들은 입법에 반대하는 입장에서 강력한 로비를 전개했다. Arthur Laby(2012), p.712; 90년대 이후 브로커-딜러가 거래 건별 수수료를 지급받기 보다는 계좌 잔고 기준으로 일정한 비율의 보수를 수취하는 관행이 확산되면서 글로벌 금융위기 이전부터 SEC에서는 규제 수준을 통일하려는 계획이 발표되었다. Barbara Black(2005), p.34.

변호사 등 실무계를 중심으로 강력한 반대론이 제기되었다.[88] 반대
론자들은 신인의무의 불확정성으로 인하여 시장 참여자들에게 명확
한 가이드라인을 제시할 수 없고, 불필요한 소송의 남발과 법적·경제
적 부담의 증가로 인하여 금융시장의 창의성이 훼손될 수 있다는 점
을 중요한 근거로 제시한다.[89] 특히 반대론자들은 브로커-딜러로 규
제되는 금융기관들은 투자권유 등 업무 수행과정에서 스스로를 보
호할 능력이 있는 기관투자자들과 독립당사자간 거래관계에 놓이기
되기 때문에 법률관계의 성격상 거래상대방의 이익을 우선할 신인
의무 법리가 적용될 수 없다는 점을 강조한다.[90]

　반대로, 감독당국과 학계에서는 기존의 규제체계를 근본적으로
변화함으로써 브로커-딜러에 대해서도 엄격한 의무를 부과하고 투
자자를 보호해야 한다는 목표를 달성해야 할 필요성을 강력하게 주
장하였다. 감독당국에서는 브로커-딜러들이 실제로는 투자자문업자
와 유사한 서비스를 제공하면서도 신인의무가 면제되었기 때문에
향유할 수 있었던 규제 차익을 없애는 방향으로 규제체계가 정비되

---

87) 특히 아바쿠스에 대한 SEC의 기소와 상원 청문회를 계기로 브로커 딜러가
　　기관투자자를 상대하는 경우에도 신인의무를 부담하며, 그런 의무를 준수
　　하지 못할 경우에는 형사처벌이 부과될 수 있다는 내용의 법률안이 제출
　　되었다. CCH(2010), p.344.

88) Thomas Moloney et al.(2010), pp.342~344.

89) Larry Ribstein(2011), p.901; 바바라 블랙 교수도 같은 취지로 'fiduciary'라는 용
　　어가 지나치게 모호하고 불확정적이기 때문에 집행가능한 명확하고 일관
　　된 기준을 적용할 수 없어서 집행에 많은 비용이 소요되며, 따라서 바람직
　　한 억지효과 대신 창의적인 금융시장의 발전을 저해하는 결과를 초래한다
　　는 점을 들어 신인의무 대신 전문가정신(professionalism)의 강화를 주장하였
　　다. Barbara Black(2010), p.104; 바바라 블랙 교수는 브로커가 고객 재산에 대
　　해서 재량을 보유하고 있는지 여부와 무관하게 고객을 경제적 자살
　　(economic suicide)로부터 보호할 의무 같은 것을 부담하지 않는다고 표현한
　　바 있다. Barbara Black and Jill Gross(2003), pp.484~485.

90) Thomas Moloney et al.(2010), p.342.

어야 한다는 입장을 개진하였다.[91] 존 커피 교수는 청문회에서의 증언을 통하여 투자은행의 이익충돌이 금융위기의 원인되었다고 지적하면서,[92] 신인의무와는 본질적으로 다른 근거에서 출발하고 있는 고객조사의무 등 기존의 투자권유규제만으로는 이익충돌 문제를 해결하기에 부족함이 있다고 설명한다.[93] 한편, 도널드 랭거보어트 (Donald Langevoort) 교수는 브로커-딜러의 투자권유행위도 본질적으로 매매거래의 성격을 띠고 있기 때문에, 일괄적으로 투자자문회사와 동일한 수준의 의무를 부과하는 데 대해서는 유보적인 입장을 취하고 있지만,[94] 복잡한 금융상품을 판매하는데 수반되는 신뢰와 의존의 관계를 감안하여 이익충돌을 완화하고 정보 공시를 강화하는

---

91) 전 SEC 위원이었던 Luis Aguliar의 연설문. "SEC's Oversight of the Adviser Industry Bolsters Investor Protection"(2009. 5. 7).

92) John Coffee(2010), p.2. 커피 교수는 기관투자자를 상대하는 브로커-딜러에 대해서도 신인의무를 부과하는 것이 바람직하다는 입장이다.

93) John Coffee(2010), p.2; NASD Manual, Conduct Rules, Rule 2310(a)(1996)에서도 1934년 증권거래소법 및 SEC 규칙 10(b)-5는 증권의 매매 및 주관적 요건 (scienter)을 필요로 하므로 신인의무 부과에 비하여 적용범위가 좁아지는 한계가 존재한고 지적한다. John Coffee(2010) p.7, 9; 타마 프랑켈 교수도 역사적으로 브로커-딜러에 대해서는 투자자의 이해관계에 대해서 상당한 재량을 보유하였다는 점을 근거로 신인의무 법리가 적용되어 왔다는 점을 근거로 브로커-딜러에 대한 신인의무 적용의 명문화를 주장하고, 공시규제를 강화하는 것은 전통적인 매수인 책임의 원칙(caveat emptor)을 반복하는 것에 불과하다고 비판한다. Tamar Frankel(2011), pp.128~131.

94) Donald Langevoort(2009), pp.450~451. 랭거보어트 교수는 투자은행 등 성공한 브로커의 임직원들은 고객의 신뢰를 획득하기 위해서 노력을 기울이기 때문에 높은 규제 비용이 정당화 될 수 있다고 설명하면서, 일반투자자 뿐만 아니라 기관투자자들 역시 투자은행에 대한 신뢰를 부여하여 스스로의 투자판단을 흐리기 쉬운 경향이 있어서 기관투자자들을 상대할 때에도 높은 수준의 의무를 부과해야 한다고 설명한다. 즉, 기관투자자가 반드시 당하기 쉬운 존재라고 볼 수는 없지만, 경제적으로나 규범적으로나 더 많은 정보에 접근할 수 있는 금융기관이 규제의 비용을 부담하는 것이 경솔한 기관투자자의 책임을 묻는 것 보다는 합리적이라는 견해를 제시하였다.

의무를 부과할 수밖에 없다는 의견을 제시하였다.[95]

결국 의회에서 통과·시행된 도드-프랭크법 제913(g)조에서는 증권에 관하여 일반투자자를 대상으로 '맞춤형 투자자문 및 권유(personalized investment advice and recommendations)'를 하는 경우에 한하여 투자자문업자와 같은 수준의 주의의무(duty of care)를 부담하도록 하는 것으로 귀결되었고, SEC가 동 조문에서 수권을 받은 것을 토대로 구체적인 행위기준을 정하는 규칙을 입안 중에 있다.[96] 특히 이익충돌에 관하여 어떠한 수준의 의무를 부과할 것인지에 관하여 감독당국 내부에서도 견해대립이 있는 것으로 보이며, 이익충돌 자체를 회피하도록 해야 한다는 의견[97]과 이익충돌에 관한 정보제공을 기본으로 해야 한다는 의견[98]이 나뉘어 있기 때문에 전통적 신인의무 법리에 따른 이익충돌금지원칙(no-conflict rule)을 어떠한 수준에서 구현할지는 좀 더 지켜보아야 할 것이다.[99]

---

95) Donald Langevoort(2009), pp.455~456.

96) 2015. 12. 현재 브로커-딜러가 준수해야 할 신인의무자의 행위기준에 포함될 내용이 구체적으로 발표되지는 않았다. 메리 조 화이트(Marry Jo White) SEC 의장은 최근 인터뷰에서 해당 기준에 포함될 내용을 정하는 작업이 복잡하고 시간이 오래 걸리는 일이라고 해명하고, 업계에서는 강력한 규제가 도입되는 것에 반대하고 있다. CNBC, SEC Chair White: Important to get fiduciary duty rule right(2015. 11. 10).

97) Carlo V. di Florio(Director, Office of Compliance Inspections and Examinations), Conflicts of Interest and Risk Governance(Oct 22, 2012).

98) Julie M. Riewe(Co-Chief, Asset Management Unit, Division of Enforcement) Conflicts, Conflicts Everywhere – Remarks to the IA Watch 17th Annual IA Compliance Conference (Feb 15, 2015) http://www.sec.gov/news/speech/conflicts-everywhere-full-360-view.html#. VRREm44sq6U.

99) 신인의무에 따른 행위준칙 제정과정에서 이익충돌에 대한 각종 발언 및 입장 발표에 관해서는 Knut A. Rostad(2015), pp.3~9.

(3) 자문업무의 범위 확대 및 투자자이익 우선의무의 부과
－ 호주와 EU

호주와 EU에서는 글로벌 금융위기를 계기로 소매고객을 상대로 하는 권유 및 조언제공행위를 아예 자문업무로 간주하고, 이익충돌과 관련하여 고객의 이익을 우선시키도록 하는 의무를 부과하였다. 호주에서는 원래 IOSCO 원칙 제1조를 반영한 공정·성실의무만이 금융투자업자의 대고객 일반의무로 규정되어 있었으며, 2008년 글로벌 금융위기를 계기로 금융투자업자들에 대하여 신인의무를 부과하려는 입법이 시도되었으나 일반투자자에게 자문을 제공하는 경우에 한정하여 고객이익 우선의무를 부담하는 것으로 하는 조문을 도입하여 지난 2013년 7월부터 시행중이다.[100] 이 조항의 입법 당시 의도는 적어도 인가를 받은 금융투자업자들이 고객에 대하여 자문을 제공할 때는 신인의무자의 지위에 있다는 점을 명시하는 것이었으나, 업계의 반대에 부딪친 결과 결국 고객의 "최선의 이익(best interest)"을 위하여 행위할 의무라는 모호한 내용의 문구를 명시하는 결과로 귀결되었다.[101] 동 입법상 고객이익 우선의무의 대상이 되는 금융자문의 범위는 우리나라 자본시장법에 정의된 투자자문업에 비해서는 그 범위가 넓고, 금융상품 판매 권유행위까지도 포함된다.[102] 호주에

---

100) Corporations Act 2001(Cth), 961B, 961G. 일반투자자를 대상으로 투자자문을 제공하는 금융투자업자의 고객의 최선의 이익을 위하여 행위할 의무를 주요 내용으로 한다.

101) 호주 의회 공동 위원회(Parliamentary Joint Committee)의 추천에 따른 재무부 입법안, Office of the Hon Chris Bowen MP, MInister for Human Serrvices, MInister for Fianancial Services Superannuation and Corporate Law, "The Future of Financial Advice : Information Pack"(April 26, 2010).

102) 호주에서 복잡한 파생상품 판매행위에 관하여 금융기관이 자문을 제공하였기 때문에 신인의무를 부담한 것으로 인정한 판례로 Wingecarribee Shire Council v Lehman Brothers Australia Ltd(in liq) [2012] FCA 1028 등. 이 판결은 지방자치단체가 합성 CDO 거래를 함에 있어서 재량을 부여받은 금융기관

서도 동 조항에서 규정하는 고객의 "최선의 이익"의 의미에 대해서
학자들에 견해가 일치하지는 않으며,[103] (i)사전에 정해둔 일정한 절
차를 거치면 족하다는 견해, (ii)금융투자업자가 고객과의 이익충돌
을 알았거나 합리적으로 알 수 있었을 경우에는 고객의 이익을 우선
시해야 한다는 견해 및 (iii)고객에 대하여 제공하는 자문의 내용이
적합한 것이라고 결론을 내리는 것이 합리적이라고 생각할 때에만
자문을 제공하여야 한다는 견해 등이 공존하고 있다.[104] 특히 호주
증권투자위원회에서는 신설된 고객이익 우선의무를 계약으로 배제
하는 것을 금지하고 있기 때문에[105] 향후 자문행위로 포섭될 수 있
는 투자권유 분쟁에서 중요한 근거조항으로 활용될 수 있을 것이다.

한편, 유럽연합에서도 2014년 금융상품지침을 개정(MiFID II)하면
서 금융기관의 투자권유시 발생할 수 있는 이익충돌 문제를 규율하
기 위하여 높은 수준의 의무를 부과하는 조항을 신설하였다. 유럽연
합에서는 MiFID I에서부터 투자서비스를 제공하는 모든 금융기관에
대한 일반의무로서 고객의 최선의 이익에 따라 정직, 공평하고 전문
적으로 행위할 의무를 부과해 왔으며,[106] 고객의 최선이익에 따라
행위할 의무는 전통적인 공시중시의 태도에서 보다 개입주의적인
태도로의 중대한 변환이라고 평가된다. 특히 금융기관의 투자권유

이 고객의 최선의 이익을 옹호하지 않고 협상과정에서 매도인과 매수인
모두를 위하여 행위하고 숨은 수수료를 제공받은 점 등을 지적하였다.

103) 동 규정의 입법 과정 및 해석론에 관한 상세한 소개로는 Pamela Hanrahan
in Justin O'Brien and George Gilligan(2013), pp.224~226 참조.

104) Pamela Hanrahan in Justin O'Brien and George Gilligan(2013), pp.225~226.

105) Andrew Tuch in Niamh Moloney et al.(2015), pp.558~559.

106) MiFID I 제19(1)조, MiFID II 제24(1)조. 투자서비스를 제공하는 금융기관
(Investment Firm)에는 자기매매업무, 투자중개업무, 집합투자업무 및 투자
자문업무를 수행하는 금융기관이 모두 포함되므로 증권회사 등에 의한
투자권유행위의 가장 일반적인 행위준칙으로 기능한다(MiFID II 제4(1)조).
Niamh Moloney(2014), p.343, 800.

의 맥락에서는 고객의 이익에 부합하지 않는 상품의 투자권유를 억
제하고 적절한 판매채널을 통해서 투자를 권유할 의무가 있는 것으
로 해석되어 왔다.[107] 2014년 채택된 MiFID II에서는 금융기관이 고객
의 최선의 이익에 반하여 직원의 보수체계 평가체계를 결정하는 것
을 금지하고, 고객의 수요에 보다 적합한 다른 금융상품을 소매 투
자자에 대하여 추천할 수 있었음에도 다른 특정 금융상품을 추천한
직원에 대하여 인센티브를 지급하지 못하도록 금지하는 조문을 신
설함으로써[(제24(10)조)], '고객의 최선의 이익'에 반하는 투자권유를
금지하고 금융기관의 사익추구를 통제하는 방안을 채택하였다.

나. 조사분석보고서의 작성 및 배포 관련

(1) 이익충돌 관련 정보제공의 강화

글로벌 세틀먼트 사건을 계기로 애널리스트가 소속된 투자매매·
중개업자의 조사분석보고서 작성·배포와 관련하여 발생할 수 있는
이익충돌에 대비한 행위준칙에 관한 논의가 본격적으로 제기되었다.
조사분석보고서와 관련해서도 맞춤형 투자권유의 경우와 마찬가지
로 (i)보고서 내용 가운데 애널리스트 및 소속 투자매매·중개업자의
이익충돌에 관한 정보를 포함시키는 방안 및 (ii)이익충돌 발생 가능
성이 높은 서비스의 제공을 금지하거나 제한하는 방안이 함께 거론
된다.[108]

---

107) Niahm Moloney(2014), pp.800~809.

108) 증권회사에 대한 영업행위 규제를 강화하는 것만으로는 이익충돌 문제는
근본적으로 해결되기 어렵고, 결국은 독립된 조직으로 분리된 상태에서
정보를 공급할 수 있도록 시장 구조가 재편되어야 한다는 방안도 제기된
다. 이러한 주장에서는 독립된 리서치 서비스가 공급되지 않으면 결국
시장에서 리서치 애널리스트의 보고서가 제공하는 정보가치에 대한 신뢰
가 추락할 수밖에 없고, 결국 해당 직종에서 생산되는 정보의 질과 양이

첫 번째 방안은 조사분석보고서에 발행회사와 애널리스트 또는
소속 투자매매·중개업자의 이해관계를 밝힘으로써 투자자가 이익충
돌로 인한 편향(bias)의 발생가능성을 감안하여 투자판단에 참고하도
록 하는 것을 목적으로 한다. 조사분석보고서에 명시되어야 할 내용
은 애널리스트 서비스가 이익충돌 관계에 처해있다는 사실 자체를
기재하는 방안과 애널리스트가 지급받는 보수의 원천, 조사분석 대
상회사에 대한 지분 보유 여부 등 이익충돌에 관한 구체적인 사실을
기재하는 방안이 모두 포함되는 것이 바람직하다.[109] 예를 들어 글
로벌 세틀먼트를 통하여 투자은행들이 수용한 애널리스트의 이익충
돌 문제 개선방안에서도 애널리스트의 보고서에는 분석 대상 기업
과의 투자은행 업무 관계에 관한 사항을 명시하고, 이에 대한 투자
자들의 주의를 환기하는 문구를 기재하기로 합의하였다.[110] 그리고,
2002년 제정된 사베인스 옥슬리법(Sarbanes Oxley Act)에서는 SEC가 애
널리스트 확인서(Regulation Analyst Certificate)를 도입하도록 위임하였
고, 그에 따라 투자매매·중개업자가 소속 애널리스트의 조사분석보
고서를 발간할 때에는 반드시 "애널리스트는 보고서에서 공표한 견
해가 개인적 견해를 정확하게 반영하고 있다는 사실을 증명하고, 애
널리스트의 추천 내지 의견과 관련하여 받은 보수 금액 및 기타 대
가도 공시하여야 한다는 확인서"를 첨부하도록 강제하였다.[111]

감소하게 됨으로써, 투자자들은 전문적 애널리스트가 제공하는 정보를
향유할 기회가 줄어들 수 있다는 점을 근거로 제시한다. 고재종(2009),
213~214쪽; 그러나 실증 연구에서는 증권회사에 소속되지 않은 독립 애널
리스트라고 하더라도 매수의견의 비율이 더 낮아지는 것은 아니라는 점
을 제시하는 실증연구도 존재한다. Amanda Cowen et al.(2006), p.119.

109) Jennifer Payne in Niamh Moloney et al.(2015), p.263.

110) Agreement Between the Attorney General of the State of New York and Merill
Lynch, Pierce, Fenner & Smith, Inc(2002. 5. 21).

111) Sarbanes-Oxley Act of 2002 §780-6.

정보제공 규제에 대한 반론으로는 아무리 공시의 수준과 빈도를 높인다고 하더라도 투자자들은 공시된 정보를 통해서 이익충돌이 미치는 영향을 판명해 낼 수 없으므로 투자자에게 부담을 전가시키고 금융기관에 대해서는 면죄부를 주는 것이라는 견해가 맞춤형 투자권유에서와 마찬가지로 제기된다.[112)

(2) 조사분석 업무의 독립성 확보 방안

애널리스트의 조사분석보고서 작성·배포와 관련해서 발생하는 이익충돌의 문제를 규율하기 위한 두 번째 방안은 조사분석의 독립성을 확보하여 애널리스트 보고서에서 본래 기대되던 객관성과 공정성을 확보하도록 하는 것을 주요 내용으로 하고 있다.[113) 이러한 방안은 맞춤형 투자권유에서 이익충돌에 관한 정보제공의무를 강화하는 것만으로는 투자자가 금융기관에 부여한 신뢰를 보호하기에 불충분하므로 권유대상 상품에 대한 의견 및 유인제시와 관련된 높은 수준의 의무를 부여하려는 방안과 맥락이 상통한다. 다만, 조사분석보고서의 작성·배포시에는 투자자와 구체적 법률관계가 형성되지 않으므로 특정 투자자와의 관계에서 의무를 부과하기 보다는 조사분석 서비스 자체와 관련된 독립성·공정성을 제고함으로써 시장에 배포·유통되는 의견이 이익충돌로 인하여 왜곡되지 않도록 하는데 초점을 맞추는 것이다.

예를 들어, 글로벌 세틀먼트에서 투자은행들이 합의한 개선방안에도 조사분석 업무의 독립성 확보 방안이 포함되어 있다. 구체적으

---

112) Jennifer Payne in Niahm Moloney et al.(2015), p.264.

113) 2003년 IOSCO가 발간한 애널리스트 이익충돌에 관한 보고서에서도 정보 공시 규제와 투자은행부서로부터 독립성 확보방안을 나누어 소개하고, 후자의 규제를 도입함으로써 기존의 정보공시 규제의 한계를 보완한다고 설명한다. IOSCO(2003), p.16; 영국에서의 애널리스트의 독립성 확보를 위한 규제에 관해서는 Harry Mcvea(2004), pp.97~100.

로'해당 합의안에서는 첫째, 물리적으로 리서치 부서와 투자은행 부서를 분리하여 정보교류 차단장치를 설치 및 운용할 것, 둘째, 회사의 고위 경영진이 투자은행 부문의 개입 및 투자은행 부문의 수익을 고려하지 않고 조사분석 부서의 예산을 결정할 것, 셋째, 리서치 애널리스트의 보수는 투자은행 사업과 직간접적 연동을 금지하고, 투자은행 부서의 상위자가 리서치 애널리스트 업무 평가를 금지할 것, 넷째, 리서치 부문 경영진이 투자은행 관련 임원의 개입 없이 분석대상 회사에 관한 의견을 결정하고, 다섯째, 리서치 애널리스트는 투자은행 업무 관련 대고객 마케팅 업무에 참여하지 않을 것, 투자은행 참여 거래의 모집 기간 중에는 해당 거래의 마케팅을 위한 모든 행위에 대한 참여를 금지하며, 여섯째, 조사분석보고서에 대상회사와의 비즈니스 관계를 밝히는 등 투자자들에 대해서 이익충돌에 관한 정보가 제공되도록 하는 등 구체적이고 다양한 방안들이 제시되어 있다.[114][115]

SEC는 2002년 투자은행 부문의 임직원이 조사분석 부서에 대한 보수 및 평가과정에 개입을 금지하는 내용을 포함하는 전국증권매매업자협회(NASD) 규칙 2711조의 신설, 뉴욕증권거래소(NYSE) 규칙 472

---

[114] SEC Litigation Release No.18438(2003. 10. 31). 이에 더하여 화해일로부터 5년 간은 적어도 3개의 독립된 조사분석 전문 회사와 계약을 체결하고, 해당 독립 조사분석회사의 보고서를 고객에게 제공하기로 약정하였다.

[115] 메릴린치와 뉴욕주 검찰의 합의 내용에도 유사한 취지가 포함되어 있다. 애널리스트에 대한 평가 및 보상은 투자은행 업무와는 완전히 분리하고, 조사분석 부서의 책임자 및 업무상 상급자에 의해서 이루어지도록 할 것, 조사분석보고서의 객관성, 사실 여부, 엄밀성을 감독하기 위한 조사분석 종목추천 위원회(Research Recommendation Committee)를 둘 것, 투자은행 업무를 수임하기 위한 로드쇼 등에 애널리스트가 관여할 경우 위 위원회에 보고할 것 등의 내용이 포함되어 있다. Agreement Between the Attorney General of the State of New York and Merill Lynch, Pierce, Fenner & Smith, Inc(2002. 5. 21).

조의 개정을 승인하였고, 해당 내용은 오늘날까지도 FINRA의 자율규제로 연결되고 있다.[116] 나아가 엔론, 월드컴 등의 파산을 계기로 개최된 의회 조사에서는 투자은행 소속 애널리스트들이 부실기업에 대해서도 계속 매수추천의견만을 제시한 사실이 밝혀지고, 기존의 자율규제만으로는 소극적인 법집행이 이루어졌다는 점이 이익충돌 문제를 심화시키는 요인이었다고 평가하는 주장도 제기되었다.[117] 사베인스 옥슬리법에서는 이러한 주장을 반영하여 이익충돌에 관한 정보제공을 강화하는 방안에 더하여 투자은행 부문의 조사분석 담당 부서에 대한 개입을 차단하는 것을 내용으로 하는 법조문들이 제정되었다.[118][119]

---

116) NASD 규칙 2711(b)(1), 2011(d)(1),; NYSE 규칙 271(b)(1), 472(h)(1); 2001년에는 증권산업 협회(Securities Industry Association)에서 조사분석 모범규준(Best Practice for Research)을 제정하였고 투자운용 및 조사 협회(Association for Investment Management and Research)에서는 윤리강령을 제정함으로써 유사한 내용을 자율규제에 반영시켰다.

117) Hillary Sale(2003), p.403.

118) Sarbanes-Oxley Act of 2002 §780-6.

119) 애널리스트의 조사분석보고서는 주로 주식의 유통시장을 대상으로 작성·배포 되는 것이었으나, 최근 들어서는 주식 발행시장이나 채권시장에서도 애널리스트 보고서의 이익충돌 문제가 부각되었고, 실제 제재가 이루어진 사례가 있다. 2014년 12월 FINRA에서는 주요 투자은행들의 애널리스트들이 토이저러스(Toys "R" Us)의 IPO 과정에서 인수계약을 체결하기 전의 권유 기간(solicitation period) 중에 우호적인 조사분석보고서를 발간한 사안을 문제로 제재를 시도하였고 총 4,300만 달러의 금액을 지급하는 것으로 화해가 성립하였다. 이후 FINRA에서는 권유기간 중 애널리스트의 발행회사 접촉을 금지하는 내용의 주식 조사분석에 관한 규제를 재정비하고, 채권시장에서도 발생할 수 있는 애널리스트들의 이익충돌 문제도 포함할 수 있도록 규칙을 개정하였다. FINRA, Regulatory Notice(2014. 12. 11).

다. 소결

금융기관의 투자권유행위는 금융상품의 매매거래에 필요한 정보를 제공하는 행위로 인식되어 왔으나, 금융상품의 구조가 복잡해지고 위험요소를 파악하기 어려워짐에 따라 금융기관은 전문성을 바탕으로 투자자에 대해 의견을 제시하고 투자자는 이를 신뢰하여 투자판단에 관한 결정을 내리는 과정의 일환으로 전환되는 경향이 있다.[120] 즉, 투자권유행위에는 금융상품에 대한 정보제공의 측면과 투자판단에 관한 의견 및 유인제시의 측면이 모두 존재하기 때문에 그 가운데 어떤 측면을 강조하는지에 따라 투자권유행위의 법적인 성격, 투자권유행위를 둘러싼 이익충돌의 양상 및 투자권유행위와 관련된 이익충돌 문제를 규율하는 법리가 총체적으로 달라지게 된다. 이와 같은 접근 방법의 근본적인 차이는 개별 고객을 상대로 하는 맞춤형 투자권유나 불특정 투자자 집단을 상대로 제공되는 애널리스트의 조사분석서비스의 측면에서 유사하게 나타나며, 후자의 경우에도 분석대상 금융상품에 대한 정보의 제공 및 투자판단의 근거가 되는 매도 또는 매수 의견을 제시한다는 측면에서 투자권유의 한 유형에 포함될 수 있다.

금융상품에 대한 투자권유행위는 위험을 수반하는 것이기 때문에 투자자와 금융기관의 이해관계가 반대방향을 향하게 된다. 금융기관과 투자자 간에 이익충돌 상황이 필연적으로 발생하더라도 금융기관은 권유대상 금융상품에 대한 정보의 우위를 남용하여 위법·부당한 투자권유를 해서는 안 되고, 관점에 따라서는 투자자가 부여한 신뢰에 배반하여 자신의 이익을 추구하기 위해서 투자자의 이익을 희생할 수 있는 투자권유를 해서는 안 될 것이다. 즉, 투자권유와

---

120) 같은 취지, 안수현(2013), 32~33쪽.

관련된 이익충돌 문제는 금융기관이 정보격차를 남용하거나 신뢰를 저버리고 위법·부당한 행위를 하지 못하도록 규율이 이루어져야 할 것이다.

첫째, 투자권유를 매매거래의 일환으로 이해한다면, 권유대상 투자상품에 관한 정보의 제공이 권유행위의 본질적 측면이 될 것이다. 따라서 투자권유와 관련된 이익충돌 문제에 직면한 금융기관은 투자자와의 정보격차를 최소화하여 이익충돌로 인한 책임에서 벗어날 수 있으며, 투자자의 이익을 고려하여 행위할 추가적인 의무가 부과되지는 않는다는 법리가 도출될 수 있다. 한편, 매매거래에서와 마찬가지로 투자권유행위 시에도 사기적·기망적인 수단을 사용하는 것은 허용될 수 없으므로 판매대상 증권의 발행회사의 부실을 알면서도 투자권유를 한 행위, 판매대상 증권으로 시세조종 등 불공정거래를 함으로써 투자자에게 손해를 볼 가능성이 높은 상품을 권유한 행위 등은 허용될 수 없을 것이다.

투자권유시의 정보제공의무를 강화하는 것은 다른 제조상품과 마찬가지로 거래상대방인 투자자를 보호하기 위한 규제법적인 수단을 동원하는 것이 된다. 다만 정보격차를 해소하기 위해서는 투자자가 이해할 수 있도록 투자대상 상품 및 거래에 수반하는 위험에 대한 충분하게 자세한 설명이 이루어질 수 있도록 해야 할 것이며, 각국의 금융규제법상 요청되는 설명의무의 요건을 충족시켰다고 하더라도 금융기관이 이익충돌 상황에서 고객에 대한 위법·부당한 투자권유를 하지 않을 의무를 이행한 것과 동일시하기는 어렵다. 특히, 정보제공의 대상 가운데 해당 금융상품에 대한 정보뿐만이 아니라, 금융기관과 고객 사이에 발생할 수 있는 이익충돌에 관한 상세한 정보를 제공함으로써 고객이 이를 고려하여 투자판단을 하도록 여건을 마련할 필요가 있다.

둘째, 투자권유를 금융기관의 고객에 대한 추천 및 조언행위로 이해한다면 권유대상 투자상품에 대한 정보의 제공뿐만 아니라 투자판단에 관한 의견 제시가 권유행위의 본질적 측면이 될 것이다. 금융상품이 복잡화·전문화됨에 따라 투자자들의 신뢰와 의존 정도가 높아지면서 투자권유행위의 의견제시 측면이 강조되고 있으며, 정보제공 의무에 더하여 금융기관이 투자자의 신뢰를 배반하여 이익충돌 상황에서 투자자의 이익을 부당하게 침해하지 않도록 하는 의무를 부과해야 한다는 법리가 도출될 수 있다. 오늘날 자본시장에서 거래되는 복잡한 금융상품들은 발행회사 및 거래조건에 대한 기본적인 정보제공만으로 이해하기 부족하며 결국 금융기관의 투자판단에 관한 의견제시가 수반될 수밖에 없기 때문에 투자권유행위에서 금융기관의 의견제시 측면을 통제하기 위한 법리는 점점 중요해질 수밖에 없다.

각국에서도 글로벌 금융위기 이후 투자권유행위를 둘러싼 이익충돌 문제를 규율하기 위해서 금융기관에 대해서 신인의무를 부과하거나 반드시 신인의무라고 지칭되지는 않지만 고객의 이익을 위해서 행위할 높은 수준의 주의의무를 부과하기 위한 입법이 이루어졌다. 그 가운데 미국의 도드-프랭크법은 소매금융투자자를 상대로 맞춤형 투자자문서비스를 제공하는 투자매매·중개업자에 대해서 신인의무 법리의 적용을 받는 투자자문업자와 동일한 수준의 의무를 부과함으로써 부분적으로라도 신인의무를 부과하는 방향을 채택하였다. 반면, 호주와 EU에서는 투자자의 최선의 이익을 위해서 행위할 의무를 부과하였으며 특히 2014년 EU의 금융상품지침(MiFID II) 개정시 고객의 최선의 이익을 위하여 행위할 금융기관의 일반의무와 충돌하는 보수 및 평가체계를 금지하기 위한 구체적 조문을 입법하는 등 고객의 이익을 위하여 이익충돌을 사전에 통제하기 위한 의무를 추가적으로 부과하고 있다.

우리 자본시장법에서도 투자권유행위를 자기책임의 원칙에 따른 영역으로 보되 소비자 보호의 측면에서 설명의무 등 정보제공 의무를 부과하면 족하다는 사고의 틀을 전제로 하고 있으며, 신인의무를 부과하거나 이익충돌의 발생을 사전에 억제할 수 있는 추가적인 의무를 도입하고 있지는 않다. 특히 법원에서는 투자권유행위의 위법성을 판단하기 위한 기준으로서 민법상 신의칙에 기한 고객보호의무이론을 사안에 따라 적용하고 있기 때문에 이익충돌 상황에서의 위법·부당한 투자권유행위의 판단기준이 잘 정립되어 있지는 않다. 최근 들어 투자권유와 관련하여 전통적인 공시규제에 더하여 투자자의 신뢰를 보호하기 위한 규율이 필요 하다는 견해가 제기되기 시작하였는바, 금융상품의 복잡화에 따라 투자자의 신뢰를 보호할 수 있는 법리가 점차 중요해 질 것이다.

제4절 금융기관의 업무간 이익충돌의 문제와 정보교류 차단장치

1. 금융기관의 업무간 이익충돌의 발생

가. 금융기관의 업무간 이익충돌문제의 특성

제1절부터 제3절에서는 신인의무 법리를 적용하기 어려운 업무수행과정에서 발생할 수 있는 금융기관과 고객 간의 이익충돌의 양상과 주요 사례 및 이를 규율하기 위한 법리를 업무 태양별로 나누어 검토하였다. 그런데, 금융기관이 직면하는 이익충돌 문제는 개별 거래에서 금융기관과 고객 간의 이해관계가 직접적으로 충돌하는 경우뿐만이 아니라, 금융기관이 다양한 종류의 업무를 수행함에 있어서 특정금융투자업 투자자의 이익을 희생시켜 타 금융투자업으로부터 자신의 이익을 추구하거나 타 금융투자업 고객의 이익을 우선시하는 행위가 발생할 수도 있다.[1] 일부 학자들은 고객과 금융기관과의 이익충돌문제와 금융기관의 업무간 이익충돌 문제를 별도의 범주로 분류하고 후자의 경우에는 전자에 비하여 이익충돌 문제가 심각하다거나, 이익충돌의 발생 가능성이 더 높다는 식으로 설명하는 경향도 있다.[2]

이러한 현상의 가장 전형적인 예로서는 금융기관이 증권 인수업무를 수행함에 있어서 투자자와 발행회사의 이익이 대립하거나, 투자중개업과 자산운용수탁업무를 동시에 영위하면서 투자중개업무

---

1) 재정경제부, 자본시장법 제정안 설명자료(2006).

2) John Boatright(2002), pp.213~214; 구본성 외(2006), 31~32쪽.

의 고객(해당 금융상품을 제조, 설계)과 자산운용수탁업무의 고객(해당 금융상품의 실제 투자자)의 이해관계가 반대방향에 놓여있는 상황을 꼽을 수 있다.[3] 이와 같은 상황은 신인의무 법리가 적용되는 경우 각 투자자에 대하여 금융기관이 부담하는 충성의무가 양립할 수 없기 때문에 발생하는 '투자자간 이익충돌의 문제'[4]와 정확히 일치하는 것은 아니며, 금융정책적 목표에 따라 하나의 회사 내에서 다양한 종류의 금융투자업무를 영위하는 것이 허용됨에 따라 각 업무부문 또는 각 업무의 투자자들 사이에서 이해관계가 대립하는 것과 관련이 깊다.

본 절에서는 이를 "업무간 이익충돌"이라고 칭하고 그 발생원인 및 문제해결 법리에 관하여 검토하기로 한다. 업무간 이익충돌의 우려는 하나의 법인체 내에서 복수의 업무를 수행하는 경우뿐만 아니라 지주회사나 계열사 관계에 있는 복수의 법인체들이 다양한 업무를 영위하더라도 계열사가 수행하는 다른 업무의 이익을 위해서 자기가 수행하는 금융투자업의 고객의 이익을 침해할 수도 있기 때문에 반드시 단일 법인체에서의 겸영이라는 데에 한정되지 않을 것이다.[5]

나. 금융기관의 업무간 이익충돌 분석의 틀

(1) 업무간 이익충돌의 발생 유형에 따른 분류

업무간 이익충돌의 발생 양상을 구체적으로 살펴보기 위하여 [그림 2]에서와 같이 하나의 금융기관이 네 가지의 업무를 영위하는 상황을 가정하여 각 업무별로 투자자에 대해서 부담하는 의무의 성격에 따라 유형화를 해 보았다. 업무간 이익충돌의 문제에 있어서도

---

3) Christoph Kumpan and Patrick Leyens(2008), pp.81~82.

4) 제2장 제3절.

5) John Boatright(2002), pp.217~218.

특정한 업무에서 금융기관이 투자자에 대해서 부담하는 의무의 법적 성격에 따라 다른 결론이 도출될 수 있기 때문이다.

[그림 2] 업무간 이익충돌과 금융기관의 대투자자 의무의 관계

업무 1 - 투자자 A : 신인관계
업무 2 - 투자자 B : 신인관계
업무 3 - 투자자 C : 비신인관계
업무 4 - 투자자 D : 비신인관계

첫째, 업무 1과 업무 2 간의 이익충돌 문제이다. 금융기관은 투자자 A와 투자자 B에 모두에 대해서도 신인의무를 부담하기 때문에, 이때 발생할 수 있는 이익충돌 문제는 제2장 제3절에서 검토한 신인의무 법리에서의 투자자간 이익충돌의 문제로 접근해야 한다. 즉, 금융기관은 원칙적으로 충성의무를 부담하는 고객의 이익을 자기 또는 제3자의 이익보다 우선해야하기 때문에, 투자자 A 또는 투자자 B의 이익만을 위하여 행위 하는 것은 거꾸로 투자자 B 또는 투자자 A에 대한 충성의무를 위반하지 않는 범위 내에서 허용될 수 있을 것이다.[6]

둘째, 업무 1과 업무 3 또는 업무 1과 업무 4 간의 이익충돌 문제이다. 금융기관은 투자자 A에 대해서는 신인의무 법리에 따른 이익충돌금지원칙의 적용을 받지만, 투자자 C 또는 투자자 D에 대해서는 원칙적으로 자신의 이익을 우선적으로 추구하는 것이 허용되며, 다만 금융기관으로서 거래 대상 금융상품이나 시장에 대한 정보를 남용하여 고객의 이익을 위법·부당하게 침해해서는 안 된다는 의무를 부담한다. 따라서 금융기관이 투자자 C 또는 투자자 D의 이익을 위

---

6) 제2장 제3절에서 소개한 매튜 코나글렌 교수의 견해이다.

하여 투자자 A의 이익을 침해한다면 A에 대한 신인의무 위반에 해당할 것이고, 금융기관이 업무 3 또는 업무 4의 영위와 관련하여 투자자 C 또는 투자자 D로부터 얻은 비밀 정보를 투자자 A를 위하여 사용한다면, 이는 투자자의 정보를 남용한 위법·부당한 행위로서 허용되기 어렵다. 대체로 금융기관과 고객 간에 체결된 계약상 비밀유지의무를 포함하는 경우가 많고, 그렇지 않은 경우라도 자본시장법 제54조[7])에서와 같이 직무상 알게 된 정보를 자기 또는 제삼자의 이익을 위하여 이용하는 행위는 허용될 수 없기 때문이다.

셋째, 업무 3과 업무 4 간의 이익충돌 문제이다. 금융기관이 각 투자자와의 업무수행 과정에서 지득한 정보를 남용하여 투자자 C를 위해서 투자자 D의 이익을 침해하거나 그 반대의 상황이 발생한다면, 금융기관이 다른 투자자와의 관계에서 위법·부당한 행위를 하였는지 여부에 관하여 판단하여야 할 것이고 특정 투자자의 이익을 우선시 하지 않았다는 사정 자체가 문제되는 충성의무 법리를 적용할 필요는 없다.[8]

(2) 분석 및 평가

이러한 분석 결과를 종합해 보면, 금융기관이 직면하게 되는 업무간 이익충돌의 문제도 많은 경우 제2장과 제3장에 걸쳐서 논의한 금융기관과 고객간의 이익충돌 문제 해결의 법리로 포섭이 가능하다는 점이 쉽게 확인된다. 즉, 금융기관이 영위하는 업무와 이익의 침해가 문제되는 고객과의 관계의 성격에 따라 신인의무 법리 또는

---

7) 자본시장법 제54조(직무관련 정보의 이용 금지) 금융투자업자는 직무상 알게 된 정보로서 외부에 공개되지 아니한 정보를 정당한 사유 없이 자기 또는 제삼자의 이익을 위하여 이용하여서는 아니 된다.

8) 비밀유지 의무 위반은 신인의무 법리와 무관하게 적용될 수 있는 주의의무 위반의 성격이 있으나, 충성의무로부터 비밀유지 의무를 도출할 수 있다는 견해도 있다. 이중기(2006), 71쪽.

금융기관의 정보와 전문성의 우위가 인정되는 경우 고객의 이익을 위법·부당하게 침해하는 것을 방지하기 위한 법리를 적절히 적용하면 될 것이다.

업무간 이익충돌의 문제를 개별 고객과의 관계로 환원해 본 결과 금융기관이 특정 업무를 수행하는 과정에서 지득한 정보를 이용하여 자기 또는 다른 투자자의 이익을 우선하는 유형의 이익충돌 문제가 주로 발생한다는 점이 관찰되었다. 즉, 신인의무 법리가 적용되는 투자자와의 이익충돌 문제를 제외한다면, 다른 유형의 업무간 이익충돌의 경우에는 금융기관이 다양한 금융투자업무를 겸영하게 된 결과 각 업무간 정보가 공유될 가능성이 높아졌기 때문에 발생하는 현상이라는 점이 확인된다. 이하에서 검토할 업무간 이익충돌 문제에 대한 정책적인 해결 방안들은 금융기관이 업무수행시 지득한 고객의 정보를 남용하여 금융기관 또는 자신의 이익을 부당하게 추구할 가능성을 사전에 차단하기 위해서 모색된 것이라는 점을 염두에 두고 접근할 필요가 있다.[9]

2. 금융기관의 업무간 이익충돌 해결의 법리

가. 겸영에 관한 규제

원칙적으로는 업무간 이익충돌 문제도 금융기관이 수행하는 업무의 법적 성격별로 이익을 침해당하거나 침해당할 우려가 발생한 투자자에 대해서 금융기관이 부담하는 법적인 의무의 성격을 규명

---

9) 정보 남용으로 인한 이익충돌 문제는 정보 우위에 있는 금융기관이 거래 상대방인 투자자의 이익을 침해하는 문제와 더불어 시장에 대한 불공정 행위의 우려를 함께 포함하고 있다. 따라서 업무간 이익충돌 문제의 규제 목적도 금융기관의 거래상대방 보호 및 불공정거래행위 억지의 측면이 공존하고 있다. 한국증권법학회(2015), 327~328쪽.

함으로써 해결될 수 있다. 그러나 업무간 이익충돌은 단일 법인체 또는 계열사간 겸영으로 인한 정보 남용의 가능성이 심화되었기 때문에 발생한다는 점에 주목한다면 금융 규제 차원에서 이러한 가능성을 일괄적으로 차단할 수 있는 방법이 더욱 효과적일 수 있다. 이와 관련하여, 단일한 법인체 내에서 복수의 금융투자업을 영위하도록 하는 방안과 이를 불허하는 방안가운데 하나를 선택하는 것은 단일한 의사결정 단위인 하나의 회사가 다양한 금융투자업을 영위하도록 하여 시너지 효과를 높이도록 할 것인지, 그로 인하여 발생할 수 있는 금융시스템 건전성, 정보유용의 문제, 투자자 보호의 우려 등을 종합적으로 고려한 정책적 의사결정이 될 수밖에 없다.10) 자본시장법 제정 과정에서 다양한 우려가 제기된 것처럼 하나의 회사 내에서 다양한 영업을 수행하도록 하는 경우에는 정보유용의 가능성이 높아지기 때문에 이익충돌 문제가 발생할 가능성도 더 높아지는 것으로 일반적으로 인식되고 있다.11)

우리나라에서도 자본시장법이 제정되면서 이론적으로는 하나의 금융기관이 투자매매업, 투자중개업, 집합투자업, 투자자문업, 투자일임업 및 신탁업을 모두 영위하는 것이 가능해졌다.12) 이에 따라 자본시장법 이전의 법제와 자본시장법 이후 법제의 가장 큰 차이점 가운데 하나로서 다양한 업무의 사내 겸영 허용 및 그에 따른 이익

---

10) 김필규 외(2008), 19쪽; 이중기(2006), 91쪽.

11) 김필규 외(2008), 20쪽

12) 정부가 자본시장법 제정안을 국회에 제출(2006. 12. 29)한 이후에도 이익충돌에 관한 우려로 인하여 집합투자업자가 투자매매·중개업 및 신탁업을 겸영하는 것을 금지하는 조문을 포함하는 수정법률안이 제출되었다(2007. 3. 14. 이종구의원 대표발의). 2007. 7. 2. 제안된 법률안(대안)에서는 집합투자업과 투자매매업을 겸영하는 경우 이익충돌 관련 법조문 위반에 따른 손해배상의 입증책임을 금융투자업자에게 전환하는 내용의 조문을 추가로 도입하기로 하였고, 결국 전면적인 겸영을 허용하되 제64조에 손해배상에 관한 특칙을 마련하는 것으로 타협이 이루어졌다.

충돌 규제의 정비가 거론된 바 있다.[13] 특히 자본시장법 제정 과정
에서 투자매매업, 투자중개업과 같이 예전부터 증권회사에서 수행하
던 업무와 집합투자업과 같이 자산운용사에서 수행하던 업무 간의
이익충돌을 가장 전형적이고 심각한 문제 사례로 거론되기도 하였
지만,[14] 법률의 시행 이후 증권회사가 자산운용업을 겸영하거나, 자
산운용업자가 전통적인 투자매매·중개업을 겸영할 수 있도록 인가
받은 사례는 없다고 알려져 있다. 이러한 현상은 금융기관 스스로
이익충돌로 인해서 발생하는 비용을 회피하기 위하여 선택한 것일
수도 있고, 감독당국에서 법률 규정에도 불구하고 이익충돌의 발생
가능성을 줄이기 위하여 인허가 정책을 운용하는 데서 비롯되었을
수도 있다.[15]

　이를 계기로 우리나라에서도 외국의 겸업주의와 전업주의를 소
개하고 다양한 금융투자업무의 겸영과 관련된 이익충돌 문제의 심
화 가능성을 논의 하는 연구들이 진행되었다.[16] 독일에서는 은행업
과 증권업을 사내겸영하는 모델을 취하고, 영국에서는 1987년 소위
'빅뱅' 이후 종전에 고수하던 전업주의 모델을 벗어나서 은행들이 자
회사를 설립하여 증권업을 겸영하는 방식을 취하게 되었기 때문에,
은행업무와 증권업무 간에 발생할 수 있는 이익충돌 문제를 해결하
기 위해서 정보교류차단장치가 도입되었다.[17] 다만, 영국과 독일에

---

13) 재정경제부, 자본시장법 법률안 설명자료(2006), 71쪽.

14) 구본성 외(2006), viii.

15) 다만, 증권회사가 투자매매업과 투자중개업을 함께 수행하거나, 투자매매
업과 투자일임, 투자자문업 또는 투자신탁업을 함께 수행하기 때문에
업무간 이익충돌 문제의 발생 가능성이 존재하지만, 이러한 현상은 구 증
권거래법이나 간접투자자산운용업법이 적용되던 시기에도 마찬가지로 존
재하였다.

16) 김용재(2010b), 296~298쪽.

17) 김용재(2010b), 305~306쪽.

서의 논의는 은행업과 증권업 간의 정보교류를 차단함으로써 투자
자의 정보를 악용하는 이익충돌 문제뿐만이 아니라 전체 금융시스
템 리스크 관리 차원에서 은행업의 특수성에 대한 정책적 고려를 중
시하였기 때문에, 자본시장에서 엉위되는 다양한 업무간 이익충돌
유형과 동일시 할 수 있을지 의문이 든다.[18]

오히려, 미국에서의 증권업과 자산운용업의 겸영에 관한 논의가
자본시장법 제정을 계기로 대두된 투자매매·중개업무와 자산운용업
무간의 이익충돌의 문제를 잘 보여준다.[19] 미국에서는 증권회사와
자산운용사의 겸업을 제한하는 조항을 두고 있지 않으며, 등록을 경
료한 각 법률에 따른 규제를 준수하고 감독을 받는 것으로 족하다.[20]
그러나, 일부 소규모 회사들을 제외하고는 브로커-딜러 및 투자자문
업자로 동시 등록된 사례는 별로 없으며, 동시에 등록을 하더라도
우리나라에서 증권회사가 투자자문업을 겸영하는 것과 마찬가지로
투자자문서비스 제공업무만을 영위할 뿐, 집합투자기구의 운용과 같
은 자산운용서비스를 제공하지 않는 것으로 보인다.[21] 이러한 현상
의 원인으로는 자산운용업을 영위하기 위하여 전문성이 요구되기
때문이라는 점과 함께 겸영으로 인한 이익충돌 문제 및 정보 남용의

---

18) 김용재(2010b), 303쪽; 은행법 제28조의 2에서 은행이 자본시장법에 따른 겸
   영금융투자업자가 되는 경우 발생할 수 있는 업무간 이익충돌 문제에 대
   해서 접근하고 있으며, 전통적인 은행업 자체에서 발생하는 고객과의 이
   익충돌 문제에 대해서는 침묵하고 있다는 데서도 잘 드러난다. 이러한 점
   에서도 은행업과 증권업간의 사내겸영 문제에 관한 논의는 은행업의 특수
   성을 보호하는 데 초점이 맞추어져 있는 것이라고 생각된다.
19) 장근영(2006), 132쪽.
20) 미국에서 증권회사는 브로커-딜러라는 용어로 규정되고 1934년 증권거래
   소법 제15(a)조에 의거하여 SEC에 등록하여 하며, 자산운용사를 포함하여
   투자자문을 제공하는 경우는 1940년 투자자문업자법 제203조에 따라 SEC에
   등록을 하여야 한다.
21) 장근영(2006), 135~136쪽.

문제가 제시되고 있으며, 자산운용업과 증권업 겸영시에 발생할 수 있는 이익충돌 및 내부자거래 등의 문제를 해결하기 위한 비용이 겸영으로 인한 이익을 초과한다는 점 등이 지적된다.[22]

나. 정보교류차단장치(Chinese wall)

(1) 정보교류차단장치의 목적

단일한 금융기관 내에서 다양한 업무를 수행하는 경우 발생하는 업무간 이익충돌의 문제를 예방하기 위하여 가장 널리 활용되는 수단은 정보교류차단장치(Chinese wall)의 설치, 운용을 강제하는 것이다.[23] 미국에서도 투자은행이 서로 다른 고객들의 이해관계가 대립하는 다양한 종류의 업무를 수행하면서도 시장에서 살아남을 수 있었던 것은 정보교류차단장치를 설치, 운용해 왔기 때문이라는 평가가 존재할 정도이다.[24]

복수의 업무를 겸영하는 경우 정보교류차단장치를 구축한다면 금융기관이 다른 업무 부문 또는 다른 업무 부분의 투자자를 위하여 유용할 유인이 존재하는 정보가 사내에서 자유롭게 흘러 다니는 것을 선제적으로 차단할 수 있으므로, 규제 비용 측면에서도 바람직하고, 투자자를 보호를 위해서도 유익한 방안이 될 것이다. 특히 금융기관 입장에서는 내부통제의 관점에서 정보교류 차단장치를 설치·운용함으로써 이익충돌로 인한 민사적, 행정적 책임을 경감하거나 그로부터 면책되기 위한 방안으로 활용할 수 있는 장점이 있다.[25]

---

22) 장근영(2006), 139~140쪽.

23) 최근에는 Chinese wall이라는 용어 대신 information barrier라는 용어가 더 널리 사용된다. SEC, Staff Summary Report on Examinations of Information Barriers :Broker-Dealer Practices under Section 15(G) of the Securities Exchange Act of 1934(2012. 9. 27).

24) Andrew Tuch(2014a), p.102.

또한 정보교류차단장치의 설치를 필요로 하는 업무간 이익충돌의 문제는 미공개중요정보이용행위와 같은 불공정거래행위로 연결될 위험성을 내포하고 있기 때문에, 미공개중요정보의 확산을 방지하고 이를 이용한 불공정 거래행위를 차단하는 목적도 함께 수행한다.26)

(2) 정보교류차단장치의 의의

각국의 금융규제 법제에서는 이러한 목적을 반영하여 다양한 종류의 금융투자업을 영위하는 회사들에 대해서 사내에 정보교류차단장치를 두도록 하고 있다. 정보교류차단장치란 나라에 따라서 다소간에 차이는 있지만 회사가 영위하는 업무부서 간에 정보의 교류를 차단할 수 있는 체제 또는 절차를 의미하며, 구체적으로는 임직원 겸직의 제한, 정보 공유 제한, 사무실과 설비에 대한 물리적 접근의 제한 등을 그 내용으로 한다.27) 정보교류차단장치는 1968년 미국 SEC의 메릴린치에 대한 내부자정보이용금지행위 제재 시도에 대하여 메릴린치가 화해를 위하여 제출한 방안(Statement of Policy)에서 최초로 등장하였으며 그 이후 다수의 금융기관들이 채택한 것으로 알려졌다.28)29) 한편, 1980년대 영국에서 소위 빅뱅을 통한 은행과 증권업간의 통합현상을 계기로 정보교류차단장치에 관한 논의가 본격화 되었고, 업권별 통합에 따라 발생할 수 있는 이익충돌 문제에 대한 관심이 제고되면서 정보교류차단장치의 설치를 자율규제로 강제하기 시작했다.30) 미국에서는 정보교류차단장치란 "증권회사에서 미공개중

---

25) 김유니스·남유선(2009), 141쪽.
26) 이수정(2011), 49쪽.
27) 이수정(2011), 47쪽.
28) 관습법적으로 형성되어 온 장치라는 설명으로는 김유니스·남유선(2009), 158쪽.
29) Norman Poser(1990), p.112; 이수정(2011), 48~50쪽.
30) 이에 관한 대표적 연구로는 Harry McVea(1993), 제1장 및 제2장 참조.

요정보에 대하여 같은 회사의 다른 부서의 접근을 제한하기 위하여 설치한 절차를 의미하며, FINRA 회원사들이 내부자 정보를 불법적으로 사용하지 못하도록 해 준다."고 정의되며,[31] 영국의 금융감독청에서는 "특정 사업 부문에 종사하는 과정에서 사람이 보유한 정보를 다른 부문에 종사하는 다른 사람에게 전달하는 것을 제한하거나 다른 사람을 위하여 사용하는 것을 금지하는 장치"로 정의하고 있다.[32]

(3) 정보교류차단장치의 운용

미국에서는 특히 정보교류차단장치가 내부자거래를 방지하기 위한 수단으로 도입되었고, 정보교류차단장치의 미비 및 정보교류차단규제 위반으로 인한 제재 사례에서도 내부자 거래와 관련된 사안들이 많은 비중을 차지하고 있으며, 영국에서도 내부자거래 차단에 초점을 맞추고 있다.[33] 한편, 호주에서는 회사법 912A(1)(aa)에서 정보교류차단장치가 이익충돌 관리 차원에서 중요한 역할을 하고 있음을 밝히고 있다.[34] 이처럼 각국에서 정보교류차단장치 제도를 운용하는 목적에 차이가 나는 것처럼 보이는 것은 의도하는 목적이나 결과에 있어서 다른 고객의 이익을 위법·부당하게 해하는 것을 방지할 이익충돌규제의 측면과 내부자거래 등의 불공정거래규제를 강화하는 측면이 동시에 존재하기 때문이라고 해석될 수 있다. 그럼에도, 이를 제도적으로 강제하는 원인은 결국 하나의 금융투자업자가 다양한 종류의 업무를 영위하면서 특정 업무로부터 취득한 정보를 남

---

31) http://www.finra.org/glossary/P010878.

32) 김용재(2010b), 315쪽.

33) Black v. Shearson, Hmmill & Co., 266 Cap. App. 2d 362; Slade v. Shearson, Hammil & Co., 517F. 2d 398(2d Cir 1974); Washington Steel Corp. v. TW Corp. 602 F 2d 594(2nd Cir. 1979 등 이수정(2011), 64쪽 이하에 소개된 대부분의 판례들이 미공개중요정보 이용행위 관한 것이다.

34) RG 181.36.

용하는 것으로서 동일하다.

자본시장법에서는 호주 등의 사례를 참고하여 정보교류차단장치를 금융투자업자의 이익충돌 관리를 위한 효율적인 수단으로서 도입하였으며, 이익충돌의 여지가 조금이라도 있는 모든 업무간에 정보차단장치를 설치하기 보다는 금융기관의 업무영위 형태와 이익충돌의 가능성 등을 종합적으로 고려하여 정보차단 장치의 설치대상과 그 내용을 규정하고 있다.[35] 영국, 미국 등에서는 이익충돌 또는 내부자거래의 위험성에 따라 정보교류차단장치를 설치할 업무의 범위를 규칙으로 명시하기 보다는 금융기관의 내부통제기준에 따라 설치하고 내부자거래 또는 이익충돌이 문제되었을 때 정보교류차단장치가 유효하게 설치되었는지를 심사하는 방식을 취하고 있다.[36] 어떤 업무 간에 정보교류차단장치를 강제하고, 어떤 경우에는 이익충돌의 가능성이 거의 없기 때문에 정보교류를 허용할 것인가는 정책적 판단의 문제이며 그 자체로 이익충돌의 문제를 전부 해결해 주기는 어려울 것이다.

(4) 정보교류차단장치 위반의 효과 및 한계

정보교류차단장치가 유효하게 설치, 운용 된 것으로 인정된다면, 금융투자업자는 업무간 이익충돌 문제를 원인으로 하는 투자자에 대한 손해배상 책임이나 각종 불공정거래에 대한 유효한 방어 수단을 보유할 수 있게 될 것이다. 이러한 측면에서 정보교류차단장치의 도입과 운용은 투자자보호 뿐만이 아니라 금융기관의 예측가능성을 높인다는 점에서도 바람직할 수 있다. 그러나 정보교류차단장치를 설치·운용한 사실은 금융기관이 이익충돌 상황에서 자신의 이익을 우선시하거나 투자자의 이익을 부당하게 침해하는 행위를 한 경우

---

35) 김건식·정순섭(2013), 794쪽.
36) 이수정(2011), 112~113쪽.

동 장치로 인하여 위법한 정보 이용이 불가능했다는 점에 관한 입증 책임을 다시 원고쪽으로 넘길 수 있는 하나의 방어 논리에 지나지 않는다. 또한, 정보교류차단장치는 신인의무 위반 여부가 쟁점이 된다거나, 금융기관 임직원이 고의로 해당 정보를 남용하여 다른 투자자의 이익을 부당하게 침해하는 상황에서 이익충돌의 문제를 해결하는데 필요충분조건이 될 수 없다는 비판도 가능하다. 예를 들어 위 [그림 2] 의 상황에서 금융기관이 투자자 A에 대한 신인의무를 위반하여 투자자 B의 이익을 도모한 경우에는 투자자 A에 대한 충성의무 위반에 대한 신인의무 법리상의 구제수단을 부여하는 것이 구제수단의 범위나 입증 책임의 측면에서 투자자에게 더 유리할 수 있다.

이익충돌 상황에서 정보교류차단장치를 설치하였다는 사유만으로 금융기관이 면책될 수 있는지에 관해서는 판례의 입장이 갈린다. 미국에서는 SEC가 1974년 Slade v. Shearson, Hammil & Co. 사건에서 제출한 의견서(amicus curiae brief)에서 정보교류차단장치를 설치한 회사는 이익충돌 상황에서 부당하게 행위하였다는 주장으로부터 책임을 면할 수 있다고 밝혔으나, 뉴욕주 연방지방법원에서는 정보교류차단장치를 설치하였다고 하더라도 투자중개업무의 고객에 대한 정보개시의무 위반에 대한 책임을 인정한다는 취지의 판결을 선고하였다.[37] 반면, 2011년에 기관투자자가 제이피모간의 이익충돌 상황에서 정보개시의무 위반을 주장하는 소송을 제기한 사건에서는 유효하게 정보교류 차단장치가 설치, 운용된 이상 제이피모간이 특정 회사(Sigma)의 주식에 펀드 자산과 고유재산을 동시에 투자했다고 하더라도 책임을 물을 수 없다는 취지의 판결을 선고하는 등 구체적 사실관계에 따라 결론이 달라지는 경향이 있었다.[38]

---

37) Slade v. Shearson, Hammil & Co., 18 Fed. R. Serv. 2d 265.

38) Board of Trustees of Aftra v. JP Moargan Chase Bank, 806 F. Supp. 2d 662(S.D.N.Y. 2011).

특히, 이익충돌 상황에서 정보교류차단장치를 설치한 경우에도 자동적으로 면책되는 것은 아니라는 견해를 제시한 대표적인 판결로는 Prince Jefri Bolkiah v. KPMG[39]판결이 거론된다. 이 사건은 브루나이의 제프리 왕자가 개인적 민형사 소송에서 자신의 재산과 금융거래에 대한 정보를 지득한 KPMG 소속 변호사들이 동 왕자가 의장으로 있었던 브루나이 투자청의 투자활동에 대한 조사를 하게 되자 KPMG에 대한 업무중지 명령을 청구한 사건이며, 상고심 판결에서 설령 KPMG가 정보교류차단장치를 설치하였다고 해도 제프리 왕자와의 이익충돌로 인하여 브루나이 투자청에 대한 조사업무 수행을 중단해야 한다고 판시하였다. 이 판결은 회계법인의 이익충돌을 다루고 있지만, 금융기관이 복수의 업무를 영위하면서 발생하는 이익충돌 문제에 관한 해석에 있어서도 중요한 선례로 거론된다.[40] 특히 상고심 판결에는 금융기관들이 흔히 사용하는 정보교류차단장치에 관해서도 상세히 언급하면서, 이러한 장치가 기관의 조직구조 차원에서 구축되어야 한다는 점을 강조하는 한편 일시적으로 설치된 정보교류차단장치의 효용이 없다는 점을 확인하였다.[41]

이러한 점 때문에 최근 미국에서는 이익충돌 문제 해결의 측면에서 정보교류차단장치의 무용론이 힘을 얻고 있다.[42] 2000년대 이후

---

39) Prince Jefri Bolkiah v. KPMG [1999] 2 AC 222. 구체적 사실관계는 박준(2011a), 247~9쪽, Hollander and Salzedo(2011), pp.5~9.

40) 김유니스·남유선(2009), 154쪽.

41) 이 판결만으로 법원에서 정보교류차단장치의 효용 자체를 부인한 것으로 단정하기는 어렵다. 상고심 판결에서도 금융기관이 인사이동이 적고 직무 관련성이 적은 부서간에는 정보교류 차단장치를 설치하면 된다는 취지로 판시한 바 있다. 한편, 로펌 1에서 원고대리인으로 근무하던 변호사가 피고를 대리하던 로펌 2로 이직한 경우를 다루고 있는 Koch Shipping Inc v. Richard Butler(A firm) [2002] EWCA Civ 1280(22 July 2002)판결에서는 로펌 2에서 정보교류 차단장치를 제대로 구축하였기 때문에 로펌 2에 대한 수임금지 명령을 내리지 않았다. 박준(2011a), 255~256쪽.

에 경제학적 실증 연구에 따르면 정보교류차단장치는 투자은행이 미공개 중요정보를 이용한 거래를 억제하는 데 실패한 것으로 알려져 있으며, 정보교류차단장치를 구축·운용하고 있는 회사라고 하더라도 기업인수합병 자문거래를 수행하면서 대상기업의 주식을 취득한 경우, 대출계약을 체결한 채무자 회사의 주식을 취득한 경우, 그 밖에 투자중개업무와 자기계산 거래부서를 정보교류차단장치로 분리하기는 했지만 각 부서에서 동일한 금융투자상품에 투자한 경우 등 매우 다양한 유형의 미공개정보 또는 고객정보를 이용하여 거래를 한 사실이 문제시 되었다.[43]

앤드류 터크 교수의 지적에 따르면 정보교류차단장치의 존재에도 불구하고 실제로 미공개 중요정보가 공유 되었는지를 적발하기가 매우 어렵고, 실제 정보의 공유 사실이 입증된다고 하더라도 이익충돌 방지의무 위반 여부가 문제된 거래와의 인과관계가 사실상 밝혀지기 어렵기 때문에 이익충돌 문제 해결의 측면에서는 정보교류 차단장치는 태생적으로 한계를 지닐 수밖에 없는 장치라는 것이다.[44] 폴 볼커 전 연방준비위원회 의장이 글로벌 금융위기에 대한 금융개혁법률 관련 상원 소위에서 "정보교류차단장치는, 경영진의 최선의 노력에도 불구하고, (은행의) 이윤 및 (직원의) 보수를 극대화하려는 압력을 잘 막아낼 수 있다고 믿을 만큼 순진하지 않다."고 진술한 바에서 잘 드러나듯이[45] 정보교류차단장치만으로는 금융기관이 이익충돌 상황에서 고객에 대하여 준수하여야 할 행위준칙에 따르도록 담보하기는 어려울 것으로 생각된다.

---

42) Andrew Tuch(2014a), pp.106~107.

43) Andrew Tuch(2014a), p.124 각주 118, 119에 소개된 문헌들.

44) Andrew Tuch(2014a), p.127.

45) Paul A. Volcker, Statement before the Comm. on Banking, Housing, and Urban Affiars of the U. S. Senate(2010. 2. 2).

제4장
자본시장법에 따른 이익충돌의 규율

앞선 세 장에 걸쳐서 자본시장에서의 이익충돌 문제를 발생 원인별로 유형화하고, 해당 법률관계의 성격에 부합하는 이익충돌 문제 해결의 법리를 규명하였다. 이러한 법리들은 일차적으로 개별적인 규제법규를 해석하는 지침으로 작용할 수도 있지만, 구체적인 거래 현실을 규율하는 법규범이 존재하지 않는 경우에도 잠재적·현실적 이익충돌의 발생 자체가 문제가 되는 상황이나, 이익충돌 상황에서 금융기관의 특정한 행위에 대한 분쟁이 발생하는 경우 이를 해결할 수 있는 법적 사고의 틀을 제공해 준다.

본 장에서는 앞에서 검토한 자본시장에서의 이익충돌 문제에 관한 법원칙들이 구체적으로 현행 자본시장법상 이익충돌 관련 조문에 어떻게 구현되고 있는지를 체계적으로 검토한다. 제1절에서는 자본시장법 입법과정에서 제기된 이익충돌 규제에 관한 입법의도를 규명하고, 이익충돌에 관한 조문체계가 어떻게 구성되었는지를 검토한다. 자본시장법은 최초로 금융투자업자와 고객 간에 발생하는 이익충돌 및 투자자간·업무간 이익충돌 문제를 체계적·종합적으로 규율하려는 문제의식에 따라 기존의 자본시장 관련법제에서는 찾아볼 수 없던 조문들을 전면적으로 도입한 법률로서 이익충돌 규제의 체계적 구조를 분석한다.

제2절에서는 모든 금융투자업자에 대해서 공통적으로 적용될 수 있는 이익충돌 관련 일반조항들의 해석론을 전개한다. 자본시장법은 공통영업행위 규정으로서 고객이익우선의무(제37조 제2항), 내부통제절차에 따른 이익충돌관리의무(제44조) 및 정보교류차단장치의 설치의무(제45조)를 새롭게 도입하였다. 그러나 아직까지는 동 규정들에 대한 해석론이 정착하지 않았기 때문에 금융투자업자의 업무

수행 과정에서 실질적인 규범력을 발휘하지 못하고 있는 상황이다. 공통 영업행위 규정은 각 금융투자업무의 특징과 법적 성격을 반영하여 해석·집행되어야 할 것인 바, 이러한 공통영업행위 규칙을 개별금융투자업무에 적용하기 위한 해석의 원칙을 검토한다.

제3절에서는 개별 금융투자업을 영위함에 있어서 발생하는 이익충돌 상황을 규율하기 위한 구체적 법규범들의 체계를 검토하고 해석론 및 적용사례 등을 검토한다.

첫째, 자본시장법에서는 신인의무 법리가 적용될 수 있는 금융투자업무에 대해서는 그렇지 않은 경우에 비해 이익충돌에 관한 엄격한 의무를 부과하고 있다. 신인관계의 성격이 관찰되는 집합투자업·투자일임업·신탁업(자산운용수탁업무) 및 투자자문업(금융자문제공업무)에 관해서는 공통 영업행위 규정으로서 고객이익우선의무(제37조 제2항), 이익충돌 관리의무(제44조) 외에도 상법상 주식회사의 이사에 대해서와 마찬가지로 선관주의의무 및 충실의무에 관한 일반규정과 이익충돌 상황을 개별적으로 규율하기 위한 구체적 조문들이 적용되는 구조를 취한다. 본 장에서는 신인의무 법리에 비추어 우리나라 자본시장법상 충실의무 조항을 어떻게 해석할 수 있을지 살펴보고, 개별적·구체적 규제의 내용과 적용사례들을 검토한다.

둘째, 신인의무 법리가 적용되기 어려운 투자매매·중개업 및 이들이 행하는 투자권유행위에 관해서는 충실의무에 관한 일반조항은 존재하지 않으며 공통영업행위 규정으로서 고객이익우선의무 및 이익충돌관리의무와 함께 이익충돌 상황에서 정보나 전문성의 우위를 남용하여 고객에 대하여 부당하게 손해를 가할 수 있는 행위를 사전에 통제하기 위한 구체적인 영업행위 규제만이 적용된다. 해당 부분에서는 투자매매·중개업무에 적용되는 이익충돌 관련 규정들의 체계와 해석의 원칙에 관하여 검토한다.

본 연구에서는 이익충돌이 발생하는 경우 금융기관이 고객관계에서 준수하여야 할 행위준칙을 도출하기 위한 법원리를 검토하는 데 초점을 맞추고 있으므로, 법률 및 시행령, 각종 행정규칙과 금융투자협회의 자율규제 등에서 다양하게 규정되어 있는 모든 조문들의 해석론을 상세하게 전개하지는 않는다. 또한 규제법규의 위반준수 여부와 관련하여 당사자들이 체결한 계약의 사법상 효력, 규제법규 위반에 대한 제재의 수준과 같은 문제들에 대해서도 필요한 부분에서 제한적으로 논의한다. 본 장에서는 현행 자본시장법상 새롭게 도입된 이익충돌 관련 규제에 앞부분에서 검토한 법리가 어떻게 구현되고 있는지를 점검함으로써 법리의 공백을 발견하고 향후 입법론·해석론상의 개선방안을 도출하는데 기여하는 것을 목표로 한다.

제1절 자본시장법상 이익충돌 규제의 체계

1. 자본시장법의 제정과 이익충돌 규제의 정비

가. 입법의 의도 및 구법과의 비교

이익충돌 문제의 해결은 자본시장법 제정의 주요 목표 가운데 하나였다. 자본시장법 제정 관련 정부의 설명자료에서는 이익충돌을 "투자자의 이익을 해하면서 자신이나 타 투자자의 이익을 추구하는 행위"라고 설명하면서, "단일의 금융투자업을 영위하는 경우에도 이해상충이 발생하나, 특히 복수의 금융투자업을 겸영하는 경우에 발생가능성이 커진다."는 전제 하에, 각 금융투자업자의 이익충돌 행위를 직접 금지하거나 이익충돌 관리를 위한 내부통제 시스템의 구축을 의무화하고, 이익충돌 가능성이 큰 것으로 인정되는 금융투자업 간 정보교류차단장치를 설치하도록 하는 것을 세 가지 축으로 하여 이익충돌 방지체제를 마련하였다고 밝히고 있다.[1]

자본시장법이 시행되기 이전에 개별 금융투자업을 규율하던 법률인 증권거래법,[2] 간접투자자산운용업법[3] 및 신탁업법[4]의 관련 조문들과 비교해 보았을 때, 이처럼 이익충돌 문제에 대해서 체계적으로 접근해야 한다는 인식을 토대로 입법이 이루어진 것은 상당한 진전을 보인 것으로 평가될 수 있다. 증권거래법에서는 상근임원의 겸

---

1) 재정경제부, 자본시장법 제정안 설명자료(2006), 58~60쪽.
2) 시행 2008. 3. 21[법률 제8985호, 2008.3. 21 일부개정].
3) 시행 2008. 3. 14[법률 제8910호, 2008. 3. 14 일부개정].
4) 시행 2008. 3. 14[법률 제8908호, 2008. 3. 14 일부개정].

직금지(제48조) 및 자기매매업과 위탁매매업을 동시에 영위하기 때
문에 발생하는 상황을 규율하기 위한 일부 영업행위 규제5)가 존재
하였고, 구 간접투자자산운용업법에서는 간접투자자산운용 관련 자
산운용회사의 영업행위 규제 차원에서 이익충돌을 방지하기 위한
개별적 조문을 두고 있었으며,6) 구 신탁업법에서도 자본시장법이 시
행되기 직전인 2008년에 고유재산과 신탁재산 운용 부문 간의 이해
상충방지체계를 구축하도록 하는 제12조의 4가 제정된 것을 제외하
고는, 고유재산 운용과의 분리(제12조), 임원등의 겸임제한(제22조)과
같은 일부 조문들만이 존재하고 있었다.7)

한편, 증권거래법에서는 증권회사가 증권업을 영위하면서 고객에
대해서 부담하는 의무에 관한 총칙적 규정이 부재하였고, 간접투자
자산운용업법에서는 자산운용회사가 선량한 관리자의 주의로써 간
접투자재산을 관리하여야 하며, 간접투자자의 이익을 보호하여야 할
의무를 규정하고 있었으며(제86조), 신탁업자는 신탁법상 선량한 관
리자의 주의로서 신탁재산을 관리 또는 처분할 의무(제28조)를 부담
하는 점을 제외하고 신탁업을 영위함에 있어서 고객에 대하여 일반

---

5) 거래형태 명시(제43조) 및 자기계약 금지(제44조)로서 자본시장법에도 그
   대로 도입되었다 .
6) 자산운용사회사의 겸업제한(제14조), 고유재산 운용제한(제16조) 및 자산운
   용상 금지행위(제91조), 이해관계인과의 거래 제한(92조) 등으로 자본시장
   법에서 유사한 취지의 조문을 두고 있다.
7) 법리적으로는 신탁법상 수탁자에 의무에 관한 조항이 보충적으로 적용될
   수는 있었지만, 2012년 개정 신탁법은 자본시장법 시행 이후에야 제정되었
   기 때문에 구 신탁법상 수탁자의 신탁사무처리의무 및 이익향수 금지의무
   조항이 이익충돌 금지의무의 일반 원칙으로서 규범력을 발휘할 수 있었는
   지는 의문이다. 설령 신탁법 개정 이전부터 대법원 판례가 신탁 수탁자의
   충실의무를 적극적으로 인정하였다고 하더라도, 신탁업무를 수행하는 은
   행들이 이를 행위규범으로서 인식하고 준수하였는지는 별개의 문제라고
   생각된다.

적으로 부담하는 의무의 내용이 규정되어 있지는 않았다. 이러한 점에 비추어 볼 때, 자본시장법이 제정되기 이전에는 이익충돌 문제란 특정한 행위를 금지·제한하는 영업행위 규제의 일환으로 인식되었고, 금융기관의 업무수행과 관련하여 고객과의 관계에서 준수하여야할 행위준칙이나 일반적인 의무의 내용은 전혀 정비되지 않았다는점이 확인된다.

나. 자본시장법상 이익충돌 문제에 대한 인식

(1) 입법과정상 표출된 이익충돌에 대한 인식

자본시장법 입법과정에서는 이익충돌 문제를 체계적으로 접근하고 규율하기 위한 시도가 이루어졌다. 특히, 자본시장법에서는 일관되게 '이해상충'이라는 용어를 사용함으로써 각 법률에서 단편적으로 규제하던 문제들을 하나의 현상으로 규정하고 이를 통합적으로 규율할 필요성을 인식하고 있다는 점이 확인된다. 다만, 법률에서 다루는 '이해상충'의 개념을 정의하는 명문규정은 없기 때문에 입법의도 및 고객이익 우선의무에 관한 제37조 제2항을 통해 자본시장법에서 규율하는 '이해상충'의 의미를 도출할 수 있다.

자본시장법의 입법 과정에서 제출된 자료들을 토대로 할 때, 법률에서 상정하고 있는 '이해상충'이란 '금융투자업자가 투자자의 이익을 해하면서 자신이나 다른 투자자의 이익을 추구하는 행위'[8] 또

---

8) 김필규 외(2008), 4쪽. 법률안 설명자료에서는 투자자의 매수·매도주문을
   체결하기 전에 자기계산으로 매수·매도하는 행위(투자매매업), 일반투자
   자의 투자목적, 재산상황에 비추어 지나치게 빈번하게 투자권유를 하는
   행위(투자중개업), 가격에 중대한 영향을 미칠 수 있는 투자자 재산의 매
   도·매수 의사를 결정한 후, 이의 실행전에 자기 계산으로 매도·매수하는
   행위(집합투자·투자일임/자문·신탁업)을 단일 금융투자업 영위시 투자자
   의 이익을 희생하여 자신이나 타 투자자의 이익을 추구하는 이해상충행위

는 '금융서비스 제공자가 다양한 고객을 대상으로 다양한 금융서비스를 제공하는 과정에서 고객 간 혹은 고객과 금융서비스 제공자 간에 서로 상충되는 이익이 발생하는 데서 비롯되는 것'[9]이라고 이해된다. 이와 같은 개념정의에 따르면 자본시장법 제정단계에서부터 이익충돌 문제를 금융투자업자의 법적 의무와 연동하여 엄격하게 규정한 것은 아니고, 금융투자업자와 투자자의 이해관계, 또는 금융투자업자의 투자자간의 이해관계가 서로 반대방향을 이루는 현상을 포괄하여 기술하고 있다는 점이 확인된다.

다른 나라의 자본시장규제 관련 법률에서도 이익충돌(conflict of interest)에 관한 별도의 정의를 내리는 경우를 찾아보기 어려우며, 다만 호주의 금융개혁법 규제지침(Regulatory Guide)에서는 "이익충돌이란 인가 받은 자(또는 그의 대리인)가 금융서비스를 제공하는 고객의 이익의 일부 또는 전부가 인가받은 자(또는 그의 대리인)의 이익의 일부 또는 전부와 일치하지 않거나 다른 것을 의미하며, 이는 실제적이고 명백한 이익충돌 및 잠재적 이익충돌을 모두 포함하는 개념이다"라고 매우 넓게 규정하고 있는데 비추어 볼 때[10], 자본시장법에서 규율하는 이익충돌이 특별히 더 광범위하거나 불분명한 것은 아니다.

(2) 입법 의도에 따른 이익충돌 문제의 재정의

금융 당국에서는 금융기관과 투자자간의 정보의 비대칭으로 인하여 금융투자업자가 자신의 이익을 우선시 할 가능성이 존재하므로 투자자 보호의 목적 때문에 '이해상충' 관련 규제를 새롭게 제정하였다고 설명한다.[11] 자본시장법 설명자료에서도 새롭게 도입한

라고 소개한다. 재정경제부, 자본시장법 제정안 설명자료(2006), 58쪽.
9) 구본성 외(2006), 3쪽.
10) ASIC, Regulatory Guide 181, Licensing: Managing Conflict of Interest.

이해상충 방지체제는 투자권유 규제, 투자광고규제, 발행공시규제와 나란히 투자자보호제도의 선진화를 목적으로 한다는 점이 명시되어 있다.[12] 또한 자본시장법에서는 업권별 통합에 따라 시너지 효과 및 규모의 경제를 달성할 수 있지만 다양한 금융투자업의 고객들 간의 이익충돌 문제가 심화될 수 있다는 우려를 전제로 금융투자업자와 투자자간 이익충돌 및 업무간 이익충돌 문제를 포괄할 수 있는 이익충돌 방지체계를 구축하고, 이를 토대로 투자자 보호의 목적을 달성하고자 하였다.[13]

　이러한 입법의 의도를 감안 할 때, 자본시장법에서 상정하고 있는 이익충돌 문제는 금융투자업자가 자기 또는 제3자의 이익을 위해서 투자자의 이익을 위법·부당하게 침해하는 현상이라고 재정의할 수 있으며, 이는 본 논문에서 정의하고 있는 이익충돌 문제와 결국 같은 선상에서 이해될 수 있을 것이다. 이 때 위법·부당한 행위의 판단 기준은 제2장과 제3장에서 살펴 본 바와 같이 금융기관과 고객 간의 법률관계의 성격에 따라 달라질 수 있으며, 신인의무 법리의 적용 여부에 따라 이익충돌 발생 자체가 제한되어야 하는 것인지, 아니면 중개·매매거래 또는 투자권유행위의 구체적 태양에 따라 달리 정해질 수 있는 것인지가 나뉠 수 있다.

2. 자본시장법상 이익충돌 규제의 체계

가. 조문의 체계

　자본시장법에서는 투자자 보호를 목적으로 이해상충 방지체제를

---

11) 최원진(2006), 61쪽.
12) 재정경제부, 자본시장법 법률안 설명자료(2006), 71쪽; 재정경제부, 자본시장법 제정방안(2006), 5쪽.
13) 재정경제부, 자본시장법 법률안 설명자료(2006), 51쪽.

도입하면서 다음과 같은 방식으로 조문 체계를 정비하였다. 첫째, 모든 금융투자업자들에 대해서 적용되는 공통 영업행위 규정으로서 정당한 사유 없이 투자자의 이익을 해하고 자기 또는 제삼자의 이익을 추구하지 못하도록 하는 제37조 제2항 및 이익충돌의 관리에 관한 제44조 및 정보교류 차단장치에 관한 제45조를 두고 있다. 제37조 제2항은 대고객 관계에 있어서 발생 가능한 이익충돌 문제를 규율하는 일반조항에 해당하며, 금융기관에 대하여 이익충돌 문제를 체계적으로 관리하고 방지할 책임을 부담시키는 제44조는 특히 내부통제의 측면에서 최상위 규범의 성격을 지닌다.

둘째, 집합투자업, 투자일임·자문업 및 신탁업자 별로 선량한 관리자의 주의의무(제79조 제1항) 및 투자자의 이익을 위하여 업무를 충실히 수행할 의무(제79조 제2항)를 부과하고 있으며, 투자매매·중개업자에 대해서는 선관주의의무 및 충실의무에 관한 일반조항이 존재하지 않는다. 즉, 선관주의의무 및 충실의무에 관한 일반조항이 적용되는 금융투자업무의 유형은 제2장에서 검토한 바와 같이 신인의무 법리가 적용될 수 있는 금융투자업무와 범위가 일치하는 바, 자본시장법에서도 신인관계에 대응하는 금융투자업무에 대해서는 투자자와의 관계에서 더 높은 수준의 의무를 부담해야 한다는 인식을 전제하고 있음이 확인된다.

셋째, 개별 금융투자업을 수행하는 과정에서 빈번하게 발생할 수 있는 이익충돌 문제를 유형화하여 이를 불건전영업행위로서 사전에 제한, 금지하였다. 이러한 취지의 법조문들은 이익충돌이 우려되는 상황 자체가 발생하지 못하도록 통제하는 유형과 이익충돌이 필연적으로 발생하는 상황에서 금융투자업자가 위법·부당한 행위를 함으로써 고객의 이익을 부당하게 침해하는 것을 방지하기 위한 유형으로 나뉜다. 전자의 유형은 대체로 제2장에서 검토한 신인의무 법리에 따른 이익충돌금지원칙이 반영된 경우이고, 후자의 유형은 금융기관이 정보·전문성의 격차를 남용하거나 거래에서 취득한 정보를 악용하는 것을 금지하는 취지로서, 각 유형의 구체적 내용은 이하 제3절에서 검토한다. 또한 자본시장법에서는 각 금융투자업자에 대해서 적용되는 불건전영업행위 금지 규제 외에도 직무수행 상 지득한 정보 이용 금지(제54조), 미공개 중요정보 이용행위 및 시세조종 등 불공정거래 규제(제174조 및 제176조), 적합성의 원칙 및 설명의무(제46조 및 제47조) 등을 통하여 금융투자업자가 이익충돌 상황에서 정보 격차를 남용할 가능성을 사전에 차단하고자 한다.

넷째, 이익충돌에 관한 법률규정을 위반한 데 대한 민사적·행정적·형사적 책임을 명시적으로 둠으로써 투자자 보호를 위한 목적을 달성하고자 한다. 예컨대, 이익충돌에 관한 총칙적 법률규정(제37조 제2항, 제44조, 제45조 등)을 위반한 경우에는 금융투자업자가 상당한 주의를 하였음을 증명하거나 투자자가 금융투자상품의 매매, 그 밖의 거래를 할 때에 그 사실을 안 경우에 배상책임을 면제함으로써 민사소송에서의 입증책임을 전환한다.[14) 또한 이익충돌 관련 내용을 포함하는 불건전 영업행위 금지 법규를 위반한 경우에는 최대 징역 5년 및 2억원 이상의 벌금에 처하는 형사처벌이 가능하고(제444조 제8호), 금융투자업 인가·등록 취소 등 높은 수준의 행정조치가 가능하다(제420조 제1항 제6호).

나. 평가 및 분석

이처럼 자본시장법은 금융규제의 측면에서나 대고객 관계에서의

---

14) 투자매매업 또는 투자중개업과 집합투자업을 함께 영위함에 따라 발생하는 이해상충과 관련된 경우에 한하기 때문에 실효성을 발휘할 가능성은 지극히 낮다. 투자매매·중개업자의 집합투자업 겸영의 사실상 제약에 관해서는 제3장 제4절을 참고하라.

사법상의 의무의 수준을 강화한다는 측면에서 이익충돌에 관한 규제를 매우 체계적으로 정비, 도입하고 있다는 점이 확인된다. 그 결과 수범자인 금융투자업자의 입장에서는 이익충돌 관련 규제를 준수하기 위한 비용이 지나치게 과도한 반면 자본시장법이 원래 의도한 통합의 시너지 효과를 발휘하지 못한다는 불만이 제기되고 있기 때문에[15] 해석에 관한 지침이나 선례가 없고 추상적인 내용을 포괄하는 공통 영업행위 규정을 위반한 경우에까지 민·형사상 또는 행정적 책임을 부담하는 것이 부당하다고 생각할 수 있다.[16] 따라서 법을 집행하는 감독당국에서는 공통 영업행위에 관한 조문들을 제재의 근거로 삼는 데 주저하게 되었는바, 아직까지는 이익충돌에 관하여 법체계를 새롭게 정비한 의도에 따라 투자자 보호의 목적을 달성하는 데 어느 정도 기여했는지에 관하여 회의론이 제기될 수 있다.

실제로, 자본시장법이 시행되고 지금까지 정보교류 차단장치에 관한 기술적 규제인 제45조 위반을 이유로 한 몇 건의 징계가 이루어졌고, 최근 대법원에서 증권거래법이 적용되던 시기의 증권회사의 ELS 판매 및 이후의 헤지거래와 관련하여 자본시장법 제37조 제2항의 문언을 토대로 투자자 이익 우선의무를 위반하였다는 판결을 선고하는 등[17] 소수의 사례를 제외하고 공통 영업행위 규정이 실제 금융투자업자의 책임으로 연결된 사례는 찾기 어렵다. 특히 이익충돌에 관한 최상위 규범인 제44조 위반에 대해서는 형사처벌 규정이 없고, 법 시행 이후 이를 근거로 행정제재가 가해지거나 금융투자업자의 민사책임이 다투어진 사례를 아직까지 찾아볼 수 없기 때문에,

---

15) 재정경제부, 자본시장법 제정안 의견수렴 결과(2006), 23쪽.

16) 금융개혁회의 보도자료, 제45조에 대한 네거티브 규제 전환 검토(2015. 12. 04).

17) 대법원 2015. 5. 14 선고 2013다2757 판결; 대법원 2016. 3. 10 선고 2013다7264 판결.

그 실효성이 의심될 수 있다.[18] 또한, 신인의무 법리가 적용되는 집합투자업자, 투자일임업자, 신탁업자 등에 적용되는 구체적 이익충돌 금지규제 위반을 사유로 한 금융투자업자에 대한 징계는 빈번하게 이루어졌지만, 이러한 법규위반이 소송으로 연결되어 투자자에 대해서 금융투자업자가 부담하는 충실의무 구체적 내용이 규명된 사례도 찾아보기 어렵다.

이러한 현상은 자본시장법에서 외국의 입법례들을 참고하여 이익충돌 관련 조문을 제정하고 이를 체계화하는 과정에서 이를 어떻게 해석할지에 관한 충분한 논의가 이루어지지 않은 데서 기인하는 것이라고 생각해 볼 수 있다. 즉, 금융기관이 다소 막연하거나 추상적인 용어들로 이루어진 투자자이익 우선의무(제37조 제2항) 또는 이익충돌 관리의무(제44조) 등을 준수하기 위해서 이익충돌이 발생하거나 발생할 우려가 있는 경우 구체적 불건전 영업행위 규정에 따르는 것을 넘어서서 어떠한 행위준칙에 따라서 고객을 대해야 하는지에 관한 지침이 전혀 존재하지 않기 때문이다. 이어지는 제2절과 제3절에서는 제2장과 제3장에서 검토한 이익충돌 관련 문제해결의 법리를 우리나라의 자본시장법에 적용하여 관련 법조문을 해석하고 적용하기 위한 원칙들을 규명하고자 한다.

---

18) 대법원 종합법률정보 검색; 금융감독원 제재정보 공시내역. 알고리즘 프로그램을 이용하여 ELW를 매매하면서 발생하는 시세차익을 얻기 위해 초단타 매매를 하던 '스캘퍼'들에 대해 부정한 수단, 계획 또는 기교의 사용을 금지하는 자본시장법 제178조 위반 등 등이 쟁점이 된 형사사건 제1심 판결문에 따르면 검사의 기소 내용 가운데 증권회사가 스캘퍼들과 그렇지 않은 투자자들간의 이해상충에 관한 정보제공의무(자본시장법 제44조)를 위반함으로써 제178조의 성립요건인 부정한 계획 또는 기교를 사용한 것에 해당한다는 내용 포함되어 있었으나, 법원에서는 ELW 시장의 특수성에 비추어 볼 때 이 사건 속도 관련 서비스들을 제공받은 투자자와 그렇지 못한 투자자 사이에는 이해충돌의 여지가 극히 낮은 것으로 보아 해당 주장을 받아들이지 않았다. 서울중앙지방법원 2012. 12. 14 선고 2011고합569 판결.

제2절 금융투자업자의 공통 영업행위 규정

1. 투자자이익 우선의무(제37조 제2항)

가. 제정 취지 및 비교법적 분석

(1) 제정 취지

자본시장법은 제37조에서 "신의성실의무 등"이라는 표제 하에 "금융투자업자는 신의성실의 원칙에 따라 공정하게 금융투자업을 영위하여야 한다."(제1항)고 규정하는 것과 더불어 "금융투자업자는 금융투자업을 영위함에 있어서 정당한 사유 없이 투자자의 이익을 해하면서 자기가 이익을 얻거나 제삼자가 이익을 얻도록 하여서는 아니된다"(제2항)고 규정하고 있다. 특히 제2항은 모든 금융투자업자가 이익충돌 상황에서 투자자의 이익을 부당하게 침해하지 않아야 한다는 의무를 명시하고 있기 때문에 사법적 법률관계의 측면에서 이익충돌에 관한 자본시장법상 가장 일반적인 규범의 성격을 띠는 동시에, 자본시장법에서 규제의 대상으로 하는 이익충돌의 문제는 금융투자업자가 투자자의 이익을 부당하게 침해하는 것이라는 정의조항으로서의 기능도 하고 있다.

동 조문의 문언을 둘러싸고 입법과정에서 구체적으로 어떠한 논의가 전개되었는지를 알려주는 공개된 자료는 찾아보기 어렵다. 자본시장법의 시행 및 제정 관련 설명자료에서는 제37조 제2항을 법상 이해상충 방지체제의 일환으로 포함시키지 않는 경우도 있지만,[1] 신의성실의무(제37조 제1항)와 상호규제(제38조) 사이에 "이해상충 방

---

1) 재정경제부, 자본시장법 축조 설명자료(2006), 58쪽.

지의무"를 배치하고, 금융투자업자에게 법률상 일반적인 이해상충 행위 금지를 부과한다는 입법취지에 미루어 볼 때[2], 동 조문이 금융 투자업자의 이익충돌 문제를 규율하기 위한 의도로 입법되었다는 점만큼은 분명하다.

(2) 외국 입법례와의 비교

자본시장법의 이익충돌 관련 규제 내용은 영국, 호주, 싱가포르 등 선진 유수국가의 금융법제를 본떠온 것으로 언급된 바 있지만,[3] 제37조 제2항의 문언 자체와 정확히 일치하는 외국의 입법사례는 확 인하기는 어렵다.

[표 1] 주요국가의 금융투자업자의 대고객 일반의무 관련 규정

국가	법률/조문	내용
미국	1933년 증권법 1934년 증권거래소법	명문규정 없음 사기금지 조항
	1940년 투자자문업자법	명문규정 없음(판례로 인정) 사기금지 조항
영국	FCA 영업행위 제6원칙	회사는 고객의 이해에 적절한 관심을 기울여야 하며 고객들을 공정하게 대우하여야 한다.
호주	회사법 912A(1)(a)[4]	금융서비스 인가를 받은 업자는 인가가 적용되는 금융서비스가 효율적으로, 정직하게 그리고 공정하게 제공되는 것을 확실히 하여야 한다.
	회사법 991B, 991C	브로커의 고객주문 우선 의무
	회사법 Pt 7.7A Div 2	일반투자자를 대상으로 투자자문을 제공하는 금융투자업자의 고객의 최선의 이익을 위하여 행위할 의무
일본	금융상품거래법 제36조	증권회사, 그 임원 및 사용인은 고객에 대하

---

2) 재정경제부, 자본시장법 축조 설명자료(2006), 4, 58쪽.
3) 최원진(2006), 45쪽.

국가	법률/조문	내용
	제1항	여 성실하고 공정하게 그 업무를 수행하여야 한다.
	금융상품거래법 제42조 제1항	금융상품거래업자 등은 권리자를 위해 충실하게 투자조언업을 수행해야 한다.
싱가 포르	증권선물거래법	명문규정 없음
홍콩	증권선물거래법	명문규정 없음
프랑스	French Monetary and Financial Code	금융투자서비스업자는 필요한 전문성과 주의 및 성실성을 가지고 고객을 위하여 영업을 하여야 한다.(MiFID II 24조와 동일)
독일	유가증권거래법 제31조 제1항	금융투자서비스업자는 필요한 전문성과 주의 및 성실성을 가지고 고객을 위하여 영업을 하여야 한다.(MiFID II 제24조와 동일)
	투자법 제26조 제1항	자산운용업자는 오로지 고객의 이익을 위해서만 영업을 수행하여야한다.
EU	금융상품시장지침 (MiFID II) 제24조	제24조 금융투자업자는 고객의 최선의 이익에 부합하도록 정직하고, 공정하며, 전문성을 지니고 고객에 대하여 금융투자서비스 또는 적절한 부수업무를 제공하여야 하며, 특히 본조 및 이하 제25조의 원칙들을 준수하여야 한다.

위 [표 1]에서 관찰되듯이, 나라별로 자본시장에서 활동하는 금융투자업자에 대해서 부과하는 대고객 일반의무의 내용과 수준은 일치하지 않으며 투자매매·중개업자와 자산운용회사를 단일한 법률에 따라서 규율하는지 아니면 별개의 법률로 규율하는지에 따라서도 달라진다. 미국에서는 투자매매업자·중개업자에게 적용되는 1933년 증권법 및 1934년 증권거래소법에서는 대고객 일반의무에 관한 규정이 없고, 1940년 투자자문업자법의 적용을 받는 투자자문업자에 대해서도 판례 및 감독기관의 법률 해석에 따라 신인의무를 부과한다.[5] 다만, 미국에서는 증권업 및 투자자문 관련 업무를 규정하는 법

---

4) The Corporations Act 912A(1)(a).

률에서 모두 사기행위를 금지하는 규정을 일반규정으로 두고 있기 때문에 고의 및 중과실에 의한 고객이익 침해행위에 대한 규제는 이루어지고 있다고 보아야 할 것이다.[6]

각국의 금융규제법규 가운데 우리 자본시장법 제37조 제2항과 문언상 가장 유사한 조문은 유럽연합의 금융상품시장지침(MiFID II) 제24(1)조이다. 동 조문에서는 금융투자업자가 고객의 최선의 이익에 부합하도록(in accordance with the best interests of its clients) 정직하고 공정하며 전문성을 지니고 업무를 수행하도록 하는 영업행위 규정의 일반 원칙을 선언하고 있다. 유럽연합 에서도 동 조항을 우리 자본시장법 제37조 제2항과 마찬가지로 이익충돌 문제를 규율하는 최상위 규범이라고 해석하고 있으며, 이익충돌 관리의무에 관한 제23조와 결합하여 이익충돌 관련 영업행위 규제의 근간을 이루는 것으로 평가된다.[7] 해당 조문은 영미법계 국가에서 발전시켜온 신인의무와 유사한 법리라고도 평가되기는 하지만[8] 투자매매업자, 투자중개업자, 투자자문업자 및 집합투자업자를 포함하는 모든 투자회사(investment firm)에 대해서 적용되는 것이기 때문에 충성의무 법리를 전제로 하는 신인의무와 동일시하기는 어렵다.

---

5) 최근 도드-프랭크법의 제정을 계기로 일반투자자에 대한 맞춤형 자문을 제공하는 브로커-딜러도 신인의무를 부담하도록 하는 입법[(제913(g)조)]이 이루어 졌다. 제3장 제3절 참조.

6) 1934년 증권거래법 제10(b)조, SEC 규칙10b-(5)조; 1940년 투자자문업자법 제206조.

7) Niamh Moloney(2014), pp.372~373.

8) 멀로니 교수는 이를 가리켜 "신인의무 스타일의 근본적 의무(a foundation fiduciary-style obligation)"라고 표현한다. Niahm Moloney(2014), p.800; 투자자가 금융기관에 부여한 신뢰와 신임의 범위 내에서 금융기관이 고객의 최선의 이익을 옹호할 의무를 부과하는 것이고 고객에게 투자판단과 결정의 재량이 있는 영역에 대해서까지 신인의무 법리가 적용된다고 볼 수 없다는 취지의 설명으로는 Alastair Hudson(2013), pp.299~300.

독일에서도 MiFID를 수용하여 우리나라의 자본시장법에 상응하는
유가증권거래법에서 모든 금융투서비스업자들에 대하여 필요한 전
문성과 주의 및 성실성을 가지고 고객의 이익을 위하여 영업을 하여
야 한다고 규정하고(제31조 제1항), 집합투자업자 등을 별도로 규율
하는 투자법전에서 자산운용업자에 대해서만 고객이익 우선의무(제
26조 제1항)를 규정하고 있다. 우리나라에서는 독일에서 모든 금융
투자업자가 부담하는 주의의무를 신인의무라고 지칭하는 견해가 존
재하지만[9] 독일 법조문에서는 신인의무라는 조항의 표제가 확인되
지는 않는다.

일본에서도 영미법상 신인의무에 상응하는 수탁자책임을 금융서
비스업자 일반에 대해서 부과하자는 논의가 제기되었다. 이러한 논
의는 금융상품거래법제정과정에서 칸다(神田秀壽) 교수가 2001년 발
표한 "소위 수탁자책임에 관하여 : 금융서비스법에의 구상"이라는 논
문[10]에서 주장한 바에에 따른 것이다. 칸다 교수는 수탁자책임의 내
용은 주의의무, 충실의무, 자기집행의무 및 분별관리의무 네 가지이
며, 구신탁법상 법정된 의무를 넘어서 사법관계 전반에 걸쳐서 이러
한 책임을 논의할 필요성을 제기했다. 이러한 논의는 금융심의회 제
1부회 "중간정리"(2005년 7월)를 통하여 자산운용업자와 투자자문업
자에 대해서는 성실·공정의무와 선관주의의무를 넘어서는 수탁자책
임을 부과하자는 내용으로 귀결되었으나, 여전히 금융상품거래법(金
融商品取引法)에서는 구증권거래법(證券取引法)으로부터 가져온 일
반적, 추상적 의무로서 고객에 대하여 성실하고 공정하게 업무를 수
행하도록 규정하고 있다.[11]

---

9) 정대익(2015), 44쪽.
10) 神田秀壽(2001), p.105.
11) 利益相反研究會(2009a), p.9.

(3) 분석 및 평가

우리나라 자본시장법 제정 당시의 의도를 공개된 자료를 통하여 파악하기는 어렵고, 외국의 입법례에서도 동일한 문언을 포함하는 조문을 찾아보기 어렵기 때문에 해당 규정의 의미를 밝히기는 쉽지 않다.[12] 해당 조문이 금융투자업의 법적 성격 및 영위태양을 막론하고 적용된다는 점에서 신인의무를 전면적으로 도입한 것으로 해석하기보다는 일본의 금융상품거래법이나 IOSCO 원칙 등에서 천명된 공정성실의무를 도입한 선언적 원칙규정이라는 관점을 가지고 구체적인 해석론을 전개해야 할 것이다. 일본의 금융상품거래법상의 공정성실의무 또는 이와 유사한 IOSCO 원칙 제1조와 비교할 때 자본시장법 제37조 제2항은 고객과 금융기관의 이익충돌 문제를 직접적으로 규율하고 있다는 차이가 존재하지만, 그렇다고 해서 고객에 대해서 특정한 내용의 사법(私法)상의 의무를 부과하는 것이라고 보기는 어렵기 때문이다.

외국 입법례 가운데 가장 유사한 조문은 유럽연합의 자본시장지침(MiFID II) 제24조에 해당할 것이나, 그 조문이 고객과 금융기관의 이해관계가 대립할 경우 원칙적으로 고객의 이익을 금융기관의 이익보다 우선시해야 한다는 점을 선언하려는 것인지는 불분명하다. 다만, '공정의무'의 내용 가운데 투자자의 이익과 금융기관의 이익이 충돌할 경우 정당한 사유 없이 금융기관의 이익을 우선시해서는 안

---

12) 최초로 정부에서 입법예고한 법률안 제37조 제2항에서는 "금융투자업자는 금융투자업을 영위함에 있어 정당한 사유 없이 특정 금융투자업의 투자자의 이익을 해하면서 자기가 이익을 얻거나 제3자가 이익을 얻도록 해서는 아니 된다."고 규정하고 있었다[재정경제부, 자본시장법과 금융투자업에 관한 법률안(2006. 6. 30)] 이와 관련하여 국회에 제출된 정부안에서는 '특정 금융투자업'의 의미가 불분명하고 불필요한 오해가 발생할 가능성이 높아 해당 문구를 삭제하였다는 설명이 있다. 자본시장통합법연구회(2007), 169쪽, 각주 66.

된다는 내용이 포함되는 것으로 해석한다면, 우리 자본시장법 제37
조 2항은 유럽연합, 호주, 일본 등의 자본시장법제와 그 흐름을 같이
하는 것으로 해석해 볼 수 있다. 그렇다면 남는 과제는 해당 법조문
의 문언을 현실에 적용하기 위한 해석의 지침을 수립하는 것일 것이
므로 이하에서는 기존의 해석론을 검토해 보겠다.

나. 기존의 해석론

자본시장법 제37조 제2항은 입법상의 선례를 찾기 어렵고, 동법상
이익충돌 규범 중 가장 포괄적인 법원칙을 선언하고 있음에도 불구
하고 이를 어떻게 해석할 것인지에 관해서 합의가 이루어지지 않았
다. 이러한 상황은 제37조 제1항을 민법 제2조의 신의성실의 원칙을
자본시장의 맥락에서 선언적으로 규정한 조문으로 보고 대법원 판
례의 태도에 따라 민법 제2조의 신의칙에 기한 금융투자업자의 고객
보호의무의 법률적 근거를 자본시장법에서도 명문화했다는 데에 별
이견이 없는 것과는 매우 대조적이다.[13] 제37조 제2항의 해석론에
관한 견해 대립은 자본시장법상 금융기관이 이익충돌 상황에서 준
수하여야 할 의무의 수준에 관한 인식의 차이를 잘 보여주고 있기
때문에 이하에서 보다 구체적으로 검토한다.[14] 특히 최근 선고된 ELS
판결[15]을 통해서 볼 때, 법원에서도 해당 조문을 금융기관이 이익충

---

13) 김건식·정순섭(2013), 760~761쪽; 임재연(2015), 154쪽.

14) 이와 같은 견해의 구별은 본 논문에서 독자적으로 시도한 것이며, 교과서
상으로는 제37조 2항에 관하여 (i)가중된 형태의 주의의무인 신인의무를 도
입한 것으로 보는 견해, (ii)자기대리·쌍방대리의 연장선상에 있는 규정으
로 이해하는 견해, (iii)제37조 제1항의 신의성실의무와 제2항의 자기계약·
쌍방대리 금지의 원칙에 의한 신인의무를 부담하는 것으로 설명하는 견
해, (iv) 자기거래·쌍방대리에 한정되지 않는 투자자이익 우선의무에 관한
규정으로 해석하는 견해로 나누고 있다. 김건식·정순섭, 760~762쪽.

돌 상황에서 고객의 이익을 침해한 행위의 당부를 판단하는 근거 규범으로 작용할 가능성이 높기 때문에 합리적인 해석론을 도출할 필요성이 제기되는 시점이다.

(1) 신인의무 확대 적용설

첫째, 동 조항은 자본시장법상 금융투자업자가 부담하는 신인의무에 상응하는 규정이라는 해석론이다.[16] 이러한 해석론을 전개하는 학자들은 제37조 제2항에서 기존의 신의성실의무나 충실의무와는 전혀 차원을 달리 하는 가중된 형태의 주의의무[17]인 신인의무를 도입하였다고 설명한다.[18][19]

그러나, 금융투자업자가 투자자 보호의 관점에서 높은 수준의 주의의무를 부담한다고 하더라도 모든 종류의 금융투자업무에 대해서 신인의무 법리를 적용할 수는 없기 때문에 해당 주장은 쉽게 반박될 수 있다. 모든 종류의 금융투자업무에서 금융기관이 고객의 이익에 대해서 보유하는 재량과 권한, 투자자가 부여한 신뢰와 신임, 투자자의 취약성 같은 신인관계의 속성이 드러나는 것은 아니다. 첫째, 자본시장법상 투자매매업이란 "누구의 명의로 하든지 자기의 계산으

---

15) 대법원 2015. 5. 14 선고 2013다2757 판결.

16) 김은정·정경영(2007), 480~481쪽; 이수정(2011), 25쪽.

17) 우리법상 신인의무의 법적인 지위에 대해서는 견해가 일치하지 아니하나 주의의무의 한 내용을 이룬다고 보는 견해가 다수를 차지한다. 김건식(2015), 383쪽.

18) 일부 견해에 따르면, 구 증권거래법 제107조 제2항 및 구 간접투자자산운용업법 제86조 제1항에서 규정하고 있었던 선량한 관리자의 주의의무의 연장선상에 있으면서도 그와 질적으로 성격을 달리하는 공정성실의무를 새롭게 도입한 것이라고 한다. 한국증권법학회(2009), 179면; 김용재(2007a), 442쪽; 오성근(2014), 212쪽.

19) 제37조 제1항과 마찬가지로 신의성실의무를 구체화한 내용이라는 해석으로는 정찬형(2013), 367~368쪽.

로 금융투자상품의 매도·매수, 증권의 발행·인수 또는 그 청약의 권유·청약·청약의 승낙을 영업으로 하는 것"을 의미한다(제6조 제2항). 즉, 투자매매업은 증권이나 파생상품의 매매를 자기계산으로 하는 업무에 해당하므로, 투자매매업을 수행하는 금융기관은 그 고객과의 관계에서 독립된 거래의 상대방에 그치게 되고 신인의무 법리가 적용되기 어렵다. 둘째, 자본시장법상 투자중개업이란 "누구의 명의로 하든지 타인의 계산으로 금융투자상품의 매도·매수, 그 중개나 청약의 권유·청약·청약의 승낙 또는 증권의 발행·인수에 대한 청약의 권유·청약·청약의 승낙을 영업으로 하는 것"을 의미한다(제6조 제3항). 투자중개업자는 투자자로부터 매매주문을 받아 그것을 투자자의 계산으로 실행하여 경제적 효과를 투자자에게 귀속시키는 대가로 수수료를 받는 전통적인 위탁매매업무[20]와 관련해서 민법 제681조에 따른 선관주의의무를 부담하는바(상법 제112조),[21] 고객의 주문체결 조건에 상당한 영향력을 행사할 수 있는 장외거래를 제외하고는 신인관계가 성립된다고 보기 어렵다.[22] 따라서, 제37조 제2항만으로는 투자매매·중개업무를 포함하는 자본시장에서의 금융투자업 일반에 대해서 신인의무 법리가 적용된다는 근거가 될 수 없다.

따라서 제37조 제2항을 신인의무를 부과하는 조문이라고 해석하거나, 설령 현재의 조문으로는 신인의무 부과 여부가 불확실하더라도 궁극적으로 금융투자업자 전체에 대하여 신인의무를 입법론적으로 부과해야 한다는 취지로 해석하는 것은 타당하지 않다.[23] 글로벌 금융위기 이후 미국과 호주 등에서는 투자매매·중개업자에 대해서

---

20) 김건식·정순섭(2013), 125쪽.
21) 송옥렬(2015), 161쪽 이하.
22) 제3장 제1절.
23) 신인의무를 부과하는 조문으로 해석하는 것에 반대하는 견해로는 안수현 (2008), 105쪽.

도 신인의무를 확대 적용하는 취지의 논의와 입법이 진행되었지만,[24] 그러한 논의와 입법도 투자매매·중개업무 전반에 대해서가 아니라 일반투자자에 대한 맞춤형 금융자문제공과 같은 제한된 상황에서만 신인의무를 부과하는 것이라는 점을 염두에 두어야 한다.

한편, 제37조 제2항의 해석론 가운데 민법 제124조와 상법 제398조에서 규정하고 있는 자기계약·쌍방대리 금지원칙을 구현한 조문이라는 견해가 존재한다.[25] 이러한 견해에서는 자본시장법 제37조 제2항이 영미법상 신인의무를 구현한 조문이라고 단정하기는 어렵다고 하면서도,[26] 자기매매업무를 수행하는 경우에도 자기계약·쌍방대리 금지원칙이 적용되어야 하는 근거를 밝히지 않기 때문에 일관성에 대하여 의문이 제기될 수 있다.[27] 또한 민법상 대리인의 쌍방대리 금지 및 상법상 주식회사의 이사의 자기거래 금지에 관한 조문은 대리 및 위임이라는 법률관계의 특성을 반영한 조문이기 때문에, 매매, 매매의 청약 권유, 중개, 주선, 운용, 수탁, 자문 등 자본시장에서 이루어지는 다양한 양태의 법률관계를 포괄하기에도 적절치 않은 것으로 생각된다.

(2) 민법상 신의칙을 구체화한 판매권유 규제 일반론설

둘째, 동 조항을 민법 제2조에서 도출되는 신의칙상의 의무 가운데 고객이익 우선의무만을 별도로 규정한 것으로 해석하는 견해이다.[28] 한편, 동 조항이 금융투자업자가 투자자에 대하여 부담하게 될

---

24) 제2장 제2절, 제3장 제3절 참고.

25) 김정수(2002), 172쪽; 김용재(2013a), 10쪽.

26) 제37조 제1항이 적극적으로 '금융투자업자에 대한 자금수탁자의 신인의무 (fiduciary duty)'의 적용을 선언한 것이라는 견해도 제시되었다. 김용재 (2007a), 76쪽, 김용재(2009), 7쪽.

27) 박준(2014), 187쪽, 각주 232.

28) 임재연(2015), 154쪽.

판매권유상 의무의 이론적 근거를 미리 명시해 둔 것으로서 규제의 명확성을 위해서 필요하다는 견해도 주장되고 있는데,[29] 모두 투자권유 또는 금융상품 판매와 관련된 규제의 측면에서 제37조 제2항의 의의를 확인한다는 공통점이 있기 때문에 같은 유형으로 분류할 수 있다.

자본시장법상 투자권유란 "특정 투자자를 상대로 금융투자상품의 매매 또는 투자자문계약·투자일임계약·신탁계약의 체결을 권유하는 것(제9조 제4항)"으로 정의되어 있기 때문에, 투자매매·중개업자의 투자권유 뿐만 아니라 투자자문·일임업자 및 신탁업자의 경우 계약체결 권유행위는 자문, 일임 서비스의 제공, 신탁재산의 운용행위와는 별개로 투자권유 규제의 적용을 받게 된다. 이러한 측면에서, 제37조 제2항은 투자매매·중개업자 및 투자일임·자문업자, 신탁업자의 계약 체결 전 단계에서의 투자권유를 전반적으로 규제할 수 있으므로 그 해석상의 일반 원칙이 될 수 있다. 또한 자본시장법 제76조에서 규정하고 있는 투자매매·중개업자에 의한 집합투자증권의 판매행위시에도 판매계약 또는 판매대행계약을 체결한 집합투자업자와의 관계에서가 아니라 투자자와의 관계를 직접 규율하는 별도의 영업행위 규정을 찾기 어렵기 때문에 이러한 경우에도 제37조 제2항이 보충적으로 적용될 수 있다.[30] 그러나 제37조 제2항이 판매규제의 일반원칙으로 적용되기 위해서 존재하는 조문이라고 한다면 적합성 및 설명의무를 규정하고 있는 제46조 이하의 조문의 상위 규범으로서 입법되었을 것이라는 점 등을 고려할 때, 굳이 제37조 제2항을 들어 판매규제의 이론적 근거로 보기에도 미진함이 있다.

이러한 견해와 관련하여 동 조항과 동일한 문언이 금융소비자보

---

29) 김건식·정순섭(2013), 760쪽.

30) 자신이 설립한 집합투자기구의 직접 판매는 제한된 경우에만 허용되므로 집합투자업에 관해서는 대해서는 동 조문이 적용될 여지가 없다.

호 기본법률안 제14조 제2항에 규정되었다는 점이 매우 흥미롭다.[31] 동 법률안은 금융상품의 판매와 관련된 규제를 통일적으로 정비하여 금융소비자 보호를 위한 단행법으로 기능하기 위한 의도로 입법이 추진되었다. 동 법률안 제14조에서는 "신의성실의무 등"이라는 표제 하에 금융상품판매업자등은 금융상품에 관한 계약의 체결, 권리의 행사 및 의무의 이행을 신의성실의 원칙에 따라 하여야 하며(제1항), "금융상품판매업등을 영위할 때 그 업무의 내용과 절차를 공정히 하여야 하며, 정당한 사유 없이 금융소비자의 이익을 해치면서 자기가 이익을 얻거나 제3자가 이익을 얻도록 하여서는 아니 된다(제2항)"고 규정하고 있다. 금융소비자보호 기본법안 제14조는 현재 금융투자업자에 대해서만 적용하고 있는 신의성실의무를 금융소비자호보에 관한 일반원칙으로 규정함으로써 모든 금융상품판매업자 등에게 확대적용하고 있는 것으로 해석되고 있으며,[32] 업무내용과 절차의 공정성을 요구하고 있다는 점에서 자본시장법보다 강화된 의무의 내용을 규정하고 있다는 견해[33]와 단순한 표현상의 차이일 뿐 자본시장법과 동일한 내용의 의무를 규정한다는 견해가 존재한다.[34]

제3장에서 살펴본 것처럼, 금융상품에 대한 투자권유를 금융상품의 매매거래라는 관점에서 볼 것인지, 아니면 투자자에 대한 자문의 제공으로 볼 것인지에 따라 이익충돌 상황에서 금융기관이 부담하는 의무의 내용과 수준이 달라질 수 있다. 따라서 제37조 제2항을 판

---

31) 2012년 19대 국회에서 최초 제출된 정부안(2012. 7. 6)은 회기만료로 폐기되었기 때문에 금융위원회에서는 동일한 내용의 조문을 제14조 제2항에 포함하는 금융소비자 보호기본법(안)을 2016. 6. 입법예고하였다(2016. 6. 27 금융위원회 보도자료, 금융위원회 공고 2016-197호).

32) 안수현(2014), 17~18쪽.

33) 노태석(2013), 113쪽.

34) 안수현(2014), 18쪽.

매규제의 일반원칙으로 간주하더라도 그 내용을 신인의무의 이익충
돌금지원칙에 준하는 엄격한 의무로 파악하는지, 아니면 매매거래의
측면을 강조하여 정보제공 의무를 중심으로 파악할지에 관해서는
추가적인 논의가 필요하다. 논란의 여지가 존재하지만, 적어도 금융
소비자 보호법제와 관련하여서는 자본시장법 제37조 제2항을 적극
적으로 차용하는 견해에서는 신인의무까지는 아니더라도 고객이익
을 우선시해야 한다는 사고가 근저에 자리하고 있는 것처럼 보인
다.35)

(3) 분석 및 평가

이러한 견해들을 종합해 볼 때, 자본시장법 제37조 제2항은 금융
투자업자에게 일괄적으로 적용되는 신인의무를 규정한 것도 아니고,
판매규제에만 적용되는 일반 원칙으로 해석하기에도 부족한 측면이
있다. 첫째, 동 조문은 모든 금융투자업자가 준수할 공통 영업행위
규칙이므로, 성질상 투자자와 신인관계 성립을 단정하기 어려운 투
자매매업·중개업에 대해서 영미법상 충성의무를 부과할 수 없기 때
문이다. 마찬가지로 이를 자기거래·쌍방대리로 국한하여 해석하는
견해는 신인의무 법리 및 금융투자업자의 업무영위양태를 오인하는
한계가 있다. 둘째, 금융소비자보호법안과 연계하여 동 조문을 금융
상품 판매시 고객이익 우선의무의 원칙을 부과하는 것이라고 해석
하더라도 모든 금융투자업자의 업무 영위에 관련한 일반원칙으로서

---

35) 그러나 금융소비자보호법안 자체만을 놓고 보았을 때는, 동법이 규율하고
있는 금융상품은 자본시장법상 금융투자상품 뿐만이 아니라 은행의 예금
및 대출, 보험상품, 신용카드, 할부 금융 등 금융시장의 모든 영역을 포괄
하는 보장성 상품, 투자성 상품, 예금성 상품 및 대출성 상품까지 포괄하
고 있는데 (동 법안 제3조 제1항), 리스크의 이전을 수반하지 않은 대출성
상품에 대해서까지도 금융기관의 고객이익우선의무를 적용한다는 것은
논란의 여지가 있을 수 있다.

의 역할을 사문화 할 우려가 있다. 투자권유단계에서 이익충돌의 발생을 제한할 수 있는 강화된 의무를 적용할지 여부에 관한 논의와는 별개로, 제37조 제2항은 모든 금융투자업무를 수행하는 과정에서 발생할 수 있는 이익충돌에 관하여 고객의 이익과 금융투자업자의 이익간의 선후관계를 판단하는 원칙으로 적용되는 것이 바람직하기 때문이다. 따라서 자본시장법 제37조 제2항은 신인관계 성립여부와 상관없이 모든 종류의 금융투자업에 대해서 적용될 수 있는 금융투자업자와 고객 간의 이익충돌 문제를 규율하는 선언적·보충적 규정이라고 해석해야 할 것이다.36) 이러한 관점에서 동 조문은 신의성실의 원칙을 규제법적 차원에서 천명한 것으로서37), 특히 제37조 제1항과의 관계를 고려할 때 공정성실의무로 대표되는 영업행위 규제의 일반원칙을 선언적으로 표창하고 있다고 보는 것이 타당하다.

다. '정당한 사유'를 활용한 해석론의 정립

(1) 금융투자업무의 성격을 고려한 적용의 필요성

자본시장법 제37조 제2항은 모든 금융투자업무에 대해서 적용되어야 하기 때문에, 구체적 사안에서 문제가 되는 금융기관과 고객과의 법률관계의 성격을 반영할 수 있도록 해석하여야 한다. 제2장과 제3장에서 검토, 분석한 바와 같이 신인관계가 적용되는 금융투자업

---

36) 입법예고된 금융소비자보호기본법안 제14조에서 자본시장법 제37조의 문구를 그대로 차용한 것은 이를 판매규제의 근거 조문으로 해석한 데서 비롯된 것으로 생각된다. 제3장에서 검토한 바와 같이 금융기관이 투자권유 행시에 부담하는 의무의 내용은 법률관계의 성격 및 금융기관의 업무수행의 특성 등을 반영해서 결정하는 것이 타당하므로, 금융투자상품 이외에도 모든 종류의 금융상품에 대한 권유행위에 포괄적으로 적용될 수 있도록 해석의 기준을 마련하는 것이 바람직하겠다.

37) 김주영(2016), 48~49쪽.

무의 경우에는 충성의무에서 도출되는 이익충돌금지원칙이 적용되고, 신인의무 법리를 적용하기 어려운 금융투자업무의 경우에는 개별 거래나 법률관계의 특성에 따라 투자자의 이익을 위법·부당하게 침해하지 않아야하기 때문에 이익충돌 상황에서 금융기관이 부담하는 의무를 일률적으로 단정하기는 어렵기 때문이다.

　해당 법조문에서는 정당한 사유 없이 투자자의 이익을 해하면서 자기가 이익을 얻거나 제3자가 이익을 얻지 못하도록 규정하고 있기 때문에, 금융투자업의 법적 성격에 따라 고객이익 우선의무의 내용과 수준이 달라질 수 있다는 점은 법문상 '정당한 사유'의 적극적 해석을 통해서 달성이 가능할 수 있겠다. 금융투자업자가 제37조 제2항을 위반한 행위에 대해서는 형사책임을 부담하거나 제재조치의 대상이 되지는 않지만, 민사상 손해배상 책임이 부과될 수 있기 때문에 금융기관의 이익이 고객의 이익과 양립할 수 없는 상황에서 고객의 이익을 우선시 할지 여부를 판단하는 기준이 확립되어 있어야 하기 때문이다.

　이처럼 정당한 사유에 관한 해석 지침은 제37조 제2항을 실제 사례에 적용하기 위한 전제조건이 되어야 할 것이나, 해당 부분에 관한 입법 의도는 명시적으로 알려지지 않았다.[38] 학계에서도 정당한 사유의 해석론에 관해서 민법 및 상법에 따른 (i)자기거래·쌍방대리 금지의 예외 및 (ii)위탁매매인에 대한 개입권 행사의 예외가 적용될 수 있다고 언급하고 있으며,[39] 자본시장에서의 다양한 금융거래의 특성을 반영한 논의는 찾아보기 어렵다. 또한 법원의 판례에서도 투자권유시의 고객보호의무론과는 구별되는 고객이익우선의무의 내용과 적용범위를 명확히 하고 있는 판결을 확인되지 아니하며, 아래 검토하는 ELS 판결 등에서도 고객보호의무와 고객이익우선의무를

---

38) 재정경제부, 자본시장법 제정안 축조 설명자료(2006), 15쪽.
39) 한국증권법학회(2015), 230~232쪽.

달리 구별하고 있지는 않다.[40)

　제2장과 제3장에서 검토한 바에 따르면, 금융투자업자가 고객의 이익을 우선시 하지 않아도 되는 정당한 사유의 존부를 판단함에 있어서도 금융투자업자와 투자자간에 신인관계 성립이 인정되는지 여부가 첫 번째 관건이 될 수 있다. 예를 들어 신인의무 법리가 적용될 수 있다면 고객의 동의가 없는 이상 고객의 이익이 언제나 우선시 되어야 하기 때문에 정당한 사유가 인정될 수 있는 범위가 매우 좁을 것이다.[41) 한편, 투자자문업무나 장외거래에서의 투자중개업무와 같이 신인관계가 성립하더라도 고객 자산의 운용에 관한 완전한 재량이 존재하지 않는다면 계약에 의해서 이익충돌금지원칙을 완화하거나 투자자에게 결과적으로 이익이 되는 경우에도 예외를 인정하는 방식으로 유연하게 해석될 수 있다. 반면, 신인의무 법리가 적용되지 않는다면 원칙적으로는 금융투자업자가 자신의 이익을 우선적으로 추구하는 것은 허용되어야 한고, 정보와 전문성의 격차를 남용하거나 고객과의 거래에서 취득한 정보를 악용하여 고객의 이익을 위법·부당하게 침해하는 행위에 대해서만 예외적으로 정당한 사유가 부인될 것이다. 신인의무법리가 적용되지 않는 경우에는 금융투자업자가 자기계산에 의한 매매거래를 수행하거나 투자권유를 행함으로써 마진 또는 수수료를 취득하고 그 결과 투자자가 손해를 입었다는 사실만으로는 정당한 사유가 없이 고객의 이익을 침해한 것이라고 보기는 어렵다. 다만, 금융기관은 거래대상 금융상품에 대하여 정보와 전문성의 우위에 있고, 투자자는 금융기관을 신뢰하고 거래를 하기 때문에 금융기관이 투자자의 신뢰를 배반하고 자기의 이익만을 추구하는 행위에 대해서까지 정당성을 인정할 수는 없다. 금융기관이 보호해야 할 고객의 신뢰란 구체적 거래의 법적 성격, 금융

---

40) 대법원 2015. 5. 14 선고 2013다2757 판결.
41) 제2장 제2절(금융자문제공업무) 및 제3장 제1절(투자중개업무).

기관과 고객간의 정보 및 전문성의 격차, 고객의 거래 경험을 고려하여 사안에 따라 달리 결정될 것이다. 제3장에서 검토한 법리에 따르면 (i)투자매매업자가 불공정거래 규제등 실정법규를 위반하거나 사기적·기망적 수단을 이용하여 매매거래를 하는 경우, (ii)투자중개업자가 장내거래에서 고객으로부터 취득한 정보를 악용하여 자신에게 유리한 거래 또는 위법한 과당거래를 하거나 복수의 거래시장이 존재하는 상황에서 최선집행 의무를 위반하는 경우, (ii)투자권유행위를 함에 있어 고객에게 손해가 발생하는 것을 명백히 알면서도 금융상품에 대한 투자를 권유하는 의견제시를 하는 경우에는 금융기관이 고객과의 사이에서 발생하는 이익충돌 상황에서 정당한 사유 없이 고객의 신뢰를 배반하고 자신의 이익을 우선시 한 것으로 평가될 수 없다.

(2) 독일 연방대법원 판결과 정당한 사유의 해석

우리나라에서는 제37조 제2항의 정당한 사유에 관한 해석론이 정립되지 않은 상황이기 때문에 2011년 독일 연방대법원에서 도이체방크("피고")와 독일 중소기업인 Ille Papier Service GmbH("원고")가 체결한 CMS spread ladder swap 계약("금리스왑계약")과 관련된 판결의 설시 내용이 참고가 될 수 있다.[42] 사건에서 원고는 계약체결 당시와는 달리 금리차이가 계속 하락하여 금리스왑계약 이후 스프레드가 급감하면서 손해를 입었고, 그에 대한 배상을 청구하였다. 원심에서는 고객이 이미 두 차례 다른 금리스왑계약을 체결한 경험이 있고, 피고에게는 계약체결시점에 원고에 대하여 마이너스의 시장가치에 관하여 설명할 의무가 존재한다는 점 등을 근거로 원고의 청구를 기각하였다.

---

42) BGH v. 22. 3. 2011 XI ZR 33/10(OLG Frankfurt, LG Hanau). 관련 국내 문헌으로는 신현윤(2011); 최문희(2014), 87~94쪽; 김유돈(2012), 76~85쪽을 참고하였다.

독일 연방대법원에서는 피고 은행이 계약의 위험과 관련하여 투자자를 조언하는 은행과 본질적으로 동일한 정도의 정보와 지식수준을 투자자가 가질 수 있도록 설명할 의무를 부담하며, 본건 금리스왑계약같이 복잡하게 구조화되고 위험한 상품의 경우 조언은행에 대한 높은 수준의 의무가 부과되나, 피고는 그 계약을 체결한 시점에 원고 입장에서는 마이너스 시장가치를 지니고 있었다는 점을 원고에게 설명하지 않았기 때문에 조언의무를 위반하였다는 취지로 판시하였다. 특히 독일 연방대법원은 조언의무를 부담하는 은행이 고객과의 관계에서 직면하는 이익충돌의 문제에 관하여 다음과 같이 설시하였다.

"이자지급의무를 부담하는 상대방으로서 피고 은행은 고객의 이익과는 충돌되는 상황에 있다. 피고 은행은 스프레드가 확대될 것이라는 자신의 전망이 틀리게 되고, 그로 인하여 원고가 손해를 입을 때만 자신에게 이자지급의무에 관한 스왑계약에 유리해지게 되는 것이다. 이와는 반대로 피고 은행은 원고의 조언은행으로서 원고의 이익을 보호할 의무를 진다. 그러므로 피고 은행은 원고에게 가급적 높은 수익이 가능하도록 할 것을 고려해야만 하며, 이는 피고 은행 자신에게는 상응하는 손실을 의미한다.

자신의 투자상품을 권유하는 은행은 동 상품을 가지고 이익을 취한다는 사실에 대해 원칙적으로 설명할 의무를 부담하지 않는다. 설명의무가 요구되는 이익충돌은 피고의 일반적인 이윤추구 의도 또는 피고에 의해 계산에 포함된 마진의 구체적인 규모에 있지는 않다. 피고 은행이 구체적으로 권유한 상품의 특수성(즉, 은행이 계약체결과 관련하여 거래의 위험을 즉시 팔아버릴 수 있도록 하기 위해서 은행이 의식적으로 계약의 위험구조를 고객에게 손실이 되도록 설계하고 고객이 그 위험을 피고 은행의 조언에 근거하여 인수한 점) 때문에 설명의무가 요구되는 특별한 사정이 인정된다. 고객은 이 특별한 사정을 정확하게 알 수가 없다."

해당 판결에 대해서는 독일에서 오랫동안 통설과 판례에 의해서 인정되어 온 은행의 조언의무론에 터잡은 것이기 때문에 우리나라 자본시장법의 해석론으로서는 직접 도입하기 어렵다는 비판도 있다.[43] 즉, 독일에서는 은행의 설명의무, 조언의무의 근거를 은행과 투자자사이에서 체결된 비전형계약인 조언계약에서 구하는데, 조언계약은 타인이익 보호계약의 속성을 지니고 있고, 조언자는 투자조언계약에 따라 고객의 이익을 보호할 의무 및 고객과의 이익충돌을 원칙적으로 회피하여야 한다는 의무를 부담하기 때문이라는 설명이다. 이러한 견해에 따르면, 우리나라 법리상 금융투자업자와 고객과의 관계를 이익보호관계로 상정하고 있지 않기 때문에 투자권유 국면에서 고객이익우선의무를 도출할 수 있다고 보기는 어렵다. 또한, 2011년 연방대법원 판결이 선고된 이후, 이익충돌 사실에 관한 설명의무가 부과되는 특별한 사정이라는 기준이 여전히 명확하지 않다는 비판이 존재한다고 알려져 있다. 특별한 사정을 가르는 기준을 수수료의 수준 또는 이익충돌의 명백성 여부 어떤 것을 기준으로 하더라도 법적 불확실성이 있기 때문에 확고한 결론을 내리기 어렵다는 입장이 독일에서도 여러 차례 개진된 것으로 보인다.[44]

이러한 비판에도 불구하고, 독일 연방대법원에서 설시한 법리는 금융기관에 적용되는 고객이익 우선의무를 해석함에 있어서 다음과 같은 시사점을 남긴다. 첫째, 복잡한 금융상품에 대한 권유행위를 담당하는 금융기관은 고객을 보호할 적극적인 의무를 부담한다는 점이다. 이러한 태도는 독일계약법상 조언계약의 특수성에서 비롯된 것이라고 해석될 수도 있지만, 복잡한 구조화 상품을 거래하는

---

43) 박준 외(2013), 10쪽, 전원열 발언부분; 최문희(2014), 87~88쪽; 우리나라에서 발생하는 장외파생상품 투자권유 관련 이익충돌 가능성에 대한 설명의무 위반사례에도 적용될 수 있다는 견해로는 김용재(2012b), 286쪽.

44) 최문희(2014), 87쪽.

경우 금융기관과 고객간의 정보와 전문성의 격차가 크고 고객은 금융기관을 신뢰할 수밖에 없기 때문에 일반적인 금융거래관계에서 일방 계약당사자에 대해서 높은 수준의 주의의무를 부과하는 근거가 될 수 있다. 둘째, 독일 대법원은 높은 수준의 고객보호의무를 인정하면서도 금융상품의 구조와 그에 수반하는 위험 및 금융기관과 고객간의 이익충돌에 관한 정보제공의무로서 설명의무 위반에 대한 책임을 인정하였기 때문에 금융기관은 투자권유시 발생하는 이익충돌 문제에 대해 충분한 정보를 제공하는 경우 책임을 다한 것으로 해석될 수 있다는 점을 시사한다. 이러한 태도에는 투자권유의 정보제공 및 의견제시의 측면 가운데 전자의 측면을 통제하는 것으로 충분하다는 사고가 전제되어 있는 것으로도 해석될 수 있는바, 투자권유행위에 대한 고객의 신뢰와 의존을 보다 적극적으로 보호하기 위하여 고객의 최선의 이익에 부합하도록 투자권유를 할 의무를 부과하는 접근 방안과는 다소 차이가 있다.

라. ELS 사건에 관한 대법원 판결의 분석

(1) 자본시장법 제37조 제2항의 적용례

자본시장법 제37조에 관한 이론적인 견해 대립과는 달리, 실무적으로 동 조문이 행위규범이나 재판규범으로 활용되는 사례는 찾아보기 어렵다. 자본시장법 제64조에서는 제37조 제2항 위반과 관련하여 손해배상책임이 발생하는 경우에는 금융투자업자가 상당한 주의를 하였음을 증명하거나 투자자가 금융투자상품의 매매, 그 밖의 거래를 할 때에 그 사실을 안 경우에는 배상의 책임을 지지 아니한다고 규정함으로써 입증책임을 전환시켜 주고 있으나, 이를 투자중개업과 집합투자업을 함께 영위함에 따라 발생하는 이해상충과 관련된 경우에만 한정하고 있어, 금융기관과 고객과의 관계를 설명함에

있어서 별다른 실효성을 거두기 어렵다.[45] 그런데 최근 대법원에서
는 주가연계증권을 발행한 증권회사가 헤지거래를 하여 중간평가
당일 보유한 주식을 대량으로 팔아 투자자에게 손실을 입힌 사건에
관하여 증권회사의 고객이익 우선의무 위반을 인정하는 취지의 판
결을 선고하면서 자본시장법 제37조 제2항의 해석에 관한 대법원의
견해를 시사한 바 있다.[46] 해당 판결은 비록 구 증권거래법이 적용
되던 시점에 발생한 사실관계를 다루고 있었기 때문에, 증권회사가
"최선의 고객이익실현과 공정한 시장거래질서 유지를 위하여 정직
하고 공정하게 업무를 처리하여야 한다."는 당시 증권업감독규정 제
4-4조를 근거로 제시하고 있기는 하지만, 당해 규정의 문언이 자본시
장법 제37조 제2항과 흡사하다는 점을 감안할 때 향후 자본시장법상
금융투자업자의 고객이익우선의무에 관한 해석 지침으로 자리매김
할 가능성이 높다.[47]

(2) ELS 사건에 관한 대법원 판결[48]의 분석

① 사실관계

원고들은 2005년 3월 피고 대우증권이 삼성SDI 보통주와 연계하여
발행한 ELS상품에 총 2억 1,900만원을 투자한 투자자들이다. 해당 ELS
는 기준가격을 10만 8,500원으로 정한 뒤 4개월마다 돌아오는 중간평

---

45) 김정수(2002), 171쪽, 한국증권법학회(2009), 178쪽.
46) 대법원 2015. 5. 14. 선고 2013다2757 판결; 대법원 2016. 3. 24 선고 2013다2740
판결; 유사한 사실관계에 대해서 백투백 헤지를 수행한 증권회사의 고객
보호의무위반을 인정하지 않은 대법원 판례로는 대법원 2016. 3. 24 선고
2013다2740 판결, 대법원 2016. 3. 10 선고 2013다7264 판결.
47) 맹수석(2015), 174쪽.
48) 증권회사의 고객보호의무 위반 책임을 최초로 인정한 대법원 2015. 5. 14
선고 2013다2757 판결의 사실관계만을 검토한다.

가일 주식 종가가 기준가격보다 높으면 3%씩 수익을 붙여 돌려받고, 낮으면 손해를 보는 상품이었다. 두 번째 중간평가일인 2005년 11월 16일 삼성SDI 주가는 장 마감 10분 전까지만 해도 주당 10만 9,000원 이었지만 피고 대우증권이 10분 동안 9회에 걸쳐 예상 체결가 또는 직전가보다 낮은 가격으로 134,000주의 매도주문을 내어 결국 8만 6,000주를 매도하였고("이 사건 매도행위"), 기준가격보다 1,000원 낮은 10만 8,000원에 마감됐다. 원고들은 이 사건 매도행위로 인하여 중도상환조건을 성취하지 못하였기 때문에 만기 상환 때 원금보다 30% 가량 손해를 보게 되었고, 피고에게 이를 배상하라는 취지의 소송을 제기하였다.

원고들은 피고의 이 사건 주식매도행위가 신의성실에 반하여 조건의 성취를 방해한 행위, 유가증권의 시세를 고정시키거나 안정시킨 행위 또는 부당한 이득을 얻기 위해 위계를 쓴 행위에 해당한다고 주장하였고, 피고는 자신의 행위는 이 사건 ELS의 발행과 유지를 위해 반드시 필요한 델타헤지의 원리에 충실한 헤지거래 행위라고 주장하였다.

② 판시사항

1심에서는 원고들이 이 사건 ELS의 만기상환금을 수령하였음을 전제로 청구를 하고 있음이 명백하므로, 원고와 피고사이의 법률관계는 이로써 종료하였고 따라서 원고들은 피고에게 중도상환 조건 성취를 이유로 중도상환금의 지급을 구할 수 없다는 이유를 들어 원고들의 청구를 기각하였다.[49] 항소심에서는 피고의 이 사건 주식매도행위는 정당한 델타헤지 거래행위로서 이 사건과 같은 주가연계증권을 발행한 금융기관이 위험을 관리하기 위해서 반드시 수행하

---

49) 서울중앙지방법원 2010. 5. 28 선고 2009가합116043 판결.

여야 하는 것이므로 비록 피고의 헤지 거래행위가 대상주식의 가격 형성에 영향을 미쳐 결과적으로 중도상환조건이 성취되지 못하였다고 하더라도 이를 신의성실의 원칙에 반하여 조건성취를 방해한 것으로 볼 수 없다고 판시하며 원고들의 항소를 기각하였다.[50]

대법원에서는 피고의 이 사건 매도행위는 원고들에 대한 투자자 보호의무를 게을리 한 것으로서 신의성실에 반하여 이 사건 ELS의 중도상환조건 성취를 방해한 것이라고 볼 여지가 있다고 하면서 원심 판결을 파기, 환송하였다. 특히 대법원은 금융기관과 고객 간에 존재하는 이익충돌과 관련하여 "증권회사는 유가증권의 발행, 매매 기타의 거래를 함에 있어서 투자자의 신뢰를 저버리는 내용 또는 방법으로 권리를 행사하거나 의무를 이행하여 투자자의 보호나 거래의 공정을 저해하여서는 안 되므로 투자자와의 사이에서 이해가 상충하지 않도록 노력하고, 이해상충이 불가피한 경우에는 투자자가 공정한 대우를 받을 수 있도록 적절한 조치를 취함으로써 투자자의 이익을 추구하여서는 안 된다"고 판시하였다.[51]

③ 평가 및 분석

이 사건에서 금융기관과 투자자의 이익충돌 문제는 1심 소송이 진행 중이던 시점부터 원고 측에 의하여 제기된 바 있다.[52] 피고는

---

50) 서울고등법원 2012. 12. 14 선고 2010나58607 판결.

51) 대법원 판결이 선고되기 이전부터 거래소에서는 ELS 투자와 헤지거래에 관한 가이드라인을 제정하였고 실제로 많은 증권사들에서는 이를 준수하고 있다. "한국거래소 보도자료, "ELS 헤지거래 가이드라인 제정·시행"(2009. 9. 22). 그러나, 고객보호의무 위반을 인정한 대법원 판결 선고 이후에는 이러한 가이드라인을 준수한 증권회사에 대해서까지 검찰에서의 압수수색이 이루어지기도 했다. 연합뉴스, 검찰, ELS 주가 조작 혐의. SK증권 본사 압수수색(2015. 7. 14).

52) 나승철(2010), 193~216쪽; 김주영(2011), 187쪽.

증권회사가 자체적으로 실시한 헤지거래는 자신의 위험 회피를 위하여 일상적으로 수행하는 거래라는 측면을 강조하였고, 원고는 고객의 조건성취를 방해하기 위하여 이익충돌 상황에서 금융기관이 의도적으로 위법·부당한 행위를 했다는 취지로 주장하였다. 대법원에서는 이 사건 대량매도 행위를 고객보호의무 또는 고객이익 우선의무 위반이라고 판단한 법리적 근거는 제시하고 있지 않고 있다. 생각건대, 당해 사건의 투자자에 대해서는 조건성취를 방해한 사실이 인정되었을 뿐더러, 증권회사가 실시한 이 사건 대량매도 행위와 동일한 태양의 거래를 하여 기소된 다른 증권회사 회사의 트레이더에 대한 별개의 형사사건에서는 자본시장법에 위반한 시세고정 행위에 대한 유죄가 확정된 점을 감안할 때,53) 의도적으로 위법·부당한 행위를 함으로써 고객의 이익을 침해한 전형적인 사안이라고 평가해 볼 수 있을 것이다.54)

특히 대법원에서는 민법상 신의칙에 따른 고객보호 의무위반으로부터 고객이익 우선의무가 도출되는 것이고, 증권회사의 자기매매 거래에서도 마치 고객의 이익을 적극적으로 보호할 의무가 존재하는 것처럼 설시하고 있어서 금융투자업의 성격을 불문하고 원칙적으로 고객 이익을 자신의 이익보다 우선시킬 의무로 오해될 소지를 남겼다는 비판이 가능하다. 또한 제37조 제2항은 그 자체로 사법(私法)상의 의무를 직접적으로 부과하는 조문이라기보다는 금융규제의 일반원칙을 선언적으로 표창하는 조문이라는 점을 감안할 때, 고객

---

53) 대법원 2015. 6. 11. 선고 2014도11280 판결.

54) 해당 판결에서는 발행 증권사가 자기 계정으로 헷지 거래를 실시한 사실이 문제가 되었으며, 일부 유사한 사안에서는 자신이 판매한 ELS 에 대하여 외부 금융기관과 백투백 헤지를 실시하여 투자자의 조건 성취를 방해한 점이 문제되기도 한다. 맹수석(2015), 4쪽, 각주 12~13, 이숭희(2010), 43~44쪽; 백투백 헤지와 관련된 연계불공정거래의 쟁점에 관해서는 성희활(2009), 69~71쪽.

보호의무론과 제37조 제2항의 고객이익우선의무를 결합하여 구체적
사안에 적용하는 것이 타당한지 의문시되는 측면이 있다.55)

마. 소결

요약컨대, 자본시장법 제37조 제2항은 모든 금융투자업자가 이익
충돌 관계에서 부담하는 행위원칙에 관한 규제법적 차원의 선언적,
보충적 규정이며, 조문상의 '정당한 사유'를 법률관계의 성격에 맞게
탄력적으로 해석함으로써 다양한 금융투자업의 영위 양태를 모두
포괄할 수 있다. 따라서 이 조항을 신인의무를 모든 금융투자업자에
대해서 확대 적용한다거나, 아니면 금융투자상품의 판매와 관련된
조항으로 기능을 축소하는 기존의 해석을 지양하고, 이익충돌에 관
한 일반조항으로 보아 정당한 사유에 관한 해석론을 정립함으로써
실제 금융투자업자들이 행위준칙을 설정할 수 있도록 할 필요성이
제기된다.

이와 관련하여 복잡한 파생상품거래에서 은행의 적극적인 고객
보호의무를 인정한 독일 연방대법원 판결은 금융투자업자의 고객이
익 우선의무를 인정하여야 하는 특별한 사정을 판단하는 기준을 제
시하려는 시도라는 측면에서 이해하여야 할 것이다. ELS 관련 최근
대법원 판결은 많은 비판에도 불구하고 시세조종이라는 위법행위
또는 조건성취 방해와 같은 계약상의 부수의무를 위반한 금융기관
의 고객이익 우선의무 위반 사실을 인정한 중요한 선례가 될 수 있
을 것이다.56)

---

55) 해당 판시내용에 관하여 신의칙 및 증권거래규정을 근거로 증권회사의 충
    실의무를 인정한 것이라고 해석하는 견해로는 이중기(2015c), 1311~1312쪽.
56) 같은 취지, 김홍기(2016), 113쪽.

2. 이익충돌 관리의무(제44조)

가. 조문의 구성 및 체계

(1) 조문의 구성

자본시장법 제44조에서는 "이해상충의 관리"라는 표제 하에 모든 금융투자업자에 대해서 이해상충의 평가·파악 및 내부통제 기준에 따른 관리의무(제1항), 이해상충 발생 가능성을 투자자에게 통지하고, 이를 낮춘 후 거래를 수행할 의무(제2항) 및 이해상충 발생 가능성을 낮추기 어려운 경우 거래 회피의무(제3항)를 부과한다. 구 증권거래법 및 간접투자자산운용업법이 시행되던 시기에는 제44조와 같은 일반조항 성격의 조문은 존재하지 않았으며, 자본시장법의 제정을 계기로 구 신탁업법 제12조의4와 22조, 구 신탁업감독규정 제35조, 구 증권거래법 제48조 및 구 간접투자자산운용업법 제20조 등에서 산발적으로 규제하던 이익충돌의 공시(disclose), 관리(control) 및 거래 포기(avoid)에 관한 절차적·구조적 의무에 관한 일반적 이해상충방지 의무에 관한 조항으로서 도입된 것이라고 평가된다.[57] 특히 제44조는 제37조 제2항과 달리 감독당국의 제재 대상이 될 수 있는 이익충돌에 관한 영업행위 규정 가운데 가장 총론적인 규정이라는 측면도 존재한다.

(2) 외국 입법례와의 비교

다른 나라의 자본시장 관련 법률에서 이익충돌 규제의 일반 원칙에 관한 조문들의 내용은 대체로 우리 자본시장법 제44조와 유사하다. 제44조가 가장 직접적으로 영향을 받은 것으로 보이는 유럽연합 금융상품시장지침(MiFID II)에서는 금융투자업자는 이익충돌로 인하

---

57) 김건식·정순섭(2013), 793쪽.

여 고객에게 부정적인 영향을 끼치지 않도록 모든 합리적인 조직 및 행정상의 유효한 장치를 설치, 운용하여야할 의무를 부과하고(제16(3)조), 고객과 금융투자업자(또는 그 임직원 및 대리인) 및 투자자들 사이에서 발생하는 이익충돌을 규명하기 위한 모든 합리적인 조치를 취하도록 하며(제23(1)조), 이익충돌 관리체계 따르더라도 고객의 이익을 해할 위험을 예방할 수 있을 것으로 합리적으로 확실하게 보장할 수 없다면 이익충돌의 원인과 성격을 미리 알린 이후에 업무를 영위하도록 규정한다(제23(2),(3)조).[58] 호주에서도 회사법 제912(1)(aa)에서 인가받은 금융투자업자는 이익충돌 관리를 위한 적절한 체제를 갖추도록 규정하고 있다.

한편, 미국에서는 1940년 투자자문업자법의 적용을 받는 투자자문업자는 모든 고객과의 이익충돌에 관한 모든 중요한 사실을 개시하고, 그로 하여금 고객이 자문계약을 체결하거나 거래관계를 지속할지 여부에 관하여 정보를 바탕으로 한 결정(informed decision)을 내릴 수 있도록 해야 한다고 규정한다.[59] 반면, 브로커-딜러의 경우에는 법률이 아닌 FINRA의 자율규제 차원에서 개별금융기관이 이익충돌을 통제하고 관리할 수 있도록 모범규준을 마련하고 모니터링을 실시하고 있다.[60]

나. 조문의 해석론

(1) 제44조 제1항
자본시장법 제44조 제1항에서는 금융투자업자는 고객과의 이해상

---

58) Niamh Moloney(2014), p.373. 자본시장법 입법당시에 시행·적용되던 MiFID I 에서는 현행 MiFID II 의 16(3)조와 23조에 대응하는 조문은 각각 13(3)조와 18조이고, 조문의 내용은 동일하다.

59) SEC(2013), pp.23~24.

60) FINRA report(2013), pp.2~3.

충 가능성을 파악·평가하는 것과 더불어 내부통제 기준에 따라 정해진 방법과 절차에 따라 이익충돌을 관리하도록 되어 있고, 금융투자업자의 내부통제 기준에는 반드시 이해상충의 파악·평가와 관리에 관한 사항을 포함하도록 되어 있다.[61] 그러나 이 때 '관리'라는 단어가 어떠한 절차와 방법을 의미하는지 관련 법령상 사전적으로 정의되어 있지 않으며, 금융투자협회에서 제정한 금융투자회사 표준내부통제기준에 따르면 다음과 같이 규정되어 있다.[62]

제50조(고객이익 우선)
① 고객의 이익은 회사와 회사의 주주 및 임직원의 이익에 우선되어야 한다.
② 회사의 이익은 임직원의 이익에 우선되어야 한다.
③ 모든 고객의 이익은 동등하게 다루어져야 한다.

제51조(이해상충문제의 숙지 및 차단)
① 임직원은 자신의 업무를 수행할 때 위법·부당한 방법으로 회사나 고객을 상대로 자신의 이익 또는 보상을 추구해서는 아니 된다.
② 회사의 사전승인을 얻어 회사 업무 이외의 대외활동을 하는 경우 자신의 이익을 위하여 회사 또는 고객의 자산, 인력 및 업무상 취득한 정보 등을 이용하여서는 아니 된다.

제52조(이해상충의 파악·평가 및 관리 등)
① 임직원은 회사와 고객간 또는 고객과 고객간 이해상충의 관계에 있거나 이해상충이 우려되는 경우 준법감시인 또는 이해상충 해소를 담당하는 부서장 등과 사전에 협의하여 고객 보호 등에 문제가 발생하지 아니하도록

---

61) 자본시장법 시행령 제31조 제1항 제9호. 내부통제기준의 변경을 위해서는 이사회의 승인이 필요하다. 내부통제시스템을 통한 이익충돌 방지체제 구축의 근거가 되는 자본시장법상 제도를 소개하는 연구로는 윤종미(2010), 223~233쪽.
62) 금융투자협회, 금융투자회사 표준내부통제기준(2015. 12. 10); 제53조 내지 제73조의 규정들은 모든 금융투자업자에 대하여 적용되는 비밀정보 유지의무(동 기준 제53조 내지 제55조), 거래제한 대상 종목에 관한 규정(동 기준 제70조 내지 제72조)과 같은 일부를 제외하고는 전부 정보교류차단장치 설치와 운영에 관한 세부적인 지침들을 담고 있다.

조치하여야 한다.

② 임직원은 이해상충이 발생할 가능성이 있는 거래에 대하여는 고객의 이익이 침해받지 아니하도록 이해상충 가능성을 최대한 낮출 수 있는 조치를 취한 후 매매 그 밖의 거래를 하여야 하며, 이해상충이 발생할 가능성을 낮추는 것이 곤란하다고 판단되는 경우에는 이러한 사실을 고객에게 통지하고 매매 그 밖의 거래를 하여서는 아니 된다.

③ 임직원은 회사와 이해상충 발생이 우려되는 종목, 회사명 등을 거래제한 또는 거래주의 대상목록으로 등재·관리하여 이해상충의 문제가 발생하지 아니하도록 하여야 한다.

금융투자회사 표준내부통제기준 제52조는 자본시장법 제44조 각 항의 내용을 구체화하고 있는 것으로서, 동 기준에 따르면 이해상충의 관리란 준법감시인 또는 이해상충 해소를 담당하는 부서장 등과 사전에 협의하여 고객 보호 등에 문제가 발생하지 아니하도록 조치하여야 하는 것으로 이해된다.[63] 해당 규정에 따르면 금융투자업무에 종사하는 임직원들은 이익충돌의 우려가 있는 개별 거래마다 사내에서 협의를 하고 필요한 조치를 취해야 하는 것처럼 되어 있기 때문에 일상적인 거래과정에서 준수를 기대하기 어렵고, 협의내용이나 결과는 금융투자업자의 기록보관의무(자본시장법 제60조, 동법 시행령 제62조)의 대상에 포함되어 있지 않기 때문에 규범력이나 실효성을 발휘할 수 있을지도 의문이다.[64] 금융투자업자가 제44조를

---

63) 금융투자협회에서 제정한 금융투자회사의 표준윤리준칙(2012. 10. 26) 제8조에서는 이해상충 방지에 관하여, "임직원은 회사, 주주 또는 고객과의 이해상충 방지를 위해 노력하여야 하며, 이해상충 발생이 예상되는 경우 적법한 절차에 따라 관리하여야 한다."고 규정하고 있다.

64) 금융투자업자는 임직원의 자기계산에 의한 금융투자상품의 매매와 관련하여 불공정행위의 방지 또는 투자자와의 이해상충의 방지를 위하여 그 금융투자업자의 임직원이 따라야 할 적절한 기준 및 절차를 정하고(자본시장법 제63조 제2항), 분기별로 임직원의 금융투자상품의 매매명세를 사전에 정한 기준 및 절차에 따라 확인할 의무를 부과하고 있다(동조 제3항).

위반하여 이해상충 관리에 관한 의무를 위반한 사실이 인정되더라도 금융당국이 해당 금융투자업자 및 임직원에 대한 제재조치를 가할 수는 있지만[65] 자본시장법 시행이후 제44조 위반으로 인해 징계를 받은 사례는 확인되지 않는다. 나아가, 제45조와는 달리 위반시 부과되는 형사처벌 조항도 없다.

또한, 자본시장법 제44조에서 요구하고 있는 이익충돌의 관리 및 방지의 의미가 모호하기 때문에 금융기관의 입장에서는 표준내부통제기준을 채택하고, 제45조에 따른 정보교류 차단장치를 설치·운용하는 것으로 이익충돌에 관한 충분한 사전조치를 취한 것이라고 평가할 우려가 있다. 이처럼 금융기관에 대하여 자체적으로 이익충돌 관리원칙을 정하고 그에 따른 책임을 부담하도록 하는 것은 금융투자업자로 하여금 판에 박힌 문구를 사용한 내부통제기준을 채택하도록 방치하고, 이러한 기준의 준수여부를 감시·감독할 유인이 없는 임직원들을 통제할 마땅한 방법이 없다는 이유로 비효율적인 규제수단이라고 평가된다.[66] 따라서 자본시장법 제44조의 취지는 내부통제시스템을 제대로 구축, 운용함으로써 사전에 금융투자업자 내부에서 문제점을 우선 감지하고 고객과의 분쟁의 소지를 줄일 수 있도록 기대하는 것이며,[67] 구체적인 고객과의 법률관계에서 발생하거나 발생할 우려가 있는 이익충돌 상황에서의 금융기관이 수행한 거래에 대한 법적 평가는 해당 거래에 적용되는 법률규정과 구체적 거래의 성격에 따라 달리 적용될 수 있는 이익충돌 규율을 위한 법원칙에 따라 이루어져야 할 것이다.

제44조 제1항은 일반적·추상적 차원에서 금융투자업자가 이익충

---

65) 자본시장법 별표 1 제43호.
66) Mads Andenas and Iris H-Y Chiu(2014), pp.280~290.
67) 내부통제시스템과 원칙중심 규제의 관계에 대해서는 정순섭(2010), 95~96쪽.

돌의 발생가능성을 감지하여 필요한 조치를 취해야 한다는 선언적
조문으로서, 모든 금융투자업무를 수행하는 과정에서 발생할 수 있
는 금융기관과 고객간의 이익충돌, 특정금융투자업무의 고객과 다른
금융투자업무 고객간의 이익충돌, 금융투자업자의 소속 임직원 개인
과 고객간의 이익충돌 모두를 포괄하는 개념이다. 이 가운데 금융투
자업무간 이익충돌문제는 제45조에 따른 정보교류차단장치를 통하
여 규율하고, 소속 임직원 개인과 고객간의 이익충돌 문제는 임직원
의 금융투자상품 거래의 제한(제63조) 등의 조문을 통해서 규율하지
만 금융투자업자와 고객간의 이익충돌문제는 제2장과 제3장에서 살
펴본 바와 같이 신인의무법리의 적용여부, 고객이 부여한 신뢰 보호
의 필요성, 해당 거래관계의 법적 성격에 따라 달리 규율될 것이다.

(2) 제44조 제2항 및 제3항

한편, 제44조 제2항 및 제3항에서는 이익충돌이 발생할 가능성이
존재하면 금융투자업자는 그 발생가능성을 투자자에게 알리고, 투자
자 보호에 문제가 없는 수준으로 이익충돌 발생 가능성을 낮추지 않
으면 거래로 나아가지 못하도록 규정하고 있다. 이 때 이익충돌 발
생 가능성에 대한 투자자 통지 의무에 관하여, 통지로는 부족하며
고객으로부터 승인을 받아야 한다는 원칙을 달리 표현한 것이라고
설명된다.[68] 그러나, 고객의 동의를 전제로 이익충돌의 우려가 있는
거래가 가능하도록 예외를 인정하는 것은 신인의무 법리에 따른 이
익충돌금지원칙에 상응하는 것이므로, 투자매매업자나 투자중개업
자에 대해서까지 적용된다고 볼 수는 없다.

특히 제3장에서 살펴본 바와 같이 투자매매·중개업무를 영위하는
금융기관이 투자자문이나 투자권유를 행함에 있어서도 신인의무를

---

68) 한국증권법학회(2015), 264쪽.

부과하거나 고객과의 중요한 이익충돌을 야기하는 거래 자체를 제한해야 한다는 논의와 입법이 이루어지고 있는 상황이지만, 이러한 논리를 모든 금융투자업무에 대해서 일반적으로 적용할 수는 없다. 예를 들어 미국의 도드-프랭크법만 보더라도 은행 및 은행을 계열사로 둔 금융기관이 중대한 이익충돌을 야기하는 자기계산 거래를 금지하는 볼커 룰은 금융시스템 전체의 리스크를 낮추기 위한 목적으로 입법된 것이며, 브로커-딜러에 대해서도 투자자문업자와 같은 수준의 신인의무를 부과하는 조문은 그 적용 범위가 소매고객에 대한 맞춤형 자문권유 행위에 한정되기 때문이다.

즉, 제44조 제3항에서 이익충돌의 발생가능성을 낮추기 어려울 경우 그 거래를 회피할 의무를 부과한다고 하더라도 신인의무 법리에 따른 이익충돌금지원칙을 부과한 것이라거나 또는 모든 금융투자업무에 대한 이익충돌 우려가 큰 거래를 제한하는 취지로 해석할 수는 없다. 제44조 제2항과 제3항을 유기적으로 해석하여 고객에 대한 이익상충의 발생 가능성과 내용에 관한 정보를 제공함으로써 거래 재고의 기회를 부여한다면 충분할 것으로 생각된다. 제44조에서 전제하고 있는 금융기관과 고객간의 이익충돌이란 금융기관과 고객간의 이해관계가 불일치하는 상황을 포괄적으로 지칭하는 것이기 때문에, 공통영업행위 규칙인 제44조 제2항 및 제3항에서는 금융투자업자가 부담하는 최소한의 정보제공의무를 규정한 것으로 보고, 이를 넘어서서 적극적으로 고객의 이익을 위하거나 고객으로부터 이익충돌 거래에 관한 동의를 받을 의무는 개별 금융투자업의 성격에 따라 구체적 영업행위규제에서 정한 것으로 보는 것이 타당하다.

(3) 은행법상 이익충돌 관리의무와의 비교

한편, 은행법에서는 2011년 은행의 이해상충 관리를 위한 제28조의2를 신설하고, 은행이 대통령령으로 정하는 특정업무[69]를 영위할 때, 해당 업무들 간에서는 은행이용자 간, 특정 이용자와 다른 이용자 간의 이해상충을 방지하기 위하여 이해상충이 발생할 가능성에 대하여 인식·평가하고 정보교류를 차단하는 등 공정하게 관리할 의무를 부과하고 있다(제1항). 또한, 동 조문에서는 은행을 이해상충을 관리하는 방법 및 절차 등을 대통령령으로 정하는 바에 따라 내부통제기준에 반영하고(제2항), 이해상충을 공정하게 관리하는 것이 어렵다고 인정되는 경우에는 그 사실을 미리 해당 이용자 등에게 충분히 알려야 하며 그 이해상충이 발생할 가능성을 내부통제기준이 정

---

69) 1. 자본시장법 제3조제2항제2호에 따른 파생상품의 매매·중개 업무
    2. 자본시장법 제4조제2항제5호에 따른 파생결합증권의 매매업무
    3. 자본시장법 제4조제3항에 따른 국채증권, 지방채증권 및 특수채증권의 인수·매출 업무
    4. 자본시장법 제4조제3항에 따른 국채증권, 지방채증권, 특수채증권 및 사채권의 매매업무
    5. 자본시장법 제4조제3항에 따른 국채증권, 지방채증권 및 특수채증권의 모집·매출 주선업무
    6. 자본시장법 제6조제4항에 따른 집합투자업
    7. 자본시장법 제6조제6항에 따른 투자자문업
    8. 자본시장법 제6조제8항에 따른 신탁업
    9. 자본시장법 제9조제21항에 따른 집합투자증권에 대한 투자매매업
    10. 자본시장법 제9조제21항에 따른 집합투자증권에 대한 투자중개업
    11. 자본시장법 제254조에 따른 일반사무관리회사의 업무
    12. 자본시장법 제365조에 따른 명의개서대행회사의 업무
    13. 자본시장법 제81조제1항 제1호에 따른 환매조건부매도 및 같은 영 제85조제3호나목에 따른 환매조건부매수의 업무 14. 보험업법 제91조에 따른 보험대리점의 업무
    15. 근로자퇴직급여 보장법 제2조제13호에 따른 퇴직연금사업자의 업무(이하 제18조의3에서 "퇴직연금사업자의 업무"라 한다)
    16. 여신전문금융업법 제2조제2호에 따른 신용카드업
    17. 담보부사채신탁법 제5조에 따른 담보부사채에 관한 신탁업
    18. 그 밖에 해당 업무를 운영하여도 법 제27조의2제4항 각 호의 어느 하나에 해당할 우려가 없는 업무로서 금융위원회가 정하여 고시하는 업무

하는 방법 및 절차에 따라 은행이용자 보호 등에 문제가 없는 수준
으로 낮춘 후 거래를 하여야 한다거나(제3항), 은행은 제3항에 따라
그 이해상충이 발생할 가능성을 낮추는 것이 어렵다고 판단되는 경
우에는 거래를 하여서는 아니 된다(제4항)고 규정하고 있어서 은행
에 대해서도 자본시장법과 똑같은 내용의 이익충돌 관리의무를 부
과하고 있는 것처럼 보인다.

　　그런데 은행법 제28조의2는 은행이 복수의 금융투자업 또는 기타
법률에 의거한 금융관련 업무를 수행하면서 발생하는 업무간 이익
충돌의 문제를 규율하는 조문이기 때문에, 그 규제 취지는 아래에서
살펴볼 제45조와 유사하고 적절한 정보교류 차단장치의 설치를 통해
서 고객 정보 유용을 방지하는 데 있다고 해석하는 것이 원래 입법
의 의도에 부합한다고 생각된다.[70] 혹은 이를 반대로 생각해서 자본
시장법 제44조도 업무간 이익충돌 관리에 관한 내용만을 규율할 목
적으로 입법된 것으로 해석할 수도 있겠지만, 해당 조문이 제정된
시간관계의 선후상 부합하지는 않는다.[71]

---

70) 은행법 제28조의2는 자본시장법 제44조와 제45조를 그대로 옮겨온 것이라
　　는 설명으로는 김용재(2012a), 236쪽.
71) 일반적으로 은행의 여수신 업무 수행은 은행의 재량이 발현되는 상황과
　　거리가 멀기 때문에 이익충돌 발생 가능성이 크지 않다. 여수신 업무는 투
　　자자가 투자로 인한 위험 부담을 안게 되는 금융투자상품의 매매, 중개 또
　　는 운용에 관한 법리가 적용되는 금융투자업무와는 성격상 차이가 있으
　　며, 예금이나 대출 조건들은 대체로 약관으로 규제되고 있으므로 약관에
　　의한 계약 상대방 보호 법리가 적용되고 있기 때문에 이익충돌 관련 논의
　　대상에서 제외되어 온 것이 사실이다. 그런데 국회에 제출된 금융소비자
　　보호기본법안에서는 예금성 상품, 대출성 상품을 막론하고 금융기관에 대
　　해서 고객의 이익을 우선시 할 일반적 의무를 부과하고 있는데(제14조), 은
　　행이 취급하는 전통적인 예금, 대출상품에 있어서도 고객과 은행간의 이
　　익충돌 문제를 규율할 필요성, 즉, 은행이 고객의 이익을 보호하고 자신의
　　이익을 추구하는 것을 자제해야 할 의무를 부과하는 것이 바람직한지는
　　논란의 소지가 있다.

3. 정보교류 차단장치(제45조)

가. 입법의 취지 및 조문의 체계

자본시장법 제45조는 금융투자업자가 다양한 업무를 영위함으로 인하여 발생할 수 있는 이익충돌 문제를 해결하기 위한 정보교류 차단장치에 관한 조문이다. 해당 조문에서는 금융투자업자가 하나의 법인격 하에서 다양한 금융투자업을 영위하는데 따라 필요한 정보교류차단장치(제1항) 및 계열사 및 기타 관련회사들과 함께 다양한 금융투자업을 영위하게 되는 데 따라 필요한 정보교류 차단장치(제2항)에 관하여 함께 규율한다.[72] 제3장 제4절에서 검토한 바와 같이 영국과 미국에서는 이익충돌 및 미공개중요정보 이용행위를 사전에 방지하기 위한 목적으로 정보교류 차단장치가 자율규제 또는 원칙 중심규제의 차원에서 도입·운용되고 있었으며, 자본시장법 제정 당시에는 겸영에 따른 업무간 이익충돌 문제에 대한 우려가 매우 심각하게 제기됨에 따라 세부적인 요건을 법률에서 규정하는 방식으로 도입되었다.[73] 하나의 법인체 내에서 또는 계열사 간 정보공유 및 임직원 겸직제한의 규제는 자본시장법 제정 이전에도 존재하였으나,[74] 자본시장법이 제정되면서 법리적으로는 하나의 금융투자업자가 모든 종류의 금융투자업을 영위할 수 있게 됨에 따라 각 업무간 정보교류를 차단하기 위한 체계를 통합적으로 규율할 필요성이 대두되었던 것이다.

---

72) 이수정(2011), 47쪽.

73) 김유니스·남유선(2009), 165쪽; 재정경제부, 자본시장법 제정안 축조설명자료(2006), 15~17쪽.

74) 구 간접투자자산운용업법 제134조 내지 제136조 및 구 신탁업법 제12조의4 등. 모두 고유자산 운용 및 수탁자산 운용에 관한 정보교류차단장치 설치 의무를 부과하는 내용이다.

우리나라에서 금융투자업의 겸영과 관련된 이익충돌 문제를 다루면서 정보교류 차단장치에 관한 관심을 기울이게 된 상황은 영국에서 소위 빅-뱅 이후 대규모 투자은행 육성을 위하여 금융기관의 다양한 업무 영위를 허용하고 난 이후의 사정과도 흡사한 것으로 생각된다. 1992년 영국의 법률위원회(Law Commission)에서는 이익충돌 문제는 하나의 회사가 취급하는 금융상품, 제공하는 금융서비스, 고객층의 구성 및 업무 영위 능력 등이 다양화 되면서 발생한 것이라고 정의한 바 있다.[75] 그러나 이러한 문제의식에서 출발한 정보교류 차단장치는 어디까지나 사내 업무영위 단위부서간의 정보의 이동을 차단하는 것을 우선적 목적으로 하며 금융기관의 대고객 이익충돌을 규율하는 메커니즘이라고 하기는 어렵다.[76]

나. 정보교류 차단장치의 설치·운용 의무와 적용 사례

(1) 해석론의 전제

자본시장법 제45조 제1항과 제2항에서는 이해상충의 가능성이 높은 것으로 인정되는 금융투자업 간에는 금융투자상품의 매매에 관한 정보 등 이익충돌 상황에서 금융기관이 이를 악용할 경우 고객에 대해서 부당한 손해를 전가할 수 있는 정보의 교류를 금지하거나(각항 제1호), 임직원의 겸직(각항 제2호), 및 사무공간과 전산설비의 공동이용을 물리적으로 차단할 의무(각항 제3호) 및 이익충돌 우려가 큰 부서간 독립적으로 업무를 수행할 의무(제1항 4호) 등을 부과한다. 단일한 법인이 다양한 금융투자업을 영위할 경우 정보차단 교류장치의 설치가 요청되는 금융투자업무는 (i)고유재산운용업무·투자매매업·투자중개업과 집합투자업·신탁업 간, (ii)기업금융업무와 고

---

75) Law Commission(1992) para 2.2.1.
76) 같은 입장으로는 Andrew Tuch(2014a), pp.120~131.

유재산운용업무·금융투자업 간, (iii)전담중개업무와 고유재산운용업무·금융투자업 간, (iv)기업금융업무와 전담중개업무 간으로 규정되어 있으며(시행령 제51조 제1항 제호 내지 제4호), 금융기관이 자기의 이익을 위해 고객 이익을 부당하게 침해할 유인이 높은 업무 간 정보교류를 금지하고, 외국에서 실제로 이익충돌 문제를 빈번하게 야기한 투자은행업무(기업금융업무 및 전담중개업무 등)와 관련된 이익충돌 문제를 사전에 차단하기 위한 목적이 관찰된다.[77]

특히, 자본시장법 제45조는 금융투자업자의 고객과의 법률관계를 직접 규율하는 내용이라기보다는 금융규제 또는 금융정책적 차원에서 금융투자업자의 내부통제와 관련하여 부담하는 의무를 규정하는 조문으로서의 성격을 지닌다. 다시 말해서, 정보교류차단장치를 설치하여 정보교류 및 임원겸직 등을 제한하는 범위와 정도는 금융규제의 필요성에 따라 입법적으로 정한 문제이지 투자자에 대해서 부담하는 구체적인 의무를 정하고 있는 것은 아니라는 점을 염두에 두어야 한다.[78] 또한 제1장에서 설명한 바와 같이 이익충돌 문제는 자본시장에서 발생할 수 있는 다양한 법률문제들 가운데 가장 대표적인 원칙중심 규제의 영역에 속하는 것임에도 불구하고, 현행 법률상 정보교류차단장치에 관한 규제는 매우 상세한 요건을 법률 및 시행령에서 규정하고 이를 위반한 경우에는 무거운 행정적·형사적 책임을 부과하는 전형적인 규정중심 규제로 되어 있기 때문에 장기적으로는 금융기관의 민사적 책임을 전제로 자율에 맡기는 방식으로 개정이 기대된다.[79]

---

77) 정보교류차단장치의 설치 및 운용에 관한 구체적인 방안 및 적용 예외 사례 및 감독당국의 확인절차 등은 하위 법규에서 매우 상세히 규정하고 있으나 이미 관련 연구가 많이 축적되었고, 고객과의 관계에서 발생하는 이익충돌 문제와 직접적 관련성이 없기 때문에 시행령과 금융투자업규정에 포함된 상세한 내용을 별도로 검토하지는 않는다.

78) 이수정(2011), 49쪽.

(2) 적용사례

제37조 및 제44조와는 달리, 제45조를 위반한 경우에는 3년 이하의 징역 또는 1억 원 이하의 벌금이라는 형사처벌이 가능하며, 금융감독당국의 제재 조치도 가능하다.[80] 실제 자본시장법 제45조 위반을 이유로 기소되거나 유죄가 선고된 사례는 찾아보기 어렵지만, 정보교류차단장치 관련 의무 위반을 이유로 한 감독당국의 제재사례는 자본시장법 도입 이후 2015년까지 기간 중 몇 건의 존재가 확인되었다. 아래 [표 2]에 기재된 제재 사유에서 알 수 있듯이 제45조 위반이 지적된 사례들은 모두 다른 금융투자업무의 투자자로부터 취득한 정보를 이용한 행위 또는 정보이용 가능성이 높은 임직원의 겸직금지규제 또는 부서간 독립적인 업무수행 여부를 문제 삼고 있으며, 금융투자업자가 해당 정보를 이용함으로써 고객의 이익을 부당하게 침해하여 자기 또는 제3자의 이익을 추구하였는지 여부를 묻지 않는다. 이처럼 제45조는 법률 및 시행령에서 사전에 정해 놓은 정보의 이용행위, 임직원의 겸직금지 및 사무공간 분리의무 위반 그 자체를

---

79) 이해상충 가능성이 높은 정보를 관리할 내부통제체계를 수립·집행하도록 원칙만 법령에 규정하고, 그 수단방법은 자율에 맡기되, 회사의 내부통제 체계 또는 그 집행이 미흡한 경우 엄중히 제재하는 방식으로 법률을 개정하겠다는 취지의 개선안이 발표되었다. 금융위원회, 금융회사 영업행위 규제 개혁에 관한 보도자료(2015. 12. 4) 6쪽.

80) 제45조 위반행위로 인하여 투자자에게 손해가 발생한 경우에는 민사소송에서 입증책임이 금융투자업자에게 전환되지만(제64조), 투자매매업 또는 투자중개업과 집합투자업을 겸영한 경우에 한정되므로 실제 소송에서 원용될 가능성은 낮다. 최초로 입법예고된 자본시장법 제정안 제63조(2006. 6. 30)에서는 이익충돌 관련 조문의 위반시 손해배상 특칙에 관한 내용이 포함되지 않았으나, 금융투자업자의 겸영행위가 고객의 이익을 증진하려는 목적으로 행해졌다는 점을 금융투자업자로 하여금 증명해야 한다는 주장이 제기되었고, 실제 법률안에 반영되는 과정에서 적용범위가 축소된 것으로 보인다. 한국증권법학회(2015), 359쪽; 자본시장통합법연구회(2007), 313쪽.

금지하는 데 목적이 있고, 실제 제재가 이루어진 사례를 검토하더라도 매우 구체적인 법규위반행위가 제재대상이 되었다는 점을 알 수 있듯이, 이익충돌 관련 규제에서 있어서 차지하는 역할과 비중은 한정적일 수밖에 없을 것이다.

[표 2] 정보교류차단장치 관련 제45조 위반 관련 제재사례[81]

제재일시	회사	제재사유
2012. 3. 7	케이알선물 (매매거래 정보제공)	투자일임재산 운용시 취득한 금융투자상품 매매에 관한 정보를 고유재산 매매거래에 제공하고, 고유재산 운용부서에서 이를 이용(제98조 제2항 제10호, 동법 시행령 제99조 제4항 제7호, 금융투자업규정 제4-77조 제10호)
2013. 7. 4	도이치은행 서울지점(겸직금지 및 매매거래 정보제공)	은행의 기업고객부 본부장이 계열증권사 채권자본시장부장 겸직 은행이 3년 동안 34개의 금융기관과 거래한 23건의 금융투자상품 매매 및 소유에 관한 정보를 고객 동의 없이 계열 증권회사에 제공(제45조 제2항 제1호)
2013. 8. 29	키움증권 (독립적 부서운용)	기업금융업무와 투자매매업무 부서간 업무수행 독립성 미비(제45조 제1항 제4호) •업금융업무 담당부서에서 직접 169억원 상당의 ABCP, 채무증권 3개종목을 매매
2013. 9. 17	교보증권 (매매거래 정보제공)	투자매매·중개업과 신탁업간 금융투자상품의 매매 및 소유현황에 관한 정보 제공(제45조 제1항 제1호) •신탁부서가 CP의 신탁재산 편입 과정에서 투자권유부서에 대해 CP 보유현황, 편입금리등 정보를 제공
2013. 12. 6	유진투자증권 (독립적 부서운용)	기업금융업무와 투자매매업무 부서간 업무수행 독립성 미비(제45조 제1항 제4호)

---

81) 2012년 1월부터 2015년 12월까지 금융감독원 제재 내역 공시를 통해 공개된 사례.

		•기업금융업무 담당부서에서 비상장 A기업의 주식을 직접 매도(3,640만원)
2015. 6. 22	브레인자산운용 (매매거래 정보제공)	고유재산운용업무와 투자일임재산간 금융투자상품 매매 및 소유현황에 관한 정보 제공(제45조 제1항 제1호) •고유재산투자를 결정하는 위험관리위원회에 투자일임재산운용을 담당하는 임원을 참석시킴으로써 투자일임재산에 편입되는 공모주 청약에 관한 정보를 제공

다. 소결

정보교류차단장치는 금융투자업무를 영위하는 과정에서 발생하는 이익충돌 가운데에서도 업무간 이익충돌 문제의 발생을 사전에 차단하기 위한 규제수단들 가운데 하나로 이해되어야 할 것이다. 따라서 금융투자업자가 정보교류차단장치를 제대로 설치·운용하였는지 여부는 이익충돌 상황에서 해당 거래와 고객관계의 법적 성격에 부합하는 의무를 이행하였는지 여부를 판단하기 위한 충분조건이 되기는 어렵고, 제44조에 따른 이익충돌 관련 내부통제장치의 관리·운영에 관한 필요조건으로 인식하는 것이 바람직하다.

따라서, 금융투자업자와 투자자 사이에서 발생하는 이익충돌 문제에 관한 자본시장법의 해석론에 체계적으로 접근하기 위해서는 고객이익 우선의무에 관한 제37조 제2항에 관한 해석상의 지침을 정립하고, 이를 토대로 개별 금융투자업자에 대해서 적용되는 영업행위 규정의 총론 및 각론 규정들을 이해하는 작업이 선행되어야 할 것이다. 제44조와 제45조의 규정은 자본시장법 제정을 계기로 새로 도입된 이익충돌 규제 체제의 핵심을 이루고 있기는 하지만, 어디까지나 원칙중심적 규제(제44조) 또는 규칙중심적 규제(제45조) 각각의 측면에서 각 금융투자업자가 행정법, 규제법상의 의무를 이행하였는

지를 판단하는 근거가 되는 것이지 금융투자업자가 수행하는 거래
관계의 법적 성격을 감안하여 그에 맞게 적용될 수 있는 사법(私法)
상의 법원칙과는 직접 관련이 없다는 점을 다시 강조하고자 한다.

제3절 금융투자업자별 이익충돌 문제 해결의 법리

1. 신인의무 법리가 적용되는 금융투자업무와 이익충돌

가. 관련 법조문의 체계 및 내용

(1) 법률관계의 성격 및 대고객 관계에서의 기본적 의무

자본시장법에 의하여 규율되는 금융투자업무 가운데 집합투자업, 투자일임업 및 신탁업의 경우에는 제2장 제1절에서 검토한 자산운용 수탁자에 해당하고, 투자자문업의 경우에는 제2장 제2절에서 검토한 투자자문제공자에 해당한다. 전자의 경우에는 고객이 위탁한 자금을 운용할 법적인 재량과 권한이 있다는 공통적인 특징이 있기 때문에, 고객과 금융기관 사이에서 발생할 수 있는 이익충돌 문제에 관하여 자산의 집합 여부, 금융투자업자의 명의로 계좌가 개설되었는지 여부에 무관하게 원형적인 신인의무 법리에 따른 엄격한 이익충돌금지원칙(no-conflict rule)이 적용되는 것이 바람직할 것이다. 따라서 해당 업무를 수행하는 금융기관은 충성의무 법리에 따라 자기 또는 제3자의 이익보다 투자자의 이익을 우선시해야 하며, 결과적으로 투자자에게 이익을 가져다줄 수 있는지 여부와 무관하게 유효한 동의를 얻지 않고는 이익충돌의 우려가 있는 거래를 할 수 없다. 한편, 투자자문업무 또한 자문제공의 결과에 따라 투자자의 실질적 이익에 영향을 미칠 수 있는 재량과 권한을 보유하고 있기 때문에 이를 통제하기 위하여 이익충돌금지원칙을 마찬가지로 적용할 수 있다. 다만, 투자자문업자가 보유하는 재량의 수준을 감안하여 고객의 이익을 위한 것이라는 목적이 인정되는 경우 등에 대해서도 예외를 인정하는 것이 가능할 것이다.

따라서, 자산운용수탁업무를 수행하는 금융기관은 자본시장법 제37조 제2항에 따라 자기 또는 제3자의 이익을 위해서 투자자의 이익을 침해할 수 있는 정당한 사유의 범위를 투자자의 유효한 동의를 얻은 경우, 법원의 허가를 받은 경우, 법률에서 명시적으로 허용하고 있는 경우 등으로 좁게 해석되어야 할 것이다. 또한, 투자자문업의 경우에는 충성의무의 본질을 침해하지 않는 범위에서 고객이익 우선의무에 대한 예외 사유가 좀 더 유연하게 해석될 수 있다.

(2) 이익충돌 관련 규정의 적용 체계

신인의무 법리가 적용되는 금융투자업에 대해서는 공통영업행위 규제인 고객이익 우선의무(제37조 제2항), 내부통제장치에 따른 이익충돌 관리의무(제44조) 및 정보교류 차단장치의 구축·운영의무(제45조)가 적용되는 것에 추가하여, 각 금융투자업에 적용되는 구체적 영업행위 규제에 대한 일반원칙으로서 선관주의의무와 함께 충실의무가 규정되어 있다. 투자자의 이익을 위하여 해당 금융투자업무를 충실히 수행해야 한다는 충실의무 규정을 영미법상 신인의무법리에 따른 충성의무(duty of loyalty)를 실정법상 도입한 것으로 해석할 수 있다면 구체적 불건전 영업행위 규제에서 정하지 않고 있는 유형의 이익충돌을 사전에 통제하는데 기여할 수 있을 것이다. 이하에서는 자본시장법상 집합투자업, 신탁업, 투자일임업 및 투자자문업에 대해서 공통적으로 적용되는 충실의무 조항의 해석론에 관하여 상세히 검토하기로 한다. 덧붙여, 자본시장법 하에서는 각 금융투자업에 대해서 불건전 영업행위 금지 규제를 둠으로써 이익충돌을 야기할 것으로 예상되는 유형의 행위들을 열거적으로 금지하는 방식으로 사전적 통제를 가하고 있는데,[1] 제2장에서 검토한 신인의무 법리에 비추어 이와 같은 현행 규제들이 이익충돌금지원칙 및 이익향수금지원칙을 어떠한 수준에서 반영하고 있는지에 관해서도 살펴본다.

나. 신인의무 법리에 따른 충성의무와 자본시장법상 충실의무

(1) 조문의 내용

자본시장법 제79조에서는 집합투자업자의 선관의무 및 충실의무를 규정하고 있다. 그에 따라 집합투자업자는 투자자에 대하여 선량한 관리자의 주의로써 집합투자재산을 운용하여야 하며(제1항), 투자자의 이익을 보호하기 위하여 해당 업무를 충실하게 수행하여야 한다(제2항). 마찬가지로 제96조에서는 투자자문·일임업자의 선관의무 및 충실의무를, 그리고 제102조에서는 신탁업자의 선관의무 및 충실의무라는 표제 하에 같은 내용을 규정하고 있다.[2]

해당 조문이 위임계약에 따른 수임인의 선관주의의무와 구별되는 것으로서 영미법상 신인의무 법리에 따른 충성의무를 입법화한 것이라는 명시적인 근거는 찾아보기 어렵다. 그럼에도 불구하고, 다음과 같은 사정을 감안할 때 해당 규정은 신인의무 법리가 적용되는

---

1) 자본시장법 축조 해설자료(2006. 6. 30), 4쪽.
2) 제96조(선관의무 및 충실의무)
   ①투자자문업자는 투자자에 대하여 선량한 관리자의 주의로써 투자자문에 응하여야 하며, 투자일임업자는 투자자에 대하여 선량한 관리자의 주의로써 투자일임재산을 운용하여야 한다.
   ②투자자문업자 및 투자일임업자는 투자자의 이익을 보호하기 위하여 해당 업무를 충실하게 수행하여야 한다.
   제102조(선관의무 및 충실의무)
   ①신탁업자는 수익자에 대하여 선량한 관리자의 주의로써 신탁재산을 운용하여야 한다.
   ②신탁업자는 수익자의 이익을 보호하기 위하여 해당 업무를 충실하게 수행하여야 한다.

금융투자업자를 영위하는 금융기관이 부담하는 충성의무의 실정법
상 근거로 해석하는 것이 가능한 것으로 생각된다.

첫째, 자본시장법상 충실의무 조항과 유사한 문언으로 되어 있는
신탁법상의 수탁자의 충실의무(제33조)[3] 및 상법상 이사의 충실의무
(제382조의3)[4] 조항의 경우에는 입법과정에서 영미법상 수탁자 및
이사가 부담하는 충성의무를 도입하기 위한 근거 규정으로써 제정
되었다는 의도가 명백하다.[5] 따라서, 금융투자업자에 대해서도 신탁
또는 위임의 법리가운데 어떤 것이 적용되는지 불문하고 법률관계
의 성격상 특정 당사자의 재량·권한을 통제하고 상대방의 신뢰를 보
호하기 위하여 충성의무를 적용하는 것은 실정법 체계와 어긋난다고
하기 어렵고, 이미 판례에서도 유사한 취지로 이사 및 수탁자의 충실
의무를 해석하고 있다는 점은 제2장 제1절에서 설명한 바와 같다.

둘째, 자산운용수탁업무를 규율하는 법령의 연혁을 검토하더라도
선관주의의무와 구별되는 고객이익우선의무가 오래전부터 존재하
고 있었다는 점이 확인된다. 예컨대, 1969년 제정된 구 증권투자신탁
업법에서부터 위탁회사는 선량한 관리자로서 신탁재산을 관리할 책
임을 지며, 수익자의 이익을 보호하여야 할 의무(제8조 제1항)를 부
과하고 있으며 이후 행정규칙으로 수익자의 이익을 위하여 충실하
게 신탁재산의 운용지시를 할 의무를 구체화하였다.[6] 구 간접투자
자산운용업법에서도 '선관의무 등'이라는 표제 하에 자산운용회사에

---

3) 제33조(충실의무) 수탁자는 수익자의 이익을 위하여 신탁사무를 처리하여
   야 한다.
4) 제382조의3(이사의 충실의무) 이사는 법령과 정관의 규정에 따라 회사를
   위하여 그 직무를 충실하게 수행하여야 한다.
5) 신탁법상 충실의무에 관해서는 법무부 신탁법 해설자료; 회사법상 주식회
   사 이사의 충실의무와 관련해서는 법무부, 개정상법(회사편) 해설(1999), 46
   쪽; 김건식(2015), 403쪽.
6) 증권투자신탁업 감독규정 제53조 제1항

대하여 간접투자자의 이익을 보호할 의무를 두고 있었다(제86조 제1
항). 특히, 자본시장법 시행 이전에 투자매매·중개업무를 규율하던
증권거래법에서는 1976년 '유가증권의 매매거래에 관련하여 투자자
의 보호 또는 거래의 공정을 저해하거나 증권업의 신용을 추락시키
는 행위'를 금지하는 부당권유규제(제52조)를 도입한 것을 제외하고
는 투자자의 '이익을 보호'해야 한다는 일반론적 의무를 부과하지 않
고 있었다는 점과 비교하면 그 차이가 잘 드러난다. 이러한 점을 종
합해 볼 때, 자본시장법에서 별도로 충실의무에 관한 조항을 규정한
것은 집합투자업자 등이 부담하는 신인의무의 성격을 표창하기 위
한 의도라고 해석할 수 있으며, 그렇게 함으로써 해당 조항을 업무
를 '충실하게' 수행할 의무라고 막연하게 해석하는 경우에 비해서 구
체적 불건전 영업행위 규제에 대한 일반적·보충적 기능을 효과적으
로 수행할 수 있을 것이다.[7][8)

(2) 해석론의 전개

아직까지는 집합투자업자 등이 부담하는 충실의무가 영미법상
신인의무에서 도출되는 충성의무를 규정하고 있다는 해석론이 정착
된 것은 아니며, 해당 조항에 관해서는 (i)회사법상 이사의 충실의무
조항과 문언상 유사성을 감안하여 이사의 충실의무에 관한 해석론

---

7) 자산운용업과 관련된 신인의무에 관한 일반론으로는 정대익(2015), 47~52
   쪽. 동 논문에서는 주의의무와 충실의무를 대등하게 신인의무의 개념 하
   에 포함시켜서 설명한다.
8) 조문의 문언상으로는 집합투자업자등의 집합투자재산 운용, 투자자문 제
   공, 투자일임재산 운용, 신탁재산운용행위에 대해서만 선관의무 및 충실의
   무가 적용되는 것처럼 규정되어 있다. 이는 재량의 보유와 신뢰, 신임의 존
   재라는 신인관계의 특징에 따라 신인의무 부과의 필요성이 있는 행위를 특
   정한 것으로서 해당 금융투자업자가 영위하는 모든 업무에 대해서 신인의
   무 법리가 적용될 것은 아니라는 점을 강조하는 취지라고 해석될 수 있다.

을 기준으로 삼을 수 있다는 견해9)와 (ii)투자자와 집합투자업자의 관계를 신탁으로 이해하여 신탁법상 수탁자의 충실의무에 준하는 것으로 해석해야 한다는 취지의 견해10)가 병존한다. 집합투자업무의 형식적 법률관계에 주목한다면, 투자신탁의 경우에는 판례의 입장에 따라 신탁의 법리를 적용하고11), 투자회사의 경우에는 회사의 이사의 충실의무에 관한 법리를 적용해야 한다는12) 상이한 결론에 이르게 될 수도 있지만, 신탁법상 충실의무나 상법상 주식회사 이사의 충실의무 모두 신인의무 법리에 따른 충성의무를 규율하고 있다는 점에서 큰 차이는 없다. 다만, 제2장에서 검토한 바와 같이 집합투자업자 등이 고객자산운용과 관련하여 재량과 권한을 보유한 경우에는 신탁법리를 적극적·통일적으로 적용하는 것이 본래 고객 자산의 운용·관리와 관련된 사익추구를 통제하기 위해 발전해 온 신인의무 법리에 따른 수탁자 모델에도 부합하는 것이라고 생각된다. 미국에서도 1940년 투자자문업자법의 해석상 도출되는 신인의무는 정직하고 성실하게 행위할 의무를 넘어서서, 고객과의 이익충돌을 회피하고 고객의 신뢰를 부당하게 이용해서는 안 되는 것이라는 취지를 명시함으로서 집합투자업자 등에 부과되는 충성의무의 중요성을 강조하고 있다.13)

　신탁법상 충실의무는 '수익자의 이익을 위하여' 신탁사무를 처리

---

9) 임재연(2015), 269쪽.

10) 김건식·정순섭(2013), 880쪽.

11) 김건식·정순섭(2013), 879쪽; 집합투자업자와 투자자간의 직접적 신탁관계를 인정한 판례로 대법원 2007. 9. 6. 선고 2004다53197 판결.

12) 집합투자업자인 법인이사 외에도 감독이사를 이사의 정원 3인 중 2인을 감사로 선임할 것을 요구하고 있지만(자본시장법 제197조), 자본시장법상 투자회사의 감독이사의 실체와 역할에 대해서는 별로 알려진 바가 없다. 박준(2014), 184쪽.

13) SEC(2013), p.22.

할 의무로 규정되어 있는 반면, 자본시장법상 충실의무는 투자자의 이익을 보호하기 위하여 업무를 충실히 수행하도록 하고 있어 신인의무 법리에 따른 이익충돌금지원칙 및 이익향수금지원칙이 바로 도출될 수 있는지 의문이 제기될 수 있다. 그러나, 주식회사의 이사가 상법 제382조의3에 따라 부담하는 "회사의 이익을 위하여 직무를 충실하게 수행할" 의무 또한 이익충돌금지원칙과 이익향수금지원칙을 주요 내용으로 하고 있기 때문에[14] 집합투자업자 등도 자본시장법상 충실의무 조항을 근거로 이익충돌금지원칙과 이익향수금지원칙의 적용을 받는다고 해석될 수 있다.

이처럼 자본시장법상 집합투자업자 등이 부담하는 충실의무를 신인의무 법리에 따른 충성의무를 명문화한 것으로서 해석하는 것이 금융기관으로 하여금 투자자와의 관계에서 발생할 수 있는 이익충돌과 관련된 행위준칙을 인식하고 준수하도록 함에 있어서도 더욱 바람직하다. 입법 의도나 법률 조항의 문언상 명시적으로 드러나지 않았다는 이유로 충성의무의 적용을 주저한 결과 자산운용수탁업무를 영위하는 금융기관들은 이를 투자자이익 우선의무와는 무관한 것 또는 성실히 업무를 수행할 주의의무에 가까운 것으로 파악하고 있다. 예컨대, 집합투자업자 등의 충실의무를 기관투자자로서 의결권 행사와 관련하여 제한적인 맥락으로 이해하거나,[15] 신인의무라는 용어를 사용하면서도 신인의무 법리에 따른 충성의무의 내용에 관해서 명확하게 이해하지 못하는 경향이 종종 관찰된다.[16] 심지어

---

14) 김건식(2015), 403~405쪽.

15) 아시아경제, 박경서 기업지배구조원장 인터뷰, [아시아초대석] "지배구조 개선해야 코리아 디스카운트 해소"(2014. 12. 08).

16) 2013. 1. 31 개최된 자본시장연구원 공청회에서 금융당국은 신인의무 준수 여부를 계량화 하는 지표를 개발, 적용하겠다는 견해를 표명하였고, 자산운용업계에서는 적극적인 반대견해를 표명하였다. 김용재(2013b), 31~32쪽. 업계에서는 신인의무 지표를 도입할 경우, ▲회사가 펀드매니저에 대한 장

금융투자업자협회에서 제정·시행하였던 금융투자회사의 표준윤리
준칙 제4조에서는 '충실의무'라는 표제 하에, "임직원은 금융투자인
으로서의 자긍심을 가지고 전문성의 유지를 위해 노력하며, 회사의
지속적인 성장과 금융투자산업의 발전을 위해 맡은 업무에 충실하
여야 한다."고 규정하여 이를 신인의무 법리에 따른 충성의무라기
보다는 주의의무나 성실의무(duty of good faith)의 연장선상에서 이해
하고 있다는 점을 여실히 보여준다.[17] 이러한 오해를 불식하기 위해
서도 집합투자자 등이 제79조 제2항에 근거하여 투자자에 대한 재량
남용을 통제하고 투자자의 신뢰를 보호하기 위한 충성의무를 부담
한다는 해석론을 확립할 필요가 있다.[18]

(3) 충실의무 위반 관련 판례의 태도

판례에서 금융기관의 고객자산 운용관련 충실의무 위반이 문제
된 사례는 (i)간접투자자산운용업법이 적용되던 시기에 발생한 부실
기업이 발행한 회사채를 자기가 운용하는 펀드들 사이에서 부당하

기 육성 시스템을 갖추고 있는지 ▲약관이나 투자설명서 상의 투자 원칙
이 얼마나 잘 지켜지고 있는지 ▲회사가 어떻게 장기성과를 평가하고 있
는지 등에 대한 평가도 지표에 포함되어야 할 것"이라고 주장한 것으로 보
도되었다. 아시아경제, 신인의무지표 도입 두고 당국-자산운용업계 날 선
대립(2013. 1. 31).

[17] 금융투자회사의 표준윤리규칙(2012. 10. 26); 현행 금융투자회사의 표준윤
리규칙(2015. 12. 4)에서는 충실의무의 표제가 삭제되고 "회사와 임직원은
정직과 신뢰를 가장 중요한 가치관으로 삼고 신의성실의 원칙에 입각하여
맡은 업무를 충실히 수행하여야 한다"는 조문이 제4조(신의성실)로 도입되
었다.

[18] 주식회사 이사의 충실의무와 마찬가지로 자본시장법 제79조 제2항도 금융
투자업자와 투자자간의 이익충돌 상황에서 투자자를 보호하기 위한 조문
으로서의 의의를 지니며, 신인의무 법리에서 도출되는 사법상의 일반원칙
으로서의 충실의무를 부과한 것이라고 주장하는 견해로는 유영일(2013),
321~325쪽.

게 편출입한 사안 및 (ii)구 증권거래법이 적용되던 시기에 발생한 증권회사 임직원의 불법적 일임매매 또는 과당매매와 관련된 사안들이 대부분이다. 그 밖에 집합투자업자 등의 책임이 다투어진 사례들은 대체로 고객자산운용과 관련한 선관주의의무가 주요 쟁점이 되었으므로 충실의무와 관련된 범위에 한하여 검토한다.

첫째, 제2장 제1절에서 살펴본 바와 같이 부실 회사채의 펀드간 부당 편출입 사건은 자산운용회사가 이익충돌 금지의무를 위반한 거래를 함으로써 특정 펀드의 수익자들에 대해서 손해를 가한 사안이다.[19] 대법원에서는 사안에 따라 "피고가 그 당시 기준 신용등급 이하로 신용평가가 낮아진 대우채에 대한 가격 조정 혹은 신속처분의 조치를 취하지 아니한 것이 위탁회사의 수익자에 대한 일반적인 선관주의의무 또는 충실의무 등 위반행위에 해당한다고 보기도 어렵다"고 판시한 경우도 있고(사안 ①)[20] "당초 다른 신탁재산에 편입되어 있던 대우그룹 채권의 만기를 연장하여 이를 해당 신탁재산에 새롭게 편입시킨 행위는 수익자에 대한 관계에서 위탁회사의 선관주의의무 위반에 해당한다."고 판시한 경우도 있다(사안 ②).[21] 두 사례는 모두 집합투자업자 등에 적용되는 충실의무가 자본시장법상 명문화되기 이전에 발생한 사안에 관한 것이기는 하지만 자산운용사가 특정펀드 고객의 이익을 위하여 부실채권의 만기를 연장한 것이라는 공통점이 있음에도 불구하고 법원에서는 선관주의의무 위반과 충실의무 위반을 특별히 구별하지 않고 사용한다는 점을 알 수 있다. 사안 ①에서는 자산운용사와 대우그룹사이에 이해관계가 개입되지 않았음에도 불구하고 충실의무와 주의의무 위반을 모두 인정

---

19) 해당 투자신탁회사의 이익충돌금지의무 위반의 양상에 관한 설명으로는 제2장 제1절.
20) 대법원 2006. 5. 11 선고 2003다51507 판결.
21) 대법원 2004. 2. 27 선고 2002다63572 판결.

하였고, 사안 ②는 자산운용사가 투자대상자산의 발행회사에 대한
채권자의 지위에 있음에도 불구하고 충실의무가 아닌 선관주의의무
위반만을 인정하였다는 비판도 제기되고 있지만,[22] 펀드간 부당 편
출입으로 이익충돌을 야기한 사실 자체가 신인의무 법리에 따른 이
익충돌금지의무 위반에 해당하기 때문에 일관되게 충실의무 위반을
인정하는 것이 바람직하다.

둘째, 포괄적 일임매매 또는 과당거래와 관련된 판례의 태도도
충실의무 위반과 선관주의의무 위반을 명확하게 구별하지 않고 있
다. 구 증권거래법상 증권회사가 고객으로부터 수량·가격·매매의 시
기에 한하여 일임을 받아 운용하는 것만이 허용되었으나[23] 증권회
사들은 종류와 종목까지 일임 받아 포괄적 일임매매를 하였고 불법
적 수익보장약정과 결합되면서 다수의 분쟁을 야기하였다.[24] 대법
원에서는 증권거래법을 위반한 일임매매 약정에 따른 증권회사 임
직원의 과당거래에 대해서 "고객에 대하여 보호의무가 있어 선량한
관리자로서의 주의의무(충실의무)를 다하여야 할 것이고 이를 위반
하여 증권회사가 포괄적 일임매매 약정을 하였음을 기화로 고객의
이익을 무시하고 회사의 영업실적만을 증대시키기 위하여 무리하게
빈번한 회전매매를 함으로써 고객에게 손해를 입힌 경우에는 불법
행위가 된다."고 판단하였다.[25] 2000년대 이후에는 대법원에서 점차

---

22) 두 번째 사안에 대하여 피고 투신사가 대우그룹에 대한 채권단의 일환으
로서 자신의 이익을 위하여 환매를 연기하고 부당편출입을 실시하였다는
측면을 강조하는 해석으로는 정대익(2015), 52쪽.
23) 자본시장법 제정으로 제한적 일임매매는 전면 금지되고 금융투자업자가
투자일임업으로 등록한 경우, 투자중개업자가 투자자의 매매주문을 받아
이를 처리하는 과정에서 금융투자상품에 대한 투자판단의 전부 또는 일부
를 일임받을 필요가 있는 경우로서 대통령령으로 정하는 경우에는 일임매
매를 허용하였다(자본시장법 제7조 제4항, 자본시장법 시행령 제7조 제2항).
24) 김건식·정순섭(2013), 144쪽.
25) 대법원 1979. 3. 27 선고 78다2483 판결; 대법원 1996. 8. 23 선고 94다38199

충실의무의 독자적 지위를 인정하는 것으로 해석할 수 있는 판결을 선고하였고, 포괄적 일임매매약정에 따른 과당거래의 경우에는 고객에 대한 충실의무를 위반한 행위에 해당한다는 점을 명백히 하고 있다.[26) 포괄적 일임매매거래에 대해서도 고객자산을 위탁받아 운용한다는 측면에서 신인의무 법리에 따른 충성의무 및 이익충돌금지 원칙이 적용되어 마땅할 것이므로 증권회사의 포괄적 일임매매나 과당거래에 대해서도 충실의무 위반 여부를 기준으로 판단해야 할 것이다.

한편, 최근 징계 및 검찰수사의 대상이 된 자산운용회사의 채권파킹 거래와 관련하여 일부 기관투자자가 손해배상소송을 청구하는 것을 검토하는 것으로 보도되었으나 피해액이 크지 않은 경우 합의금을 지급하는 것으로 하고, 피해액이 큰 보험사에 대해서는 총 40만 건의 보험계정에 대해서 손해액에 5%의 법정이자를 가산한 금액을 지급할 계획이라고 알려졌다.[27) 이 사안이 소송으로 발전할 경우에

판결; 대법원 2002. 3. 29 선고 2001다49128 판결 등.

26) "증권회사가 고객과 포괄적 일임매매 약정을 하였음을 기화로, 그 직원이 충실의무를 위반하여 고객의 이익을 등한시하고 무리하게 빈번한 회전매매를 함으로써 고객에게 손해를 입힌 경우에는, 과당매매행위로서 불법행위가 성립한다. 이 경우 증권회사의 직원이 충실의무를 위반하여 과당매매행위를 한 것인지의 여부는 고객 계좌에 대한 증권회사의 지배 여부, 주식매매의 동기 및 경위, 거래기간과 매매횟수 및 양자의 비율, 매입주식의 평균적 보유기간, 매매주식 중 단기매매가 차지하는 비율, 동일 주식의 매입·매도를 반복한 것인지의 여부, 수수료 등 비용을 공제한 후의 이익 여부, 운용액 및 운용기간에 비추어 본 수수료액의 과다 여부, 손해액에서 수수료가 차지하는 비율, 단기매매가 많이 이루어져야 할 특별한 사정이 있는지의 여부 등 제반 사정을 참작하여 주식 매매의 반복이 전문가로서의 합리적인 선택이라고 볼 수 있는지 여부를 기준으로 판단하여야 한다." 대법원 2007. 04. 12 선고 2004다6122; 대법원 1997. 10. 24 선고 97다24603 판결; 2006. 2. 9 선고 2005다63634 판결 등.

27) 한국경제, '불법채권거래' 맥쿼리투신, ING생명 고객에 120억 환급(2015. 9. 14).

는 해당 금융기관의 충성의무 위반 문제가 제기되었을 것이나, 개별
합의로 분쟁이 마무리 될 경우 적용 법리를 확인하기는 어렵다. 또
한 그 배상의 범위와 관련해서도 전행적인 불법행위 법리가 적용되
고 있는데 신탁법 등을 근거로 펀드 매니저 및 회사가 충실의무 위
반으로 취득한 이익을 환수할 가능성은 별로 고려되지 않은 것으로
보인다.[28]

한편, 집합투자업자의 고객에 대한 손해배상 책임이 인정된 사례
들은 집합투자증권 등의 판매에 관한 내용이며, 운용행위와 관한 사
안들도 대체로 선관주의의무 준수 여부가 쟁점이 된 분쟁이 주를 이
루었으나,[29] 그 가운데 일부 사안에서는 충실의무 또는 선관주의의
무 가운데 어떤 의무를 위반하였는지가 다소 불분명한 경우가 있다.
예를 들어 최근 선고된 하급심 판결에서는 버나드 매도프의 폰지 스
킴에 따라 운용되는 미국 펀드를 편입하는 목적으로 설립, 운용되는
국내 재간접펀드의 운용사에 대해서 제기된 소송과 관련하여 "이 사
건 펀드에서는 매도프가 자산의 운용과 수탁을 겸임함으로써 결과
적으로 위 펀드에 대한 이해상충 소지를 규제하지 못하게 된 위험요
인이 존재하고 있었다."고 인정하면서도 어디까지나 이를 확인하고
고객에게 고지할 의무는 고객보호의무차원에서 인정되는 것이라고
판단하였다.[30] 제2장에서 검토한 바와 같이 매도프가 폰지 스킴에
따라 사기적으로 고객 자금을 모집, 운용한 행위에 대해서는 투자자

---

28) 당해 사건에서는 구체적 이득액/손해액의 범위를 정하기는 어려워 보인
    다. 금리하락을 기대하고 채권파킹 거래를 실시한 경우, 그 예측이 맞아
    떨어진다면 고객 또한 파킹거래로 인한 이익을 보았을 것인데, 이를 손해
    액과 상계할지 여부가 쟁점이 될 수 있다. 또한 펀드매니저의 이익을 계산
    함에 있어서도 파킹거래가 실시된 전체 기간 동안의 수수료 수익 및 중개
    업자로부터 수취한 리베이트 전액을 모두 합산할지가 문제될 수 있다.
29) 대법원 2012. 11. 15. 선고 2011다10532 판결.
30) 서울고등법원 2012. 6. 8. 선고 2010나104272 판결.

에 대한 충성의무 위반이 인정될 수 있지만 매도프가 운용하는 펀드를 편입하는 국내의 재간접 펀드 운용사로서는 투자대상자산을 확인하고 감독할 의무를 부담하며, 이는 피투자 펀드의 운용사가 계열회사 또는 이해관계인이라거나, 이로 인하여 집합투자업자가 리베이트를 받는 다는 등의 특수한 사정이 없는 이상 선관주의의무의 문제로 파악될 수 있을 것이다.

다. 구체적 불건전 영업행위 금지규제와 이익충돌 문제

(1) 자산운용수탁업무에 대한 불건전 영업행위 금지규제

자본시장법상 집합투자업 및 투자자문·일임업자, 신탁업을 영위하는 금융투자업자에 대해서는 총칙적 성격의 선관주의의무 및 충실의무 조문에 이어 구체적인 불건전 영업행위 금지에 관한 조문들이 적용된다. 신인의무법리가 적용될 수 있는 금융투자업무에 대해서 적용되는 불건전 영업행위 규제의 내용은 대체로 유사하며 제2장에서 언급한 바와 같이 고객 자산의 운용재량을 보유하고 있는 자산운용수탁인 집합투자업자·투자일임업자 및 신탁업자에 대해서는 투자자문업자에 비하여 보다 엄격하고 상세한 이익충돌 금지규제를 부과하고 있다.

신인의무 법리가 적용되는 각 금융투자업무 영위시 투자자에 대해서 부담하는 충실의무를 영미법상 충성의무로 해석할 경우, 이익충돌에 관한 구체적 영업행위 규제들은 이익충돌금지원칙(no-conflict rule)과 이익향수금지원칙(no-benefit rule)을 구체화 한 것으로 볼 수 있다. 그럼에도 불구하고, (i)충성의무의 법리는 이익충돌 문제를 체계적으로 파악하고 재량남용을 통제하기 위한 구제수단을 부여하는데 효과적이며, (ii)신탁법 및 회사법 분야에서는 충실의무 법리가 이익충돌금지원칙의 법적 근거로서 이미 자리매김하고 있다는 점을

감안할 때, 자본시장법상 자산운용수탁 및 투자자문 서비스를 제공하는 고객과의 이익충돌에 관한 구체적인 규제를 해석·적용함에 있어서도 충성의무 법리를 기준으로 하는 것이 바람직할 것으로 생각한다.

(2) 이익충돌 관련 불건전 영업행위의 유형

이하에서는 개별적인 규정의 내용을 모두 나열하기 보다는 이익충돌에 관한 규제법규의 내용들을 일정하게 유형화해서 검토하고, 이를 토대로 자본시장법상 신인의무 법리에 따른 이익충돌금지원칙이 어떻게 구현되고 있는지 살펴본다.

(가) 고객이익 우선의무

자본시장법상 신인의무법리가 적용될 수 있는 금융투자업자에 대해서 적용되는 이익충돌 관련 불건전 영업행위 규제 가운데 가장 일반적·포괄적인 내용의 조문은 집합투자업자, 투자일임업자 및 신탁업자 모두 "특정 투자자의 이익을 해하면서 자기 또는 제3자의 이익을 도모하는 행위"를 금지하는 것이다.[31] 해당 조문은 신인의무 법리에 따라 자신의 이익과 투자자의 이익이 충돌하는 경우 투자자의 이익을 우선시해야 한다는 영미법상 충성의무와 동일한 내용으로 보이지만, 손해가 실제로 발생한 것을 요건으로 하는 것처럼 해석될 수 있기 때문에[32] 적용범위에서는 차이가 날 수 있다.

특히 해당 조문은 집합투자업자 등에 대해서 총칙적으로 적용되는 충실의무 조항의 문언상의 모호함을 보완해 주고, 다른 불건전

---

31) 자본시장법 제85조 제4호(집합투자업자), 제98조 제2항 제4호(투자일임업자), 제106조 제4호(신탁업자).
32) 제2장 제1절에서 검토한 맥쿼리자산운용에 대한 채권파킹 징계사례에서도 실제 손해가 발생한 부분에 대해서만 제98조 제2항 제4호 위반이 문제되었다.

영업행위 금지규정들에 포섭되지 않는 새로운 유형의 이익충돌 거래를 규제할 수 있는 근거가 될 수 있다. 더욱 중요한 것은 금융투자업자가 투자자이익 우선의무에 관한 제37조 제2항이나 충실의무에 관한 제79조 제2항을 위반했다고 하더라도 금융당국의 행정적 제재가 가능하지 않고, 형법상 배임죄의 성립과는 별개로 자본시장법에 따른 형사처벌이 가능하지 않기 때문에, 행정적, 형사적 책임을 부과함으로써 이익충돌금지원칙에 관한 집행의 실효성을 높이기 위하여 구체적 영업행위 규정에서 중복적인 규정을 두고 있다고도 해석될 수 있다.

이러한 차원에서 해당 조문의 필요성은 인정할 수 있지만, 자본시장법상 이익충돌 규제 체계를 전체적으로 고려할 때 바람직한 입법 방안인지에 관해서는 재고가 필요하다. 영국에서는 금융투자업자가 준수해야 할 기본적 의무의 하나로 투자자와 금융투자업자 및 투자자들 간의 이익충돌을 공평하게 관리할 의무를 규정하고 이러한 원칙을 위반했을 경우에는 제재할 수 있는 근거로 삼고 있는데,[33] 우리나라도 이를 참고하여 자본시장법 제44조에 관한 집행의 실효성을 높이는 한편, 집합투자업자의 충성의무를 규정한 제79조 제2항의 위반에 대해서도 효과적인 제재수단을 도입하는 방안에 관하여 검토해 볼 수 있을 것이다. 반대로, 충실의무는 사법상의 일반 법리를 명문화 한 것이고, 따라서 행정적·형사적 책임을 부과하는 것은 바람직하지 않다는 입장을 취하더라도 민사소송에서 입증책임에 관한 제64조 단서 조항의 적용 범위를 확대하거나, 아래 라.에서 언급한 신탁법상의 구제수단을 자본시장법상 신인의무 법리가 적용되는 금융투자업자의 충실의무 위반행위에 대해서도 인정하는 방안 등을 고려

---

33) Principles of Business 8 - a firm must manage conflicts of interest fairly, both between itself and its customers and between a customer and another client. 대표적인 예로는 제2장 제1절에서 검토한 아비바 인베스터에 대한 제재사례.

함으로써 사후적 집행의 실효성을 높일 수 있을 것으로 생각한다.

한편, 투자자문업자로부터 투자자문을 받은 집합투자업자는 "제79조의 선관의무 및 충실의무에 위반하여 내부적인 투자판단 과정 없이 집합투자재산을 운용하는 행위"가 금지되며, 투자일임업자 및 신탁업자에 대해서도 동일한 내용의 조문이 적용된다.[34] 그러나, 투자자문 결과를 맹목적으로 수용하고 별도의 투자판단을 하지 않는 것은 어디까지나 주의의무의 문제이지 충성의무 위반이 문제된 행위라고 하기는 어려우며, 해당 투자자문업자와의 이해관계를 우선시한 경우라면 충실의무 위반 또는 '특정 투자자의 이익을 해하면서 자기 또는 제3자의 이익을 도모하는 행위' 유형으로 규율될 수 있을 것이다. 동 조문에서 금지하고 있는 행위는 집합투자업자 등이 재량적 판단 과정 없이 투자자문업자의 자문 결과를 추종하는 것인데, 이는 투자의사결정의 재량이 없는 투자자문업자의 집합투자업 인가의 잠탈 우려 및 집합투자업자의 선관주의의무 위반의 문제로 접근하는 것이 타당하다.

(나) 이해관계인과의 거래제한

둘째, 집합투자업자 등의 이해관계인[35]과의 거래를 제한하는 유형이다. 집합투자업자의 경우에는 자본시장법 제84조에서 이해관계

---

34) 금융투자업규정 제4-63조 제5호(집합투자업자), 제4-77조 제13호(투자일임업자), 제4-93조 제19호(신탁업자).

35) 집합투자업자의 임직원 및 그 배우자, 집합투자업자의 대주주 및 그 배우자, 집합투자업자의 계열회사, 계열회사의 임직원 및 그 배우자, 집합투자업자가 운용하는 전체 집합투자기구의 집합투자증권을 100분의 30이상 판매·위탁판매하는 투자매매업자 또는 투자중개업자, 집합투자업자가 운용하는 전체 집합투자기구의 집합투자재산의 100분의 30 이상을 보관·관리하고 있는 신탁업자, 집합투자업자가 법인이사인 투자회사의 감독이사를 의미한다(자본시장법 시행령 제84조).

인과의 거래를 일반적으로 금지하고(제1항 본문), 이해상충 우려가 없는 거래로서 이해관계인이 되기 6개월 이전에 체결한 계약에 따른 거래(같은 항 단서 제1호), 증권시장 등 불특정 다수인이 참여하는 공개시장을 통한 거래(제2호), 일반적인 거래조건에 비추어 집합투자기구에 유리한 거래(제3호), 그 밖에 대통령령으로 정하는 거래(제4호)36)의 경우에는 이해관계인과의 거래를 허용하고 있다. 집합투자업자의 이해관계인과의 거래를 위해서는 개별거래에 대한 투자자의 동의를 요구하지는 않고 있으며, 그 거래 조건이 투자자에게 유리하거나 공개시장에서의 거래로서 이익충돌의 가능성이 낮은 경우를 일반적인 예외로 인정하고 있기 때문에 거래의 현실을 감안하여 완화된 이익충돌금지원칙을 적용하는 것으로 이해된다.

엄격한 이익충돌금지원칙을 기준으로 볼 때, 해당 조문에서 별도의 절차나 기준을 정함이 없이 집합투자업자의 판단에 따라 일반적인 거래 조건에 비추어 집합투자기구에 유리한 거래를 허용하고 있기 때문에 규제의 공백에 관한 우려가 제기될 수 있다. 학설에 따르면, 펀드에게 유리한 거래란 최소한 집합투자기구에 불리하지 않는 가격으로 성사되는 거래로 이해하는 것이 바람직하다는 견해가 있고,37) 유사한 거래, 협상과정의 검토, 해당 거래가 펀드에 미치는 영향, 선택 가능한 대안의 존재 여부, 그 거래를 승인하는 이사들의 판단에 조언을 제공하는 전문가의 자문을 바탕으로 공정한 거래가 이루어졌는지 판단하도록 규정하는 호주 증권투자위원회의 가이드라인을 참고해야 한다는 견해가 있다38) 그러나 집합투자기구에 불리

---

36) 다음 각 호의 어느 하나에 해당되는 경우를 말한다(자본시장법법 시행령 제85조).

37) 변제호 외(2015), 299쪽; 홍영만(2009), 136~138쪽.

38) Australian Securities & Investments Commission RG 76.70. 한국증권법학회(2015), p.459.

하지 않아야 한다거나 또는 절차적 공정성을 준수해야 한다는 요건
은 집합투자업자의 재량과 권한 남용을 통제하기에 불충분하며 자
산운용수탁자에 대해서 고객의 동의 없는 이익충돌 거래를 금지하
는 충성의무 법리의 취지에 부합하지 않는다. 따라서 수익자에게 유
리하다는 이유로 이해관계자 거래를 허용하기 위해서는 독립당사자
간 형성될 조건의 거래 또는 공정한 절차에 따른 거래에 비하여 결
과적으로 투자자에게 유리하다는 점을 금융투자업자가 입증하도록
해야 할 것이다.

이와 유사한 취지의 규제로는 자기 또는 대통령령으로 정하는 관
계인수인이 인수한 증권을 집합투자재산으로 매수하는 행위가 금지
되고(제85조 제2호), 자신 또는 관계인수인, 관계투자업자의 매매수
수료를 증가시킬 목적으로 증권을 단기매매하게 하는 행위[39], 집합
투자재산을 일정기간 동안 월 또는 일단위로 계속하여 매수하는 조
건이나 위약금 지급 조건 등의 별도 약정이 있는 증권에 운용하는
행위,[40] 집합투자재산을 금융투자상품에 운용하는 경우에 매 사업연
도로 총 거래대금 중 계열회사인 투자중개업자의 중개를 통하여 거
래한 금액의 비중이 100분의 50을 초과하도록 계열회사인 투자중개
업자와 거래하는 행위[41]가 금지된다. 최근에는 동양사태 등의 영향
으로 인하여 집합투자재산을 집합투자업자의 계열회사가 발행한 고
위험 채무증권에 투자하는 행위를 금지하는 규제가 도입되었다.[42]
규제대상 행위 유형들은 계열관계에 있는 투자매매·중개업자에 의
해서 판매되는 펀드의 비중이 지나치게 높다거나, 집합투자재산·투
자일임재산·신탁재산 등 고객이 운용을 맡긴 자금에 투자부적격 등

---

39) 금융투자업규정 제4-63조 제1호.
40) 금융투자업규정 제4-63조 제2호.
41) 금융투자업규정 제4-53조 제3의2호(2013. 4. 23. 신설).
42) 금융투자업규정 제4-63조 제6호(2013. 4. 23. 신설).

급의 계열사 회사채·CP를 편입하여 손해를 전가한다는 문제가 제기
될 때마다 행정규칙의 개정을 통해서 계속 추가되고 있다.[43]

(다) 자전거래 제한

셋째, 금융투자업자가 운용하는 다른 집합투자기구, 일임계정, 신
탁계정 또는 자신의 고유재산과 고객이 위탁한 재산 간의 거래를 금
지하는 유형이다("자전거래형"). 집합투자업자는 특정 집합투자재산
을 집합투자업자의 고유재산 또는 그 집합투자업자가 운용하는 다
른 집합투자재산, 투자일임재산 또는 신탁재산과 거래하는 행위가
금지되며(자본시장법 제85조 제5호), 투자일임재산 및 신탁재산의 운
용과 관련해서도 동일한 규제가 존재한다. 같은 취지에서 집합투자
업자는 제삼자와의 계약 또는 담합 등에 의하여 집합투자재산으로
특정 자산에 교차하여 투자하는 행위도 금지된다(자본시장법 제85조
제6호).

자전거래 행위는 금융투자업자의 이익충돌 관련 규제 위반 사례
들 가운데 가장 빈번하게 관찰되는 유형 가운데 하나로서[44] 이러한
행위는 고의적으로 금융투자업자 자신이 대가로 지급받는 보수의
수준에 따라 우량자산을 특정 계정이나 집합투자기구 등으로 편입
시키고 수익률 조작으로도 이어질 수 있는 비난 가능성이 높다. 최
근 몇 년간 금융감독 당국에 의해서 적발된 자전거래 관련 제재의
대표적 사례는 다음과 같다.

---

43) 연합뉴스, 계열사 펀드 판매, 2017년 3월까지 50% 이하로 계속 제한, 금융
    위, 계열사 투자부적격 증권 투자권유 제한도 2년 연장(2015. 4. 20).
44) 최근 증권사가 일임·신탁계정 운용 과정에서 59조 원에 상당하는 불법적
    인 자전거래를 함으로써 중징계가 예고되었으며, 다른 증권사들의 경우에
    도 5조 내지 10조 규모의 불법적 자전거래가 적발된 것으로 보도되었다.
    한국경제, 증권사 불법 자전거래 적발…여의도 '태풍의 눈'으로(2015. 12. 2).

[표 3] 자전거래 관련 최근 제재 사례[45]

제재 일시	회사	제재 사유
2013. 11.14	KB자산운용	집합투자재산간 자전거래(제85조 제5호) 자전거래회피목 적 연계거래(제85조 제8호, 시행령 제87조 제4항 제7호) ▪법률상 불가피한 사유에 해당하지 아니함에도 등 8개 집 합투자기구(매도펀드)가 보유한 채권(194.9억원) 및 주식 미수입금(9.4억원)을 다른 8개 집합투자기구(매수펀드)와 총 8회에 걸쳐 자전거래(거래금액 204.3억원)를 하고, 집 합투자기구간 자전거래 금지를 회피할 목적으로 7개 집 합투자기구(매도펀드)가 보유한 11개 종목의 채권을 총 11회에 걸쳐 5개 중개증권회사에 매도한 후 다른 10개 집 합투자기구(매수펀드)에서 재매수하는 방식의 연계거래 (거래금액 382.4억원)를 이용하여 매수함
2013. 11.14	한화 자산운용	집합투자재산간 자전거래(제85조 제5호) 및 자전거래회피 목적 연계거래(제85조 제8호, 시행령 제87조 제4항 제7호) ▪정당한 사유없이 11개 매도펀드와 9개 매수펀드 간에 주 식(10.8억원), 채권(74.1억원), 콜론(45억원) 등을 준법감시 인의 확인을 받아 자전거래 하였고, 자전거래 금지를 회 피할 목적으로 5개 매도펀드와 4개 매수펀드 간에 채권 (314.2억원)을 중개증권사에 매도한 후 재매수하는 방법 으로 연계거래함
2013. 11.14	하나대투 증권	신탁재산간 자전거래(제108조 제5호) ▪A고객이 위탁한 45.1억원을 특정금전신탁(만기일 2011. 12.30.)으로 수탁받아 정기예금으로 운용하던 중, 2011. 6.27. 특정금전신탁의 중도해지를 요청하자 같은 날 B고 객으로부터 수탁받은 특정금전신탁재산으로 이를 상환 하고 동 정기예금을 편입시키는 등의 방법으로 정기예금 및 CP를 편입·운용하는 특정금전신탁에서 총 2,726회, 15 조 8,603억원의 신탁재산간 거래를 함 투자일임재산간 자전거래(제98조 제2항 제5호) ▪C고객의 투자일임재산(채권형랩) 48억원(만기일 2011. 6.24.)을 CP로 운용하던 중, 2011. 6.24. 동 투자일임계약의 만기가 도래하자 같은 날 D고객의 투자일임재산으로 이 를 상환하고 동 CP를 편입시키는 등의 방법으로 CP, 채권, 정기예금, 예금신탁 등을 편입·운용하는 투자일임재산(채 권형랩)에서 총 6,456회에 걸쳐 26조 9,835억원의 투자일임 재산간 거래를 함

2013. 12.16	지에스 자산운용	자전거래 회피목적 연계거래(제85조 제8호, 시행령 제87조 제4항 제7호) •집합투자기구간 자전거래 금지를 회피할 목적으로 5개의 집합투자기구가 보유한 6개 종목의 채권을 총 7회에 걸쳐 3개 증권회사에 매도하고, 다른 5개 증권회사를 경유하여 다음날 9개 집합투자기구에서 재매수하는 방식의 연계거래(거래금액 403억원)를 이용하여 매수함
2014. 1.15	한국 투자증권	신탁재산간 자전거래(제108조 제5호) •2011.12.16. E 고객이 정기예금의 중도해지를 신청하자 같은 날 동 신탁부가 운용하는 F 고객의 특정금전신탁 재산으로 이를 상환하고 정기예금을 동 위탁자의 신탁재산으로 편입시키는 등의 방법으로 정기예금을 편입·운용하는 특정금전신탁에서 총 9,347회에 걸쳐 8조 7,510억원의 신탁재산간 자전거래를 함
2014. 2.19.	우리 자산운용	자전거래 회피목적 연계거래(제85조 제8호, 시행령 제8조 제4항 제7호) •집합투자기구간 자전거래 금지를 회피할 목적으로 3개 집합투자기구가 보유한 3개 종목의 채권(242.3억원)을 총 3회에 걸쳐 2개 투자중개업자에 매도한 후 다른 3개 집합투자기구로 재매수하고, 집합투자재산과 투자일임재산간 거래 금지를 회피할 목적으로 특정 집합투자기구가 보유한 채권(102.8억원)을 투자중개업자에 매도한 후 자신이 운용하는 투자일임재산으로 재매수하는 등 연계거래를 이용함
2014. 3.12.	대우증권	신탁재산 상호간의 자전거래(제108조 제5호) •2011. 1.14. G고객이 위탁한 200억원을 특정금전신탁으로 수탁받아 정기예금으로 운용하던 중 2011.3.29. G고객이 동 신탁계약을 중도해지하자 같은 날 H 고객이 위탁한 다른 특정금전신탁 재산으로 이를 상환하고 동 정기예금을 H고객의 신탁재산으로 편입시키는 등의 방법으로 총 431회에 걸쳐 3조 5,285억원의 신탁재산간 거래를 함
2014. 4.4.	삼성증권	신탁재산 상호간의 자전거래(제108조 제5호) •I고객이 위탁한 1억원을 특정금전신탁으로 수탁받아 정기예금에 예치·운용하던 중, 2011. 5.30. 동 고객이 특정금전신탁의 만기해지를 신청하자 같은 날 운용중인 다른 특정금전신탁 재산으로 이를 상환하고, 동 정기예금을 위 신탁재산으로 편입시키는 등의 방법으로 정기예금 및

		CP를 편입·운용하는 특정금전신탁에서 총 1,970회에 걸쳐 4조 4,170억원의 신탁재산간 거래를 함
2015. 2.5	유안타 증권(구 동양증권)	신탁재산 상호간의 자전거래(제108조 제5호) •J고객이 위탁하고 있던 신탁재산 7천만원을 CP로 운용하던 중 해당 고객이 2011. 11. 9. 신탁계약을 중도해지하자 같은 날에 K고객으로부터 위탁받은 신탁재산 72,720,051원으로 J고객에게 신탁계약의 해지대금을 지급하는 등의 방법으로 CP, RP, 채권, 수익증권 등으로 운용하던 신탁재산 8,245.5억 원을 총 4,455회에 걸쳐 신탁재산 상호간에 거래를 함
2015. 7.20.	골든브릿지 자산운용	집합투자재산과 고유재산간 거래(제85조 제5호) •사모펀드의 집합투자재산으로 L 빌딩의 소유권을 취득한 이후 해당 펀드로부터 금융투자업자가 L 빌딩을 임차하는 거래를 함

자전거래 유형에 속하는 행위는 외견상 금융투자업무 수행시 발생하는 다수의 투자자들간의 이익충돌 문제로 보일 소지가 있다. 그러나 위 [표 3]의 사례들에서 확인할 수 있듯이 자전거래 규제는 특정 펀드, 일임 또는 신탁자산의 이익으로 다른 펀드, 일임 또는 신탁자산의 손해를 초래하는 것을 사전에 차단하기 위한 것으로서, 금융투자업자가 자신의 이익 또는 제3자의 이익을 위하여 특정 투자자에게 손해를 가하거나 손해를 가할 것으로 예상되는 거래를 금지하는 원형적인 신인의무 법리의 이익충돌금지원칙이 적용되는 영역이다. 집합투자업자의 경우에는 집합투자규약상의 투자한도 준수, 환매 및 해지금액 지급 등의 필요성이 존재하는 경우에는 예외적으로 자전거래를 허용하고 있지만,[46] 이는 다수 투자자들의 최선의 이익을 도모하기 위한 예외라기보다는 불가피한 사정을 고려하여 투자자의 동의를 법률로 의제해 두었다고 보는 것이 바람직하다.

---

45) 2013년 11월부터 2015년 12월까지 제재조치가 취해진 사례로서 금융감독원 제재내역공시에서 확인.

46) 자본시장법 시행령 제87조 제1항 제3호 가목 내지 라목.

한편, 자본시장법 하에서의 자전거래 규제는 금융투자업자가 투자자의 동의를 받더라도 법에서 금지하는 유형의 거래를 수행할 없도록 매우 엄격하게 규정하고 있다는 특징이 있다. 일반적 신인의무 법리에 따르면 투자자의 동의는 이익충돌금지원칙을 배제하기 위한 당연한 전제요건이라는 점을 감안할 때, 자본시장법에서는 정책적 필요성에 따라 자전거래를 강력하게 규제하겠다는 의도를 입법화한 것으로 해석될 수 있다.[47]

(라) 선행매매 유형

집합투자업자 등도 투자매매·중개업자와 마찬가지로 금융투자상품, 그 밖의 투자대상자산의 가격에 중대한 영향을 미칠 수 있는 매수 또는 매도 의사를 결정한 후 이를 실행하기 전에 그 금융투자상품, 그 밖의 투자대상 자산을 집합투자업자의 자기계산으로 매수 또는 매도를 권유하는 행위인 소위 선행매매(front running)가 금지된다(자본시장법 제85조 제1항). 이는 투자매매·중개업자의 불건전 영업행위 금지 규정에 속하는 선행매매, 스캘핑 금지규제와 마찬가지로, 금융투자업자와 고객간의 이익충돌 문제를 규제하려는 성격과 특정 금융투자업무를 영위하면서 지득한 정보를 이용하여 시장에 대한 남용행위를 하는 것을 규제하려는 두 가지 목적이 동시에 존재한다는 특징이 있다.

라. 구제수단의 측면

자본시장법에서는 집합투자업자 등이 일반적인 선관주의의무, 충

---

47) 투자일임업자 또는 신탁업자의 경우 투자자의 동의가 있는 경우에는 이해관계인이 발행한 증권에 대한 투자가 가능한 것으로 규정되어 있는 점을 비추어 보면 이러한 특징이 더 잘 나타난다. 각각 자본시장법 제98조 제2항 제7호 및 제108조 제7호.

실의무 및 개별적 영업행위 조항에서 규정하는 이익충돌 관련 조문을 위반하였다고 하더라도 투자자는 손해의 발생과 인과관계를 입증하여 금융투자업자에 대하여 계약불이행에 따른 책임과 자본시장법 제64조 및 민법 제750조에 따른 손해배상 책임을 물을 수밖에 없다. 신인의무 법리에 따르면 신인의무자가 이익충돌금지원칙을 위반하여 투자자의 유효한 동의를 받지 않고 자기 또는 제3자의 이익을 우선시 하는 거래를 했을 때는 투자자에게 원상회복, 손해배상 또는 이익환수 등의 다양한 구제수단이 부여되어야 할 것이나, 자본시장법 하에서는 계약불이행 책임 또는 불법행위에 따른 손해배상의 법리만이 적용되고 있기 때문에 신인의무 법리가 제대로 구현된다고 보기 어렵다.[48]

반면, 제2장에서 살펴본 바와 같이 신탁법 제43조에서는 수탁자의 의무 위반시 수익자가 원상회복과 손해배상을 선택적으로 청구할 수 있도록 하고(제1항), 수탁자가 신탁법 제33조부터 제37조까지의 규정에서 정한 의무를 위반한 경우에는 신탁재산에 손해가 생기지 아니하였더라도 수탁자는 그로 인하여 수탁자나 제3자가 얻은 이득 전부를 신탁재산에 반환하도록 함으로써(제3항), 구제수단의 측면에서도 영미법상 신인의무 법리의 원형에 가까운 모습을 보이고 있다.[49] 결과적으로 자본시장법상으로는 자산운용수탁자에 해당하는 집합투자업자, 투자일임업자 및 신탁업자와 고객 간에는 법적인 형

---

48) 대법원에서는 구 증권거래법을 위반한 일임매매 약정에 관해서 유효라고 판단하였다. 대법원 2002. 3. 29 선고 2001다49128 판결; 한편, 자본시장법 제정 이후 명문으로 금지된 포괄적 일임매매 계약의 효력에 관해서는 아직 명시적 판례가 존재하지 않고, 학자들의 견해가 갈리고 있는 점에 비추어 볼 때, 충실의무 및 구체적 영업행위 금지조항에 위배한 행위가 발생할 경우에 이를 위반하여 체결한 계약을 투자자가 일방적으로 무효화할 수 있을지도 불확실하다. 임재연(2015), 224쪽; 김건식·정순섭(2013), 808쪽.

49) 제1장 제3절, 제2장 제1절.

식은 다르지만 경제적 메커니즘에 있어서는 신탁법에 따른 신탁과 유사한 관계가 성립함에도 불구하고, 구제수단의 측면에서는 신탁법의 적용 여부에 따라 현격한 차이가 존재하게 된 것이다.

자산운용수탁자 등에 대하여 사법(私法)상의 일반의무로서 부과되는 충실의무(제79조 제2항)을 신인의무법리에 따른 충성의무로 해석함으로써 이익충돌금지원칙과 이익향수금지원칙의 근거조문으로 기능하도록 해야 한다는 점은 앞서 주장한 바와 같다. 그렇다면, 투자자의 재산에 대하여 운용재량과 권한을 보유하고 투자자로부터 두터운 신뢰와 신임을 부여받은 자산운용수탁자의 업무수행과 관련된 충실의무 위반에 대해서도 신인의무자의 재량을 통제하기 위한 강력한 구제수단이 부여되는 것이 바람직하며, 이미 신탁법상으로도 동일한 취지의 조문이 입법되어 있다. 따라서, 자본시장법에서도 제79조 제2항을 위반한 행위에 대해서는 투자자의 선택에 좇아 금융기관이 이익충돌로 인하여 취득한 이익을 환수할 근거 조문을 입법화하는 것이 바람직하다. 또한, 반드시 이익환수에는 이르지 않더라도 충실의무 및 충실의무에서 도출되는 구체적인 영업행위 규칙을 위반하여 투자자의 손해를 가한 경우에는 입증책임을 전환하거나, 금융투자업자의 면책을 제한하는 등 다양한 사법상의 구제수단을 부여할 수 있도록 법률을 개정하는 과제를 검토해야 할 것이다.

2. 투자매매업 및 투자중개업의 수행과 이익충돌

가. 투자매매업무 및 투자중개업무에 적용되는 이익충돌 관련 규제 체계

제3장에서 설명한 바와 같이 투자매매·중개업무에 대해서는 이익충돌금지원칙으로 대표되는 신인의무 법리가 적용되기 어렵기 때문에 고객과 발생하는 이익충돌 상황에서 준수하여야 할 행위준칙에

관하여 일괄적으로 정의할 수 없다. 따라서 금융투자업자가 수행하는 업무의 영위 양태와 법적인 성격에 따라 고객에 대해서 부담하는 의무의 수준이 달라질 것이나, 해당 의무의 내용을 정함에 있어서 구체적인 법률관계에서 금융기관이 고객에 대하여 정보와 전문성의 우위에 있다는 사정을 악용하여 고객이 부여한 신뢰를 저버리지 않도록 하는 이익충돌 규율 법리의 취지가 반영되어야 할 것이다. 자본시장법 하에서는 주로 증권회사라는 단일법인 하에서 투자매매업무와 투자중개업무가 동시에 영위되고 있으며, 예외적으로 은행이 장외파생상품에 관한 매매업무를 수행하거나 집합투자증권의 투자권유행위를 하는 등 다른 금융기관들이 법률에서 허용하는 범위 내에서 겸영이 이루어지고 있다.

신인의무 법리가 적용될 수 있는 집합투자업 등과는 달리, 투자매매·중개업의 영위에 관해서는 일반 규정으로서의 선관주의의무와 충실의무는 없다. 따라서, 위탁매매관계가 성립하는 고객주문의 체결·집행기능을 제외하면 투자매매·중개업자에 대해서 고객의 이익을 위하여 업무를 영위할 사법(私法)상의 일반의무를 부과하는 근거는 없고, 개별적 영업행위 규제만이 적용된다. 또한 투자권유행위에 대해서도 적합성의 원칙(제46조) 및 설명의무(제47조)가 가장 일반적인 조문으로 규정되어 있으며 고객에 대해서 자문 제공자의 지위를 인정하거나, 고객의 최선의 이익을 고려하여 투자권유행위를 할 적극적인 의무는 없다. 이러한 점에서 투자매매·중개업무 및 투자권유행위시 발생할 수 있는 이익충돌에 관한 최상위 규범은 자본시장법 제37조 제2항의 투자자이익 우선의무이며, 이익충돌 관리의무(제44조), 정보교류 차단장치(제45조) 및 구체적 불건전 영업행위 금지 규제를 통하여 이익충돌 발생시 투자자에게 손해를 가할 위험이 큰 행위들을 사전에 통제하고 있다.

나. 이익충돌 관련 규제의 내용

(1) 매매형태 명시 및 자기계약 금지의무

투자매매업자 또는 투자중개업자는 투자자로부터 금융투자상품
의 매매에 관한 청약·주문을 받는 경우에는 사전에 그 투자자에게
자기가 투자매매업자인지 투자중개업자인지를 밝혀야 하고(자본시
장법 제66조), 금융상품에 관한 같은 매매에 있어서 본인이 됨과 동
시에 상대방의 투자중개업자가 되어서는 아니 된다(자본시장법 제67
조). 제66조의 거래형태명시의무는 투자매매업이나 투자중개업 자체
를 수행하면서 고객과의 거래관계에서 생기는 이익충돌을 규정한다
고 보기는 어렵고, 하나의 법인이 두 가지 기능을 동시에 수행하면
서 매매거래의 당사자 및 위탁매매인으로서의 지위를 남용하는 것
을 방지하기 위한 기능을 가진다. 이러한 조문은 미국에서 브로커-
딜러가 고객을 함에 있어서 자신이 고객의 대리인인지, 아니면 다른
고객의 대리인인지 여부를 명시하도록 하고 있는 SEC 규칙에 상응하
는 규제라고 평가된다.50)

한편, 제67조는 투자중개업자의 위탁매매업무와 관련하여 민법
제124조에 따른 대리인의 자기계약 금지의무와 유사하게 이익충돌
의 발생가능성을 사전에 차단하기 위한 조문이다.51) 동 조문의 단서
에서는 공정한 시세가 형성되는 증권시장 또는 파생상품 시장을 통
해서 매매가 이루어지도록 한 경우에는 자기거래 금지의무의 적용

---

50) SEC 규칙 10b-10(a)(2).

51) 자본시장법 개정으로 예외 사유가 신설되었고, 시행령상 투자매매업자 또
    는 투자중개업자가 자기가 판매하는 집합투자증권을 매수하는 경우, 다자
    간 매매체결회사를 통해서 매매가 이루어지도록 한 경우에도 자기계약을
    허용하였다. 다만, 이러한 예외사유가 위탁매매인의 개입권(상법 제107조)
    을 인정한 것인지 여부에 관해서는 견해가 나뉜다. 찬성하는 견해로는 한
    국증권법학회(2015), 365쪽; 반대하는 견해로는 임재연(2015), 208쪽.

을 배제하고 있는 바, 이는 제3장에서 검토한 바와 같이 시장 인프라
의 발전과 수수료의 인하로 인하여 금융기관이 보유하는 재량이 별
로 없는 장내거래의 경우에는 자기거래 금지원칙의 예외를 인정하
더라도 투자자 보호에 문제가 없다는 취지를 반영하고 있는 것으로
해석된다. 다만, 자기계약금지의무를 제외하고는 장내거래 및 장외
거래에서 금융투자업자가 고객의 주문·집행과 관련하여 보유하는
재량의 차이를 감안하여 후자의 경우 신인의무 법리에 따른 충성의
무에 상응하는 의무가 부과된 것은 아니다. 제3장 제2절에서 검토한
바와 같이 채권시장 등 장외거래의 비중이 큰 시장에서 특히 투자중
개업자의 재량남용행위가 문제되는 사례가 빈번하게 발생하고 있으
므로 입법적으로 장외거래에서의 이익충돌 행위를 통제하기 위한
규정을 신설하는 것이 바람직하다.

(2) 최선집행의무

자본시장법 제68조에서는 투자매매업자 또는 투자중개업자에게
최선집행기준을 마련하여 공표하게 하고(제1항), 그 집행기준에 따
라 금융투자상품의 매매에 관한 청약 또는 주문을 집행할 의무를 부
과하는 등(제2항) 최선집행의무(best execution rule)를 규정하고 있다.
동 조항은 지난 2013년 자본시장법이 대폭 개정되면서 거래소 허가
제와 다자간 매매체결회사를 도입하여 한국거래소의 독점이 법적으
로 폐지됨에 따라 투자매매업자 또는 투자중개업자가 복수의 증권
시장에서 금융투자상품을 매매하는 경우에는 최선집행의무에 따라
고객 주문을 집행할 의무를 부과하기 위해서 새롭게 제정된 것이
다.[52]

미국에서는 브로커-딜러의 최선집행의무를 규정한 명문 규정은

---

52) 김건식·정순섭(2013), 804~806쪽.

없으나 신인의무에 기하여 인정되고 있으며[53] 고객과 금융투자업자
사이에 이익충돌이 발생할 경우 금융기관의 행위 태양을 규제하려
는 취지라고 해석된다.[54] 유럽연합에서는 거래시장(tranding venues)간
의 경쟁이 존재하는 상황에서 금융투자업자에 대하여 고객주문 체
결시 '가능한 최선의 결과'를 얻을 수 있도록 하는 최선집행의무를
부과함으로써 금융시장의 효율성뿐만 아니라 주문체결과정에 대한
정보와 이해력이 부족한 소매고객 보호를 달성할 수 있다는 데 오래
전부터 주목하였다.[55] 우리나라에서는 동 조문은 자본시장법 제37조
제1항에 규정된 추상적인 신의성실 의무를 구체화 한 것이라고 해석
되고 있으며 아직 구체적으로 어떤 기준으로 주문집행을 배분하는
것이 '최선'에 부합하는 것인지에 관한 가이드라인은 없는 상황이
다.[56]

　　최선집행의무를 신인의무에서 도출되는 원칙이라고 해석하는 것
은 투자매매·중개업자가 다른 거래시장을 선택하여 고객 주문·체결
에 영향력을 행사할 수 있는 재량을 보유할 수 있기 때문이다. 즉,
종래 한국거래소의 독점 체제가 유지되어 온 우리나라에서는 상장
증권의 가격에 대한 일물일가의 원칙이 준수되었으며[57], 주문시 한

---

53) Mary Shepro(2014), p.6; 특히 미국에서는 고빈도 거래(high frequency trading)과
　　관련된 최선집행의무 위반 여부가 문제가 되어 상원에서 조사위원회가 구
　　성되어 고객에 대해 최선의 조건으로 주문을 체결하기로 약속하고 특정
　　거래소로부터 수수료를 돌려받은 TD Amerittrade 등 브로커의 이익충돌에
　　관한 청문회가 개최되었다. 해당 청문회에서 뉴욕거래소의 회장(Thomas Fa
　　rley)는 리베이트를 주는 메이커-테이커(maker-taker) 모델 자체가 내재적인
　　이익충돌을 야기하기 때문에 그 자체를 문제삼을 수 없다고 반박하였다.
　　New York Times, At Senate Hearing, Brokerage Firms Called Out for Conflicts(2014. 6.
　　17).

54) 장근영(2013), 73쪽.

55) Niamh Moloney(2010), p.355.

56) 임재연(2015), 214~215쪽; 장근영(2013), 88~89쪽.

국거래소를 특정하여 그곳에서 거래가 체결되도록 하는 경우에는 최선집행의무의 준수 여부가 문제될 가능성은 낮다. 향후에는 미국이나 유럽연합에서처럼 한 종목의 증권이 복수의 증권시장에서 거래 되는 상황에서는 신인의무자가 부담하는 주의의무 및 충실의무를 구체화 하여 투자자의 이익을 위하여 복수의 가격 중 가장 유리한 가격으로 매매할 수 있도록 하는 최선집행의무를 부과할 필요가 있으며, 금융투자업자는 복잡한 가격결정 메커니즘이 복수로 존재하는 상황에서 특정 거래소로부터 킥백을 받지 않아야 할 뿐만이 아니라, 사전에 배분절차를 미리 정하고 해당 메커니즘을 고객에게 알림으로써 최선집행의무를 준수할 수 있을 것이다.[58]

(3) 선행매매

자본시장법에서는 투자매매·중개업자가 투자자와의 관계에서 정보우위를 이용해서 부당하게 사적이익을 추구하는 행위의 전형적 선행매매와 스캘핑을 규제한다(제71조 제1호 및 제2호). 선행매매(front running)는 투자매매·중개업자가 투자자로부터 금융투자상품의 가격에 중대한 영향을 미칠 수 있는 매수 또는 매도의 청약이나 주문을 받거나 받게 될 가능성이 큰 경우 이를 체결시키기 전에 그 금융투자상품을 자기의 계산으로 매수하는 행위이고, 스캘핑은 특정 종목을 추천하기 전에 자기계산으로 주식을 매수하였다가 동 주식을 추천한 이후 시장 가격이 상승하면 되파는 행위를 규제하는 것이다.[59]

---

57) 개정 전 자본시장법에서는 "투자중개업자는 투자자로부터 증권시장 또는 파생상품시장에서의 매매의 위탁을 받은 경우에는 반드시 증권시장 또는 파생상품 시장을 통하여 매매가 이루어지도록 하여야 한다."는 시장매매의무(또는 거래소 집중의무)를 규정하고 있었다. 변제호 외(2015), 241~242쪽.
58) 멀로니 교수는 벤치마크의 설정, 주문배분절차의 정비, 정보의 공개 등을 최선집행의무의 내용으로 구체화 한다. Niamh Moloney(2010), pp.356~360.

자본시장법상 선행매매와 스캘핑을 금지하는 것은 직무상 알게 된 정보로서 외부에 공개되지 아니한 정보를 정당한 사유 없이 자기 또는 제3자의 이익을 위하여 이용하지 못한다는 자본시장법 제54조를 구체화한 규정이라고 해석된다.[60] 자본시장법 제54조는 금융투자업자가 다양한 업무를 영위하는 과정에서 특정 투자자로부터 취득할 수 있는 정보를 악용하여 부당한 손해를 가하는 것을 방지하기 위한 규제의 측면도 있고, 불공정거래규제를 보완하기 위한 기능을 수행하기도 한다.[61] 선행매매와 스캘핑 등의 행위는 투자중개업무의 상대방 고객으로부터 지득하거나 지득할 수 있는 정보를 활용하여 투자매매업을 영위하거나 금융기관의 자기계산 거래로부터 이득을 취함으로써 투자자의 거래정보를 악용하고 투자자의 신뢰를 배반하는 행위로서 허용되어서는 안 된다.[62]

(4) 과당거래(Churning)

과당거래는 고객의 계정에 대해서 재량을 보유한 투자중개업자가 수수료 수익을 위해서 고객 이익을 침해하는 행위로서 신인의무

---

59) 금융투자협회에서는 "조사분석자료 공표 전 사전 제공 관련 가이드라인 (2014. 5. 30)"을 모범규준으로 제정, 운용하고 있다.

60) 임재연(2015), 224쪽.

61) 스캘핑을 미공개정보를 이용한 내부자거래 또는 시세조종 금지 등 불공정거래 규제와 동일한 취지로 파악하는 견해로는 한국증권법학회(2009), 332쪽.

62) 미국에서는 투자자문업자의 대고객 신인의무 위반을 최초로 인정한 사례로 평가되는 SEC v. Capital Gains Research Bureau Inc 판결에서 투자자문업자가 행한 스캘핑을 신인의무 위반의 문제로 접근해야 한다는 견해와 투자판단에 중요한 내용을 이루는 금융기관의 이해관계를 고지해야 한다는 연방 증권법상 사기금지 조항의 위반 여부로 파악해야 한다는 주장이 대립하고 있다. 전자의 견해는 Arthur Laby(2011), p.1072; 후자의 견해로는 Larry Ribstein(2011), p.917.

법리의 이익충돌금지원칙이나 그에 상응하는 강력한 규제가 필요한
행위의 유형이다. 구 증권거래법 시절 증권회사가 제한적으로 허용
되던 일임매매 약정을 기화로 자신의 수수료 수익만을 증대시킬 목
적으로 무리하게 빈번한 회전매매를 실시하는 문제가 발생하였기
때문에 자본시장법에서는 포괄적 일임매매 자체를 금지하고, 투자중
개업자의 영업행위 규제로서는 일반투자자에게 그 투자목적과 재산
상황 및 투자경험 등을 고려하지 아니하고 자주 투자권유를 하거
나[63] 일반투자자를 대상으로 빈번한 금융투자상품의 매매거래 또는
과도한 규모의 금융투자상품의 매매거래를 권유하는 행위를 금지하
고 있다.[64]

　　대법원은 구 증권거래법을 위반한 일임매매 약정에 따른 증권회
사 임직원의 과당거래와 고객보호의무 위반이 문제된 초기부터 "포
괄적 일임매매약정이 있는 경우에도 증권회사의 직원[65]은 고객에
대하여 보호의무가 있어 선량한 관리자로서의 주의의무(충실의무)
를 다하여야 할 것이고 이를 위반하여 증권회사가 포괄적 일임매매
약정을 하였음을 기화로 고객의 이익을 무시하고 회사의 영업실적
만을 증대시키기 위하여 무리하게 빈번한 회전매매를 함으로써 고
객에게 손해를 입힌 경우에는 불법행위가 된다."고 판단하였다.[66]

---

63) 자본시장법 시행령 제68조 제6항 제2호.

64) 금융투자업규정 제4-20조 제1항 제5호 가목.

65) 포괄적 일임매매 약정에 관한 대법원 판결에서는 계약관계가 존재하는 증
　　권회사가 아니라 증권회사의 직원이 고객에 대한 선관주의의무(충실의무)
　　를 위반한 점이 문제가 되고 증권회사는 사용자 책임을 부담하는 방식으
　　로 법리가 구성된 사례가 있으나, 이는 계약 당사자와 법률관계를 명확하
　　게 구별하지 않은 것으로 평가할 수 있다.

66) 대법원 1979. 3. 27. 선고 78다2483 판결; 대법원 1996. 8. 23 선고 94다38199
　　판결; 대법원 2002. 3. 29. 선고 2001다49128 판결 등.

(5) 투자권유 규제

자본시장법상 투자권유 규제는 적합성의 원칙(제46조)과 설명의무(제47조)를 핵심으로 한다. 투자권유를 하는 금융투자업자는 일반투자자의 투자목적·재산상황 및 투자경험 등의 정보를 파악하고 적합하지 않은 투자권유를 하지 않아야 하며, 금융투자상품의 내용, 투자에 따르는 위험, 금융투자상품의 투자성에 관한 구조와 성격, 투자자로부터 받는 수수료, 조기상환 조건이 있는 경우 그에 관한 사항, 계약의 해제·해지에 관한 사항을 설명하여야 한다. 우리나라에서는 투자권유행위와 관련하여 이익충돌이 문제된 분쟁 사례가 다수 발생하고 있음에도 불구하고, 아직까지 투자권유시 이익충돌에 관한 정보를 어디까지 고지해야 하는지 자본시장법상 정하고 있지는 않으며, 투자권유시 고객보호의무 위반에 관한 판례법리에서도 이익충돌 문제를 직접적으로 다루고 있지는 않다.

제3장에서 살펴본 바와 같이 투자권유시 금융투자업자가 이익충돌과 관련하여 준수하여야 할 행위준칙은 투자권유행위에서 정보제공의 측면을 강조하는지, 아니면 금융기관의 의견제시 및 그에 대한 고객의 신뢰와 의존의 측면을 강조하는지에 따라서 달라질 수 있다. 제3장 제3절에서 검토한 바와 같이, 투자권유시에는 (i)금융상품 자체에 대한 정보, (ii)금융상품과 관련이 있는 다른 상품, 시장 및 기타 가치변동에 영향을 주는 요소에 관한 정보가 제공되고, (iii)이러한 정보들에 대한 금융기관의 판단과 의견제시가 함께 이루어진다. 자본시장법상 설명의무에서는 (i)과 (ii)의 정보를 제공하도록 하는 것이며, 적합성의 원칙은 투자자의 거래경험과 지식수준, 위험감수능력 등을 감안하여 (iii)에 관하여 일부 제한을 가하고 있다.[67]

---

67) 자본시장법 제49조의 부당권유금지규제에서도 거짓의 내용을 알리는 행위(제1호), 불확실한 사항에 대하여 단정적 판단을 제공하거나 확실하다고 오인하게 할 소지가 있는 내용을 알리는 행위(제2호)를 금지함으로써 허위

우리나라에서는 맞춤형 투자권유행위를 자문업무와 동일하게 규제해야 된다거나 고객의 최선의 이익에 부합하는 투자권유를 할 적극적 의무를 부과해야 한다는 견해보다는 자기책임의 원칙에 따라 정보제공 의무를 강화하는 규제가 주된 부분을 차지하였다.[68] 그렇다고 하더라도 설명의무의 내용에는 금융투자업자가 이익충돌에 관한 정보를 제공할 의무가 명시적으로 포함되어 있지 않기 때문에 정보제공의 측면에 초점을 맞춘다고 하더라도 입법론적으로 금융기관이 투자권유시 고객에 대하여 제공하는 정보의 내용에 이익충돌에 관한 내용을 포함시키도록 할 필요가 있다. 가장 대표적인 방안으로는 설명의무의 대상이 되는 내용 가운데 투자에 따르는 위험이나 수수료와 관련하여 금융투자업자가 해당 상품의 판매와 관련하여 보유하는 이해관계 및 투자자에 대해서 미치는 영향에 관한 정보 제공 의무를 강화하는 것을 고려할 수 있다. 예컨대, 금융감독원에서는 2012년 "파생결합증권 신고서 작성 가이드라인"을 발표하면서 투자위험요소의 하나인 가격변동위험과 관련하여 파생결합증권 발행인의 정상적인 영업활동으로서의 헤지거래로 인하여 기초자산의 가격이 변동될 수 있음을 전제로, "헤지거래로 인하여 기초자산의 가격이 변동될 수 있으며, 그 결과 본 증권의 상환금액에 영향을 미칠 수도 있습니다. 특히 발행인의 헤지거래에 의해 자동조기상환평가일 또는 만기평가일에는 기초자산의 대량매매가 이루어질 수 있으며, 그 중 만기평가일에는 기초자산 가치의 변동으로 인한 위험 관리 및 본 증권의 상환금액 확보를 위하여 발행인은 보유하고 있는 기초자

정보제공 및 사기적·기망적 의견제시를 통제하는 기능을 한다.

[68] 금융위원회는 우리나라에서도 영국 및 호주의 사례를 참고하여 금융상품의 판매시 수수료에 대한 정보공개를 강제하는 방안의 도입계획을 발표하였고, 2016년에는 독립투자자문업자(IFA) 제도의 도입을 위한 법률계정을 예고하였다. 금융위원회, 금융소비자보호 규제 강화방안(2015. 12. 16), 13~14쪽; 보도자료(2016. 6. 27).

산을 전부 또는 일부 매도할 수 있습니다."라고 공시하도록 안내한 바 있는데,[69] 이에 준하는 정도로 금융기관과 고객 사이에서 발생한 이익충돌의 구조 및 위험에 관하여 상세히 공지하는 것이 바람직할 것이다.

또한, 최근 들어 금융기관이 제시하는 의견에 대한 고객의 신뢰를 보호하기 위하여 기존의 정보제공 규제만으로 부족하다는 의견이 제기되고 있으므로,[70] 금융기관이 고객의 신뢰를 배반하고 과도하게 자기이익을 추구하는 권유행위 자체를 통제하는 규제원칙을 적극적으로 수용하는 방안을 검토해 볼 수 있다. 이러한 입장에서는 투자자와의 정보비대칭을 해소하는 것만이 아니라 투자자의 제한된 합리성(bounded ethicality)에 기인하는 인식능력의 비대칭을 극복하기 위한 방안을 고려하여 투자권유 규제체계를 정비해야 한다고 주장한다.[71] 특히, 우리나라의 금융소비자들을 대상으로 한 실증연구조사에서도 소비자들이 투자권유를 하는 금융기관 등을 막연히 신뢰하여 상품 내용이나 위험에 대한 합리적 판단이 이루어지지 않다는 점을 강조하고 있는 바,[72] 이를 감안하여 금융기관이 손해가 발생할 것이라는 점을 알면서도 투자권유를 함으로써 고객의 신뢰를 배반하지 못하도록 하고, 고객의 이익을 고려하여 투자권유를 실시하도록 하는 높은 수준의 의무를 부과할 필요성이 제기된다.

(6) 조사분석업무 관련 규제

우리나라에서도 미국의 글로벌 세틀먼트사건 이후 애널리스트가 소속된 투자매매·중개업자에 대한 영업행위 규제를 통하여 애널리

---

69) 금융감독원 보도자료(2012. 3. 8), 14쪽.
70) 안수현(2013), 32쪽.
71) 안수현(2013), 56쪽.
72) 김민정·최현자(2012), 41쪽.

스트의 이익충돌을 방지하고, 조사분석 서비스가 정확한 정보에 근거에서 진실되게 작성될 수 있도록 하는 규제를 도입하였다.[73] 우리나라에서는 글로벌 세틀먼트와 같이 애널리스트의 이익충돌 문제가 표면화된 사례는 많지 않지만, 증권회사의 투자매매업-투자중개업 영위와 관련된 선행매매, 기관투자자들에 대한 차별적 정보 제공으로 인한 제재 사례가 있었다. 예를 들어 UBS Warburg증권 서울지점과 Merrill Lynch증권 서울지점에 대하여 조사분석자료의 공표 전 제공 및 외국인 주문정보를 국내 기관투자가 등에게 유출한 혐의로 소속 증권회사 및 애널리스트 개인에 대해서 제재조치가 취해진 사안 등이 거론된다.[74][75]

이러한 취지는 자본시장법에도 반영되어 있다. 자본시장법에서 구체적으로는 조사분석자료[76]가 확정된 때로부터 공표 후 24시간이 경과되기 전까지 투자매매업자의 매매거래(scalping)를 금지하는 한편(자본시장법 제71조 제2호), 발행회사와의 관계 유지를 도모함으로써 소속회사 전체 이익을 위해서 조사분석보고서가 이용되는 것을 방지하기 위하여 회사의 기업금융업무와 연동된 성과보수를 지급하는 행위[77]나 IPO와 관련된 조사분석자료의 공표행위에 관하여 규제

---

73) 조성훈 외(2003), 9~10쪽.

74) 조성훈 외(2003), 48~49쪽.

75) 자본시장법의 입법으로 애널리스트의 이익충돌 방지 규제가 정비되고, 불공정 거래행위에 관한 규제도 강화되면서 최근 10년간 금융투자협회에 등록된 애널리스트의 숫자가 2011년의 1,517명에서 다시 1,120명으로 급감하였다. 김종민·이석훈(2011), 1쪽.

76) 금융투자회사의 명의로 공표 또는 제3자에게 제공되는 것으로서 특정 금융투자상품(집합투자증권 제외)의 가치에 대한 주장이나 예측을 담고 있는 자료(금융투자협회, 금융투자회사의 영업 및 업무에 관한 규정 제2-25조 제1호).

77) 한편, 조사분석자료가 투자자에게 공표되거나 제공되지 아니하고 금융투자업자 내부에서 업무를 수행할 목적으로 작성된 경우에는 성과보수 지급

한다(제 71조 제3호 및 제4호).[78] 이 가운데 특히 기업금융업무 관련 성과보수 금지 및 IPO 관련 조사분석자료 공포 금지 등의 규제는 애널리스트가 소속 증권회사의 이익을 위하여 독립성, 객관성이 결여된 조사분석보고서를 공표하는 유인을 차단하기 위한다는 점을 주된 목적으로 한다. 또한 금융투자협회에서 제정한 자율규제인 "금융투자회사의 영업 및 업무에 관한 규정" 제2장에서 조사분석 업무의 공정성과 투명성 확보를 위하여 독립성 제고에 관한 행위규제를 두고 있다. 동 규제에서는 조사분석 부문의 분리운용, 소속 증권회사와 이해관계가 있는 법인에 대한 보고서 공표의 제한, 조사분석 담당자의 이익수령 금지, 애널리스트의 매매거래 금지 및 재산적 이해관계의 공시 등의 내용을 포함하고 있다. 이로서 미국에서 글로벌 세틀먼트 사건을 계기로 제정된 법률 및 자율규제 가운데 애널리스트의 이해관계에 관한 정보를 제공하도록 하는 규제[79] 및 조사분석

이 허용된다(자본시장법 시행령 제68조 제1항 제3호).

78) 금융투자업규정은 조사분석자료의 작성 및 공표와 관련하여, (i)조사분석자료를 일반인에게 공표하기 전에 조사분석자료나 그 주된 내용을 제3자에게 먼저 제공한 경우 당해 조사분석자료를 일반인에게 공표할 때에는 이를 제3자에게 먼저 제공하였다는 사실과 최초의 제공시점을 함께 공표하지 않는 행위(가목), (ii)조사분석자료의 작성업무에 관여한 계열회사, 계열회사의 임직원, 그 밖에 이에 준하는 자가 있는 경우 사전에 그 자에 대하여 자기계산에 따른 매매거래를 하지 아니하도록 요구하지 않는 행위(나목) (iii)나목의 요구를 하였으나 이에 응하지 않을 경우 조사분석자료의 작성과정에 관여하지 못하도록 하는 등 필요한 적절한 조치를 취하지 않는 행위(다목)를 금지한다(제4-20조 제1항 제6호).

79) 자본시장법 및 금융투자협회 자율규제에 따르면 조사분석담당자가 일반고객을 상대로 자신의 재산적 이해관계에 영향을 미칠 수 있는 주식의 매매를 권유하는 경우 그 재산적 이해관계를 공시하도록 하며 이해관계가 있는 법인에 대한 조사분석자료를 공표하거나 제공하는 경우 조사분석 대상법인과의 관계를 조사분석자료의 이용자에게 고지하도록 하고 있다. 다만, 우리나라에서는 미국이나 일본과는 달리 애널리스트의 보수의 공시를 강제하는 규제는 없다. 증권분석사협회의 회원윤리강령 및 직무행위 기준

부문의 독립성을 규제하는 방안이 모두 도입된 것으로 평가된다.[80]

에서만 회원이 그 고객에 대하여 제공한 증권분석업무의 대가로서 자기가 소속하는 회사 또는 단체 이외로부터 받게 되는 금전적 보상 또는 다른 이익, 회원이 고객에 대한 추천과 관련하여 제3자에게 받게 되는 보수 또는 다른 이익을 고지하도록 규정하고 있지만, 강제력이 없고 법규에서 요구하는 내용 이상을 규정하고 있는지는 의문이다.

80) 조사분석보고서를 이용한 불공정거래의 억지기능에 초점이 맞추어져 있고, 독립성 강화를 위한 체계적 규제로서는 미흡하다는 견해로는 고재종 (2009), 192쪽.

제4절 소결

본 장에서는 자본시장법의 제정 과정에서 전면적으로 도입된 이익충돌 관련 조문의 내용을 체계적으로 검토하고, 주요 법률 조항들의 해석 원칙을 검토하였다. 자본시장법에서는 이익충돌 문제를 주요 입법과제로 인식하고 금융기관의 대고객 관계에 적용되는 일반적인 영업행위 원칙으로서 고객이익우선의무(제37조 제2항)를 규정하고 내부통제의 측면에서 개별 금융기관으로 하여금 이익충돌 관리의무(제44조)를 부과하고 있을 뿐만 아니라, 신인의무 법리가 적용되는 금융투자업무에 대해서는 영미법상 충성의무(duty of loyalty)의 근거조항으로 기능할 수 있는 충실의무(제79조 제2항)를 총칙적으로 부과한다. 나아가, 자본시장법에서는 하나의 금융기관이 복수의 업무를 영위하는 과정에서 투자자의 이익을 침해할 수 있는 '업무간 이익충돌' 문제의 발생을 최소화하기 위한 정보교류 차단장치를 도입하는 한편, 이익충돌 상황에서 금융기관이 고객의 이익을 부당하게 침해하는 행위를 사전에 방지하기 위한 구체적인 불건전 영업행위 금지규정을 두고 있다.

이처럼 자본시장법이 외국의 입법례와 비교하더라도 매우 선진적인 수준의 이익충돌 규율체계를 갖추고 있다는 점은 인정되지만, 이러한 조문들이 현실에서도 충분히 규범력을 발휘하고 있다고 생각되지는 않는다.

첫째, 일반적 사법(私法)법리의 측면에서는 법원에서는 개별적 사실관계를 종합적으로 고려하여 신의칙에 따른 고객보호의무이론을 적용하는 경향이 있기 때문에 금융기관과 고객 간의 법률관계의 성격에 따라 이익충돌 상황에서 적용될 법리의 내용이 명확하게 정착하지 못한 경향이 있다.

둘째, 규제법적 측면에서는 이익충돌 관련 행위준칙의 최상위 규범 역할을 하는 제37조 제2항의 해석론이 명확하게 자리 잡지 못하였을 뿐만 아니라, 이익충돌 관리의무에 관한 제44조가 실효성을 발휘하지 못하는 상황에서 정보교류 차단장치 및 구체적 불건전 영업행위 금지규정의 위반과 관련된 법집행에 초점을 맞추고 있기 때문에 규칙중심의 규제가 이루어지고 있는 실정이다.

셋째, 집합투자업 등에 적용되는 충실의무가 명확하게 영미법상 충성의무의 법리를 규정한 것으로 해석되지 않고, 신인의무에 따른 이익충돌금지원칙을 위반한 행위에 대해서도 이익환수 등 신탁법상의 구제수단이 활용되지 않고 있기 때문에 신인의무 법리가 적용되어야 하는 자산운용수탁업무에 대한 이익충돌금지원칙이 제대로 관철되고 있지 못하다.

이러한 한계를 극복하기 위해서는 제2장과 제3장에서 검토한 바와 같이 금융기관이 투자자와 맺게 되는 법률관계의 성격 및 금융투자업무의 특성에 따라 이익충돌과 관련하여 다른 법리가 적용될 수 있다는 점을 전제로 개별 조항들의 해석론을 정착시키고, 현행 규제상 모순점과 미비점은 입법적으로 개선하여 금융투자업자가 투자자와의 관계에서 직면하는 이익충돌 문제를 규율하는 법리를 발전시킬 수 있다고 생각한다.

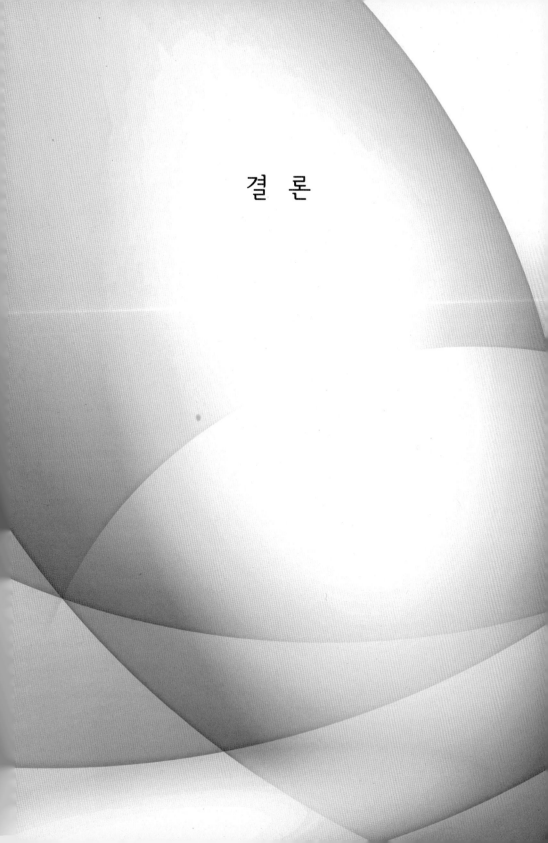

결 론

이 책에서는 자본시장에서 금융기관이 다양한 금융투자업무를 수행하는 과정에서 필연적으로 발생하는 투자자와의 이익충돌 문제를 규율하는 법리에 관하여 검토하였다. 자본시장은 각 참여자가 창의성을 바탕으로 자기 이익을 극대화하기 위하여 거래를 수행함으로써 사회적 부를 증진시키는데 기여할 수 있다는 믿음을 토대로 발전하였지만, 가치의 변동을 수반하는 금융상품의 특성상 정보와 전문성의 우위를 점하는 금융기관이 투자자의 이익을 부당하게 침해하는 행위는 금융시스템의 전체의 신뢰와 염결성을 훼손시킬 우려가 있다. 이처럼 이익충돌은 자본시장의 거래관계에서 불가피하게 발생하는 현상이지만 금융기관이 투자자와의 정보 격차를 남용하거나 투자자의 신뢰를 배반하여 투자자의 이익을 위법·부당하게 침해하는 것은 허용될 수 없으므로 금융기관이 투자자와의 관계에서 발생하는 이익충돌과 관련하여 준수해야 할 행위준칙을 정립해야 한다.

자본시장에서 금융기관과 고객 사이에서 발생하는 이익충돌 문제를 규율하는 법리를 도출하기 위해서는 구체적 법률관계의 사법(私法)적 성격과 금융기관이 고객을 상대로 영위하는 업무의 태양이 잘 반영될 수 있어야 한다. 이러한 관점에서 자본시장에서 행해지는 금융기관의 업무를 자산운용수탁업무, 금융자문업무, 투자중개업무, 투자매매업무 및 투자권유행위의 다섯 가지 유형으로 나누어 살펴보았다. 이 가운데 자산운용수탁업무와 금융자문업무에서는 금융기관이 투자자의 재산 또는 이해관계에 대한 상당한 재량과 권한을 보유하는 한편 투자자로부터 신뢰와 신임을 받고 있기 때문에 상대적으로 협상력이 취약한 투자자를 보호하기 위하여 투자자의 이익을 우선할 충성의무가 도출된다. 반면, 투자자에 대한 재량과 권한이 없는 금융기관은 투자중개업무 및 투자매매업무를 영위하거나 투자권유를 행함에 있어서 원칙적으로 자신의 이익을 추구할 수 있으나, 구체적 거래관계에 따라 정보의 격차를 악용하거나 투자자가 부여한 신뢰를 저버리는 행위가 금지될 것이다.

첫째, 자산운용수탁업무 또는 금융자문업무와 같이 (i)금융기관의 재량과 권한, (ii)투자자의 신뢰와 신임, (iii)보호의 필요성 등 신인관계를 표창하는 요소들이 모두 관찰되는 경우에는 신인의무 법리에 따른 충성의무 및 구체적 법원리로서 도출되는 이익충돌금지원칙(no-conflict rule) 및 이익향수금지원칙(no-benefit rule)이 적용되어야 한다. 즉, 고객의 이해관계에 대해 재량을 보유한 금융기관은 자신의 이익을 우선적으로 추구함으로써 이익충돌을 야기하는 것 자체가 투자자가 부여한 재량과 권한을 남용하고 신뢰와 신임을 저버리는 결과를 낳을 수 있으므로 신인의무 법리에 따른 통제가 이루어진다.

신인의무 법리가 적용될 수 있는 금융거래관계는 금융기관이 투자자의 자산을 위탁받아 운용할 재량을 보유하는 자산운용수탁업무와 투자판단에 관한 의사결정에 보탬이 될 수 있도록 조언을 제공하는 금융자문제공업무를 수행하는 경우에 형성된다. 신인의무법리는 신인의무자의 재량 남용을 억지하고 통제하기 위한 기능을 수행하기 때문에, 금융기관이 투자자의 이해관계에 영향을 미칠 수 있는 재량과 권한의 수준을 감안하여 이익충돌금지원칙의 적용 범위를 달리 결정하는 것이 바람직하다. 우선, 신탁업, 투자일임업 및 집합투자업을 포괄하는 자산운용수탁업무는 전체 금융투자업무 가운데 금융기관이 가장 강력한 재량과 권한을 보유하기 때문에 그만큼 강력한 이익충돌금지원칙이 적용되어야 할 것이다. 한편, 금융자문제공업무는 자문서비스의 내용에 따라 분류될 수 있으며 고객의 의존도가 매우 크게 나타나는 기업인수합병에 대한 재무자문업무와 일상적 투자판단에 대한 조언과 추천을 제공하는 투자자문업무가 가장 대표적인 유형에 속한다. 그 가운데 재량 및 신뢰의 정도가 높은 기업인수합병 관련 재무자문업무에 대해서는 엄격한 신인의무 법리를 적용하여 고객의 정보에 기반한 동의(informed consent)가 없이는 이익충돌 상황에 처하지 못하도록 규율할 필요가 있고, 투자자문제공업무의 경우에는 고객의 최선의 이익을 위한 것으로 신의성실하게 판단하였다면 이익충돌이 발생하더라도 신인의무 위반에 대한 책임을 부담하지 않도록 예외를 인정하는 것이 바람직할 것이다.

특히, 신인의무 법리에 따르면 수익자는 이익충돌금지원칙을 위반한 신인의무자에 대하여 거래를 무효화 하거나 손해배상 또는 이익환수를 선택적으로 청구할 수 있는 폭넓은 구제수단을 보유하기 때문에 금융거래에 있어서도 자산운용수탁자 등이 이익충돌을 야기한 경우에는 일반적인 불법행위나 계약위반에 비하여 강력한 사후적·사법적(司法的) 통제가 이루어질 수 있을 것이다.

둘째, 신인의무 법리의 적용을 단정하기 어려운 금융투자업무의 경우에는 이익충돌의 발생 자체를 제어할 근거를 찾을 수 없기 때문에 자신의 이익을 추구하는 것을 허용하되 이익충돌의 발생 원인이 되는 정보격차 또는 전문성의 격차를 남용하여 고객의 신뢰를 배반하고, 고객의 이익을 위법·부당하게 침해하지 못하도록 해야 한다. 투자중개업무는 고객 주문의 체결·집행에 대한 금융기관의 재량 유무에 따라 장외거래에서는 신인의무 법리에 준하여 이익충돌금지원칙을 적용하되, 장내거래의 경우에는 금융기관의 재량이 미미하므로 과당거래(churning), 최선집행원칙 위반, 투자자의 거래정보를 활용한 불공정 거래행위 등 제외하고는 투자자와의 이익충돌을 규율할 필요성이 크지 않다. 한편, 투자자매매업무는 전형적인 독립당사자 간 거래관계로서 금융기관의 자기이익 추구를 폭넓게 허용하고, 불공정 거래 규제 등 명백한 위법행위 또는 사기적·기망적 수단을 사용한 매매행위를 금지하면 족하다. 마지막으로 금융상품에 대한 정보제공 및 의견제시의 측면이 공존하는 투자권유행위는 어떠한 측면을 강조하는지에 따라 이익충돌에 관한 규율 법리도 다르게 구성될 수 있다. 투자권유행위를 매매거래의 일환으로 파악하는 전통적 견해에서는 금융상품에 대한 정보제공의 측면을 강조하면서 설명의무 등 기존의 투자권유 규제를 강화하여 금융기관과 고객간에 정보격차를 해소할 수 있도록 한다. 그러나, 금융상품이 복잡화, 전문화 되면서 금융기관과 고객 간에는 거래대상 금융상품에 관한 정보격차가 존재할 뿐만 아니라, 해당 금융상품의 구조와 위험에 대한 금융기관의 판단 및 의견제시를 투자자가 신뢰하는 경향이 증대하기 때문에 투자권유행위와 관련해서도 후자의 측면을 중시해야 한다. 따라서, 금융기관이 투자권유행위시에는 이익충돌로 인한 손해가 명백히 예상되는 상품에 대한 투자권유를 자제하는 등 고객의 최선의 이익을 감안하여 행위할 높은 수준의 주의의무를 부과하는 방향으로 법리가 형성될 필요가 있다.

우리나라에서는 자본시장법을 제정·시행함으로써 전례없이 금융투자업무 수행과정에서 발생하는 이익충돌 문제에 체계적·종합적으로 접근하고자 시도하였다. 자본시장법에서는 금융기관의 대고객 관계에 적용되는 일반적인 영업행위 원칙으로서 고객이익우선의무(제37조 제2항)를 규정하고, 개별 금융기관에 대해서 이익충돌 관리의무(제44조)를 부과하고 있을 뿐만 아니라, 신인의무 법리가 적용되는 금융투자업무에 대해서는 영미법상 충성의무의 근거조항으로 기능할 수 있는 충실의무를 총칙적으로 부과하고 있다. 그럼에도 불구하고 아직까지는 법원에서는 개별적 사실관계에 따라 신의칙에 따른 고객보호의무이론을 적용하는 경향이 있고, 금융기관의 고객이익우선의무의 적용 범위와 한계가 다소 불분명하기 때문에 금융기관과 고객과의 이해관계 충돌하는 상황을 규율하기 위한 법리가 정착했다고 보기는 어려운 상황이다. 또한 사전적 집행의 측면에서도 영

업행위 규제상의 일반의무가 실효성을 발휘하지 못하고 투자자에
대하여서도 금융기관의 이익충돌 관련 위법행위에 대해서 충분한 구
제수단이 마련되어 있지 않기 때문에 아직까지는 감독기관이 구체
적 불건전 영업행위 금지규정의 위반을 적발하는데 초점을 맞추는
한계가 존재하는 것도 사실이다. 본 논문에서 검토한 법리를 토대로
자본시장법에서 도입된 일반조항 성격의 이익충돌 관련 조문들의
해석론이 정착됨으로써 현실에서 규범력을 발휘할 수 있을 것으로
생각한다.

참고문헌

한글문헌

1. 단행본 및 학위논문

곽윤직, 채권각론(제6판), 박영사, 2005 [곽윤직(2005)]

곽윤직·김재형, 민법총칙-민법강의 1, 박영사, 2013 [곽윤직·김재형(2013)]

광장신탁법연구회, 주석 신탁법(제2판), 2016 [광장신탁법연구회(2016)]

권순일, 증권투자권유자 책임론, 박영사, 2002 [권순일(2002)]

김건식, 회사법, 박영사, 2015 [김건식(2015)]

김건식, 회사법연구 I, 소화, 2010 [김건식(2010)]

김건식·정순섭, 자본시장법(제3판), 두성사, 2013 [김건식·정순섭(2013)]

김용재, 은행법원론(제2판), 박영사, 2012 [김용재(2012a)]

김유돈, 자본시장법상 부당투자권유의 법적 책임에 관한 연구, 연세대학교
      법학박사 학위논문, 2012 [김유돈(2012)]

김정수, 현대증권법원론, 박영사, 2002 [김정수(2002)]

김주영, 개미들의 변호사 배짱기업과 맞짱뜨다, 문학동네, 2014 [김주영(2014)]

김화진, 투자은행-이론·정책·전략, 머니투데이, 2013 [김화진(2013)]

프레데릭 메이틀란드, 신탁과 법인의 역사, 현병철·최현태 역, 세창출판사,
      2008 [프레데릭 메이틀란드, 현병철·최현태 역(2008)]

박기령, 이사의 충실의무에 관한 법적연구, 이화여자대학교 박사학위논문,
      2010 [박기령(2010)]

박준, 판례 법조윤리, 소화, 2011 [박준(2011a)]

배종대, 형법총론(제8판), 홍문사, 2013 [배종대(2013)]

법무부, 신탁법 해설, 2012 [법무부(2012)]

변제호·홍성기·김종훈·김성진·엄세용·김유석, 자본시장법(제2판), 지원출판
      사, 2015 [변제호 외(2015)]

새라 워딩턴, 형평법, 임동진 역, 2009 [새라 워딩턴, 임동진 역(2009)]

송옥렬, 상법강의(제5판), 홍문사, 2015 [송옥렬(2015)]

新井 誠, 신탁법(제3판), 안성포 역, 전남대학교 출판부, 2011 [아라이 마코토,
      안성포 역(2011)]

양창수·권영준, 권리의 변동과 구제 II, 박영사, 2011 [양창수·권영준(2011)]

이연갑, 신탁법상 수익자 보호의 법리, 경인문화사, 2014 [이연갑(2014)]

이수정, 자본시장법상 금융투자업자의 정보교류 차단장치에 관한 연구, 2011, 서울대학교 석사학위논문

이재상, 형법각론(제9판), 박영사, 2013 [이재상(2013)]

이중기, 신탁법, 박영사, 2007 [이중기(2007)]

임재연, 자본시장법, 박영사, 2013 [임재연(2013)]

임재연, 자본시장법, 박영사, 2015 [임재연(2015)]

임재연, 자본시장법과 불공정거래, 박영사, 2014 [임재연(2014)]

자본시장통합법연구회, 자본시장통합법해설서, 한국증권업협회, 2007 [자본시장통합법연구회(2007)]

정순섭·노혁준 외, 신탁법의 쟁점 1, 소화, 2015 [정순섭·노혁준 외(2015)]

정찬형, 금융법 3. 자본시장법(1), 한국사법행정학회, 2013 [정찬형(2013)]

론 처노, 금융제국 J.P. 모건의 역사 I·II, 강남규 역, 플래닛, 2007 [론 처노(2007)]

천경훈, 회사기회의 법리에 관한 연구, 서울대학교 박사학위논문, 2012 [천경훈(2012)]

임마누엘 칸트, 윤리형이상학, 백종현 역, 아카넷, 2012 [임마누엘 칸트, 백종현 역(2012)]

Reinier Kraakman, 회사법의 해부, 김건식 외 역, 소화, 2014 [Reinier Kraakman, 김건식 외 역(2014)]

하상석, 투자은행과 이해상충, 경북대학교 박사학위논문, 2011 [하상석(2011)]

한국상사법학회, 주식회사법대계, 법문사, 2013 [한국상사법학회(2013)]

한국증권법학회, 자본시장법 주석서 I, 박영사, 2009 [한국증권법학회(2009)]

한국증권법학회, 자본시장법 주석서 I(개정판), 박영사, 2015 [한국증권법학회(2015)]

함철성, 자본시장과 금융투자에 관한 법률의 주요내용과 이해상충방지체제에 관한 연구, 고려대학교 석사학위논문, 2008 [함철성(2008)]

허유경, 인수인의 책임에 관한 연구 - 게이트키퍼 책임을 중심으로 한 분석, 서울대학교 석사학위논문, 2011 [허유경(2011)]

홍영만, 자본시장법 유권해석, 세경사, 2009 [홍영만(2009)]

2. 논문 및 발표문

고재종, "증권회사 애널리스트의 중립성 확보 방안에 관한 고찰", 증권법연구
　　　제10권 제1호(한국증권법학회, 2009) [고재종(2009)]

곽관훈, "금융시장의 규제변화 : 원칙중심규제의 도입 가능성", 상사판례연구
　　　제25집 제3권(한국상사판례학회, 2012) [곽관훈(2012)]

＿＿＿, "기관투자자의 신인의무", 비교사법 제22권 제2호(비교사법학회, 2015)
　　　[곽관훈(2015)]

＿＿＿, "전문가의 주의의무와 책임 : 주의의무 판단기준 및 책임제한의 필요
　　　성에 대한 검토", 한양법학 제28집(한양법학회, 2009) [곽관훈(2009)]

권영준, "불법행위의 과실판단과 사회평균인", 비교사법 제22권 제1호(비교사
　　　법학회, 2015) [권영준(2015)]

김건식, "재벌총수의 사익추구행위와 회사법", BFL 제19호(서울대학교 금융법
　　　센터, 2006.9) [김건식(2006)]

김민정·최현자, "펀드상품 투자권유에서의 금융소비자문제-적합성원칙과 설
　　　명의무를 중심으로", 금융소비자연구 제2권 제1호(한국금융소비자학
　　　회, 2012) [김민정·최현자(2012)]

김병연, "이사의 충실의무와 영미법상의 신인의무(Fiduciary duty)", 상사법연구
　　　제24권 제3호(한국상사법학회, 2005) [김병연(2005)]

김아름, "EU Markets in Fiancial Instruments Directive II 의 투자자문업자의 이익상
　　　충방지의무에 관한 소고", 한국증권법학회 발표문(2015. 10) (미공간)
　　　[김아름(2015)]

김용재, "미국에서의 은행법과 증권업의 겸영제한", 증권법연구 제11권 제3호
　　　(한국증권법학회, 2010) [김용재(2010b)]

＿＿＿, "스노우볼 계약과 고객보호의무에 관한 소고", 증권법연구 제13권 제3
　　　호(한국증권법학회, 2012) [김용재(2012b)]

＿＿＿, "영국의 겸업주의와 이해상충방지에 관한 연구", 금융법연구 제7권 제
　　　2호(2010) [김용재(2010a)]

＿＿＿, "자본시장법상 이해상충방지체제 정비 방안", 증권예탁 제68호(예탁
　　　결제원, 2009) [김용재(2009)]

＿＿＿, "자본시장통합법상 이해상충방지체제에 관한 제언—미국의 규제원칙
　　　을 참조하여", 상사법연구 제26권 제2호(한국상사법학회, 2007. 8). [김
　　　용재(2007b)]

＿＿＿, "자본시장통합법상 자금수탁자의무의 전면적인 도입필요성", 금융법

연구 제4권 제1호(금융법연구회, 2007) [김용재(2007a)]

_____, "투자중개·매매업자의 주의의무에 관한 연구- 미국 Broker·Dealer의 의무를 참조하여", 증권법연구 제14권 제2호(한국증권법학회, 2013) [김용재(2013b)]

김유니스·남유선, "내부자거래와 이해상충 통제 및 관리수단으로서의 Chinese Wall의 法的 機能에 관한 연구", 증권법연구 제10권 제2호(한국증권법학회, 2009) [김유니스·남유선(2009)]

김은정·정경영, "자본시장통합법안상 자금수탁자의 의무 도입에 관한 고찰", 성균관법학 제19권 제1호(성균관대 법학연구소, 2007) [김은정·정경영(2007)]

김은집, "투자일임, 금전신탁, 집합투자의 구분과 투자자보호", BFL 제71호(서울대학교 금융법센터, 2015.5) [(김은집(2015))

김주영, "투자자 소송 사례분석(2) 현투증권 실권주공모관련 집단소송", 법·제도(경제개혁연구소, 2010) [김주영(2010)]

_____, "파생결합증권거래와 민법 제150조(조건성취, 불성취에 대한 반신의 행위)", BFL 제75호(서울대학교 금융법센터, 2016. 1) [김주영(2016)]

_____, "헤지거래기법을 이용한 투기거래와 이에 대한 법적 규제", 증권법연구 제12권 제3호(한국증권법학회, 2011) [김주영(2011)]

김현경, "상법상 이사의 충실의무에 관한 고찰", 중앙법학 제14집 제1호(중앙법학회, 2012) [김현경(2012)]

김홍기, "ELS 델타헷지의 정당성과 시세조종에 관한 연구", 상사판례연구 제29집 제2권(상사판례연구회, 2016) [김홍기(2016)]

_____, "금융위기 이후 주요국의 투자은행업무 규제동향과 우리나라에서의 시사점", 비교사법 제18권 2호(비교사법학회, 2011) [김홍기(2011)]

_____, "미국 도드-프랭크 법의 주요 내용 및 우리나라에서의 시사점", 금융법연구, 제7권 제2호(한국금융법학회, 2010) [김홍기(2010)]

김화진, "투자은행의 이해상충", 비교사법 제14권 제3호(비교사법학회, 2007) [김화진(2007)]

나석진, "새로운 투자자보호법제로서의 자본시장통합법", 계간 증권 제130호(증권업협회, 2007) [나석진(2007)]

나승철, "주가연계증권에 있어서 발행사와 투자자사이의 이해상충", 기업법연구 제24권 제4호(한국기업법학회, 2010) [나승철(2010)]

노태석, "금융소비자보호에 관한 법률안상의 판매행위 규제에 관한 검토", 소비자문제연구 제44권 제1호(한국소비자원, 2013) [노태석(2013)].

맹수석, "ELS 투자에 있어서 증권회사의 고객보호의무", 선진상사법률연구 제 72호(법무부, 2015) [맹수석(2015)]

_____, "투자신탁자산의 운용상 주의의무와 투자고객 보호방안", 증권법연구 제6권 제2호(한국증권법학회, 2005) [맹수석(2005)]

박기령, "이사의 선관의무와 충실의무의 법사학적 기원에 관한 고찰", 상사법 연구 제30권 제2호(한국상사법학회, 2011) [박기령(2011)]

박삼철·이규림·황규상, "투자펀드에서의 관계인거래에 대한 미국의 규제와 시사점", 증권법연구 제16권 제1호(한국증권법학회, 2015) [박삼철 외 (2015)]

박재홍, "자본시장법상 이해상충 방지에 관한 연구", 경성법학 제19집 제1호 (경성대학교 법학연구소, 2010) [박재홍(2010)]

박준, "기업금융활성화와 신종증권에 관한 자본시장법의 개정", 상사판례연 구 제24집 제3권(한국상사판례학회, 2011) [박준(2011b)]

_____, "서브프라임 대출관련 금융위기의 원인과 금융법의 새로운 방향 모 색", 국제거래법연구 제17집 제2호(국제거래법학회, 2008) [박준(2008)]

_____, "1997년 경제위기와 IMF 구제금융이 금융법에 미친 영향", 서울대학교 법학 제55권 제1호(서울대학교 법학연구소, 2014.3) [박준(2014)]

박준·김건식·김우진·노혁준· 송옥렬·이상훈, 좌담회, "삼성물산 합병의 회사 법적 쟁점", BFL 제74호(서울대학교 금융법센터, 2015. 5) [박준 외 (2015)]

박준·김무겸·김주영·이숭희·전원열·정순섭, 좌담회, "금융상품 분쟁해결의 법리", BFL 제58호(서울대학교 금융법센터, 2013. 3) [박준 외(2013)]

박철영, "투자자문업 및 투자일임업에 관한 법적 규제의 현황과 과제" 증권 법연구 제10권 제1호(한국증권법학회, 2009) [박철영(2009)]

박훤일, "정보화시대의 전문가책임에 대한 고찰", 상사법연구 제31권 제2호 (한국상사법학회, 2012) [박훤일(2012)]

성희활, "자본시장법상 연계 불공정거래의 규제현황과 개선방향-주가연계 증권(ELS) 연계거래를 중심으로-", 금융법연구 제6권 제2호(금융법학 회, 2009) [성희활(2009)]

송상현, "주식회사의 이사의 충실의무론 - 영미법을 중심으로", 서울대학교 법학 제14권 제2호(서울대학교 법학연구소, 1973.12) [송상현(1973)]

신현윤, "파생금융상품 거래시 고객에 대한 설명·조언의무-독일 연방대법 원 판결(BGH, Urt v. 22. 3. 2011-XI ZR 33/10)을 중심으로-", 상사판례 연구 제24집 제2권(한국상사판례학회, 2011) [신현윤(2011)]

심인숙, "프랑스 제정법상 '신탁' 개념 도입에 관한 소고", 중앙법학 제13집 제4호(중앙대학교 법학연구소, 2011) [심인숙(2011)]

안성포, "신탁법상 수탁자의 충실의무에 관한 고찰-2009년 법무부 개정안을 중심으로", 상사판례연구 제22권 제4호(한국상사판례학회, 2009)

안수현, "금융상품거래와 신뢰－자본시장법상 투자권유규제의 의의와 한계", BFL 제61호(서울대학교 금융법센터, 2013. 9) [안수현(2013)]

_____, "금융소비자보호법제정안의 판매관련 금융소비자보호의 의의와 한계", 금융법연구 제11권 제1호(한국금융법학회, 2014) [안수현(2014)]

_____, "금융소비자 보호와 자본시장법의 과제, 기업법연구 제22권 제4호(기업법연구회, 2008) [안수현(2008)]

_____, "투자자문회사의 선관주의의무 : 대법원 2008. 9.11선고, 2006다53856판결", 상사판례연구 제22집 제1권(한국상사판례학회, 2009) [안수현(2009)]

엄경식·이진호·최운열, "글로벌 투자은행의 불법적 투자전략- 골드만삭스의 합성CDO상품 ABACUS 사례를 중심으로", Korea Business Review 제15권 제3호(한국경영학회, 2011) [엄경식 외(2011)]

오성근, "자본시장법상 공정성실의무에 관한 고찰", 증권법연구 제15권 제3호(한국증권법학회, 2014) [오성근(2014)]

오영걸, "의제신탁(Constructive Trust)의 이해", 비교사법 제18권 제4호(비교사법학회, 2011) [오영걸(2011)]

유영일, "이사의 충실의무의 체계화에 관한 연구", 상사판례연구 제26집 제4권(상사판례연구회, 2013) [유영일(2013)]

윤영신, "회사법 개정안에 따른 다양한 사채 발행과 주주와의 이익충돌 조정", 중앙법학 제9집 제4호(중앙법학회, 2007) [윤영신(2007)]

윤종미, "이해상충방지를 위한 내부통제시스템에 관한 연구 : 자본시장법을 중심으로", 기업법연구 제24권 제3호(한국기업법학회, 2010) [윤종미(2010)]

이상복, "기관투자자로서 연금제도의 개선과제-국민연금과 퇴직연금을 중심으로", 상사판례연구 제21집 제4권(상사판례연구회, 2008) [이상복(2008)]

이숭희, "ELS 분쟁의 현황과 법적 쟁점", YGBL 제2권 제2호(연세대학교 법학연구원, 2010) [이숭희(2010)]

이연갑, "대륙법 국가에 의한 신탁법리의 수용", YGBL 제2권 제2호,(연세대학교 법학연구원, 2010) [이연갑(2010)]

_____, "위임과 신탁: 수임인과 수탁자 의무를 중심으로", 비교사법 제22권 제1호(비교사법학회, 2015) [이연갑(2015)]

이영철, "개정 자본시장법상 금융투자업자의 최선집행의무에 관한 고찰", 증권법연구 제15권 제2호(한국증권법학회, 2014) [이영철(2014)]

이중기, "금융기관의 충실의무와 이익충돌, 그 해소방안", 증권법연구 제7권 제2호(한국증권법학회, 2006) [이중기(2006)]

_____, "신의칙과 위임법리에의 접목을 통한 충실의무법리의 확대와 발전", 홍익법학 제12권 제1호(홍익대학교 법학연구소, 2011) [이중기(2011a)]

_____, "신탁법에 기초한 영미 충실의무법리의 계수와 발전", 홍익법학 제12권 제2호(홍익대학교 법학연구소, 2011) [이중기(2011b)]

_____, "신탁에서의 이익향유금지의 원칙과 이익반환책임: 상법상 개입권의 행사가능성을 중심으로", 홍익법학 제8권 제2호(홍익대학교 법학연구소, 2007) [이중기(2007b)]

_____, "이사의 충실의무의 강행성 여부와 충실의무에 대한 사적자치: 신탁 충실의무법의 보충적 적용을 중심으로", 비교사법 제22권 제3호(비교사법학회, 2015) [이중기(2015a)]

_____, "증권회사에 발생하는 이익충돌과 정보유용의 문제 : 공시와 승인, 상관습, 면책약관, Chinese Wall 의 적용 - 영국의 경험을 중심으로", 한림법학 FORUM 제6호,(한림대학교 법학연구소, 1997) [이중기(1997)]

_____, "'지배권 프리미엄'의 표현으로서의 다수지배원칙과 통제장치로서의 '지배주주 충실의무'", 상사법연구 제32권 제1호(한국상사법학회, 2015) [이중기(2015b)]

_____, "충실의무에 대한 사적자치: 충실의무의 부과이유와 그 해소장치를 중심으로", 비교사법 제22권 제2호(비교사법학회, 2015) [이중기(2015c)]

이지민, "민법상 대리인과 수임인의 신인의무", 법학논총 제35권 제1호,(전남대학교 법학연구소, 2015) [이지민(2015)]

이채진, "금융투자업자의 신인의무에 대한 소고-미국에서의 논의를 중심으로", 상사판례연구 제23집 제4권(한국상사판례학회, 2010) [이채진(2010)]

_____, "투자자문업자의 주의의무", 금융법연구 제6권 제2호,(금융법학회, 2009) [이채진(2009)]

이철송, "선관주의의무와 충실의무에 관한 이론의 발전과 전망", 비교사법 제22권 제1호(비교사법학회, 2015) [이철송(2015)]

임채웅, "신탁법상 수탁자의 자조매각권 및 비용상환청구권에 관한 연구 :

대상판결 : 대법원 2009. 1. 30. 선고 2006다62461 판결", 홍익법학 제10권 제2호(홍익대학교 법학연구소, 2009) [임채웅(2009)]

장근영, "미국에서의 증권업과 자산운용업의 겸영", 증권법연구 제7권 제2호(한국증권법학회, 2006) [장근영(2006)]

_____, "영미법상 신인의무 법리와 이사의 지위", 비교사법 제16권 제1호(비교사법학회, 2008) [장근영(2008)]

_____, "자본시장법상 금융투자업자의 최선집행의무", 상사법연구 제32권 제3호,(한국상사법학회, 2013) [장근영(2013)]

장우영, "국민연금기금의 법적성격과 운용원칙에 관한 연구", 상사법연구 제31권 제3호(대한상사법학회, 2012) [장우영(2012)]

정대익, "독일에서의 투자자보호 - 자본시장지침(MiFID)의 영향을 중심으로", 법학연구, 제51권 제3호(부산대학교 법학연구소, 2010) [정대익(2010)]

_____, "자산운용사의 투자자보호의무-신인의무를 중심으로", BFL 제71호(서울대학교 금융법센터, 2015.5) [정대익(2015)]

정순섭, "금융규제개혁과 금융소비자 보호", 상사판례연구 제22집 제4권,(한국상사판례학회, 2009) [정순섭(2009a)]

_____, "금융회사 내부통제의 금융법상 지위 : 규제의 내부화·민영화의 관점에서", 선진상사법률연구 제49호,(법무부, 2010) [정순섭(2010)]

_____, "원칙중심규제의 논리와 한계", 상사판례연구 제22집 제1권(한국상사판례학회, 2009) [정순섭(2009b)]

_____, "자본시장법상 불공정거래와 보호법익", 상사판례연구 제25집 제1권,(한국상사판례학회, 2012) [정순섭(2012)]

정순섭·오성곤, "자본시장법상 투자자보호제도의 적정성에 관한 연구", 금융안정연구 제10권 제2호,(예금보험공사, 2009) [정순섭·오성곤(2009)]

정태윤, "프랑스 신탁법", 비교사법 제19권 제3호(비교사법학회, 2012) [정태윤(2012)]

진상범·최문희, "KIKO사건에 관한 대법원 전원합의체 판결의 논점 – 적합성원칙과 설명 의무를 중심으로(상)–", BFL, 제63호(서울대학교 금융법센터, 2014. 1) [진상범·최문희(2014)]

채동헌, "금융투자상품의 판매와 책임의 법률관계- 자산운용회사의 판매책임 관련 최근의 판례를 중심으로", BFL 제71호(서울대학교 금융법센터, 2015.5) [채동헌(2015)]

천경훈, "신세계 대표소송의 몇 가지 쟁점 :경업, 회사기회유용, 자기거래", 상사법연구 제33권 제1호(한국상사법학회, 2014) [천경훈(2014)]

최나진, "신탁법상의 충실의무에 관한 소고", 법학연구 제16집 제1호(인하대
　　　학교 법학연구소, 2013) [최나진(2013)]

최문희, "연금기금의 책임비율산정에 관한 시론(試論)", BFL 제72호(서울대학
　　　교 금융법센터, 2015. 7) [최문희(2015)]

＿＿＿, "KIKO사건에 관한 대법원 전원합의체 판결의 논점 - 적합성 원칙과
　　　설명 의무를 중심으로(하) -", BFL 제64호(서울대학교 금융법센터,
　　　2014. 3) [최문희(2014)]

최수정, "수탁자의 이익상반행위의 효력", 한양법학 제26권 제1호(한양법학
　　　회, 2015) [최수정(2015)]

최승재, "고객보호의무 법리에 대한 연구", 증권법연구 제11권 제1호(한국증
　　　권법학회, 2010) [최승재(2010)]

최원진, "자본시장과 금융투자업에 관한 법률 제정안의 주요 내용 해설", 증
　　　권 제128호(한국증권업협회, 2006) [최원진(2006)]

한병영, "부정거래 규제 수준에 있어서 한국과 미국의 비교법적 고찰 -골드
　　　만삭스 사건과 키코 사건의 처리를 중심으로", 경영법률 제21권 제1
　　　호(경영법률학회, 2010) [한병영(2010)]

　　3. 기타 자료

권종호·이중기·장근영, 금융투자업 및 자본시장에 관한 법률"(가칭) 제정관
　　　련 이해상충 문제 및 자율규제기관의 재정립에 관한 연구, 자산운용
　　　협회, 2006 [권종호 외(2006)]

구본성·구정한·이명활, 금융투자업의 이해상충 문제와 시사점, 한국금융연
　　　구원, 2006 [구본성 외(2006)]

국민연금연구원, 국민연금 기금운용지침 개선방안(2014. 8) [국민연금연구원
　　　(2014)]

국회입법조사처·서울대학교 금융법센터, 자산운용산업 규제의 방향-수탁자
　　　책임과 산업구조의 합리화를 위하여, 국회입법조사처·서울대학교
　　　금융법센터, 2015 [국회입법조사처·서울대학교 금융법센터(2015)]

금융위원회, 자본시장과 금융투자업에 관한 법률 시행령 주요 설명자료
　　　(2008. 4) [금융위원회, 자본시장법 시행령 설명자료(2008)]

김대근, 자본시장법상 형사제재의 한계와 개선방안에 관한 연구, 한국형사정
　　　책연구원, 2011 [김대근(2011)]

김영도·이상재, 원칙중심규제 도입방안, 한국금융연구원, 2008 [김영도·이상

　　　재(2008)]

김종민·이석훈, 국내 애널리스트 이직에 관한 연구, 자본시장연구원, 2012 [김
　　　종민·이석훈(2012)]

김필규·박연우·김동철, 금융투자업 겸영 확대에 따른 이해상충문제의 최소
　　　화 방안, 한국증권연구원, 2008 [김필규 외(2008)]

김용재, 금융투자업자의 주의의무에 관한 연구, 한국금융투자협회, 2013 [김
　　　용재(2013a)]

비교사법학회, 전문가책임과 주의의무 - 선관의무와 충실의무를 중심으로,
　　　창립20주년 기념 동계학술대회 자료집,(2015. 2) [비교사법학회(2015)]

재정경제부, 금융투자업과 자본시장에 관한 법률(가칭) 제정방안(2006. 2. 17)
　　　[재정경제부, 자본시장법 제정방안(2006)]

＿＿＿, 자본시장과 금융투자업에 관한 법률안 설명자료(2006. 12. 28) [재정경
　　　재정경제부, 자본시장법 법률안 설명자료(2006)]

＿＿＿, 자본시장과 금융투자업에관한 법률 제정안 공청회 등을 통한 의견수
　　　렴 결과(2006. 6. 30) [재정경제부, 자본시장법 의견수렴결과(2006)]

＿＿＿, 자본시장과 금융투자업에 관한 법률 제정안 설명자료(2006. 6. 30) [재
　　　정경제부, 자본시장법 제정안 설명자료(2006)]

＿＿＿, 자본시장과 금융투자업에 관한 법률 제정안 축조 설명자료(2006. 6.
　　　30) [재정경제부, 자본시장법 축조설명자료(2006)]

조성훈·정윤모·박현수, 증권산업에서의 이해상충에 관한 연구 I, 한국증권연
　　　구원, 2003 [조성훈 외(2003)]

한국기업지배구조원·자본시장연구원, 스튜어드십 코드 도입방안 공청회 자
　　　료집(2015. 12. 2) [한국지배구조원·자본시장연구원(2015)]

구미어 문헌

1. 단행본 및 학위논문

Andenas, Mads and Iris H-Y Chiu, *The Foundations and Future of FInancial Regulation, Governance for responsibility*, Routledge, 2014 [Mads Andenas and H-Y Chiu(2014)]

Bamford, Colin, *Principles of International Financial Law(2nd edition)*, Oxford University Press, 2015 [Colin Bamford(2015)]

Bant, Elis and Matthew Harding(eds), *Exploring Private Law*, Cambridge University Press, 2010 [Elis Bant and Matthew Harding(2010)]

Boatright, John, *Ethics in Finance(3rd edition)*, Wiley Blackwell, 2014 [John Boatright(2014)]

Bonfis, Sébastien, *Le droit des obligations dans l´intermédiation financière*, L.G.D.J, 2005 [Sébastien Bonfils(2005)]

Brendeis, Louis D. *Other People's Money: And How the Bankers Use It*, Martino Publishing, 2009(Originally published in 1914) [Louis Brendeis(1914)]

Brenkert, George and Tom Beauchanmp(eds), *The Oxford Handbook of Business Ethics*, Oxford University Press, 2010 [George Brenkert and Tom Beauchamp(2010)]

Borio, Claudio and William Curt Hunter *et al.*(eds), *Market Discipline Across Countries and Industries*, MIT press, 2004 [Claudio Borio et al.(2004)]

Burrows, Andrew and Alan Rodger(eds), *Mapping the Law: Essays in Memory of Peter Birks*, Oxford University Press, 2006 [Andrew Burrows and Alan Roger(2006)]

CCH Attorney-Editor Staff, *Dodd-Frank Wall Street Reform and Consumer Protection Act: Law, Explanation and Analysis*, Woltoers Kluwer, 2010 [CCH(2010)]

Classens, Stijin M. Ayhan Kose, Luc Laeven, and Fabian Valencia(eds), *Financial Crises, Causes, Consequences and Policy Responses*, International Monetary Fund, 2013

Coffee John, *Gatekeeper, The Professions and Corporate Governance.* Oxford University Press, 2006 [John Coffee(2006)]

Cohan, William D., *Money and Power :How Goldman Sachs Game to Rule the World*, Random House, 2011 [William Cohen(2011)]

Conaglen, Matthew, *Fiduciary Loyalty : Protecting the Due Performance of*

Non-Fiduciary Duties, Oxford University Press, 2010 [Matthew Conagen(2010)]

Crokett, Andrew, Trevor Harris, Frederic S Mishkin and Eugen N White, *Conflicts of in the Financial Services Industry :What Should we do about them?*, International Center for Monetary and Banking Studies, 2003 [Andrew Crokett et al.(2003)]

Davies, Michael and Andrew Stark(eds), *Conflict of Interest in the Professions*, Oxford University Press, 2001 [Michael Davies *et al.*(2001)]

Davies, Paul and Graham Virgo, *Equity & Trusts Text, Cases, and Materials*, Oxford University Press, 2013 [Paul Davies et al.(2013)]

Finn, Paul, *Fiduciary Obligations*, Oxford University Press, 1977 [Paul Finn(1977)]

Fletcher, George, *Loyalty: An Essay on the Morality of Relationships*, Oxford University Press, 1993 [George Fletcher(1993)]

Fox-Decent, Evan, *Sovereignty's Promise, The State as Fiduciary*, Oxford University Press, 2015 [Evan Fox-Decent(2015)]

Frankel, Tamar, *Fiduciary Law*, Oxford University Press, 2010 [Tamar Frankel(2010)]

_____, *Ponzi Scheme Puzzle*, Oxford University Press, 2012 [Tamar Frankel(2012)]

Garza, Rafael, *La Protection du Patrimoine, Fiduciaire-Trust Fund*, L.G.D.J., 2014 [Rafael Garza(2014)]

Gold, Andrew and Paul Miller(eds), *Philosophical Foundations of Fiduciary Law*, Oxford University Press, 2014 [Andrew Gold and Paul Miller(2014)]

Goodhart, Charles, Phipill Hartmann, David Llwellyn(eds), *Financial Regulation, Why, How, and Where now?* Routlege, 1998 [Charles Goodhart et al.(1998)]

Hawley, James, Andreas G.F. Hoepner(eds), *Cambridge Handbook of Institutional Investment and Fiduciary Duty*, Cambridge University Press, 2014 [James Hawley et al.(2014)]

Hazen, Thomas L., *The Law of Securities Regulation*(6th edition), 2009 [Thomas Hazen(2009)]

_____, Securities Regulation: Corporate Counsel Guides, American Bar Association, 2012 [Thomas Hazen(2012)]

Hollander, Charles and Simon Salzedo, *Conflicts of Interest*(4th edition), Sweet & Maxwell, 2011 [Charles Hollander and Simon Salzedo(2011)

Hudson, Alastair, *The Law of Finance*, Sweet & Maxwell, 2013 [Alastair Hudson(2013)]

Kumpan, Christoph, *Der Interessenkonflikt im deutschen Privatrecht Eine Untersuchung zur Fremdinteressenwahrung und Unabhängigkeit*, Mohr Siebeck, 2015 [Christoph Kumpan(2015)]

Lee, Choongkee *Conflicts of Interest in Securities Firms, On Fiduciary Law, Confidentiality and Corporate Personality*, Ph. D. Thesis, University of Sheffield, 1994 [Lee Choongkee(1994)]

Loss, Luis and Joel Seligman, *Fundamentals of Securities Regulation*(5th edition), Aspen Publishers, 2004 [Loss and Seligman(2004)]

Macey, Jonathan R., *The Death of Corporate Reputation, How Integrity Has been destroyed on Wall Street*, FT press, 2013 [Jonathan Macy(2013)]

Markham, Jerry, *A Financial History of the United States*, Vol III, M.E. Sharpe, 2002 [Jerry Markham(2002)]

McVea, Harry, *Financial Conglomerates and the Chinese Wall − Regulating Conflict of Interest*, Clarendon Press, 1993 [Harry Mcvea(1993)]

Moloney, Niamh, *EC Securities Regulation*(3rd edition) Oxford University Press, 2014 [Niamh Moloney(2014)]

_____, *How to Protect Investors, Lessons from the EC and the UK, Cambridge University Press, 2010* [Niamh Moloney(2010)]

Moloney, Niamh, Ellis Ferran and Jennifer Payne(eds), T*he Oxford Handbook of Financial Regulation*, Oxford University Press, 2015 [Niahm Moloney *et al.*(2015)]

Moore, Don, Daylian M. Cain, George Loewenstein and Max Baxerman(eds), *Conflicts of Interest : Challenges and Solutions in Business, Law, Medicine, and Public Policy*, Cambridge University Press, 2005 [Don Moore *et al.*(2005)]

Morris, Nicholas and David Vines(eds.), *Capital Failure, Rebuilding Trust in Financial Services*, Oxford University Press, 2014 [Nicholas Morris *et al.*(2014)]

Morrison, Alan and William J. Wilhelm, Jr. *Investment Banking : Institution, Politics, and Law*, Oxford University Press, 2007 [Morrison and Wilhelm(2007)]

O'Brien, Justin and George Gilligan(eds), *Integrity, Risk and Accountability in Capital Markets Regulating Culture*, Hart Publishing, 2013 [Justin O'Brien and George Gilligan(2013)]

Peters, Anne and Lukas Handshin(eds), *Conflict of Interest in Global, Public and Corporate Governance*, Cambridge University Press, 2012 [Anne Peters and Lukas Handshin(2012)]

Pratt, John W. and Richard J. Zeckhauser(eds) *Principals and Agents : The Structure of Business*, Harvard Business School Press, 1991 [Pratt and Zeckhauser(1991)]

Shepherd, Jay C., *The Law of Fiduciaries*, Casswell, 1981 [Jay Shepherd(1981)]

Simon, Herbert, *Reason in Human Affairs*, Stanford University Press, 1983 [Herbert Simon(1983)]

Spangler, Timothy, *Investment Management-Law and Practice*, Oxford University Press, 2010 [Timothy Spangler(2010)]

Thomas, Geraint and Alastair Hudson, *The Law of Trusts*, Oxford University Press, 2010 [Geraint Thomas and Alastair Hudson(2010)]

Valsan, Remus, *Understanding Fiduciary Duties Conflict of Interest and Proper Exercise of Judgment in Private Law*, 2012, Ph.D. McGill University [Remus Valsan(2012)]

Virgo, Graham, *The Principles of Equity and Trusts*, Oxford University Press, 2012 [Graham Virgo(2012)]

Walker, Rebecca, *Conflicts of Interest in Business and the professions: Law and Compliance*, Thomson Reuters, 2014 [Rebecca Walker(2014)]

2. 논문 및 발표문

Anderson, Alison G, "Conflict of Interest : Efficiency, Fairness and Corporate Structure", 25 UCLA L. Rev. 738(1977) [Alison Anderson(1977)]

Akerlof, George, "The Market for 'Lemons', Quality Uncertainty and the Market Mechanism", The Quarterly Journal of Economics Vol. 84, No. 3 (1970) [George Akerlof(1970)]

Bai, Lynn, "Broker-Dealers, Institutional Investors, and Fiduciary Duty: Much Ado about Nothing" 5 Wm. & Mary Bus. L. Rev. 55(2014) [Lynn Bai(2014)]

Bainbridge, Stephen, "Mandatory Disclosure: A Behavioral Analysis", 68 U. Cin. L. Rev. 1023(2000) [Stephen Bainbridge(2000)]

Bakhtiari, Ryan K., Boice, Katrina, Majors, Jeffrey, "The Time for a Uniform Fiduciary Duty is Now", 87 St. John's L. Rev. 313(2013) [Ryan Bakhtiari et al.(2013)]

Batton, Richard, "Financial Advice in Australia", 87 St. John's L. Rev. 511(2013) [Richard Batton(2013)]

Ben-Shahar, Omri and Carl E. Schneider, "The Failure of Mandated Disclosure", 159 U. Pa. L. Rev. 647(2011) [Ben-Shahar and Shneider(2011)]

Black, Barbara, "Brokers and Advisers - What's in a name?", 11 Fordham J. Corp. & Fin. L. 31(2005) [Barbara Black(2005)]

_____, "How to Improve Retail Investor Protection after the Dodd-Frank Wall Street Reform and Consumer Protection Act", 13 U. Pa. J. Bus. L. 59(2010-2011) [Barbara Black(2010)]

Black, Barbara and Jill l I. Gross, "Economic Suicide: The Collision of Ethics and Risk in Securities Law", 64 U. PITT. L. REV. 483(2003) [Barbara Black and Jill Gross(2003)]

Boatright, John R. "Conflict of Interest: A Response to Michael Davis", 12 Business and Professional Ethics Journal 47(1993) [John Boatright(1993)]

_____, "Conflicts of Interest in Financial Services", 105 Business and Society Review, 201(2000) [John Boatright(2000)]

Bratton William W. and Michael L. Wachter, "Bankers and Chancellors", 93 Tex. L. Rev. 1(2014-2015) [Bratton and Wachter(2014)]

Brudney, Victor, "Contract and Fiduciary Duty in Corporate Law", 38 B. C. L. Rev. 595(1997) [Victor Brudney(1997)]

Bratton, William and Adam Levitin "Transactional Genealogy of Scandal :From Michael Milken to Enron to Goldman Sachs", 86 S. Cal. L. Rev. 783(2012-2013) [Bratton and Levitin(2013)]

Bullard, Mercer, "Fiduciary Standard: It's Not What It Is, but How It's Made, Measured, and Decided", 87 St. John's L. Rev. 337(2013) [Mercer Bullard(2013)]

Cain, Daylian M., George Lowenstein and Don A. Moore, "The Dirt on Coming Clean: Perverse Effects of Disclosing Conflicts of Interest", 34 J. Legal Stud. 1(2005) [Daylian Cain et al.(2005)]

Carson, Thomas L. "Conflict of Interests", 13 Journal of Business Ethics 387(1994) [Thomas Carson(1994)]

Choi, Stephen, "A Framework for the Regulation of Securities Market Intermediaries", 1 Berkeley Business Law Journal 1(2004) [Stephen Choi(2004)]

Choi, Stephen and Jill Fisch, "How to Fix Wall Street : A Voucher Financing Proposal for Securities Intermediaries", 113 Yale L.J. 269(2003) [Stephen Choi and Jill Fisch(2003)]

Coffee, John, "Gatekeeper Failure and Reform: The Challenge of Fashioning Relevant Reforms", 884 B.U. L. Rev. 301(2004) [John Coffee(2004)]

_____, "Testimony of Professor Coffee Before the Subcommittee on Crime and Drugs of the United States Committee on the Judiciary", Hearing on S.3217 "Wall Street Fraud and Fiduciary Duties :Can Jail Time Serve as an Adequate

Deterrent for Willful Violations?"(2010. 5. 4.)

_____, "The Political Economy of Dodd Frank: Financial Reform Tends to be Frustrated and Systemic Risk Perpetuated", 97 Cornell L. Rev. 1019(2012) [John Coffee(2012)]

_____, "Understanding Enron: It's About the Gatekeepers, Stupid", 57 BUS. LAW. 1403(2003) [John Coffee(2003)]

Conaglen, Matthew, "A Re-Appraisal of Fiduciary Self-Dealing and Fair-Dealing Rules", 65 Cambridge Law Journal 366(2006) [Matthew Conaglen(2006)]

_____, "Fiduciary Regulation of Conflicts between Duties", 125 L.Q.R. 111(2009) [Matthew Conaglen(2009)]

_____, "Proprietary Remedies for Breach of Fiduciary Duty. Cambridge Law Journal, vol. 73 no.3(2014) [Matthew Conaglen(2014)

_____, "The Nature and Function of Fiduciary Loyalty", 121 The Law Quarterly Review 452(2005) [Matthew Conaglen(2005)]

Cooter, Robert and Bradeley J. Freedman, "The Fiduciary Relationship : Its Economic Character and Legal Consequences", 66 N.Y.U. L. Rev. 1045(1991) [Cooter and Freedman(1991)]

Cowen, Amanda Boris Groysberg and Paul Healy, Which types of analyst firms are more optimistic? 41 Journal of Accounting and Economics 119(2006) [Amada Cowen et al.(2006)]

Criddle, Evan, "Fiduciary Administration: Rethinking Popular Representation in Agency Rulemaking", 88 Tex. L. Rev. 441(2010) [Evan Criddle(2010)]

_____, "Fiduciary Foundations of Administrative Law" 54 UCLA L. Rev. 117(2006) [Evan Criddle(2006)]

Dagan, Hanoch and Elizabeth Scott, "Reinterpreting the Status-Contract Divide: The Case of Fiduciaries", Columbia Public Law Research Paper No. 14-476. Available at SSRN: http://ssrn.com/abstract=2615601(2016) [Hanoch Dagan and Elizabeth Scott(forthcoming)]

Davidoff, Steven M., "Fairness Opinions", 55 Am. U. L. Rev. 1557(20006) [Steven Davidoff(2006)]

Davidoff, Steven M., Allan Morrison, Alan D. and Wilhelm, William J. Jr, "The SEC v. Goldman Sachs: Reputation, Trust, and Fiduciary Duties in Investment Banking", 37 J. Corp. L. 529(2012) [Steven Davidoff et al.(2012)]

Davies, Michael, "Conflict of Interest Revisited" 12 Business & Professional Ethics Journal

21(1993) [Michael Davies(1993)]

_____, "Conflict of Interest" 1 Business & Professional Ethics Journal 17(1982) [Michael Davies(1982)]

Demott, Deborah A., "Beyond Metaphor : An Analysis of Fiduciary Obligations", 37 Duke L.J. 879(1988) [Deborah Demott(1988)]

_____, "Breach of Fiduciary Duty: On Justifiable Expectations of Loyalty and their Consequences", 48 Ariz L. Rev. 925(2006) [Deborah Demott(2006)]

Dion, Nathalie et Dominique Schmidt, "Devoir de loyauté du dirigeant social à l'égard de tout associé", 27 La Semaine Juridique 838(1996) [Dion et Schmidt(1996)]

Dolan, Nicholas, "Reconstructing 'conflict of interest in financial markets: Private management, public challenges, future prospects", International Journal of Law, Crime and Justice 39(2011) [Nicholas Dolan(2011)]

Dolgopolov, Stanislav, "A Two-Sided Loyalty? Exploring the Fiduciary duties of Market Makers", 12 UC Davies L. J. 31(2012) [Stanislav Dolgopolov(2012)]

Dombalagian, Onnig H., "Investment Recommendations and the Essence of Duty", 60 60 Am. U. L. Rev. 1265(2011) [Onnig Dombalagian(2011)]

_____, "Proprietary Trading: Of Scourges, Scapegoats, and Scofflaws", 81 U. Cin. L. Rev. 387(2013) [Onnig Dombalagian(2013)]

Dorsett, Shaunnagh, "Comparing Apples and Oranges: The Fiduciary Principle in Australia and Canada after Breen v Williams", 8 Bond Law Review 148 [Shaunnagh Dorset(1996)]

Easterbrook, Frank and Daniel Fischel, "Contract Fiduciary Law" 36 J.L. & Econ. 425(1993) [Easterbrook and Fischel(1993)]

_____, "Mandatory Disclosure and the Protection of Investors", 70 Vir. L. Rev. 669 [Easterbrook and Fischel(1984)]

Edelman, James, "Fiduciaries and Profit Disgorgement of Breaches of Contract", Speech Given to the Journal of Equity and Commercial law Association Conference, Sydney,(30 March 2012) [James Edelman(2012)]

_____, "When the Fiduciary Duty Arises", 121 L.Q.R 452(2010) [James Edelman(2010)]

Enriques, Luca, "Conflicts of Interst in Investment Services : The Price and Uncertain Impact of MiFID's Regulatory Frame Work", ECGI(2005) [Luca Enriques(2005)]

Ertugrul, Mine and Karthick Kirshnan, "Investment Banks in Dual Roles, Acquirer M&A Advisors as Underwriters", 37 J. FIN. RES. 139, 168(2014) [Mine Ertugrul & Karthick Kirshnan(2014)]

Facciolo, Francis J, "Symposium: Revolution in the Regulation of Financial Advice: The U.S., the U.K. and Australia: Introduction", 87 St. John's L. Rev. 297(2013) [Francis Facciolo(2013)]

Ferrarini, Guido, "Best execution and competition between trading venues—MiFID's likely impact", 2 Capital Markets Law Journal 404(2009) [Guido Ferrarini(2009)]

Fisch, Jill, "Does Analyst Independence Sell Investors Short?", 55 UCLA Law Review 39(2007) [Jill Fisch(2007a)]

_____, "Fiduciary Duties and the Analyst Scandals", 558 Ala. L. Rev. 1083(2007) [Jill Fisch(2007b)]

Fisch, Jill and Hillary Sale, The Securities Analyst as Agent: Rethinking the Regulation of Analysts, 88 Iowa L. Rev. 1035(2003) [Jill Fisch and Hillary Sale(2003)]

FitzGibbon, Scott "Fiduciary Relationships Are Not Contracts", 82 Marq. L. Rev. 303(1999) [Scott Fitzgibbon(1999)]

Flannigan, Robert, "The Adulteration of Fiduciary Doctrine in Corporate Law", 122 L. Q. R. 449(2006) [Robert Flannigan(2006a)]

_____, "The Boundaries of Fiduciary Accountability", 83 Canadian Bar Review 35(2004) [Robert Flannigan(2004)]

_____, "The Core Nature of Fiduciary Liability", 2009 N.Z. L. Rev. 375(2009) [Robert Flannigan(2009)]

_____, "The Economics of Fiduciary Accountability", 32 Del. J. Corp. L. 393(2007) [Robert Flannigan(2007)]

_____, "The Strict Character of Fiduciary Liability", 2006 New Zealand Law Rev. 209(2006) [Robert Flannigan(2006b)

Fox-Decent, Evan, "The Fiduciary Nature of State Legal Authority", 31 Queens Law Journal 259(2005) [Evan Fox-Decent(2005)]

Foulds, Christopher, "My Banker's Conflicted and I Couldn't be Happier: the Curious Durability of Staple Financing", 34 Del. J. Corp. L. 519(2009) [Christopher Foulds(2009)]

Frankel, Tamar, "Fiduciary Duties as Default Rules", 74 Or. L. Rev. 1209(1995) [Tamar Frankel(1995)]

_____, "Fiduciary Law", 71 Cal. L. Rev. 795(1983) [Tamar Frankel(1983)]

_____, "The Failure of Investor Protection", 81 U. Cin. L. Rev. 421(2012) [Tamar Frankel(2012)]

_____, "The Regulation of Brokers, Dealers, Advisers and Financial Planners", 30 Rev.

of Banking and Financial L., 123(2011) [Tamar Frankel(2011)]

_____, "Toward Universal Fiduciary Principles- 39 Queen's L.J. 391(2014) [Tamar Frankel(2014)]

Galoob, Steven and Ethan Leib, "Intentions, Compliance, and Fiduciary Obligations", 20 Legal Theory 105(2014) [Steven Galoob and Ethan Leib(2014)]

Getzler, Joshua S., "ASIC v Citigroup: Bankers' conflict of interest and the contractual exclusion of fiduciary duties", 2 Journal of Equity 62(2007) [Joshua Getzler(2007)]

_____, "Excluding fiduciary duties: the problem of investment banks", 124 Law Quarterly Review 15(2008) [Joshua Getler(2008)]

_____, "Fiduciary investment in the shadow of financial crisis: Was Lord Eldon right?", 3 Journal of Equity 219(2009) [Joshua Getzler(2009)]

Gold, Andrew, "On the Elimination of Fiduciary Duties : A Theory of Good Faith for unincorporated Firms", 41 Wake Forest L. Rev. 123(2006) [Andrew Gold(2006)]

_____, "The New Concept of Loyalty in Corporate law", 43 U.C. Davis L. Rev. 457(2009) [Andrew Gold(2009)]

Gregory, William, "The Fiduciary Duty of Care : A perversion of words", 39 Akron L. Rev. 181(2004) [William Gregory(2004)]

Halbach, Edward C., "Trust Investment Law in the Third Restatement, 77 Iowa L Rev. 1151(1992) [Edward Halbach(1992)]

_____, "Uniform Acts, Restatements, and Trends in American Trust Law at Century's End", 88 Cal L. Rev. 1877(2000) [Edward Halbach(2000)]

Hamdani, Assaf, "Gatekeeper Liability", 77 S. Cal. L. Rev. 53(2003) [Assaf Hamdani(2003)]

Hanarahan, Pamela, "Fiduciary Duty and the Market: Private Law and the Public Good", U of Melbourne Legal Studies Research Paper No. 347. available at SSRN: http://ssrn.com/abstract=1184443(2008) [Pamela Hanrahan(2008)]

_____, "The Relationship between equitable and statutory 'best interests' obligations in financial services law",(2013) 7 Journal of Equity" [Pamela Hanrahan(2013)]

Harding, Matthew, "Trust and Fiduciary Law", 33 Oxford J. Legal Stud. 81(2013) [Matthew Harding(2013)]

Holland, Randy J. "Delaware Directors' Fiduciary Duties", 11 U. Pa. J. Bus. L. 675(2009) [Randy Holland(2009)]

Hopt, Klaus, J., "Conflict of Interest, Secrecy and Insider Informationof Directors, A

Comparative Analysis", 2 EFCR 167(2013) [Klaus Hopt(2013)]

Horsey, Henry R., "The Duty of Care Component of the Delaware Business Judgement Rule", 19 Del. J. Corp. L. 971(1994) [Henry Horsey(1994)]

Jensen, Michael and William Meckling, "Theory of the Firm: Managerial Behavior, Agency Costs and Ownership Structure", 3 J. FIN. ECON. 302(1976) [Jensen and Meckling(1976)]

Kim, Sung-Hui, "The Last Temptation of Congress: Legislator Insider Trading and the Fiduciary Norm Against Corruption", 98 Cornell L. Rev 845(2013) [Sung-Hui Kim(2013)]

Cowen Amanda, Groysberg, B. and Healy, P. "Which types of analyst firms are more optimistic?", 41 Journal of Accounting and Economics 119(2006) [Amanda Cowen et al.(2006)]

Kraakman, Reinier, "Gatekeepers, The Anatomy of a Third party Enforcement Strategy", 2 J. L. Econ. & Org. 53(1986) [Reinier Kraakman(1986)]

Kumpan, Christoph and Patrick Leyens, "Conflicts of Interest of Financial Intermediaries", 5 ECFR 72(2008) [Kumpan and Leyens(2008)]

Leyens, Patrick, "Intermediary Independence: Auditors, Financial Analysts and Rating-Agencies", 11 J. Corp. L. Stud. 33(2011) [Patrick Leyens(2011)]

Luebke, Neil, "Conflict of Interest as a Moral Category", 6 Business and Professional Ethics Journal 66(1987) [Neil Luebke(1987)]

Laby, Arthur, "Fiduciary Obligations of Broker-Dealers and Investment" Advisers", 55 Vill. L. Rev. 701(2010) [Arthur Laby(2010a)]

_____, "Reforming the Regulation of Broker-Dealers and Investment Advisers", 65 Bus. Law. 395(2010) [Arthur Laby(2010b)]

_____, "Resolving Conflicts of Duty in Fiduciary Relationships", 54 Am. U. L. Rev. 75(2004) [Arthur Laby(2004)]

_____, "SEC v. Capital Gains Research Bureau and the Investment Advisers Act of 1940", 91 B.U. L. Rev. 1051(2011) [Arthur Laby(2011)]

_____, "Selling Advice and Creating Expectations: Why Brokers Should be Fiduciaries", 87 Wash. L. Rev. 707(2012) [Arthur Laby(2012)]

_____, "The Fiduciary Obligation as the Adoption of Ends", 56 Buff L Rev 99(2008) [Arthur Laby(2008)]

Langevoort, Donald C., "Brokers as Fiduciaries", 71 U. Pitt. L. Rev. 439(2010) [Donald Langevoort(2010)]

_____, "Chasing the Greased Pig Down Wall Street: A Gatekeeper's Guide to the Psychology, Culture, and Ethics of Financial Risk Taking", 96 Cornell L. Rev. 1209(2011) [Donald Langevoort(2011)]

_____, "Taming the Animal Spirits of the Stock Markets: A Behavioral Approach to Securities Regulation", 97 Northwestern Univ. L. Rev. 135(2002) [Donald Langevoort(2002)]

_____, "The SEC and the Madoff Scandal: Three Narratives in Search of a Story", 2009 Mich. St. L. Rev. 899(2009) [Donald Langevoort(2009)].

Langbein, John, "Questioning the Trust-Law Duty of Loyalty: Sole Interest or Best Interest?", 114 Yale L.J. 929(2005) [John Langbein(2005)]

_____, "The Contractarian Basis of the Law of Trusts", 105 Yale L.J. 25(1995) [John Langbein(1995)]

Leslie, Melanie, "In Defense of the No Further Inquiry Rule: A Response to Professor John Langbein", Wm. & Mary L. Rev. 541(2005) [Melanie Leslie(2005a)]

_____, "Trusting Trustees: Fiduciary Duties and the Limits of Default Rules", 94 Geo. L.J. 67(2005) [Melanie Leslie(2005b)]

Lorenzo, Nicholas S. Di., "Defining a New Punctilio of Honor : The Best Interest Standard for Broker Dealers", 92 B.U. L. Rev. 291(2012) [Nicholas Di Lorenzo(2012)]

Macey, Jonathan, "The Demise of the Reputational Model in Capital Markets : The Problem of the 'Last Period Parasites'", 60 Syracuse L. Rev. 427(2010) [Jonathan Macey(2010)]

Mcvea, Harry, "Research Analysts and Conflicts of Interest - The Financial Services Authority's Response", 4 J. Corp. L. Stud. 97(2004) [Harry Mcvea(2004)]

Mehran, Hamid and René M. Stulz, "The Economics of Conflicts of Interest in Financial Institutions", 85 Journal of Financial Economics 267(2007) [Hamid Mehran and René Stulz(2007)]

Melnick, Andrew, "What's in a Name : The Battle over a Uniform Fiduciary Standard for Investment Advisors and Broker Dealers", 87 St. John's L. Rev. 415(2013) [Andrew Melnick(2013)]

Merkley, Jeff and Carl Levin, "Policy Essay, The Dodd-Frank Act Restrictions on Proprietary Trading and Conflicts of Interest :New Tools to Address Evolving Threats", 48 Harvard Journal on Legislation 515(2011) [Merkley and Levin(2011)]

Miller, Paul, "A Theory of Fiduciary Liability", 56 McGill Law Journal 235(2011) [Paul Miller(2011)]

_____, "Justifying Fiduciary Duties", 58 McGill law Journal 969(2013) [Paul Miller(2013)]

_____, "Multiple Loyalties and the Conflicted Fiduciary", 40 Queen's L.J. 301(2014) [Paul Miller(2014)]

Miller, Paul and Andrew Gold, "Fiduciary Governance", 57 Wm. & Mary L. Rev. 513(2015) [Paul Miller and Andrew Gold(2015)]

Miller, Robert, "Journeys in Revlon-Land with a Conflicted Financial Advisor: Del Monte and El Paso"(Oct. 1, 2012). U Iowa Legal Studies Res. No. 12-24 , available at http://ssrn.com/abstract=2156488[Robert Miller(2012)]

Mishkin, Frederick, "Policy Remedies for Conflicts of Interest in the Financial System", Conference Paper, Bank of Canada, 2003 available at https://www0.gsb.columbia.edu/faculty/fmishkin/PDFpapers/03boc.pdf [Frederik Mishkin(2003)]

Moloney, Thomas J., Paul R. St. Lawrence III and Angela F. Hamarich, "Fiduciary Duties, broker-dealers and sophisticated clients: A mis-match that could only be made in Washington," 3 J. of Sec. L. Reg. & Compliance 336(2010) [Thomas Moloney et al.(2010)]

Moore, Don, George Lowenstein, "Self-Interest, Automaticity, and the Psychlogy of Conflict of Interest", 17 Social Justice Research 189(2004) [Moore and Lowenstein(2004)]

Moore, Don, Lloyd Tanlu, Max H. Bazerman, "Conflict of interest and the intrusion of bias," 5 Judgment and Decision Making 37(2010) [Moore, Tanlu and Bazerman(2010)]

Morrison, Alan D. and Thegeya, Aaron and Schenone, Carola and Wilhelm, William J., "Investment-Banking Relationships: 1933-2007",(January 8, 2014). Saïd Business School WP 2014-1. available at SSRN: http://ssrn.com/abstract=2376481 [Alan Morrison et al.(2014)]

Morrison, Alan and William J. Wilhelm Jr., "Trust, Reputation, and Law: The Evolution of Commitment in Investment Banking", 1 J. LEGAL ANALYSIS 45(2015) [Morrison and Wilhelm(2015)]

Mullainathan, Sendhil, Markus Noeth, Antoinette Schoar, "The Market for Financial Advice: An Audit Study", NBER Working Paper No. 17929(2012) [Sendhil Mullainathan et al.(2012)]

Oh, Peter B, "Gatekeeping" 29 J. Corp. L. 735(2004) [Peter Oh(2004)]

Partnoy, Frank, "Barbarians at the Gatekeepers?: A Proposal for a Modified Strict Liability Regime," 79 Wash. U. L. Q. 491(2001) [Frank Partnoy(2001)]

Poser, Norman S., "Conflicts of Interest Within Securities Firms", 116 Brook. J. Int'l L. 111(1990) [Norman Poser(1990)]

Ramirez, Stephen, "The Professional Obligations of Securities Brokers Under Federal Law: An Antidote for Bubbles?", 70 U. CIN. L. REV. 527(2002) [Stephen Ramirez(2002)]

Rave, Theodore, "Politicians as Fiduciaries", 126 Harv. L. Rev. 671(2013) [Theodore Rave(2012)]

Ribstein, Larry E. "Fencing Fiduciary Duties", 91 B.U. L. Rev. 899(2011) [Larry Ribstein(2011)]

Rock, Edward and Michael Wachter, "Dangerous Liaison: Corporate Law, Trust Law and Interdoctrinal Legal Transplants", 96 Nw. U. L. Rev. 651(2002) [Edward Rock and Michael Wachter(2002)]

Romano, Roberta, "Regulating in the Dark", 43 Hofstra L. Rev. 25(2014) [Roberta Romano(2014)]

Rotman, Leonard I., "Fiduciary Law's 'Holy Grail' : Reconciling Theory and Practice in Fiduciary Jurisprudence", 91 B.U. L. Rev. 923(2011) [Leonard Rotman(2011)]

Sale, Hilary "Delaware's Good Faith", 89 Cornell L. Rev. 456(2004) [Hillary Sale(2004)]

_____, "Gatekeepers, Disclosure, and Issuer Choice", 81 Wash. U. L. Q. 403(2003) [Hillary Sale(2003)]

Samet, Irit, "Guarding the Fiduciary's Conscience: A Justification of a Stringent Profit-stripping Rule", 28 Oxford Journal of Legal Studies 763(2008) [Irit Samet(2008)]

Sealy, Len S., "Fiduciary Relationships", Cambridge Law Journal 69(1962) [Len Sealy(1962)]

_____, "Some Principles of Fiduciary Obligation, 21 Cambridge Law Journal 119(1963) [Len Sealy(1963)]

Scott, Austin, "The Fiduciary Principle", 27 Cal L. Rev. 539(1949) [Austin Scott(1949)]

Servaes, Henri and Mark Zenner, "The Role of Investment Bankers in Acquisition", 9 REV. FIN. STUD. 787(1996) [Servaes and Zenner(1996)]

Shepro, Mary, "Conflicts of Interest in the U.S. Equity Markets: Rethinking the Maker-Taker System"(December 24, 2014). available at SSRN:

http://ssrn.com/abstract=2542649 [Mary Shepro(2014)]

Sitkoff Robert, "The Economic Structure of Fiduciary Law", 91 Boston University Law
　　　Review 1039(2011) [Robert Sitkoff(2011)]

_____, "The Fiduciary Obligations of Financial Advisors Under the Law of Agency", 27
　　　Journal of Financial Planning 42(2014) [Robert Sitkoff(2014)]

_____, "Trust Law, Corporate Law, and Capital Market Efficiency", 28 J. Corp. L.
　　　565(2003) [Robert Sitkoff(2003)]

Schwarcz, Steven L, "Fiduciaries with Conflicting Obligations", 94 Minn. L. Rev.
　　　1867(2010) [Steven Schwarcz(2010)]

Smith, Lionel, "Deterrence, Prophylaxis and Punishment in Fiduciary Obligations", 7
　　　Journal of Equity 87(2013) [Lionel Smith(2013)]

_____, "Fiduciary relationships: Ensuring the loyal exercise of judgement on behalf of
　　　another", 130 Law Quarterly Review 608(2014) [Lionel Smith(2014)]

Strine, Leo, Lawrence Hamermesh, Franklin Balotti and Jeffrey Gorris, "Loyalty's Core
　　　Demand: The Defining Role of Good Faith in Corporation Law", 8 Geo. L.J.
　　　629(2010) [Leo Strine et al.(2010)]

Thompson, Robert B., "Market Makers and Vampire Squid: Regulating Securities Markets
　　　After The Financial Meltdown", 89 WASH. U. L. REV. 323(2011) [Robert
　　　Thompson(2011)]

Tuch, Andrew, "Banker Loyalty in Mergers and Acquisitions"(September 21, 2015).
　　　Texas Law Review, Forthcoming; Washington University in St. Louis Legal
　　　Studies　Research　Paper　No.　15-09-10.　available　at　SSRN:
　　　http://ssrn.com/abstract=2663783 [Andrew Tuch(2015a)]

_____, "Conflicted Gatekeepers: The Volcker Rule and Goldman Sachs", 7 Va. L. Bus.
　　　Rev. 365(2012) [Andrew Tuch(2012)]

_____, "Disclaiming Loyalty: M&A Advisors and Their Engagement Letters", 93 Tex. L.
　　　Rev. 211(2015) [Andrew Tuch(2015b)

_____, "Financial Conglomerates and Information Barriers", 39 J. Corp. L. 563(2014)
　　　[Andrew Tuch(2014a)]

_____, "Investment Banks as Fiduciaries: Implications for Conflicts of Interest", 29
　　　MELB. U. L. REV. 478(2005) [Andrew Tuch(2005)]

_____, "Multiple Gatekeepers", 96 Va. L. Rev. 1583(2010) [Andrew Tuch(2010)]

_____, "Securities Underwriters in Public Capital Markets: The Existence, Parameters
　　　and Consequences of the Fiduciary Obligation to Avoid Conflicts", 7 J. CORP.

L. STUD. 51(2007) [Andrew Tuch(2007)]

_____, "The Self-Regulation of Investment Bankers", 83 Geo. Wash. L. Rev. 101(2014) [Andrew Tuch(2014b)]

Velasco, Julian, "How many fiduciary duties are there in corporate law?", 83 S. Cal. L. Rev. 1231(2010) [Julian Velasco(2010)]

Walter, Ingo, "Conflicts of Interest and Market Discipline Among Financial Services Firms", Working paper S-DCM-03-19(2003) [Ingo Walter(2003)]

_____, "Reputational Risk and Conflict of Interest in Banking and Finance : The Evidence So Far", INSEAD Faculty & Research Working Paper 2007/02/EPS(2007) [Ingo Walter(2007)]

Weinrib, Ernest, "The Fiduciary Obligation", 25 U Toronto LJ 1(1975) [Ernst Weinrib(1975)]

Weiss, Cheryl Goss, "Review of the Historic Foundations of Broker-Dealer Liability for Breach of Fiduciary Duty", 23 J. Corp. L. 65(1997) [Cheryl Weiss(1997)]

White, Bonnie, "If All Investment Banks are Conflicted, Why Blame Barclays? an Examination of Investment Bank Fee Structures and Del Monte Foods", U. Penn. Law Rev. 93(2013) [Bonnie White(2013)]

Whitehead, Charles K., "The Volcker Rule and Evolving Financial Markets", 1 Harv. Bus. L. Rev. 39(2011) [Charles Whitehead(2011)]

Wilmarth, Arthur E., "The Transformation of the U.S. Fiancial Services Industry, 1975-2000; Competition, Consolidation, and Increased Risks", 2002 U. ILL. L REV 215 [Arthur Wilmarth(2002)]

Worthington, Sarah, "Fiduciary Duties and Proprietary Remedies", 72 Cambridge Law Journal 720(2013) [Sarah Worthington(2013)]

3. 기타자료

Austrailian Securities & Investments Commission, REP 69 Shadow Shopping Survey on Superannuation Advice(2006. 4) [ASIC(2006)]

Burke, Jeremy, Angela A. Hung, Jack W. Clift, Steven Garber, and Joanne K. Yoong, Impacts of Conflicts of Interest in the Financial Services Industry, RAND Labor & Population, 2014 [Jeremy Burke et al.(2014)]

Committee of European Securities Regulators, Q&A, Understanding the Definition of Advice under MiFID, Ref. CESR/10-294(2010. 4. 19) [CESR(2010)]

ECMI/CEPS Task Force, MiFID 2.0 Casting New Light on Europe's Capital Markets [ECMI(2011)]

Financial Industry Regulatory Authority, Report on Conflicts of Interest(2013) [FINRA Report(2013)]

Financial Stability Oversight Council, Study & Recommendation on Prohibitions on Proprietary Trading and Certain Relationships with Hedge Funds & Private Equity Funds(2011) [Financial Stability Oversight Council(2011)]

IOSCO, Conflict of Interest of CIS Operators(May 2000) [IOSCO(2000)]

_____, Guidance for Efficient Regulation of Conflicts of Interest Facing Market Intermediaries(Oct 2010) [IOSCO(2010)]

_____, Market Intermediary Management of Conflicts that arise in Securities Offerings, Finan Report(Nov. 2007) [IOSCO(2007)]

_____, Report on Analyst Conflict of Interest(2003) [IOSCO(2003)]

OECD, A Joint Initiative of the OECD and the European Union, Principally Financed by the EU Conflict-of-Interest Policies and Practices in Nine EU Member States : A Comparative Review(Sigma Paper No. 36)(June 18 2007) [OECD(2007)]

Rostad, Knut, "Conflicts of Interest and the Duty of Loyalty at the Securities & Exchange Commission", Institute for the Fiduciary Standard(April 6, 2015) [Knut Rostad(2015)]

United Kingdom, Financial Services Authority, The Turner Review: A Regulatory Response to the Global Banking Crisis Financial Services Authority, 2009 [FSA(2009)]

United Kingdom Law Commission Fiduciary Duties and Regulatory Rules Law Commission Consultation Paper No.124.(1992) [Law Commission(1992)]

_____, Fiduciary Duties of Investment Intermediaries, Law Commission Consultation

Paper No. 215(2013) [Law Commission(2013)]

United Kingdom, Financial Reporting Council, UK Stewardship Code(July 2011)

U.S. Congress Financial Crisis Report Submitted by the Financial Inquiry Commission Pursuant to Public Law 111-21(January 2011)

U.S. Securities Exchange Commission, Study on Investment Advisers and Broker-Dealers(2011) [SEC Report(2011)]

U.S. Securities Exchange Commission, Regulation of Investment Adviser, 2013 [SEC(2013)]

U.S. Senate Permanent Subcommittee on Investigations, Wall Street and the Financial Crisis, Anatomy of a Financial Collapse(2011) [U.S. Senate Report(2011)]

일본어 문헌

江頭 憲治郎, 『株式會社法〔第6版〕』, 有斐閣, 2015 [江頭 憲治郎(2015)]

植田 淳, 「英米法における信認關係の法理−イギリス判例法を中心として−」, 晃洋書房, 1997 [植田 淳(1997)]

神田秀樹, 「いわゆる受託者責任について−金融サービス法への構想−」, 財務省財務總合政策研究所編, 『フィナンシャル・レビュー』, 第56號, 2001 [神田秀樹(2001)]

神作裕之, 「金融商品取引業における利益相反−利益相反管理體制の整備義務を中心として−」, 『金融商品取引研究記錄』 第32號, 日本證券經濟研究所, 2010 [神作裕之(2010)]

木下正俊, 「金融商品の販売勸誘ルールとしての説明義務と適合性原則について」, 『廣島大學院論集』 5號, 2009 [木下正俊(2009)]

金融商品取引法研究會, 「金融商品取引業における利益相反−利益相反管理體制の整備義務を中心として」 金融商品取引法研究會研究記錄 第32號, 2011 [金融商品取引法研究會(2011)]

金融取引におけるフィデュシャリー研究會, 「金融取引の展開と信認の諸相」, 『金融研究』 第29卷 第4號, 2010 [金融取引におけるフィデュシャリー研究會(2010)]

金融法律研究會, 「金融機關における利益相反の類型と對應のあり方」 『金融法務研究會報告書』, 金融法務研究會事務局, 2010 [金融法律研究會(2010)]

潮見圭男, 「証明義務情報提供義務と自己決定」, 『判例タイムズ』 1178號, 2005

道垣內弘人, 『信託法理と私法體系』, 有斐閣, 1996年 [道垣內弘人(1996)]

樋口範雄, 『フィデュシャリー「信認」の時代－信託と契約－』, 有斐閣, 1999 [樋口範雄(1999)]

萬澤陽子, 「米國のおける利益相反に対する法的アプローチについて」, 『證券レビュー』 第50卷 第8號, 2010年 [萬澤陽子(2010)]

日本版スチュワードシップ・コードに關する有識者檢討會, 「責任ある機關投資家」の諸原則 ≪日本版スチュワードシップ・コード≫(2014.2.26.)

利益相反研究會 編, 『金融取引における利益相反【総論編】』, 『NBL』 第125號, 2009 [利益相反研究會(2009a)]

利益相反研究會 編, 『金融取引における利益相反【各論編】』, 『NBL』 第129號, 2009 [利益相反研究會(2009b)]

참고 판례

1. 외국판례

Aberdeen Railway Co v. Blaikie Brothers(1854) 1 Macq 461

ASIC v. Citigroup Global Markets Austrailia Pty Ltd [2007] FCA 964

Attorney General v. Blake

Attorney General for Hong Kong v Reid [1993] UKPC 2

Bank of N.Y. v. Mont. Bd. of Invs., [2008] EWHC(Ch) 1594

Beck v. Manufacturers Hanaver Trust Co., 632 N.Y.S. 2d 520(App. Div. 1995)

Bodell v. General Gas & Electric Corp, 132 A 442(Ch Ct 1926)

Boardman v. Phipps [1967] 2 AC 46

Bray v. Ford [1896] AC 44

Bristol & West Building Society v. Mothew [1998]

Cass. com., 27.2.1996, JCP ed. E 1996, II, 838

Cede & Co. v. Technicolor, Inc. 911 A.2d 362(Del. 2006)

Chan v. Zacharia(1984) 154 CLR 178

Cohen v. Rothschild 69 App. Div. 659, 669(N.Y. App. Div. 1918)

El Paso Corp S'holder Litigation 41 A.3d 432(Del. Ch. 2012)

Farrington v. Rowe McBride & Partners [1985] 1 NZLR 83 at 90

Galambos v. Perez [2009] 3 SCR 247

Graham v. Allis-Chalmers Manufacturing Co. 41 Del.Ch. 78, 188 A.2d 125(Del.Supr. 1963)

Guth v. Loft, Inc. 23 Del.Ch. 255(Del. Ch. 1939)

Hilton v. Barker Booth and Eastwood(a firm) [2005] UKHL 8

Hodkinson v. Simms [1994] 3SCR 377(SCC)

Hospital Products Ltd., v. United States Surgical Corporation(1984) 156 CLR 41

HR European Ventures LLP & ors v. Cedar Capital Partners LLC [2014] UKSC 45,(16 July 2014)

In re Del Monte Foods Co. Shareholders Litigation, 25 A.3d(Del.Ch. 2011)

In re Dirks v. 463 U.S. 646,651(1983)

In re Investors Management Co., 44 S.E.C. 633,648(1971)

In re Prime Hospitality, Inc Shareholders Litigation(Del.Chan. 2005)

In re Rural Metro Corp. Stockholders Litig., 88 A.3d 54(Del.Ch. 2014)

In re S. Peru Copper Cor. S'holder Derivative Litig.,52 A.3d 761,795(Del. Ch. 2011)

John Alexander's Clubs Pty Limited v. White City Tennis Club Limited(2010) 241 CLR 1

Khanna v. McMiin(Del.Ch. 2006)

Keech v. Sandford(1726) Sel Cas Ch 61

Lac Minerals Ltd. v. Int'l Corona Res. Ltd., [1989] 2 S.C.R. 574

Lister & Co. v. Stubbs,(1890) 45 Ch. D. 1

Ortsman v. Green(Del. Ch. Feb. 28, 2007)

Permanent Building Society v. Wheeler(1994) 11 WAR 187

RBC Capital Markets v. Jervis(Del. S. Ct. November 30, 2015)

Rodrigueaz de Quijas v. Shearson/American Express, Inc., 490 U.S. 477

Schoenholtz v. Doniger, 657 F.Supp. 899(S.D.N.Y. 1987)

SEC. Bausch & Lomb, Inc., 565 F.2d 8,9(2d Cir. 1977)

SEC v. Capital Gains Research Bureau, Inc., 375 U.S. 180, 186(1963)

SEC v. Pasternak, 561 F. Supp. 2d 459,499

Shearson/American Express, Inc. v. McMahon, 482 U.S. 220, 238(1987)

Sinclair Investments Ltd v Versailles Trade Finance Ltd [2012] Ch 453

Smith v. Van Gorkom 488 A.2d 858(Del. 1985)

Stone v. Ritter 634 A.2d 345, 361(Del. 1993)

Titan Steel Wheels v. Royal Bank of Scotland plc [2010] EWHC 211

Toys "R" Us, Inc. Shareholder Litigation, 877 A.2d 975(Del.Ch. 2005)

United Dominion Corporation Ltd v. Brian(1985) 157 CLR 1
Wingecarribee Shire Council v. Lehman Brothers Australia Ltd(in liq) [2012] FCA 1028

2. 국내 판례

대법원 2016. 3. 24. 선고 2013다2740 판결
대법원 2016. 3. 10. 선고 2013다7264 판결
대법원 2015. 11. 12. 선고 2014다15996 판결
대법원 2015. 10. 15. 선고 2015도8191 판결
대법원 2015. 6. 11. 선고 2014도11280 판결
대법원 2015. 5. 14. 선고 2013다2757 판결
대법원 2015. 2. 26. 선고 2014다17220 판결
대법원 2014. 2. 27. 선고 2011다112407 판결
대법원 2013. 11. 28. 선고 2011다96130 판결
대법원 2013. 11. 28. 선고 2013다23891 판결
대법원 2013. 9. 26. 선고 2011다53683(본소)·2011다53690(반소) 판결, 2012다1146·
    2012다1153 판결, 2013다13637 판결, 2013다26746 판결
대법원 2012. 11. 15. 선고 2010도11382 판결
대법원 2011. 6. 10. 선고 22011다18482 판결
대법원 2009. 10. 30. 선고 2006다62461 판결
대법원 2009. 8. 20. 선고 2008다51120, 51137, 51151 판결
대법원 2009. 7. 9. 선고 2007다90395 판결
대법원 2008. 9. 11. 선고 2006다53856 판결
대법원 2007. 11. 29. 선고 2005다64552 판결
대법원 2007. 9. 6. 선고 2004다53197 판결
대법원 2007. 4. 12. 선고 2004다6122 판결
대법원 2007. 4. 12. 선고 2004다4980 판결
대법원 2006. 11. 23. 선고 2004다62955 판결
대법원 2006. 6. 9. 선고 2004다24557 판결
대법원 2006. 2. 9. 선고 2005다63634 판결
대법원 2004. 7. 9. 선고 2004도810 판결
대법원 2004. 2. 27. 선고 2002다63572 판결
대법원 2002. 12. 26. 선고 2000다56952 판결

대법원 2002. 3. 29. 선고 2001다49128 판결
대법원 1997. 10. 24. 선고 97다24603 판결;
대법원 1996. 8. 23. 선고 94다38199 판결
대법원 1979. 3. 27. 선고 78다2483 판결

서울고등법원 2012. 12. 14. 선고 2010나58607 판결
서울고등법원 2012. 6. 8. 선고 2010나104272 판결
서울고등법원 2010. 2. 10. 선고 2009노1507 판결

서울중앙지방법원 2015. 11. 26 선고 2013가합89094 판결
서울중앙지방법원 2012. 12. 14. 선고 2011고합569 판결
서울중앙지방법원 2010. 5. 28. 선고 2009가합116043 판결

찾아보기

가..

차..

■ 김정연
서울대학교 법과대학(법학사, 2003)
서울대학교 법학전문대학원(법학전문석사, 2012)
서울대학교 법학전문대학원(법학전문박사, 상법, 2016)
외교통상부 근무(제40회 외무고시, 2006~2009)
변호사(제1회 변호사시험, 2012)

자본시장에서의 이익충돌에 관한 연구

초판 인쇄 | 2017년 2월 10일
초판 발행 | 2017년 2월 17일

저　　자　김정연
발 행 인　한정희
발 행 처　경인문화사
총괄이사　김환기
편 집 부　김지선 나지은 박수진 문성연 유지혜
관리·영업부　김선규 하재일 유인순
출판신고　제406-1973-000003호
주　　소　경기도 파주시 회동길 445-1 경인빌딩 B동 4층
전　　화　031-955-9300 　팩　　스　031-955-9310
홈페이지　www. kyunginp.co.kr
이 메 일　kyungin@kyunginp.co.kr

ISBN 978-89-499-4264-3 93360
값 34,000원